广东社会统计年鉴

GUANGDONG STATISTICAL YEARBOOK ON SOCIETY

2017

广 东 省 统 计 局

Statistics Bureau Of Guangdong Province

中国统计出版社

China Statistics Press

图书在版编目（CIP）数据

广东社会统计年鉴. 2017 / 广东省统计局编. -- 北京：中国统计出版社, 2017.11
ISBN 978-7-5037-8413-2

Ⅰ. ①广… Ⅱ. ①广… Ⅲ. ①社会统计－统计资料－广东－2017－年鉴 Ⅳ. ①C832.65-54

中国版本图书馆 CIP 数据核字(2017)第 277552 号

广东社会统计年鉴-2017

作　　者/ 广东省统计局
责任编辑/ 陈东清　钟钰
装帧设计/ 广州九禾教育信息咨询有限公司
出版发行/ 中国统计出版社
地　　址/ 北京市丰台区西三环南路甲 6 号　邮政编码/100073
电　　话/ 邮购（010）63376909　书店（010）68783171
网　　址/ http://www.zgtjcbs.com
印　　刷/ 广州市汇杰印务发展有限公司
经　　销/ 新华书店
开　　本/ 890mm×1240mm　1/16
字　　数/ 1120　千字
印　　张/ 35.125
版　　别/ 2017 年 11 月第 1 版
版　　次/ 2017 年 11 月第 1 次印刷
定　　价/ 360.00 元

如有印装差错，由本社发行部调换。

《广东社会统计年鉴2017》
编辑委员会和编辑部

编辑委员会

编　辑　部

编者说明

《广东社会统计年鉴2017》（以下称《年鉴》）是广东省社会综合统计资料，主要收录了全省及各地级以上市、县（区）2011—2016年、部分1978年以来的社会各方面的统计数据，是一部全面反映广东社会发展情况的资料性年刊。

《年鉴》分为12个篇章，包括：一、基本情况；二、教育；三、卫生；四、文化；五、劳动就业和社会保障；六、社会安全；七、民政；八、体育；九、广播电影电视、出版、档案；十、社会参与；十一、分县（区）部分指标和主要指标全国对比;十二、基本公共服务主要指标。

《年鉴》由广东省统计局主编,共27个省有关单位参编，各篇章数据资料收集分工为：第1章主要由广东省统计局、国家统计局广东调查总队等部门负责综合相关内容；第2章由广东省教育厅负责；第3章由广东省卫计委负责；第4章由广东省文化厅、广东省档案局负责；第5章由广东省人力资源和社会保障厅、广东省社会保险局负责；第6章由广东省公安厅、广东省检察院、广东省高级人民法院、广东省司法厅、广东省安全生产监督管理局、广东省信访局负责；第7章由广东省民政厅负责；第8章由广东省体育局负责；第9章由广东省新闻出版广电局负责；第10章由广东省人民代表大会工作部门、中国人民政治协商会议广东省委员会工作部门、广东省总工会、广东省妇女联合会、广东省残疾人联合会、共青团广东省委员会、广东省民族宗教事务委员会负责。第11章由广东省教育厅、广东省卫计委负责；第12章由省财政厅、省教育厅、省卫生计生委、省人社厅、省民政厅、省文化厅、省住房和城乡建设厅、省新闻出版广电局、省食品药品监管局等基本公共服务均等化扛标单位负责提供指标数据表，省统计局负责综合。对各参编单位和参编人员的辛勤劳动，我们一并表示感谢。

由于《年鉴》编写，时间紧、任务重，数据收集、审核难度极大，疏漏、不足难免。随着将来本项工作的持续进行，我们将本着认真、科学的精神努力改进，不断提高数据质量。

《年鉴》统计表中的符号使用说明：1. 数据表原则上只保留1位小数，但特殊情况除外；2. “…”表示数据不足本表最小单位数； 3.“#”表示其中主要项；4.“ 空格”表示该项统计指标数据不详或无该项数据；5.“ ①”表示本表下有注解。本书中因小数取舍而产生的误差均未做配平处理。

目　录

一、基本情况

二、教育

三、卫生

四、文化

五、劳动就业和社会保障

六、社会安全

七、民政

八、体育

九、广播电影电视、出版、档案

十、社会参与

十一、分县（区）和分省（市、区）部分指标

十二、基本公共服务主要指标

一、基本情况

简要说明

1. 本篇资料主要反映广东省经济社会基本概况。

2. 本篇资料主要包括：

（1）行政区划、人口、经济、人民生活、社会综合等资料，主要包括人口数、地区生产总值、学生数、卫生机构数、社会保险人数等指标。

（2）地区分全省和21 个地级以上市。

（3）年份有当年、近5 年和1978 年以来连续年份。

3. 统计资料来源：本篇资料由广东省统计局、国家统计局广东调查总队等部门负责整理、审核、综合、提供。

1-1 行政区划 (2016年)

单位：个

市　别	地级市	县级市	县	自治县	市辖区	市辖镇	乡	#民族乡	街道
全省合计	**21**	**20**	**34**	**3**	**64**	**1128**	**11**	**7**	**461**
广　州	1				11	34			136
深　圳	1				8				74
珠　海	1				3	15			9
汕　头	1		1		6	32			37
佛　山	1				5	21			11
#顺　德					1	6			4
韶　关	1	2	4	1	3	93	1	1	10
河　源	1		5		1	94	1	1	5
梅　州	1	1	5		2	104			6
惠　州	1		3		2	52	1	1	18
汕　尾	1	1	2		1	44			10
东　莞	1					28			4
中　山	1					18			6
江　门	1	4			3	61			12
阳　江	1	1	1		2	38			10
湛　江	1	3	2		4	82	2		37
茂　名	1	3			2	87			22
肇　庆	1	1	4		3	91	1	1	12
清　远	1	2	2	2	2	77	3	3	5
潮　州	1		1		2	41			9
揭　阳	1	1	2		2	61	2		20
云　浮	1	1	2		2	55			8

注：本行政区划截止2016年底。

1-2 人口主要指标

项　目	2000	2010	2013	2014	2015	2016
年末常住人口（万人）	**8650.03**	**10440.94**	**10644.00**	**10724.00**	**10849.00**	**10999.00**
男性比例（%）	50.90	52.10	52.10	52.93	52.29	52.40
女性比例（%）	49.10	47.85	47.90	47.07	47.71	47.60
0-14岁人口比例（%）	24.17	16.90	14.64	15.38	17.37	17.23
15-64岁人口比例（%）	69.78	76.30	77.19	76.35	74.15	74.22
65岁及以上人口比例（%）	6.05	6.80	8.17	8.27	8.48	8.55
城镇人口比例（%）	55.00	66.17	67.76	68.00	68.71	69.20
人口密度（人/平方公里）	486	581	592	597	604	612
户籍人口						
年末总户数（万户）	1901.91	2296.61	2360.29	2388.47	2415.90	2452.26
年末总人口（万人）	7498.54	8521.55	8759.46	8886.88	9008.38	9164.90
性别比（女=100）	106.70	106.20	106.30	106.20	106.08	106.06
人口变动情况（‰）						
出生率	12.91	11.18	10.71	10.80	11.12	11.85
死亡率	4.77	4.21	4.69	4.70	4.32	4.41
自然增长率	8.14	6.97	6.02	6.10	6.80	7.44
迁入率	16.59	12.07	11.25	10.60	8.34	9.72
迁出率	12.94	8.35	8.94	7.74	7.45	8.13
总迁移率	29.53	20.42	20.19	18.34	15.79	17.84
净迁移率	3.65	3.72	2.32	2.85	0.89	1.59
跨省净迁移率	1.01	2.52	2.14	2.12	0.80	2.14

1-3 各市年末常住人口数

单位：万人

市别	2000	2005	2010	2011	2012	2013	2014	2015	2016
全省	**8650.03**	**9194.00**	**10440.94**	**10505.00**	**10594.00**	**10644.00**	**10724.00**	**10849.00**	**10999.00**
广州	994.80	949.68	1270.96	1275.14	1283.89	1292.68	1308.05	1350.11	1404.35
深圳	701.24	827.75	1037.20	1046.74	1054.74	1062.89	1077.89	1137.87	1190.84
珠海	123.65	141.57	156.16	156.76	158.26	159.03	161.42	163.41	167.53
汕头	467.78	494.45	539.62	541.71	544.81	547.91	552.37	555.21	557.92
佛山	534.05	580.03	719.91	723.10	726.18	729.57	735.06	743.06	746.27
#顺德	169.42	195.53	246.31	247.34	248.38	249.34	251.00	253.53	254.46
韶关	273.65	292.26	283.02	285.00	286.87	289.27	290.89	293.15	295.61
河源	226.78	278.24	295.82	298.18	301.01	303.76	306.32	307.35	308.10
梅州	380.52	411.84	424.46	426.81	429.41	430.70	432.33	434.08	436.08
惠州	321.80	370.69	460.11	463.36	467.40	470.00	472.66	475.55	477.50
汕尾	245.71	279.87	293.90	295.50	296.90	298.62	300.66	302.16	303.66
东莞	644.84	656.07	822.48	825.48	829.23	831.66	834.31	825.41	826.14
中山	236.47	243.46	312.27	314.23	315.50	317.39	319.27	320.96	323.00
江门	395.24	410.29	445.08	446.55	448.27	449.76	451.14	451.95	454.40
阳江	217.20	232.14	242.53	244.49	247.00	247.96	249.95	251.12	252.84
湛江	603.43	668.95	700.38	706.92	710.92	716.71	721.24	724.14	727.30
茂名	524.82	584.04	582.64	588.26	596.76	601.25	604.90	608.08	612.32
肇庆	337.69	367.60	392.22	395.14	398.23	402.21	403.58	405.96	408.46
清远	314.98	359.37	370.38	373.80	376.60	379.11	381.91	383.45	384.60
潮州	240.44	252.01	267.21	268.37	270.00	271.21	272.04	264.05	264.60
揭阳	524.61	559.69	588.30	591.54	595.59	599.47	603.54	605.89	609.40
云浮	215.49	233.99	236.29	237.92	241.65	242.84	244.46	246.05	248.08
按经济区域分									
珠三角	4289.78	4547.14	5616.39	5646.51	5689.64	5715.19	5763.38	5874.27	5998.49
东翼	1478.54	1586.02	1689.03	1697.12	1709.69	1717.21	1728.61	1727.31	1735.58
西翼	1345.45	1485.13	1525.55	1539.67	1556.85	1565.92	1576.09	1583.35	1592.46
山区	1411.42	1575.7	1609.97	1621.70	1637.82	1645.68	1655.91	1664.07	1672.47

注：1.2000年全省数据含根据普查误差率推算的漏登人口。
2.2006-2009年年末常住人口根据2010年第六次全国人口普查快速汇总数据进行平滑调整。
3.2012年各市年末常住人口与全省差额14.78万人，为难以确定的常住地人口。

1-4 经济发展主要指标

指标名称	2011	2012	2013	2014	2015	2016
1. 地区生产总值（亿元）	53210.28	57067.92	62163.97	67809.85	72812.55	79512.05
2. 人均地区生产总值（元）	50807	54095	58540	63469	67503	72787
3. 第三产业增加值（亿元）	24097.7	26519.69	29688.97	33223.28	36853.47	41816.37
4. 居民消费水平（元）	19578	21823	22083	24582	26365	28495
5. 社会消费品零售总额（亿元）	20246.72	22677.11	25453.93	28471.15	31517.56	34739
6. 固定资产投资总额（亿元）	16843.83	19307.53	22828.65	25928.09	30031.2	33008.86
7. 地区财政收入（亿元 ）	5514.84	6229.18	7081.47	8065.08	9366.78	10390.35
8. 地区财政支出（亿元）	6712.4	7387.86	8411	9152.64	12827.8	13446.09
9. 全社会劳动生产率（元/人）	89949	95698				
10. 进出口贸易差额（亿美元）	1502.52	1641.7	1809.06	2155.9	2641.4	2418.4

1-5 教育和文化事业主要指标

指　　标	2011	2012	2013	2014	2015	2016
在校学生数(万人)						
普通本专科	152.73	161.69	170.99	179.42	185.64	189.29
成人本专科	46.05	48.9	53.44	62.69	66.45	65.2
中等学校	931.04	906.49	853.74	781.25	736.79	705.05
#普通中学	699.47	668.4	625.24	590.77	560.72	545.22
高等教育毛入学率(%)	28	28.2	30.5	31.9	33	35.1
高中毛入学率(%)	90.3	95	96	95.9	95.7	96
小学毕业生升学率(%)	95.1	93.5	94.9	96.2	95.9	95.9
学龄儿童入学率(%)	99.96	99.94	99.97	99.99	99.98	100
每万人口普通高校在校学生数	146.28	153.91	161.4	167.31	171.11	172.1
高等学校数(所)	134	138	138	141	143	149
高等学校毕业生数　(万人)	35.76	40.4	41.23	44.09	47.69	48.94
公共图书馆藏书量（万册）	5890	6567	6101	6367	7008	7900
报纸出版（万份）	457530	453166	436021	389869	327660	29.88
公共广播节目播出时间（小时）	772551	798898	767484	766093	747116	815619
公共电视节目播出时间（小时）	781663	744564	703381	751274	728129	740089
有线广播电视用户数（万户）	1825.03	1913.01	1960	1970	1972.78	2017.08

1-6 卫生和社会保障事业主要指标

指　　标	2011	2012	2013	2014	2015	2016
卫生机构（个）	45935	46556	47855	48087	48367	49124
卫生技术人员（人）	486356	520243	555498	584356	620004	667525
#执业（助理）医师（人）	186755	199599	211061	217376	229389	244139
卫生机构床位数（张）	495143.6	575932.3	670872.7	405707	435666	465228
医院病床使用率（%）	86.5	87	87.2	85.3	83.5	83.9
新生儿死亡率（‰）	2.2	2.05	1.81	1.66	1.47	1.41
已改水受益人口占农村人口百分比(%)	98.4	98.8	99	99.2	99.2	99.2
饮用自来水人口占农村人口百分比(%)	84.3	86.7	88.4	89.4	90.1	91.4
农村卫生厕所普及率（%）	86.7	88.6	90	91.1	92.3	93.7
城乡居民最低生活保障金支出（万元）	354121	399793	470565	532682	553022	617139
城镇居民最低生活保障人数（万人）	40	37.2	234	31.6	29.7	25.5
农村居民最低生活保障人数（万人）	184.1	177.8	163.2	158.8	153.6	145.1
收养性社会福利单位数（个）	85	81	79	71	57	55
收养性社会福利单位收养人数（人）	3667	3836	3647	3734	3389	3410
离婚办理　（对）	122813	155446	176976	177945	193360	211858
参加城镇职工基本养老保险的人数(万人)	3800.7	4034.1	4183	4809.5	5086.5	5392.4
参加基本医疗保险的人数（万人）	6767.1	8421.8	9874.9	9804.2	10136	10150.16
参加失业保险的人数（万人）	1875.6	2009.1	2705.1	2840.2	2930.1	3020.1
养老、失业、医疗、工伤、生育保险基金当年支出额（亿元）	1432	1733.1	2079.1	2618.32	2959.13	3431.6

1-7 社会安全主要指标

指　　标	2010	2011	2012	2013	2014	2015	2016
律师人数（人）	20228	21537	23209	25093	27208	29633	32380
公证人员（人）	1694	1719	1995	2116	2198	2190	2208
交通事故死亡人数（人）	6223	5873	5714	5647	5623	5549	5556
火灾事故死亡人数（人）	107	110	96	177	119	141	132
交通事故损失额（万元）	8051	9359	7915	8017	7389	6784	7414
火灾事故损失额（万元）	17488	19693	19940	37831	41318	37857	33771
刑事案件立案数（起）	536146	483950	648255	912343	864551	747224	627306
治安案件查处数（起）	1000515	904468	1007265	1008796	933703	886539	813773

1-8 人民生活主要指标

指 标	2010	2012	2013	2014	2015	2016
城镇居民家庭人均可支配收入（元）	23897.80	30226.71	29537.29	32148.11	34757.16	37684.25
城镇居民家庭人均消费性支出（元）	18489.53	22396.35	21621.46	23611.74	25673.08	28613.33
食品	6746.62	8258.44	7254.04	7850.17	8533.35	9421.58
衣着	1230.72	1520.59	1283.22	1344.75	1453.68	1583.42
居住	1925.21	2099.75	4987.86	5291.47	5715.35	6410.37
家庭设备用品及服务（元）	1208.03	1467.20	1235.16	1361.51	1526.29	1721.85
医疗保健（元）	929.50	1048.28	793.63	988.32	1096.42	1304.48
交通和通信（元）	3419.74	4176.66	3139.02	3625.42	3905.05	4198.09
教育文化娱乐服务（元）	2375.96	2954.13	2315.55	2468.37	2671.54	3103.40
杂项商品和服务（元）	653.75	871.30	612.98	678.14	771.41	870.14
住房总建筑面积（平方米/人）	34.13	34.40	30.27	31.88	32.25	32.74
每百户城镇居民家庭耐用消费品拥有量						
彩色电视机（台）	142.99	141.07	92.61	98.68	99.53	99.57
电冰箱（台）	96.62	99.15	68.06	71.67	75.30	79.17
洗衣机（台）	97.68	98.55	63.44	67.57	70.91	75.32
家用汽车（辆）	26.58	36.63	23.10	25.53	29.67	34.65
农村居民人均可支配收入（元）	7890.25	10542.84	11067.79	12245.56	13360.44	14512.15
农村居民人均生活费支出（元）	5515.58	7458.56	8937.76	10043.21	11103.03	12414.84
食品	2630.05	3658.66	3761.23	3968.92	4511.34	5010.47
衣着	215.51	319.46	280.23	328.15	367.13	411.96
居住	986.70	1196.10	1892.33	2238.82	2494.84	2761.88
家庭设备、用品及服务	235.01	378.53	522.97	599.65	654.65	718.56
文化教育娱乐用品及服务	326.53	466.63	791.85	918.22	952.41	1057.80
农村居民人均生活用房面积（平方米）	29.23	31.67	34.92	39.32	42.14	43.92
农村每百户耐用品拥有量						
电视机（台）	120.63	118.94	113.23	114.28	117.22	119.49
电冰箱（台）	49.10	66.39	66.10	68.36	78.29	84.90
摩托车（辆）	107.11	108.16	101.20	108.06	116.95	122.27
电话机（部）	82.38	69.29	54.12	60.49	55.31	46.06

1-9 历年农村常住居民人均收支增长及恩格尔系数

年份	人均可支配收入（元）	实际增长（%）	人均生活消费支出（元）	实际增长（%）	恩格尔系数（%）
1978	193.25		184.89		61.7
1979	222.72	13.6	205.18	10.1	59.9
1980	274.37	19.4	222.22	3.9	60.4
1981	325.37	11.4	266.05	12.1	59.3
1982	381.79	12.7	312.44	16.2	58.4
1983	395.92	7.0	328.76	6.3	60.3
1984	425.34	7.2	346.19	5.0	59.3
1985	495.31	9.8	388.00	5.7	60.4
1986	546.43	7.6	454.06	11.1	58.8
1987	662.24	11.1	545.25	9.5	57.3
1988	808.70	2.7	684.67	3.2	55.2
1989	955.02	2.0	870.59	7.3	53.7
1990	1043.03	1.6	932.63	-0.3	57.7
1991	1143.06	9.4	942.40	1.2	57.4
1992	1307.65	10.4	1060.29	8.8	54.0
1993	1674.78	6.1	1391.01	6.8	52.8
1994	2181.52	3.8	1882.00	3.6	55.6
1995	2699.24	6.5	2255.01	5.3	54.5
1996	3183.46	7.6	2584.16	6.9	51.6
1997	3467.69	4.2	2617.65	0.3	52.3
1998	3527.14	3.4	2683.18	3.8	51.1
1999	3628.93	6.2	2645.94	1.7	50.7
2000	3654.48	0.9	2646.02	…	49.8
2001	3769.79	3.5	2703.36	2.5	49.9
2002	3911.91	5.1	2825.01	6.0	47.6
2003	4054.58	3.4	2927.35	3.4	47.9
2004	4365.87	4.0	3240.78	6.7	48.8
2005	4690.49	4.5	3707.73	11.4	48.3
2006	5079.78	6.4	3885.97	3.2	48.6
2007	5624.04	6.5	4202.32	4.5	49.7
2008	6399.77	7.6	4872.96	9.6	49.0
2009	6906.93	10.7	5019.81	5.3	48.3
2010	7890.25	10.3	5515.58	6.5	47.7
2011	9371.73	11.9	6725.55	15.5	49.1
2012	10542.84	9.3	7458.56	7.8	49.1
2013	11067.79	7.8	8937.76	9	42.1
2014	12245.56	8.3	10043.21	10.1	39.5
2015	13360.44	7.7	11103.03	9.2	40.6
2016	14512.15	6.5	12414.84	9.6	40.4

1-10 历年城镇常住居民人均收支增长及恩格尔系数

年 份	人均可支配收入（元）	实际增长（%）	人均生活消费支出（元）	实际增长（%）	恩格尔系数（%）
1978	412.13		399.96		66.6
1979	416.33	-3.4	424.96	1.5	67.0
1980	472.57	3.7	485.76	4.5	65.5
1981	560.69	11.6	517.44	0.2	65.8
1982	631.45	9.8	592.08	11.5	64.2
1983	714.20	10.0	660.12	8.5	64.5
1984	818.37	12.4	744.36	10.7	63.6
1985	954.12	-0.4	889.56	2.1	58.3
1986	1102.09	10.3	998.88	7.2	58.6
1987	1320.89	6.3	1215.84	7.9	56.7
1988	1583.13	-7.4	1506.99	-4.3	56.7
1989	2086.21	8.1	1921.05	4.6	56.5
1990	2303.15	13.3	1983.86	6.0	57.2
1991	2752.18	16.8	2388.77	17.7	53.1
1992	3476.70	16.5	2830.62	10.4	51.5
1993	4632.38	9.2	3777.43	10.3	48.9
1994	6367.08	13.6	5181.30	13.4	46.4
1995	7438.68	3.3	6253.68	6.7	48.0
1996	8157.81	2.3	6736.09	0.5	47.3
1997	8561.71	2.8	6853.48	-0.3	46.0
1998	8839.68	5.0	7054.09	4.7	44.1
1999	9125.92	4.9	7517.81	8.3	40.6
2000	9761.57	4.7	8016.91	4.3	38.6
2001	10415.19	7.6	8099.63	1.8	38.1
2002	11137.20	10.6	8988.48	12.6	38.5
2003	12380.40	10.4	9636.24	6.5	37.2
2004	13627.65	7.3	10694.79	8.2	37.0
2005	14769.94	6.3	11809.87	8.2	36.1
2006	16015.58	6.5	12432.22	3.4	36.2
2007	17699.30	6.6	14336.87	11.2	35.3
2008	19732.86	5.7	15527.97	2.7	37.8
2009	21574.72	12.0	16857.51	11.3	36.9
2010	23897.80	7.5	18489.53	6.4	36.5
2011	26897.48	6.9	20251.82	4.0	36.9
2012	30226.71	9.3	22396.35	7.6	36.9
2013	29537.29	6.9	21621.46	5.3	33.6
2014	32148.11	6.4	23611.74	6.7	33.2
2015	34757.16	6.4	25673.08	7.0	33.2
2016	37684.25	5.9	28613.33	8.8	32.9

1-11 各市城镇常住居民人均可支配收入和消费支出（2016）

市别	人均可支配收入(元)	人均消费支出(元)
	2016	2016
广州	50940.7	38398.2
深圳	48695.0	36480.6
珠海	42537.4	32150.5
汕头	25120.9	20721.3
佛山	43120.3	31303.2
韶关	25854.6	18142.5
河源	21817.3	15122.9
梅州	23642.4	16835.4
惠州	33212.8	23778.5
汕尾	22389.2	17374.3
东莞	43096.2	30687.7
中山	41612.8	27630.9
江门	29557.2	20459.1
阳江	25281.0	19757.9
湛江	24887.2	18416.5
茂名	23322.6	16266.1
肇庆	25907.2	17882.8
清远	25266.9	17795.5
潮州	21787.1	15861.0
揭阳	22944.2	16060.9
云浮	21887.5	14729.8

注：按照国家统计局的统一部署，广东自2012年12月起正式启动城乡住户调查一体化改革工作。在经历了为期一年的过渡期后，从2014年开始正式对外发布城乡常住居民人均可支配收入及人均消费支出指标。改革前后，住户调查在调查范围、调查方法和统计口径均有一定变化，2014年发布的城镇常住居民人均可支配收入及人均消费支出与2013年以前所发布的相应指标的不完全可比。

主要统计指标解释

总人口 指一定时点、一定地区范围内有生命的个人的总和。按不同的统计范围可分为常住人口和户籍人口，统计时点通常为每年 12 月 31 日 24 时。

城镇人口比例 指城镇人口与同期总人口之比，反映该区域人口的城镇化水平。通常以百分比表示。

国内（地区）生产总值 指按市场价格计算的一个国家（或地区）所有常住单位在一定时期内生产活动的最终成果。国内（地区）生产总值有 3 种计算方法，即生产法、收入法和支出法。3 种方法分别从不同的方面反映国内生产总值及其构成。

二、教　育

简要说明

1. 本篇资料主要反映广东省教育概况。

2. 本篇资料主要包括：

（1）高等教育、成人教育、中等职业教育、普通高中、义务教育及幼儿学前教育，主要包括学校数、在校生数、招生数、毕业生数、教职工数和专任教师数等。

（2）地区分全省和21个地级以上市。

（3）年份有当年、近5年和1978年以来连续年份。

3. 统计资料来源：本篇资料由广东省教育厅负责整理、审核、提供。

2016年广东教育事业发展概述

2016年广东教育“创强争先”，全面转入推进教育现代化建设，全省教育普及达到了新的高度,教育公平得到有效保障，教育质量不断提升，教育保障水平大幅提高，各级各类教育协调发展，教育事业发展成果丰硕。

教育普及程度达到新高度，各级各类教育协调发展。2016年学前三年教育毛入园率105.00%，公益普惠幼儿园比例达73%以上。九年义务教育巩固率93.74%；高中阶段教育高水平高质量普及，全省高中阶段学校招生118.2万人，高中阶段教育毛入学率继续保持在95%以上，中职教育招生数和在校生规模连续7年位居全国第一；全省普通本专科在校生达189.3万人，比上年增长1.97%；研究生在校生达9.3万人，比上年增长3.88%。

教育公平得到有效保障，省民生实事教育工作任务提前完成。积极解决欠发达地区教育发展长期落后问题，省财政投入资金支持欠发达地区建设乡镇中心幼儿园和村级幼儿园，引导和扶持欠发达地区建设义务教育规范化学校。将中职教育免学费实施范围扩大至所有农村（含县镇）户籍全日制在校生。允许符合条件的随迁子女在我省报名参加高职院校招生考试。义务教育阶段非户籍学生2016年达456.99万人，比2015年增加17.12万人，规模全国最大，入读公办学校比例达51.88%；残疾学生免费接受高中阶段教育；建立起从学前教育到研究生教育阶段全覆盖的家庭经济困难学生资助体系。2016年共下达学生资助各级财政资金53.6亿元，受助学生约294万人次，分别比上年增加5.5亿元和12万人次。

教育质量不断提升。全省规范化幼儿园比例达到70.86%，建成1所以上规范化公办乡镇中心幼儿园的乡镇比例达95%以上，建成规范化村级幼儿园的行政村比例达80%以上，基本消除无证办园现象。全省公办义务教育学校标准化覆盖率达98.99%。实现全省大中小学“一校一章程”和法律顾问建设100%全覆盖。“强师工程”实施加快推进。大力开展中职学校专业教师能力提升省级示范培训，继续实施中等职业学校“能工巧匠进校园”等项目。加强高职院校专业带头人培养。全省有11所国家示范性（骨干）高职院校，63所国家示范性中职学校建设计划立项学校。职业院校学生在全国技能竞赛上屡获佳绩。高校首批认定协同育人平台（中心）40个，入选国家级质量工程项目102个，新增珠江学者95人，增设“青年珠江学者”聘任类型。评选出第三批30名“广东特支计划”教学名师。

教育保障水平大幅提高。2016年，全省地方教育经费总投入3367.54亿元，比上年增加320.05亿元，增长10.50%。2016年，全省地方财政性教育经费为2487.58亿元，比上年增加226.44亿元，增长10.01%。全省各类学校专任教师的学历水平和技术职称全面获得提升，其中小学教师学历达标率、普通初中教师学历达标率、普通高中教师学历达标率分别为99.98%、99.96%和98.76%。全省各级各类学校生师比、教师队伍结构进一步优化；高校实验室、教学科研仪器设备相关指标全国领先。不断完善教育投入机制。提高农村教师待遇保障水平，农村教师生活补助达到人均每月815元。公办普通高校学费标准调整任务圆满完成，平均增幅20.2%。省属高职院校生均拨款基准标准再提高1000元，达到6000元。高水平大学重点学科建设项目所覆盖专业，学生生均拨款标准提高到1.2万元。建成国家、省、市多级互联互通的省级基础教育资源公共服务平台，服务2.4万多所学校。“一师一优课、一课一名师”活动广泛开展，省参加活动的名师团队近6千个，晒课27万余课。2016年全省中小学教学仪器设备总值达314.31亿元，比上年增加30.09亿元，增幅达10.59%；高校实验室仪器设备总值达到260.86亿元，比上学年增加33.75亿元，增幅达14.86%。

教育强镇、县、市建设迈上新台阶。2016年，全省有教育强镇1574个、教育强县（市、区）132个、教育强市20个，同比增加92个、14个和8个，覆盖率分别为99%、99%和95%，同比提高4.8个、10.3个和38个百分点；珠三角教育推进教育现代化先进县（市、区）和先进市分别为42个和7个，覆盖率分别达86%和78%，同比提高15和11个百分点。全省121个县（市、区）全部通过国家义务教育发展基本均衡县督导评估认定，成为全国第六个实现义务教育发展基本均衡县全覆盖的省份。

撰稿：李雪来　陈东清

2-1 各级各类教育基本情况（2016）

指　标	学校数（所）	毕业生数（人）	招生数（人）	在校生数（人）	教职工数（人）	专任教师数（人）
一、高等教育						
研究生	28	27155	32393	92875		
普通本专科	149	489397	549822	1892878	142864	101160
本科	64	233592	280433	1076753		
专科	85	255805	269389	816125		
成人本专科	15	210813	224860	651963	4009	2438
本科		61693	55637	161829		
专科		149120	169223	490134		
网络本专科		32361	38457	97384		
二、中等职业教育	468	389163	351909	1065745	57472	44776
三、普通高中	1031	703300	643293	1973727	478451	151612
四、普通初中	3479	1213188	1218075	3478440		275836
五、小学	10178	1270381	1711845	9052214	535967	486578
六、幼儿教育	17288	1403768	1950684	4216668	469367	256471
七、特殊教育	127	3786	6853	37756	4986	4069
八、工读学校	3	115	118	421	158	121

说明：1. 研究生学校数为培养研究生单位数，普通本专科、成人本专科学校数为普通高校、成人高校学校数。中等职业教育不含技工数。2014年起中国科学院大学所辖的广州化学研究所、南海海洋研究所、华南植物研究所、广州能源研究所和广州地球化学研究所的教育事业统一归口中国科学院大学管理。从2014年起研究生数据均不含以上培养研究生单位数据。

2. 普通本专科学生数和教职工数包含独立学校数。

3. 普通高中教职工数包含普通初中教职工数。

2-2 高等教育基本情况（2016）

项 目	学校数（所）	毕业生数（人）	招生数（人）	在校学生数（人）	教职工数（人）	#专任教师
合 计	**149**	**489397**	**549822**	**1892878**	**142864**	**101160**
#女性		262402	286440	1001847	69112	48211
按隶属关系分	**149**	**489397**	**549822**	**1892878**	**142864**	**101160**
中央属	5	21013	24247	93250	14513	8944
地方属	144	468384	525575	1799628	128351	92216
按学校类别分	**149**	**489397**	**549822**	**1892878**	**142864**	**101160**
综合大学	71	236568	264317	891328	66035	46161
理工院校	32	119720	134128	443959	29892	22127
农业院校	3	19796	21931	88198	6356	4739
医药院校	9	22566	23972	93321	11164	8413
师范院校	7	27572	28813	104970	9845	6211
语文院校	2	7003	7301	29075	2846	1799
财经院校	13	45240	56638	199485	11504	8806
政法院校	3	3185	3084	10017	1317	614
体育院校	3	2703	3205	11201	1352	737
艺术院校	6	5044	6433	21324	2553	1553

2-3 中等教育基本情况（2016）

项　目	学校数（所）	毕业生数（人）	招生数（人）	在校学生数（人）	教职工数（人）	#专任教师
中等职业教育	**468**	**389163**	**351909**	**1065745**	**57472**	**44776**
调整后中等职业学校	301	265759	243053	742675	37606	29003
中等技术学校	62	53674	48542	141962	7180	5241
成人中等专业学校	7	2792	1224	4682	316	266
职业高中学校	98	56903	52111	153512	11095	9300
其他机构	43	8419	5405	18576	1275	966
附设中职班	19	1616	1574	4338		
技工学校	166	161419	186303	532587	29249	21624
普通中学	**4510**	**1916488**	**1861368**	**5452167**	**478451**	**427448**
#高中	1031	703300	643293	1973727		151612

2-4 技工学校基本情况（2016）

项　目	合计	地方劳动保障部门办	行业办	企业办	国务院部委办	民办
技工学校个数（所）	**166**	**67**	**15**	**13**		**71**
招生学校数（所）	147	64	15	11		57
在职教职工人数（人）	**29249**	**18157**	**2217**	**1204**		**7671**
文化技术理论课教师	13515	9108	1108	439		2860
#高级讲师	2123	1513	272	79		259
生产实习指导老师	8109	5051	511	346		2201
#高级实习指导教师	433	289	43	21		80
一体化教师	8871	6030	616	299		1926
兼职教师（人）	**2254**	**1014**	**157**	**113**		**970**
文化技术理论课教师	1244	513	101	68		562
生产实习指导老师	917	447	51	45		374
招生人数（人）	**186303**	**111418**	**8781**	**4903**		**61201**
高级班学生	79777	58582	4390	938		15867
技师和预备技师班学生	2715	2483	123			109
在校生人数（人）	**532587**	**337264**	**28989**	**13573**		**152761**
高级班学生	226645	166378	11779	3275		45213
技师和预备技师班学生	9635	8412	442			781
毕业生人数（人）	**161419**	**107929**	**9030**	**4087**		**40373**
高级班学生	60618	44314	2833	766		12705
技师和预备技师班学生	749	649	24			76
就业人数（人）	**158128**	**105229**	**8897**	**4054**		**39948**
高级班学生	59487	43520	2629	761		12577
技师和预备技师班学生	749	649	24			76
培训社会人员数（人）	**252547**	**151948**	**25688**	**39928**		**34983**
培训社会人员结业人数(人)	**152463**	**111763**	**9642**	**4983**		**26075**
获取初级职业资格证	39423	24730	1890	2930		9873
获取中级职业资格证	27526	16759	2330	853		7584
获取高级职业资格证	19388	12450	1521	963		4454
获取技师和高级技师资格证	4588	3966	154	237		231

2-5 各市普通高等教育基本情况（2016）

市别	学校数（所）	毕业生数（人）	招生数（人）	在校学生数（人）	教职工数（人）	专任教师数（人）
合计	**149**	**489397**	**549822**	**1892878**	**142864**	**101160**
广州	82	276789	303812	1057281	85353	59704
深圳	7	20623	22645	75258	7698	4437
珠海	7	29302	33336	113350	7073	5399
汕头	3	5581	5273	18214	2422	1459
佛山	6	18157	21490	72798	4459	3416
韶关	2	10609	11289	39044	2355	1720
河源	1	4088	4130	12112	722	537
梅州	1	6410	7090	25874	1670	1257
惠州	4	8198	11644	37322	3072	1925
汕尾	1	1823	2107	5866	466	324
东莞	7	17543	23506	81425	4917	3533
中山	3	9296	9842	31693	1964	1562
江门	3	10887	12101	39709	2252	1840
阳江	1	2903	3203	9884	589	447
湛江	6	25036	28135	108882	7559	5615
茂名	4	9684	12567	39986	2500	2022
肇庆	5	16457	21237	70207	4296	3344
清远	2	4524	4251	13674	749	572
潮州	1	4853	5003	19305	1298	975
揭阳	2	3801	3822	11944	822	622
云浮	1	2833	3339	9050	628	450

注：以学校为单位统计，含分校区数据。

2-6 各市中等职业教育基本情况（2016）

市别	学校数（所）	毕业生数（人）	招生数（人）	在校学生数（人）	教职工数（人）	专任教师数（人）
合计	**468**	**389163**	**351909**	**1065745**	**57472**	**44776**
广州	83	72497	67560	216974	11339	7812
深圳	15	11449	13964	39665	3296	2511
珠海	9	6262	7795	21597	1110	906
汕头	22	18302	19004	64729	2254	1730
佛山	36	22637	23903	71963	4850	3954
韶关	18	8387	9103	24888	1933	1533
河源	13	8825	8098	22354	1515	1199
梅州	27	17913	10345	32523	1960	1522
惠州	24	18432	19833	55446	3145	2348
汕尾	12	9909	4701	12211	870	754
东莞	22	15315	21697	57243	3210	2557
中山	11	8521	7856	23139	1791	1496
江门	21	14413	14776	43523	2468	2231
阳江	5	4435	5539	14607	730	587
湛江	55	29185	24564	71251	4237	3143
茂名	21	20570	18514	48905	2749	2264
肇庆	18	19737	20451	58290	3049	2417
清远	14	15892	11933	32763	1893	1576
潮州	10	5913	3460	11030	959	796
揭阳	18	47062	30692	117899	2866	2401
云浮	14	13507	8121	24745	1248	1039

注：中等职业教育数据不含技工学校数据。

2-7 各市普通高中基本情况（2016）

市别	学校数（所）	毕业生数（人）	招生数（人）	在校学生数（人）	教职工数（人）	专任教师数（人）
合计	**1031**	**703300**	**643293**	**1973727**	**478451**	**151612**
广州	124	59133	58260	176275	47667	14352
深圳	76	38236	42615	124216	37616	10264
珠海	20	9652	9902	29285	7795	2464
汕头	95	54292	47233	146265	31544	10649
佛山	59	37377	39384	116350	25844	8785
韶关	25	21173	17576	56167	13904	4387
河源	39	23013	20975	62652	17612	5284
梅州	61	37927	30792	98209	24726	8387
惠州	39	31589	30966	90261	22562	6588
汕尾	41	25999	21626	68964	16010	4824
东莞	40	25673	27153	79851	22691	5671
中山	19	15038	15758	47851	12340	3590
江门	46	26727	26061	76293	17447	5809
阳江	14	18094	15536	47250	12256	3561
湛江	82	64015	49910	167483	37099	12231
茂名	64	69436	60886	186683	37601	14280
肇庆	34	28412	26679	81513	19384	6414
清远	32	24641	23765	69236	16955	5359
潮州	35	22066	17512	56528	12829	4437
揭阳	65	52369	44995	144808	32458	10632
云浮	21	18438	15709	47587	11757	3644

注：教职工数已含普通初中教职工数，教职工数由各办学类型教职工数折算得出。

2-8 各市普通初中基本情况（2016）

市别	学校数（所）	毕业生数（人）	招生数（人）	在校学生数（人）	专任教师数（人）
合计	**3479**	**1213188**	**1218075**	**3478440**	**275836**
广州	390	114105	116292	329410	27542
深圳	276	83068	101066	272239	20410
珠海	53	19736	20647	57643	4536
汕头	208	80812	75283	221311	17032
佛山	139	62319	71944	197004	14372
韶关	127	30930	34987	97295	8284
河源	149	37738	39579	112461	10674
梅州	167	48225	47517	138294	14261
惠州	213	57511	68713	184770	13488
汕尾	127	44302	39356	117432	9554
东莞	191	59851	83528	215902	13214
中山	83	31232	37043	100831	7279
江门	142	45158	45992	132318	10141
阳江	94	27322	28435	78997	7346
湛江	227	113625	85880	266084	22326
茂名	193	106203	93977	283966	21210
肇庆	145	60371	51072	154138	11461
清远	147	41487	43781	123627	9808
潮州	104	28959	26716	79430	7224
揭阳	224	90141	76659	230994	18341
云浮	80	30093	29608	84294	7333

2-9 各市小学基本情况（2016）

市别	学校数（所）	毕业生数（人）	招生数（人）	在校学生数（人）	教职工数（人）	专任教师数（人）
合计	**10178**	**1270381**	**1711845**	**9052214**	**535967**	**486578**
广州	953	133032	180334	968531	58652	52075
深圳	337	111008	173804	910974	54390	46975
珠海	118	21275	27872	155269	8548	7721
汕头	747	77053	96016	516195	28568	25821
佛山	408	73205	95733	512455	27047	24357
韶关	191	34920	44216	227248	13862	13420
河源	340	38331	53177	291572	19498	18103
梅州	452	46371	63905	330179	20499	19585
惠州	456	70260	100177	530498	28910	26253
汕尾	467	39325	45429	250227	18149	16134
东莞	328	98789	138184	738686	38795	32302
中山	206	39895	53432	285941	16899	14740
江门	316	46961	57310	313894	17043	15830
阳江	146	28723	44202	221471	14671	13652
湛江	780	86076	119341	602486	38348	35588
茂名	1381	93672	115143	598560	35258	33706
肇庆	222	52034	67228	356373	20405	19266
清远	318	43539	64161	320395	19402	18097
潮州	615	28461	36377	198443	11433	10415
揭阳	1232	77735	91788	502299	32674	29854
云浮	165	29716	44016	220518	13270	12684

注：教职工数由各办学类型教职工数折算得出。

2-10 各市学前教育基本情况(2016)

市别	学校数(所)	毕业生数(人)	招生数(人)	在校学生数(人)	教职工数(人)	专任教师数(人)
合计	**17288**	**1403768**	**1950684**	**4216668**	**469367**	**256471**
广州	1693	129836	174280	463037	65715	32653
深圳	1579	154655	173978	463319	68017	33746
珠海	298	14726	27740	71727	10172	5357
汕头	914	51177	82978	182473	21416	14391
佛山	877	89555	101328	282112	38012	19623
韶关	524	44585	51294	123078	11804	6084
河源	561	50363	69610	123578	11549	6289
梅州	700	44181	89617	152762	11388	7241
惠州	637	71661	106591	207214	23242	12382
汕尾	203	17172	45695	65526	4520	2796
东莞	1016	115630	134681	331710	43000	22089
中山	499	43697	45289	133357	16334	8375
江门	552	45107	50268	144031	16345	8952
阳江	544	40837	50363	102762	11076	6212
湛江	1967	98379	188233	315783	25133	16251
茂名	1498	129632	190408	297805	21302	13745
肇庆	519	59800	66424	148792	14477	7653
清远	668	52731	72455	164497	16319	8784
潮州	678	21905	46211	102275	11295	7129
揭阳	975	91904	119501	231308	18310	11256
云浮	386	36235	63740	109522	9941	5463

2–11 各市特殊教育基本情况（2016）

市别	学校数（所）	毕业生数（人）	招生数（人）	在校学生数（人）	教职工数（人）	专任教师（人）
合计	**127**	**3786**	**6853**	**37756**	**4986**	**4069**
广州	22	730	698	4314	1056	888
深圳	4	90	210	1332	321	225
珠海	2	89	115	573	137	99
汕头	8	151	343	1497	244	202
佛山	6	189	297	1594	344	271
韶关	8	214	274	1514	134	113
河源	6	265	572	3112	156	127
梅州	8	163	435	2405	142	124
惠州	6	87	223	1353	371	307
汕尾	3	39	124	680	63	50
东莞	2	73	88	740	211	159
中山	2	128	249	1518	252	225
江门	6	187	282	1684	205	185
阳江	5	117	187	864	82	72
湛江	9	333	596	2908	306	266
茂名	6	199	477	2882	290	208
肇庆	8	293	578	2740	214	194
清远	5	174	440	2283	241	170
潮州	3	36	63	540	41	35
揭阳	4	179	416	2291	90	70
云浮	4	50	186	932	86	79

2-12 各级各类学校教育经费支出情况（2016）

指标	国家财政性教育经费（亿元）	预算内教育经费	民办学校中举办者投入经费（亿元）	社会捐资经费（亿元）	事业收入合计（亿元）	学费和杂费收入	其他收入（亿元）
合　计	**2564.3**	**2541.6**	**50.6**	**11.7**	**825.0**	**674.7**	**54.2**
按学校隶属关系分							
中央	101.3	100.7		2.4	50.9	13.6	8.3
地方	2463.0	2440.9	50.6	9.3	774.1	661.1	45.9
按学校类别分							
高等教育	**461.6**	**450.9**	**9.5**	**7.7**	**292.9**	**202.9**	**27.5**
普通高等学校	453.7	443.0	9.5	7.7	287.7	198.9	27.4
成人高等学校	7.9	7.9			5.2	4.0	0.1
高中阶段教育	**504.4**	**498.2**	**6.6**	**0.9**	**113.0**	**88.0**	**6.9**
中等专业学校	103.1	100.1	0.2	0.1	13.3	7.5	1.1
职业高中	43.3	43.2	0.1		2.1	1.3	0.9
技工学校	53.2	52.6	0.5		14.0	10.2	0.7
成人中等学校	2.1	2.1			0.5	0.2	
普通高中	302.8	300.1	5.8	0.8	83.2	68.6	4.2
义务教育	**1378.1**	**1373.9**	**24.1**	**2.5**	**188.7**	**168.8**	**10.8**
初级中学	491.5	489.4	8.4	0.8	69.3	59.5	4.1
小学	872.4	870.4	15.7	1.7	119.1	109.1	6.6
特殊教育学校	14.2	14.1		0.1	0.4	0.2	0.1
学前教育	**74.8**	**74.5**	**10.5**	**0.6**	**225.3**	**214.9**	**5.7**
幼儿园	74.8	74.5	10.5	0.6	225.3	214.9	5.7
其他	**145.4**	**144.1**			**5.0**	**0.2**	**3.4**

2-13 各级各类学校情况

项 目	2011	2012	2013	2014	2015	2016
高等学校						
学校数（所）	134	138	138	141	143	149
毕业生数（人）	357521	404011	412315	440952	476901	489397
本科（人）	162255	181333	200491	211422	224145	233592
专科（人）	195266	222678	211824	229530	252756	255805
招生数（人）	473647	510856	526162	545132	561456	549822
本科（人）	232217	245316	258079	267205	275399	280433
专科（人）	241430	265540	268083	277927	286057	269389
在校学生数（人）	1527254	1616838	1709881	1794188	1856355	1892878
本科（人）	842347	900352	949585	998186	1040784	1076753
专科（人）	684907	716486	760296	796002	815571	816125
教职工数（人）	119351	124085	128161	135226	139888	142864
#专任教师（人）	82916	87402	91099	95193	98897	101160
中等职业教育						
学校数（所）	538	522	502	495	481	468
毕业生数（人）	366543	419163	488286	457010	417278	389163
招生数（人）	550297	495758	474927	417047	395377	351909
在校学生数（人）	1520525	1495738	1408894	1282205	1172119	1065745
教职工数（人）	60632	60847	58927	58051	57760	57472
#专任教师（人）	45993	46193	45443	45216	44972	44776
技工学校						
学校数（所）	246	243	243	243	163	166
毕业生数（人）	131609	141228	127105	142165	144631	161419
招生数（人）	301870	301322	272962	202518	199406	186303
在校学生数（人）	795187	885190	876154	622614	588570	532587
教职工数（人）	28280	28382	28491	28743	29439	29249
#专任教师（人）	20278	20774	19839	20840	21011	21624
普通中学						
学校数（所）	4328	4326	4366	4399	4434	4510
毕业生数（人）	2249932	2308266	2240211	2111685	2019599	1916488
招生数（人）	2318487	2175745	2030640	1892418	1828856	1861368

2-13 续表　各级各类学校情况

项　目	2011	2012	2013	2014	2015	2016
在校学生数（人）	6994700	6683932	6252379	5907698	5607203	5452167
教职工数（人）	457435	466859	470314	473585	475396	478451
#专任教师（人）	405120	415328	421533	426872	426648	427488
小学						
学校数（所）	15148	13396	11824	10731	10126	10178
毕业生数（人）	1619684	1499644	1370411	1243469	1214916	1270381
招生数（人）	1408922	1452959	1500473	1536722	1658031	1711845
在校学生数（人）	8220577	8082401	8079381	8319147	8688785	9052214
教职工数（人）	488280	486028	486056	497687	514405	535967
#专任教师（人）	432451	432374	437532	454377	468608	486578
学龄儿童入学						
学龄儿童总数（万人）	1015	966	901	1127	1146	1184
已入学学龄儿童数（万人）	1012	964	898	1125	1144	1183
学龄儿童入学率（%）	99.7	99.8	99.7	99.9	99.8	99.9
小学毕业生升学率						
小学毕业生人数（人）	1619684	1499644	1370411	1243469	1214916	1270381
已升学人数（人）	1540940	1402496	1299856	1195611	1164480	1218075
小学毕业生升学率（%）	95.1	93.5	94.9	96.2	95.8	95.9
幼儿园						
幼儿园数（所）	11785	12720	13793	15416	16368	17288
在园幼儿数（人）	3078104	3307177	3545757	3793381	4022844	4216668
教职工数（人）	269963	303996	336666	387991	436203	469367
#专任教师（人）	149764	168842	188182	213800	240749	256471
特殊教育学校						
特殊教育学校数（所）	80	94	99	104	116	127
招生数（人）	3581	4632	3862	5300	7303	6853
在校学生数（人）	25022	24485	21799	28285	36048	37756

注：1. 1995年以来小学毕业生升学率采用教育部口径，即升学率＝初中招生数/小学毕业生数。
2. 2003年起中等职业教育学校包括：普通中等专业学校、成人中等专业学校、职业高中数据。
3. 高中阶段毕业生数不包括技工学校毕业生数。
4. 特殊教育学校是指独立设置招收盲哑和智残儿童以及其他特殊需要的儿童，青少年进行普通或职业初、中等教育的教学机构。

2-14 研究生教育情况

项 目	2011	2012	2013	2014	2015	2016
培养单位数（个）	**31**	**32**	**32**	**28**	**28**	**28**
高等学校	23	24	24	25	25	25
科研单位	8	8	8	3	3	3
招生数（人）	**26919**	**28073**	**29255**	**29769**	**30650**	**32393**
攻读博士学位	3379	3459	3566	3559	3540	3742
高等学校	3184	3261	3368	3551	3532	3734
科研单位	195	198	198	8	8	8
攻读硕士学位	23540	24614	25689	26210	27110	28651
高等学校	23209	24274	25342	26134	27018	28555
科研单位	331	340	347	76	92	96
在校学生数（人）	**77579**	**81459**	**85180**	**86568**	**89404**	**92875**
攻读博士学位	12991	13438	14351	14169	14474	14990
高等学校	12327	12756	13659	14136	14443	14958
科研单位	664	682	692	33	31	32
攻读硕士学位	64588	68021	70829	72399	74930	77885
高等学校	63650	67069	69863	235	74682	77614
科研单位	938	952	966	72164	248	271
毕业生数（人）	**20538**	**23220**	**24353**	**25538**	**26174**	**27155**
攻读博士学位	2589	2803	2907	2837	2947	2947
高等学校	2413	2620	2732	2830	2937	2940
科研单位	176	183	175	7	10	7
攻读硕士学位	17949	20417	21446	22701	23227	24208
高等学校	17696	20156	21170	22627	23151	24134
科研单位	253	261	276	74	76	74

注：2014年起中国科学院大学所辖的广州化学研究所、南海海洋研究所、华南植物研究所、广州能源研究所和广州地球化学研究所的教育事业统一归口中国科学院大学管理，从2014年起研究生数据均不含以上培研究生单位数据。

2-15 各级各类成人教育在校学生数

单位：人

项　目	2011	2012	2013	2014	2015	2016
成人高等教育	**460467**	**489117**	**534376**	**626927**	**664495**	**651963**
成人高等学校	18616	18437	16803	16055	17556	18905
广播电视大学	11100	10856	9196	8799	10256	13326
职工高等学校	6001	5961	5498	5166	5411	5579
管理干部学院	495					
教育学院	1020	1620	2109	2090	1889	
普通高校附设	441851	470680	517573	610872	646939	633058
函授部	161569	174105	185880	235440	281334	319929
夜大学	279064	296413	331693	375432	365605	312884
成人脱产班	1218	162				245
成人中等教育	**32900**	**31719**	**20951**	**13774**	**7443**	**5011**
成人中专学校	28977	27134	29544	11743	7341	4682
农林类						
资源与环境类						
能源类						
土木水利工程类						
加工制造类						
交通运输类						
信息技术类						
医药卫生类						
商贸与旅游类						
财经类						
文化艺术与体育类						
社会公共事业类						
师范类						
其他						
成人中学	3923	4585	1219	2031	102	
成人初等教育						
职工初等教育						
农民初等教育	921					
#扫盲班	921					

2-16 各市中等职业技术教育招生基本情况

单位：人

市　别	2010	2011	2012	2013	2014	2015	2016
合　计	**741320**	**550297**	**495758**	**474927**	**417047**	**395377**	**351909**
广　州	86423	88006	81671	86776	88650	80281	67560
深　圳	9610	10437	12233	12076	13628	13691	13964
珠　海	7945	7896	7648	7073	7837	7556	7795
汕　头	49515	30705	36422	29699	19615	30462	19004
佛　山	27656	27418	28343	25180	26068	25074	23903
韶　关	15767	13561	13195	9983	7212	9000	9103
河　源	15223	13105	13117	9557	8800	8293	8098
梅　州	35009	21275	19107	20208	15604	10373	10345
惠　州	27622	24974	22685	22082	22176	20074	19833
汕　尾	52873	22036	8184	10663	5523	4243	4701
东　莞	16425	16632	16963	17618	19414	20014	21697
中　山	9541	9228	9621	9529	8167	8129	7856
江　门	18723	17867	18698	17655	16649	15298	14776
阳　江	14542	10043	9096	7462	6449	4860	5539
湛　江	53697	52762	51822	45619	36275	26636	24564
茂　名	111825	59725	33491	30648	19352	18451	18514
肇　庆	23897	25909	26066	22932	22212	19264	20451
清　远	27067	17116	15850	17450	13382	11868	11933
潮　州	30539	8313	5823	6634	6556	3584	3460
揭　阳	90753	54285	51293	51476	42648	49240	30692
云　浮	16668	19004	14430	14607	10830	8986	8121

注：中等职业教育数据不含技工学校数据。

2-17 各市中等职业技术教育在校生基本情况

单位：人

市别	2010	2011	2012	2013	2014	2015	2016
合计	**1547785**	**1520525**	**1495738**	**1408894**	**1282205**	**1172119**	**1065745**
广州	248060	249155	240064	241321	245434	237919	216974
深圳	29731	29826	32067	33618	36870	38145	39665
珠海	19944	22135	22674	21734	21756	21326	21597
汕头	90549	104474	109712	109853	85327	81172	64729
佛山	78432	79727	79827	77497	76322	73773	71963
韶关	49499	43775	40244	35083	27892	25003	24888
河源	36943	39042	38853	32715	31071	24933	22354
梅州	70012	72277	70736	63255	55795	40439	32523
惠州	69884	71306	69894	64998	61765	57523	55446
汕尾	75085	66141	57009	42521	30923	18438	12211
东莞	44576	45244	47259	47910	50220	53434	57243
中山	25432	26506	25473	24739	25189	24563	23139
江门	53332	51456	52275	49780	46441	45009	43523
阳江	26898	30899	30441	22240	17776	14345	14607
湛江	113185	119042	128151	116154	103765	84010	71251
茂名	166714	138932	119089	96954	64333	52187	48905
肇庆	77294	74662	69147	67243	64359	59057	58290
清远	56279	58476	49846	45000	42553	39222	32763
潮州	39575	27410	23764	25554	20446	13897	11030
揭阳	140743	126844	145051	150572	138706	135759	117899
云浮	35618	43196	44162	40153	35262	31965	24745

注：中等职业教育数据不含技工学校数据。

2-18 各市普通高中招生基本情况

单位：人

市别	2010	2011	2012	2013	2014	2015	2016
合计	**755881**	**777547**	**773249**	**730784**	**696807**	**664376**	**643293**
广州	60644	59141	59286	60452	60116	60267	58260
深圳	35198	36378	37493	39637	39872	42329	42615
珠海	10565	10679	10527	9501	9815	10144	9902
汕头	49394	52421	56127	55810	52132	49270	47233
佛山	38177	38615	38275	38447	38684	39525	39384
韶关	21561	21175	22413	22059	21006	19375	17576
河源	27916	27524	25534	24017	22974	19887	20975
梅州	47445	46146	42837	39927	36762	32241	30792
惠州	30926	31935	33111	33025	29977	29378	30966
汕尾	28669	40311	37858	27445	25653	23478	21626
东莞	24668	25647	25758	26039	26741	26720	27153
中山	15524	16297	16022	15332	16188	16365	15758
江门	28516	29448	29248	28777	26788	26581	26061
阳江	24310	24331	22689	19453	16412	15734	15536
湛江	71942	73501	71898	66222	62168	57502	49910
茂名	74410	77803	76032	71388	67806	60321	60886
肇庆	30470	30008	31005	29443	29302	26814	26679
清远	29218	28553	27527	25620	24133	22851	23765
潮州	26769	25506	29952	24864	21119	19378	17512
揭阳	60067	62130	59601	54215	51724	50928	44995
云浮	19492	19998	20056	19111	17435	15288	15709

2-19 各市普通高中在校生基本情况

单位：人

市　别	2010	2011	2012	2013	2014	2015	2016
合　计	**2089462**	**2204135**	**2259282**	**2204473**	**2140193**	**2054033**	**1973727**
广　州	177943	178373	177188	177227	178106	178564	176275
深　圳	98536	102890	107926	113639	114797	120073	124216
珠　海	31003	31465	31685	31430	30008	29609	29285
汕　头	137894	151113	157622	161614	160793	154794	146265
佛　山	111905	113163	113315	113746	113747	115268	116350
韶　关	63910	62800	63439	64125	63917	60709	56167
河　源	72436	75546	76163	73345	70632	65393	62652
梅　州	124973	131647	132677	124487	115909	106609	98209
惠　州	83579	90310	93938	96918	94257	91082	90261
汕　尾	70233	91704	103872	86886	82783	74174	68964
东　莞	70398	73644	75851	77045	78053	78905	79851
中　山	44866	46437	47102	46733	46957	47506	47851
江　门	82435	82887	83746	84532	81702	79182	76293
阳　江	68375	70866	70268	63587	56507	50595	47250
湛　江	197849	206842	211097	198448	193675	183055	167483
茂　名	195854	213894	221037	218544	211857	196688	186683
肇　庆	89013	88005	88773	88210	88027	84247	81513
清　远	82619	82053	82618	79605	75688	71005	69236
潮　州	68325	73917	83647	77779	66222	61968	56528
揭　阳	163242	178611	178315	168633	161058	153878	144808
云　浮	54074	57968	59003	57940	55498	50729	47587

2-20 各市普通初中招生基本情况

单位：人

市别	2010	2011	2012	2013	2014	2015	2016
合计	**1663662**	**1540940**	**1402496**	**1299856**	**1195611**	**1164480**	**1218075**
广州	131050	129031	125033	122175	113479	110824	116292
深圳	85137	87004	90490	91523	90897	92997	101066
珠海	21637	21479	21458	20786	19391	18997	20647
汕头	119141	110991	98777	87123	78048	74081	75283
佛山	72498	72182	69019	66939	64414	65850	71944
韶关	44429	38694	34442	32050	31388	31996	34987
河源	53481	46915	41756	38852	36670	36625	39579
梅州	78962	65006	53932	48595	45990	45083	47517
惠州	76186	70714	64934	62619	60994	62207	68713
汕尾	76351	69274	61639	49263	42259	39481	39356
东莞	68528	69508	70590	74131	75371	76593	83528
中山	39431	38731	36936	34702	33743	34155	37043
江门	60292	55192	50488	48871	45454	44764	45992
阳江	40004	34025	28794	28211	25274	25909	28435
湛江	172482	165379	145452	119199	97962	87218	85880
茂名	147331	131077	116966	109469	99654	93417	93977
肇庆	78621	73672	64991	62299	53928	51386	51072
清远	64699	54051	46052	43837	41153	41334	43781
潮州	45992	40860	35488	30590	28110	26598	26716
揭阳	138478	125857	111702	97449	83693	77029	76659
云浮	48932	41298	33557	31173	27739	27936	29608

2-21 各市普通初中在校生基本情况

单位：人

市别	2010	2011	2012	2013	2014	2015	2016
合计	**5001040**	**4790565**	**4424650**	**4047906**	**3767505**	**3553170**	**3478440**
广州	394337	383245	373481	369714	354764	336664	329410
深圳	236216	244052	251717	258096	263893	265148	272239
珠海	64299	63914	63276	62456	60538	57950	57643
汕头	355589	347804	304166	277122	252158	231265	221311
佛山	211477	210286	205318	201867	194022	190744	197004
韶关	135955	128780	114484	102929	96761	94080	97295
河源	168743	154237	137110	122384	114779	110961	112461
梅州	249625	226558	194402	165197	147971	139563	138294
惠州	225088	217436	202623	190399	182052	179645	184770
汕尾	228005	220151	198040	158783	140079	124591	117432
东莞	187878	189432	192067	201244	206595	208677	215902
中山	108053	110413	109750	105902	100528	98245	100831
江门	181477	170182	158109	149752	141250	134963	132318
阳江	130815	115003	101351	89651	81478	78541	78997
湛江	508432	500039	469963	390165	347100	297605	266084
茂名	459283	431164	388287	347954	318182	298459	283966
肇庆	239346	229987	213776	197486	178141	165154	154138
清远	197635	177565	154875	138584	128103	123469	123627
潮州	141575	132932	120277	103198	91362	83212	79430
揭阳	421558	397396	351484	311894	276804	248730	230994
云浮	155654	139989	120094	103129	90945	85504	84294

2-22 各市小学招生基本情况

单位：人

市别	2010	2011	2012	2013	2014	2015	2016
合计	**1359159**	**1408922**	**1452959**	**1500473**	**1536722**	**1658031**	**1711845**
广州	138944	148472	151108	167919	173884	178035	180334
深圳	118031	128091	137276	147097	162498	172097	173804
珠海	21550	22850	24531	25299	28020	27963	27872
汕头	81378	82103	84153	84428	86580	92881	96016
佛山	75013	80254	81732	84423	86118	89702	95733
韶关	36428	37018	37069	36084	36124	40370	44216
河源	43719	45016	48747	49628	50902	54892	53177
梅州	51818	53059	53543	53005	56929	60014	63905
惠州	72570	78119	87160	89068	87966	96841	100177
汕尾	49351	48037	49009	41497	37977	45019	45429
东莞	108900	114763	123290	127237	125039	140495	138184
中山	40836	43873	45587	47295	50068	51422	53432
江门	47688	49418	50653	52693	52625	55769	57310
阳江	30427	32269	33489	35559	36777	42092	44202
湛江	96700	97094	95319	96596	99124	111734	119341
茂名	100355	96596	95500	97251	98093	109481	115143
肇庆	53286	54967	55597	58402	59447	65658	67228
清远	44352	45793	47813	51532	53812	59359	64161
潮州	30070	31525	31589	35277	34278	35303	36377
揭阳	86822	87318	86436	84921	82517	88187	91788
云浮	30921	32287	33358	35262	37944	40717	44016

2-23 各市小学在校生基本情况

单位：人

市　别	2010	2011	2012	2013	2014	2015	2016
合　计	**8485498**	**8220577**	**8082401**	**8079381**	**8319147**	**8688785**	**9052214**
广　州	824807	819771	822594	859263	900072	937870	968531
深　圳	618459	651307	683058	730232	793178	864841	910974
珠　海	126274	126878	128546	131577	140593	148795	155269
汕　头	567743	530962	495278	485143	487220	500404	516195
佛　山	438153	445475	452779	463667	474382	490146	512455
韶　关	207299	205298	205681	206775	210459	218150	227248
河　源	255088	249088	247526	247677	260471	277545	291572
梅　州	313281	296489	291187	289871	298971	312546	330179
惠　州	397983	403950	421074	445608	472152	504066	530498
汕　尾	354197	323764	297910	247257	240454	244762	250227
东　莞	552377	578279	608118	659138	687269	719263	738686
中　山	237846	239896	246097	257539	267907	276744	285941
江　门	302376	294749	291292	295745	299322	306211	313894
阳　江	175232	171727	176814	181498	192121	206912	221471
湛　江	753918	681592	624144	550561	549528	570321	602486
茂　名	666633	624065	598040	568011	563247	577167	598560
肇　庆	368247	346029	334632	327739	332450	342841	356373
清　远	272954	261298	262010	269770	282153	299721	320395
潮　州	202423	190553	183840	184134	187458	192524	198443
揭　阳	653521	594115	528670	492418	484782	491090	502299
云　浮	196687	185292	183111	185758	194958	206866	220518

2-24 各市学前教育招生基本情况

单位：人

市别	2010	2011	2012	2013	2014	2015	2016
合计	**1420443**	**1485321**	**1545551**	**1709973**	**1846417**	**1868715**	**1950684**
广州	108243	107685	117433	126112	137608	164102	174280
深圳	110977	118843	122138	143792	174195	159728	173978
珠海	17634	16997	15874	18513	22577	27641	27740
汕头	60978	60191	66304	71220	80208	79188	82978
佛山	58410	60182	59663	74527	84010	94990	101328
韶关	46298	44785	42459	52084	47280	48550	51294
河源	57670	62529	71074	77100	66762	64522	69610
梅州	66202	73519	76578	83848	87519	94566	89617
惠州	73813	74091	78415	88817	90106	98785	106591
汕尾	38263	43731	38329	37591	42653	43737	45695
东莞	94541	85512	107074	110484	126185	132911	134681
中山	32906	33178	37906	35525	44845	46290	45289
江门	46069	45979	45806	51144	51195	51422	50268
阳江	38086	47686	52994	53942	60203	51348	50363
湛江	123349	142306	130598	150459	175155	178434	188233
茂名	144544	145384	163967	174335	193630	175883	190408
肇庆	82549	77320	67727	74568	66344	65277	66424
清远	54393	59440	62946	70652	72273	72530	72455
潮州	24915	28677	32285	44931	46641	42179	46211
揭阳	92513	107281	99933	111841	121112	114295	119501
云浮	48090	50005	56048	58488	55916	62337	63740

2-25 各市学前教育在校生基本情况

单位：人

市别	2010	2011	2012	2013	2014	2015	2016
合计	**2772293**	**3078104**	**3307177**	**3545757**	**3793381**	**4022844**	**4216668**
广州	342762	358861	383364	378728	404261	445218	463037
深圳	260873	285146	316929	368937	399014	438498	463319
珠海	46713	47514	50427	54809	58346	66666	71727
汕头	133284	140425	155305	162260	175588	179226	182473
佛山	197936	219937	222537	236542	251361	268740	282112
韶关	86148	94394	101307	107913	112750	119343	123078
河源	82714	94426	109018	123308	120117	119081	123578
梅州	97319	108006	116904	129613	136897	145804	152762
惠州	114440	128324	144528	163139	175808	193674	207214
汕尾	51868	53958	56700	56181	58005	60926	65526
东莞	208373	227656	255657	277777	290548	314449	331710
中山	96347	104926	111171	110688	122768	129617	133357
江门	115904	120814	122070	128413	132851	139386	144031
阳江	58244	74468	83835	88490	99316	99284	102762
湛江	186056	208290	227216	238106	278984	295880	315783
茂名	187033	234338	254735	258450	273446	285363	297805
肇庆	127567	133294	128297	136407	140417	145801	148792
清远	92089	108508	119673	136754	148397	156763	164497
潮州	66761	74107	81604	96419	100639	98227	102275
揭阳	151236	184997	178246	199104	217759	218798	231308
云浮	68626	75715	87654	93719	96109	102100	109522

2-26 历年普通高等教育基本情况

年份	学校数（所）	毕业生数（人）	招生数（人）	在校生数（人）	教职工数（人）	专任教师数（人）
1978	23	5125	11430	30705	20139	9047
1979	26	1876	8706	37892	21736	9709
1980	27	7595	9654	41004	24223	9480
1981	28	5491	9817	44723	25591	9832
1982	30	15311	11732	40931	28024	11165
1983	33	10411	14588	45592	29592	11974
1984	34	10615	19979	54730	31523	11629
1985	41	11004	25955	69897	34141	13586
1986	44	16284	25464	78346	36956	14824
1987	44	20552	28624	86297	37526	14979
1988	45	25277	36878	97224	38783	15706
1989	45	26248	29317	100393	39008	15762
1990	45	33663	29613	95929	38841	15735
1991	41	32627	30541	92655	38416	15470
1992	43	30294	35519	97432	38894	15076
1993	45	27670	47560	116957	40169	15734
1994	47	25999	47573	137458	40870	16134
1995	42	34830	49419	151788	41464	16552
1996	41	42644	55680	164017	42355	16899
1997	42	44134	57059	174740	42816	16939
1998	43	49270	60976	185047	42683	17053
1999	50	47988	94114	229583	44645	18489
2000	52	49714	120784	299475	46827	20433
2001	62	58835	139050	381926	51057	23467
2002	71	84696	176135	467807	60305	32961
2003	77	105533	225837	587779	70394	40192
2004	94	125229	264569	726866	79820	46951
2005	102	157082	306956	874686	90771	54257
2006	105	196036	344150	1008577	100317	61119
2007	109	233129	354885	1119655	108190	67091
2008	125	282469	390732	1216390	111780	69223
2009	129	309190	438583	1334089	108598	73943
2010	131	334187	440167	1426624	114018	78569
2011	134	357521	473647	1527254	119351	82916
2012	138	404011	510856	1616838	124085	87402
2013	138	412315	526162	1709881	128161	91099
2014	141	440952	545132	1794188	135226	95193
2015	143	476901	561456	1856355	139888	98897
2016	149	489397	549822	1892878	142864	101160

注：2008年以后学校数包含独立学院校数。普通高校学校数含2016年10月、12月教育部批准设立的深圳北理莫斯科大学、

2-27 历年成人高等教育基本情况

年份	学校数（所）	毕业生数（人）	招生数（人）	在校生数（人）	教职工数（人）	专任教师数（人）
1990	61	20043	17899	87153	8561	3897
1991	62	32018	16775	78807	8715	3831
1992	54	23171	22745	75685	8760	3897
1993	57	16275	52608	125213	9417	4294
1994	58	15768	33441	137014	10220	4891
1995	61	41587	46737	135053	11407	5408
1996	61	31593	28535	125780	11552	5611
1997	61	40798	50643	131155	11683	5736
1998	57	36125	51290	146334	11846	6041
1999	54	43980	60709	166291	12345	5472
2000	41	45316	85635	201410	10037	5636
2001	40	56437	97087	233032	10291	7726
2002	37	67432	125537	288992	13505	7259
2003	34	87088	140235	209246	12673	7033
2004	30	97547	137215	258364	12281	5401
2005	20	33000	144159	295618	9172	5586
2006	19	110337	149345	404451	9253	5382
2007	19	129749	140543	424232	9028	5503
2008	19	129315	159472	444980	9223	5503
2009	15	135010	166462	463395	9262	5685
2010	15	144427	161757	463987	9831	6115
2011	15	151953	161819	460467	4573	2835
2012	15	145810	189069	489117	4656	2814
2013	15	156277	215771	534376	4612	2742
2014	15	152627	264058	626927	4424	2619
2015	15	183503	241193	664495	4286	2552
2016	14	210813	224860	651963	4009	2438

2-28 历年技工学校基本情况

单位：所，万人

年 份	学校数	在校生数	招生数	毕业生数	教职工总数	
						专任教师数
1979	80	0.7	0.7		0.4	0.2
1980	82	1.6	0.9	1.0	0.4	0.2
1981	87	1.4	0.5	0.7	0.5	0.2
1982	85	1.0	0.5	0.8	0.5	0.2
1983	85	0.9	0.5	0.5	0.5	0.2
1984	92	1.0	0.6	0.5	0.5	0.2
1985	97	1.5	0.8	0.4	0.5	0.2
1986	95	2.0	1.1	0.5	0.5	0.2
1987	107	2.6	1.3	0.6	0.6	0.3
1988	109	3.4	1.5	0.6	0.7	0.3
1989	124	3.9	1.6	1.0	0.8	0.4
1990	127	5.2	2.1	0.6	0.9	0.4
1991	136	5.6	2.2	1.7	1.0	0.4
1992	145	6.3	2.7	1.7	1.0	0.5
1993	151	7.7	3.5	1.9	1.1	0.5
1994	159	9.5	3.9	2.2	1.1	0.5
1995	171	11.1	4.7	2.8	1.2	0.6
1996	178	12.3	4.8	3.4	1.3	0.7
1997	186	13.3	5.3	3.5	1.2	0.7
1998	190	13.6	5.0	4.1	1.3	0.8
1999	192	15.6	5.6	4.2	1.3	0.7
2000	186	14.5	5.8	4.3	1.1	0.7
2001	186	16.7	7.1	4.1	1.1	0.7
2002	156	19.1	8.2	4.4	1.1	0.8
2003	186	24.0	10.0	4.4	1.3	0.9
2004	186	28.0	11.3	5.5	1.4	1.0
2005	192	32.8	12.9	7.1	1.5	1.0
2006	202	38.1	15.1	8.2	1.6	1.0
2007	217	45.8	18.1	9.5	2.0	1.5
2008	228	53.5	20.3	10.3	2.1	1.6
2009	242	65.0	27.0	11.7	2.5	1.9
2010	246	75.4	28.2	12.8	2.8	2.0
2011	246	79.5	30.2	13.2	2.8	2.0
2012	243	88.5	30.1	14.1	2.8	2.1
2013	243	87.6	27.3	12.7	2.8	2.0
2014	243	62.3	20.3	14.2	2.9	2.1
2015	163	58.9	19.9	14.5	2.9	2.1
2016	166	53.3	18.6	16.1	2.9	2.2

2-29 历年普通高中基本情况

年 份	学校数（所）	毕业生数（人）	招生数（人）	在校生数（人）	教职工数（人）	专任教师数（人）
1978	1956	371403	268527	680311	180435	33194
1979	1500	361183	216048	472943	172721	26235
1980	1243	233699	189538	402135	166183	23614
1981	1124	191494	155023	334525	157390	22150
1982	1001	154486	141872	296630	148225	20443
1983	843	113285	126638	283878	145883	18963
1984	820	85740	128431	318630	150582	19506
1985	832	96998	121376	333154	158714	20722
1986	828	98771	121661	350285	165276	21393
1987	825	112049	126351	352768	170755	22422
1988	823	111825	125114	350799	175715	23602
1989	821	108253	123574	351594	176967	23764
1990	837	110310	129526	361234	178487	24693
1991	826	113317	121255	359955	182901	25562
1992	822	114171	116294	348588	190186	26131
1993	802	118953	119641	331501	199399	25871
1994	824	103398	130256	346647	208805	25148
1995	836	102593	155585	389031	223091	26255
1996	848	108762	181399	450928	238141	28738
1997	882	119086	206983	524717	247891	32118
1998	900	142876	226833	590404	256390	35778
1999	914	165284	241505	641074	265253	39187
2000	947	182354	286825	725276	275686	43941
2001	1000	206752	332084	842763	289103	50124
2002	1012	228122	385020	984104	305781	57475
2003	995	274956	442596	1137234	323075	66190
2004	998	318190	508059	1313116	339997	75330
2005	981	374445	569753	1489863	360341	86079
2006	1005	429856	607748	1634639	377490	95581
2007	1019	479969	606934	1724319	395636	103445
2008	1018	534880	668073	1817646	412718	110689
2009	1020	568989	717900	1924412	429596	118549
2010	1026	567648	755881	2089462	445335	125069
2011	1012	630863	777547	2204135	457435	137112
2012	1017	688461	773249	2259282	466859	141835
2013	1015	723659	730784	2204473	470314	144756
2014	1012	728690	696807	2140193	473585	148361
2015	1019	726690	664376	2054033	475396	150861
2016	1031	703300	643293	1973727	478451	151612

注：普通高中教职工数包含普通初中教职工数。

2–30 历年普通初中基本情况

年 份	学校数（所）	毕业生数（人）	招生数（人）	在校生数（人）	专任教师数（人）
1978	280	725718	985826	2452877	121377
1979	947	655264	842119	2214375	117938
1980	1438	431480	784691	2118968	111346
1981	1941	468396	695854	1852548	101063
1982	2271	392887	662130	1705273	92334
1983	2651	377206	680684	1712052	90874
1984	2705	387346	734342	1888312	93553
1985	3017	436284	747799	2031394	99566
1986	3108	505781	742515	2149010	103438
1987	3313	573271	743567	2173253	106675
1988	3246	616436	723707	2091518	109171
1989	3107	610937	691086	2005700	109359
1990	3042	602594	704083	1979067	110035
1991	2996	591590	758299	2022810	113265
1992	2961	577866	880805	2201651	119239
1993	2964	589105	956982	2440376	128072
1994	2993	637122	1047969	2727104	137655
1995	3009	755564	1156238	3005525	149486
1996	3034	837696	1221333	3280949	160091
1997	3007	933232	1273310	3483818	167975
1998	2979	1035789	1317264	3645724	173199
1999	3000	1091006	1374296	3797987	179712
2000	3017	1135845	1424737	3881614	184661
2001	2917	1140968	1426843	4054225	189195
2002	2932	1220166	1467948	4149939	197320
2003	3184	1282353	1548622	4321843	205339
2004	3243	1314006	1586418	4495533	213640
2005	3301	1368854	1626601	4627044	221224
2006	3327	1425940	1706870	4758296	228956
2007	3297	1434350	1743138	4829437	238399
2008	3334	1429971	1803636	4978825	247359
2009	3322	1481488	1756780	5036732	256571
2010	3308	1534663	1663662	5001040	266445
2011	3316	1619069	1540940	4790565	268008
2012	3309	1619805	1402496	4424650	273493
2013	3351	1516552	1299856	4047906	276777
2014	3387	1382995	1195611	3767505	278511
2015	3415	1292909	1164480	3553170	275787
2016	3479	1213188	1218075	3478440	2758836

2-31 历年小学基本情况

年 份	学校数（所）	毕业生数（人）	招生数（人）	在校生数（人）	教职工数（人）	专任教师数（人）
1978	23820	1142691	1515195	7430209	303467	260933
1979	24458	1062960	1565500	7438125	322562	274065
1980	24981	1043244	1493077	7488593	331390	281403
1981	24728	1042564	1371758	7347804	329762	280398
1982	24916	1044479	1302235	7230311	323942	275502
1983	25037	1143228	1188139	7053368	321185	272479
1984	24821	1166653	1140879	6927289	317692	269535
1985	24630	1141197	1088948	6712468	316431	268120
1986	24566	1064129	1198284	6706215	313210	263428
1987	24651	996946	1227785	6773671	314803	267111
1988	24611	916060	1243156	6887228	320208	269478
1989	24625	836679	1270805	7151532	324942	273601
1990	24610	824945	1299348	7472928	329460	277262
1991	24633	877430	1337393	7789333	336576	283465
1992	24654	1022360	1386454	8039814	343299	289920
1993	24686	1086876	1463095	8321421	351947	298601
1994	24718	1146583	1531761	8622146	360320	305946
1995	24628	1215578	1515530	8831914	376759	321434
1996	24688	1272996	1493611	8976384	392034	338242
1997	24730	1330786	1532419	9113410	402805	346423
1998	24724	1374593	1493285	9351270	404037	347886
1999	24556	1433779	1498378	9209566	414314	357429
2000	24202	1484833	1557286	9299314	420385	364118
2001	23611	1484451	1604435	9529844	428614	371283
2002	23314	1529035	1687362	9796069	437121	379755
2003	22792	1586749	1729914	10253706	447013	389262
2004	21944	1628669	1684682	10496221	455679	396487
2005	21228	1674305	1641550	10670304	463715	403824
2006	20512	1754494	1556420	10569906	467730	407584
2007	19891	1803140	1438722	10176170	474573	414470
2008	19271	1867640	1315880	9564740	476680	416608
2009	18506	1835297	1274186	8876522	477034	418311
2010	16806	1741881	1359159	8485498	487773	430735
2011	15148	1619684	1408922	8220577	488280	432451
2012	13396	1499644	1452959	8082401	486028	432374
2013	11824	1370411	1500473	8079381	486056	437532
2014	10731	1243469	1536722	8319147	497687	454377
2015	10126	1214916	1658031	8688785	514405	468608
2016	10178	1270381	1711845	9052214	535967	486578

2-32 历年学前教育基本情况

年 份	学校数（所）	毕业生数（人）	在校生数（人）	教职工数（人）	专任教师数（人）
1978	7331		438528	30371	16782
1979	5690		395646	26949	14881
1980	6513		479193	28880	15333
1981	6340		487477	30893	16545
1982	6678		585354	34611	19263
1983	6646		634201	37518	20906
1984	6254		771137	41489	24415
1985	6104		929877	43531	28319
1986	6912		1048760	48024	30024
1987	7379		1263029	56064	35270
1988	7249	675080	1327988	58426	37452
1989	7280	733732	1419233	62754	40897
1990	7469	803576	1500521	65195	42905
1991	6335	976754	1657423	68626	45115
1992	6917	1087165	1775729	73770	49308
1993	6533	1189012	1905347	78482	53534
1994	7243	1154865	1918458	85560	57790
1995	7923	1419777	2000082	90904	59344
1996	8582	1390978	2018878	96599	64339
1997	9425	1376406	2027578	104353	68651
1998	10147	1323611	2036463	111288	73096
1999	11836	1345465	2130453	123815	79748
2000	12027	1337009	2141789	129060	83552
2001	9790	1392440	2209151	131919	76490
2002	10135	1183264	2115525	135608	77731
2003	10067	1145873	2125196	143381	82186
2004	10213	1143651	2131994	149289	85805
2005	10359	1082389	2139186	158971	91789
2006	10622	1042662	2192932	169126	98396
2007	10594	1033175	2226430	179061	104541
2008	10533	975273	2323511	191444	111597
2009	11018	978931	2494689	210313	122470
2010	11161	1036468	2772293	236760	136321
2011	11785	981433	3078104	269963	149764
2012	12720	1139751	3307177	303996	168842
2013	13793	1082455	3545757	336666	188182
2014	15416	1142897	3793381	387991	213800
2015	16368	1293693	4022844	436203	240749
2016	**17288**	**1403768**	**4216668**	**469367**	**256471**

2-33 历年各级各类学校在校学生数

单位：万人

年　份	高等学校	中等学校			小学
		中等职业教育学校	技工学校	普通中学	
1978	3.1	3.6		313.3	743.0
1979	3.8	4.5	0.7	268.7	743.8
1980	4.1	6.3	1.6	252.1	748.9
1981	4.5	6.1	1.4	218.7	734.8
1982	4.1	6.5	1.0	200.2	723.0
1983	4.6	10.0	0.9	199.6	705.3
1984	5.5	13.0	1.0	220.7	692.7
1985	7.0	18.0	1.5	236.5	671.3
1986	7.8	28.2	1.5	249.9	670.6
1987	8.6	34.3	2.6	252.6	677.4
1988	9.7	37.6	3.4	244.2	688.7
1989	10.0	42.1	3.9	235.7	715.2
1990	9.6	45.3	5.2	234.0	747.3
1991	9.3	44.7	5.6	238.3	788.9
1992	9.7	46.3	6.6	255.0	809.0
1993	11.7	50.2	7.7	277.2	832.1
1994	13.8	55.9	9.6	307.4	862.2
1995	15.2	66.7	11.1	339.5	883.2
1996	16.4	67.3	12.3	373.2	897.6
1997	17.5	72.7	13.3	400.9	911.3
1998	18.5	70.5	14.5	423.6	918.0
1999	22.1	69.5	23.0	443.9	921.0
2000	30.0	65.6	15.5	460.7	929.9
2001	38.2	62.0	16.7	489.7	953.0
2002	46.8	61.2	17.8	513.4	979.6
2003	58.8	63.1	23.9	545.9	1025.4
2004	72.7	65.5	28.1	580.9	1049.6
2005	87.5	71.0	32.8	611.7	1067.0
2006	100.9	80.8	38.2	639.3	1057.0
2007	112.0	90.8	45.8	655.4	1017.6
2008	121.6	100.1	53.5	679.5	956.5
2009	133.4	120.5	65.0	696.1	887.7
2010	142.7	154.8	75.4	709.1	848.5
2011	152.7	152.1	79.5	699.5	822.1
2012	161.7	149.6	88.5	668.4	808.2
2013	171.0	140.9	87.6	625.2	807.9
2014	179.4	128.2	62.3	590.8	831.9
2015	185.6	117.2	58.9	560.7	868.9
2016	**189.3**	**106.6**		**545.2**	**905.2**

注：1. 高等学校人数指普通本、专科人数，下同。
　　2. 1986年后中等职业教育学校包括普通中专、成人中专、职业高中，1986年前缺成人中专数据。

主要统计指标解释

教育经费支出 分为事业经费和基建支出两部分。1. 事业经费支出分为“个人部分支出”和“公用部分支出”两个部分。个人部分支出：指用于公办、民办教职工，离退休人员，学生等个人方面的支出。包括基本工资、补助工资、其他工资、职工福利费、社会保障费及奖贷助学金。公用部分支出包括：公务费、业务费、设备购置费、修缮费、其他属于公用性质的经费支出。2. 基建支出：指属于基建投资额度范围内的，并列入各级计划部门基建计划，由学校和教育事业单位经批准用教育基建拨款和其他自筹资金安排的基本建设，并专存银行基建专户的支出。

普通高等学校 是指按国家规定的设置标准和审批程序批准举办的，通过全国普通高等教育统一招生考试，招收高中毕业生为主要培养对象，实施高等学历教育的全日制大学、独立设置的学院和高等专科学校、高等职业学校和其他机构。大学、独立设置的学院主要实施本科及本科层次以上教育。高等专科学校、高等职业学校实施专科层次教育。其他机构是承担国家普通招生计划任务不计校数的机构，包括普通高等学校分校和批准筹建的普通高等学校等。

中等职业教育学校 是指按国家规定的设置标准和审批程序批准成立的实施中等职业教育的学校（机构），包括原属普通中等专业学校、成人中等专业学校、职业高中及技工学校。

初中学生毛入学率 指初级中学（普通初中和职业初中）在校生总数占初中学龄人口数的比重。

高中阶段教育入学率 是指当年初中毕业生进入高中阶段（包括普通高中、职业高中、中等专业学校、技工学校、成人中等专业学校、成人高中）学习的比重。

高等教育毛入学率 是指高等教育阶段（包括国家承认学历的各类高等教育：普通高校本专科、研究生、成人本专科、网络本专科、军事院校本专科）在校学生折合数加上自学考试毕业人数折合数总数占高等教育学龄（18 ～ 22 岁）人口数的比重。

三、卫　生

简要说明

1. 本篇资料主要反映广东省卫生事业发展情况。

2. 本篇资料主要包括：

（1）级各类卫生机构基本情况、卫生技术人员数、床位及使用情况、医疗业务开展情况、医疗设备拥有和使用情况及农村卫生情况等。

（2）地区全省和 21 个地级以上市。

（3）年份主要有当年、近 5 年连续年份。

3. 统计资料来源：本篇资料由广东省卫计委负责整理、审核、提供。

2016年广东省医疗卫生事业发展概述

2016年，广东坚持医疗卫生事业的公益性，全面深化医疗卫生体制改革，医疗卫生资源显著增加，医疗卫生服务质量进一步提升，公共卫生、疾病防控、生育服务管理等工作得到加强，医疗卫生事业成效显著。

卫生资源总量继续增加，医疗服务能力不断增强。2016年底，全省医疗卫生机构4.9万个，其中：医院1380个、基层医疗卫生机构46033个、专业公共卫生机构1590个。与上年相比，医疗卫生机构总量增加757个。全省医疗机构拥有床位46.5万张。与上年相比，全省医疗机构床位增加2.9万张，增长6.7%。全省每千常住人口床位数4.23张，高于2015年的4.02张。全省每千常住人口执业(助理)医师2.22人，注册护士2.58人，分别比上年增加0.11人、0.23人；每万人口全科医师1.73人，比上年增加0.32人。全省医疗卫生机构拥有万元以上设备台数达54.4万台，比上年增加4.4万台，增长8.8%。全省医疗卫生机构房屋建筑面积5448.2万平方米，平均每家医院、卫生院、社区卫生服务中心房屋建筑面积分别为25922、4648、2163平方米。

医疗机构服务量继续增加，就医需求加快释放。2016年，全省医疗机构总诊疗人次达8.11亿人次，其中：医院3.70亿人次，卫生院、社区卫生服务机构1.85亿人次，村卫生室1.28亿人次，门诊部（所）0.85亿人次，其他医疗机构0.45亿人次。与上年相比，医疗机构诊疗人次增加2272.0万人次，增长2.9%，增速高于上年的0.8%。全省医疗机构出院人次达1544.6万人次，其中：医院1209.1万人次，卫生院197.6万人次，妇幼保健院116.1万人次。与2015年相比，全省医疗机构出院人次增加105.7万人次，增长7.3%，增速高于上年的3.3%。

医疗保障体系实现制度和人群上全覆盖。2016年底，全省参加城镇职工医疗保险3814.1万人，比2010年增加 579.77 万人。至2012年底，全省统一的城乡居民基本医保制度已覆盖除职工基本医保制度应参保人员以外的省内其它城乡居民。2016年广东城乡居民基本医疗保险参保人数6336.06万人,比2011年增加2803.27万人。城乡居民基本医疗保险参保率基本稳定在98%以上，医保人均政府补助标准提高到不低于420元，人均个人缴费不低于150元。城乡居民大病保险和医疗救助制度不断巩固完善，基本公共卫生服务均等化水平提升,基本公共卫生服务覆盖面进一步扩大，服务内容进一步拓展,基本公共卫生服务经费补助标准不断提高,全省人均基本公共卫生服务经费财政补助标准提高到45元。

妇幼保健、公共卫生成效显著。2016年底，广东众多公共卫生服务指标超额完成卫生事业规划的目标要求。全省孕产妇系统管理率达92.11%、农村孕产妇住院分娩率达99.74%、国家免疫规划的免疫接种率达到95%以上的乡镇占乡镇总数的比例为98.32%、3岁以下儿童系统管理率达91.85%、新生儿遗传代谢性疾病筛查率达86.47%、新生儿听力筛查覆盖率达82.02%。至2016年底，全省卫生镇覆盖率为39.72%，比2011年提高18.4个百分点；卫生村人口受益率57.83 %，比2011上升30.37个百分点。

医疗卫生体制改革稳步推进。制定《广东省深化医药卫生体制改革2016年工作要点》,完善县级公立医院综合改革，全面推开城市公立医院综合改革，全面推开分级诊疗工作，扩大家庭医生签约服务，提升基层服务能力，巩固完善全民医保体系，推进建立稳定可持续的筹资和保障水平调整机制。

撰稿：陈东清　陈龙

3-1 各类卫生机构基本情况（2016）

卫生机构名称	机构数量（个）	实有床位（张）	卫生人员（人）				
			合计	卫技人员（人）	其他技术人员(人)	管理人员（人）	工勤人员（人）
合计	**49124**	**465228**	**821880**	**667525**	**51403**	**31386**	**71566**
一、医院	1380	371602	496634	412908	15860	20706	47160
二、卫生院	1201	56821	89671	76274	3844	2164	7389
街道卫生院	9	767	1509	1306	38	31	134
乡镇卫生院	1192	56054	88162	74968	3806	2133	7255
三、疗养院	17	1036	1164	716	69	128	251
四、社区卫生服务中心（站）	2566	8504	51067	44572	1330	1444	3721
社区卫生服务中心	1082	8480	43687	37719	1232	1279	3457
社区卫生服务站	1484	24	7380	6853	98	165	264
五、门诊部	2599	264	29889	25646	462	1305	2476
六、诊所、卫生所、医务室	12781	27	36596	35305	103	293	895
诊所	9842	19	27854	26836	64	236	718
卫生所、医务室	2938	8	8738	8465	39	57	177
护理站	1		4	4			
七、急救中心（站）	21		522	279	21	126	96
八、采供血机构	42		2475	1833	133	148	361
九、妇幼保健院（所、站）	129	21152	42926	36087	1550	1674	3615
十、专科疾病防治院(所、站)	135	5822	8769	6761	608	425	975
十一、疾病预防控制中心	137		11353	8427	866	676	1384
十二、卫生监督所（中心）	195		4877	3603	159	596	519
十三、医学科学研究机构	17		99	45	17	27	10
十四、医学在职培训机构	12		855	304	394	78	79
十五、健康教育所(站、中心)	33		300	150	73	49	28
十六、其他卫生机构	973		11071	5994	923	1547	2607
十七、村卫生室	26886		33612	8621	24991		

注：合计中含村卫生室数，下同。

3-2 各类卫生机构卫生技术人员情况（2016）

单位：人

卫生机构名称	执业(助理)医师	注册护士	药师(士)	检验技师（士）	影像技师（士）	其他卫生技术人员
合计	**244139**	**284223**	**39314**	**24443**	**8220**	**67186**
一、医院	132757	198006	24200	14540	5944	37461
二、卫生院	31171	24812	5573	2302	953	11463
街道卫生院	518	471	135	49	8	125
乡镇卫生院	30653	24341	5438	2253	945	11338
三、疗养院	291	275	49	48	21	32
四、社区卫生服务中心（站）	19550	15989	3947	1365	320	3401
社区卫生服务中心	16533	13327	3321	1231	288	3019
社区卫生服务站	3017	2662	626	134	32	382
五、门诊部	12205	9793	1463	777	291	1117
六、诊所、卫生所、医务室	20556	11123	1243	146	35	2202
诊所	16013	8518	1029	72	24	1180
卫生所、医务室	4542	2602	214	74	11	1022
护理站	1	3	0	0	0	0
七、急救中心（站）	58	165	3	7	0	46
八、采供血机构	260	1011	15	359	0	188
九、妇幼保健院（所、站）	11027	16664	1771	1908	369	4348
十、专科疾病防治院（所、站）	2742	2062	576	554	122	705
十一、疾病预防控制中心	4388	1049	194	1745	92	959
十二、卫生监督所（中心）	0	0	0	0	0	3603
十三、医学科学研究机构	21	3	6	8	0	7
十四、医学在职培训机构	102	89	22	5	1	85
十五、健康教育所（站、中心）	71	22	11	5	0	41
十六、其他卫生机构	2076	1403	241	674	72	1528
十七、村卫生室	6864	1757				

注：合计中含村卫生室数；村卫生室只列出执业（助理）医师、注册护士数。

3-3 医院、卫生院卫生技术人员情况（2016）

单位：人

卫生机构名称	执业(助理)医师	注册护士	药师(士)	检验技师（士）	影像技师（士）	其他卫生技术人员
医院、卫生院合计	**163928**	**222818**	**29773**	**16842**	**6897**	**48924**
一. 医院	132757	198006	24200	14540	5944	37461
综合医院	100737	151360	16918	11228	4452	26746
中医医院	17823	23473	4720	1615	694	5757
中西医结合医院	1499	2044	336	140	76	341
专科医院	12535	20871	2205	1550	718	4546
口腔医院	1414	1594	76	17	39	312
眼科医院	733	1369	142	61	27	469
耳鼻喉科医院	97	113	10	5	2	12
肿瘤医院	1158	2141	213	152	225	311
心血管病医院	147	204	19	12	11	24
胸科医院	214	417	54	57	20	23
妇产(科)医院	1331	2173	185	215	87	310
儿童医院	985	1458	171	129	34	231
精神病医院	1926	4349	502	214	91	868
传染病医院	716	1213	143	133	34	99
皮肤病医院	201	230	67	54	0	56
麻风病医院	113	82	39	30	1	30
职业病医院	10	6	2	3	0	2
骨科医院	576	928	87	55	31	187
康复医院	787	1104	133	63	25	718
整形外科医院	19	57	3	2	0	5
美容医院	347	567	29	27	5	102
其他专科医院	1761	2866	330	321	86	787
护理院	163	258	21	7	4	71
二. 卫生院	31171	24812	5573	2302	953	11463

3-4 各市各类卫生技术人员数（2016）

单位：人

市别	执业(助理)医师	注册护士	药师(士)	检验技师(士)	影像技师(士)	其他卫生技术人员
合计	**244139**	**284223**	**39314**	**24443**	**8220**	**67186**
广州	46791	61327	8503	5630	2114	13588
韶关	7303	8599	1113	762	251	1672
深圳	30757	34244	3674	3417	1084	6131
珠海	5806	6877	886	576	206	1390
汕头	9341	8632	1201	733	176	2127
佛山	16534	21425	3418	1760	505	3976
江门	9298	11892	1830	920	355	3058
湛江	12377	15499	1817	978	465	4935
茂名	12635	13475	1590	794	293	2661
肇庆	7151	9436	1753	806	243	3319
惠州	11283	12804	1475	1170	362	3030
梅州	9562	8167	1794	862	239	2330
汕尾	4783	3374	494	372	183	1422
河源	5679	6238	1046	661	189	1895
阳江	4787	5492	882	464	183	2563
清远	7484	8739	1220	775	247	2186
东莞	16680	21268	2828	1739	509	4644
中山	7425	10100	1238	693	225	1731
潮州	4397	3238	964	394	100	705
揭阳	9746	8427	917	593	194	1976
云浮	4320	4970	671	344	97	1847

注：含村卫生室数。

3-5 各市村卫生室情况（2016）

市别	村卫生室数（个）	执业(助理)医师（人）	注册护士（人）	乡村医生和卫生员（人）		
				合计	乡医	卫生员
全省	**26886**	**6864**	**1757**	**24991**	**24410**	**581**
广州	932	459	267	820	776	44
韶关	1493	354	40	1284	1280	4
珠海	149	132	151	129	67	62
汕头	616	362	67	628	546	82
佛山	58	40	16	32	32	0
江门	893	323	194	846	827	19
湛江	2211	505	281	2662	2483	179
茂名	3477	679	87	3523	3482	41
肇庆	2252	430	84	2008	2000	8
惠州	1423	587	241	979	968	11
梅州	2404	707	64	1946	1935	11
汕尾	1347	202	1	1252	1248	4
河源	1642	360	35	1414	1402	12
阳江	1302	180	19	1309	1240	69
清远	1592	394	46	1325	1316	9
东莞	35	36	40	12	12	0
中山	31	43	58	35	28	7
潮州	1599	461	20	1441	1434	7
揭阳	2435	399	8	2107	2107	0
云浮	995	211	38	1239	1227	12

3-6 各市村卫生室乡村医生学历分布（2016）

单位：人

市别	大专及以上学历(%)	中专学历(%)	中专水平(%)	其他(%)
全省	**7.7**	**68.9**	**8.1**	**15.2**
广州市	11.5	73.6	4.3	10.7
韶关市	15.6	69.6	7.9	6.9
深圳市				
珠海市	13.5	63.5	10.8	12.2
汕头市	16.1	50.3	5.1	28.4
佛山市	4.2	45.8	22.9	27.1
江门市	7.7	45.5	13.6	33.3
湛江市	7.5	71.2	6.9	14.4
茂名市	4.3	74.0	8.6	13.2
肇庆市	3.7	72.0	10.8	13.5
惠州市	17.1	72.4	5.9	4.5
梅州市	5.6	61.7	7.3	25.4
汕尾市	7.4	54.9	9.7	28.0
河源市	5.7	74.0	13.2	7.1
阳江市	7.4	73.2	4.7	14.7
清远市	8.6	75.0	8.2	8.3
东莞市	4.8	66.7	0.0	28.6
中山市	21.6	37.8	27.0	13.5
潮州市	9.8	68.7	7.3	14.2
揭阳市	8.7	65.8	9.2	16.3
云浮市	3.4	80.8	2.9	13.0

3-7 2016年全省及各市医院机构、床位、人员数

单位：人

地　区	机构数（个）	床位数（张）	人员数（人）	卫生技术人员(人)						其他技术人员(人)	管理人员(人)	工勤人员(人)
				小计	执业(助理)医师	注册护士	药师(士)	检验技师(士)	影像技师(士)			
广东省	**1380**	**371602**	**496634**	**412908**	**132757**	**198006**	**24200**	**14540**	**5944**	**15860**	**20706**	**47160**
广州市	243	79037	118067	98077	30388	47122	5893	3481	1682	4331	5306	10353
韶关市	57	12547	13864	11370	3592	5696	665	400	143	375	543	1576
深圳市	134	34936	64981	51746	18114	24388	2473	2256	854	2812	3010	7413
珠海市	41	7864	10903	9174	3004	4422	489	309	148	350	536	843
汕头市	39	14398	17412	14602	5364	6782	783	459	141	535	544	1731
佛山市	105	32187	40567	33921	10610	16506	2430	1199	443	1177	1062	4407
江门市	41	15487	18215	15538	4691	7680	983	459	231	452	635	1590
湛江市	92	22730	24793	20669	6091	10285	1107	536	282	682	1684	1758
茂名市	64	18952	17801	15516	5312	7841	815	377	146	607	414	1264
肇庆市	54	12172	16054	12919	3554	6006	1049	460	143	486	544	2105
惠州市	70	15737	18901	15738	5078	7616	798	554	248	379	1105	1679
梅州市	36	10900	13751	11699	3883	5373	808	477	170	478	416	1158
汕尾市	29	5690	6472	5271	1749	2367	260	193	137	185	322	694
河源市	44	6956	7893	6652	2085	3064	450	271	103	235	278	728
阳江市	44	8648	9520	8245	2477	3519	464	232	102	183	419	673
清远市	54	10435	11939	10049	3092	4940	601	332	138	295	529	1066
东莞市	89	27450	41513	34084	11203	16017	1956	1309	434	1214	1792	4423
中山市	53	13656	19597	16642	5444	8259	951	566	188	562	595	1798
潮州市	23	4195	5218	4386	1497	1974	358	196	47	96	246	490
揭阳市	48	11878	12498	10912	3854	5389	501	304	106	260	443	883
云浮市	20	5747	6675	5698	1675	2760	366	170	58	166	283	528

3-8 2016年全省及各市卫生院机构、床位、人员数

单位：人

地区	机构数(个)	床位数(张)	人员数(人)	卫生技术人员(人)						其他技术人员(人)	管理人员(人)	工勤人员(人)
				小计	执业(助理)医师	注册护士	药师(士)	检验技师(士)	影像技师(士)			
广东省	**1201**	**56821**	**89671**	**76274**	**31171**	**24812**	**5573**	**2302**	**953**	**3844**	**2164**	**7389**
广州市	30	1730	3891	3409	1250	1423	300	155	72	121	131	230
韶关市	103	2882	4058	3588	1399	1322	269	142	61	118	59	293
深圳市	2	81	121	71	25	18	7	2	4	19	13	18
珠海市	12	353	988	837	324	356	78	33	15	40	43	68
汕头市	32	1589	3556	2939	1320	694	212	71	16	204	107	306
佛山市	10	636	1299	1089	418	380	132	47	3	43	19	148
江门市	65	3857	5961	5190	1842	1849	485	163	71	166	149	456
湛江市	95	6865	8110	6674	2331	2273	345	149	113	550	188	698
茂名市	99	8665	9593	8330	3753	2949	412	169	101	419	202	642
肇庆市	96	2674	5142	4291	1304	1395	385	118	63	204	90	557
惠州市	74	3646	5996	4896	1828	1730	348	218	65	281	145	674
梅州市	118	4244	6937	6066	3030	1493	588	155	40	257	205	409
汕尾市	47	2073	3929	3126	1651	648	140	87	31	153	130	520
河源市	97	4102	5772	4863	1859	1521	450	165	50	357	85	467
阳江市	39	1754	3267	2628	895	774	238	95	45	157	128	354
清远市	120	3934	6460	5791	2156	2197	394	230	77	188	111	370
潮州市	42	1779	3384	2623	1233	718	315	93	45	148	136	477
揭阳市	66	3807	7486	6755	3534	1925	287	159	62	204	161	366
云浮市	54	2150	3721	3108	1019	1147	188	51	19	215	62	336

3-9 2016年全省及各市妇幼保健机构、床位、人员数

单位：人

地区	机构数(个)	床位数(张)	人员数(人)	卫生技术人员(人)						其他技术人员(人)	管理人员(人)	工勤人员(人)
				小计	执业(助理)医师	注册护士	药师(士)	检验技师(士)	影像技师(士)			
广东省	**129**	**21152**	**42926**	**36087**	**11027**	**16664**	**1771**	**1908**	**369**	**1550**	**1674**	**3615**
广州市	14	3448	7558	6552	1867	3101	319	423	118	189	332	485
韶关市	9	713	1551	1304	467	593	65	75	13	26	53	168
深圳市	9	1832	3927	3230	1141	1461	133	185	49	252	175	270
珠海市	2	589	1392	1246	350	559	55	67	8	29	116	1
汕头市	4	478	681	591	231	234	28	31	3	28	23	39
佛山市	4	1539	3140	2702	826	1264	124	125	14	109	108	221
江门市	6	1274	2608	2110	632	973	106	98	17	84	84	330
湛江市	10	1346	2779	2327	696	1137	109	95	20	97	120	235
茂名市	5	1473	2445	2031	587	1057	109	90	17	155	73	186
肇庆市	9	749	1611	1306	347	624	98	60	7	22	79	204
惠州市	7	1162	2771	2326	710	1121	102	119	14	98	103	244
梅州市	9	897	1821	1567	563	585	101	108	14	60	42	152
汕尾市	5	352	697	556	193	210	37	35	3	38	15	88
河源市	6	1341	1659	1426	435	708	63	78	16	82	47	104
阳江市	5	652	1905	1548	403	701	68	65	18	20	143	194
清远市	9	964	1436	1221	370	506	62	63	9	58	54	103
东莞市	1	568	1286	1001	292	386	44	57	9	49	4	232
潮州市	4	340	711	530	193	240	29	42	1	39	37	105
揭阳市	6	701	1512	1306	434	635	46	46	13	65	31	110
云浮市	5	734	1436	1207	290	569	73	46	6	50	35	144

注：妇幼保健机构含妇幼保健院、所（站）

3-10 2016年全省及各市中医医院机构、床位、人员数

单位：人

地区	机构数(个)	床位数(张)	人员数(人)	卫生技术人员(人)						其他技术人员(人)	管理人员(人)	工勤人员(人)
				小计	执业(助理)医师	注册护士	药师(士)	检验技师(士)	影像技师(士)			
广东省	**172**	**49486**	**68849**	**58518**	**19322**	**25517**	**5056**	**1755**	**770**	**1951**	**2622**	**5758**
广州市	36	12023	19572	16680	5693	7335	1602	510	234	817	665	1410
韶关市	9	1784	2013	1758	610	695	149	63	30	40	57	158
深圳市	9	2950	4996	4195	1607	1762	270	139	61	108	333	360
珠海市	4	753	1353	1205	413	548	75	36	14	38	66	44
汕头市	4	815	1003	830	349	288	77	26	6	27	57	89
佛山市	10	5086	6137	5151	1530	2354	438	147	71	190	71	725
江门市	8	3437	4602	3941	1179	1824	332	104	58	91	207	363
湛江市	10	2564	2968	2521	688	1164	241	62	26	45	173	229
茂名市	7	3186	3219	2834	1031	1359	187	71	26	78	55	252
肇庆市	10	2094	3229	2666	707	1071	265	72	35	68	91	404
惠州市	9	1514	2109	1796	623	689	158	73	30	57	116	140
梅州市	9	2077	3325	2755	905	1029	287	108	41	105	135	330
汕尾市	4	345	359	279	140	69	23	9	13	15	5	60
河源市	7	1455	1705	1472	444	620	128	48	20	46	72	115
阳江市	4	1412	2140	1822	570	787	141	56	22	37	103	178
清远市	8	1613	1884	1672	490	789	145	54	24	47	59	106
东莞市	7	1438	1851	1563	526	655	125	49	13	6	75	207
中山市	3	1660	2570	2162	664	1116	153	47	26	49	107	252
潮州市	3	310	641	444	188	142	61	17	1	5	40	152
揭阳市	7	1655	1522	1365	545	601	82	23	7	33	50	74
云浮市	4	1315	1651	1407	420	620	117	41	12	49	85	110

注：中医医院含中西医结合医院

3-11 2016年全省及各市专科疾病防治机构、床位、人员数

单位：人

地区	机构数（个）	床位数（张）	人员数（人）	卫生技术人员（人）						其他技术人员（人）	管理人员（人）	工勤人员（人）
				小计	执业（助理）医师	注册护士	药师（士）	检验技师（士）	影像技师（士）			
广东省	**135**	**5822**	**8769**	**6761**	**2742**	**2062**	**576**	**554**	**122**	**608**	**425**	**975**
广州市	8	106	830	597	236	172	59	61	2	89	59	85
韶关市	8	424	653	498	157	233	23	30	14	20	24	111
深圳市	8	150	1366	1039	456	262	66	109	19	136	53	138
珠海市	1		202	174	55	69	20	11	1	21	7	
汕头市	6	36	292	217	116	33	22	30	5	10	18	47
佛山市	5	385	544	428	156	150	46	39	5	27	16	73
江门市	9	196	444	343	119	105	42	33	12	28	22	51
湛江市	12	466	620	471	207	131	33	26	7	66	31	52
茂名市	5	1011	691	565	225	227	37	30	10	36	24	66
肇庆市	8	110	332	264	89	96	31	19	11	15	15	38
惠州市	13	1364	534	395	172	105	19	41	6	31	33	75
梅州市	12	441	425	368	163	88	56	23	5	16	17	24
汕尾市	6	130	179	126	84	11	9	7	2	7	15	31
河源市	6	455	290	215	79	68	21	12	8	24	12	39
阳江市	2	72	87	59	27	19	4	3	1	8	3	17
清远市	8	329	472	355	107	114	44	39	6	39	37	41
东莞市	1	120	268	230	64	89	16	16	2	11	3	24
中山市	2											
潮州市	4		115	79	41	9	13	8	2	6	13	17
揭阳市	6	27	268	215	139	35	13	9	1	14	14	25
云浮市	5		157	123	50	46	2	8	3	4	9	21

注：专科疾病防治机构含专科疾病防治院、所（站）。

3-12 2016年全省及各市采供血机构、人员数

单位：人

地区	机构数（个）	人员数（人）	卫生技术人员（人）						其他技术人员（人）	管理人员（人）	工勤人员（人）
			小计	执业医师	执业（助理）医师	注册护士	药师（士）	检验技师（士）			
广东省	**42**	**2475**	**1833**	**230**	**30**	**1011**	**15**	**359**	**133**	**148**	**361**
广州市	5	576	441	52	3	259	4	52	38	27	70
韶关市	1	104	68	11	2	31	2	14	8	8	20
深圳市	3	251	179	11	2	84	1	26	7	29	36
珠海市	1	52	44	8	1	22	1	9	4	4	
汕头市	1	71	52	7	4	21	1	18	5	3	11
佛山市	6	236	174	27		85	1	50	16	13	33
江门市	1	92	74	9		46		15		8	10
湛江市	2	76	51	7	3	25	2	14	9	4	12
茂名市	2	131	101	14	5	66	1	12		6	24
肇庆市	1	98	64	10		38		14	11	2	21
惠州市	1	98	70	5		51		12	3	4	21
梅州市	4	89	66	10	1	37		13	4	6	13
汕尾市	1	50	33	4	2	15		8	2	1	14
河源市	1	56	41	2	1	24		11	3	2	10
阳江市	1	49	32	1	2	20		8	4	2	11
清远市	3	93	63	11		38		10	3	15	12
东莞市	1	130	106	9		58		35	8	1	15
中山市	1	71	62	14	1	33	2	11	5	1	3
潮州市	2	37	25	3		11		10		6	6
揭阳市	3	47	33	9	2	11		11	3	4	7
云浮市	1	68	54	6	1	36		6		2	12

3-13 医疗机构入院与诊疗人次数（2016）

机构分类	入院人次数（万人次）	总诊疗人次数（万人次）	门诊、急诊人次（万人次）			健康检查人次数（万人次）
				门诊人次	急诊人次	
总　计	**1546.2**	**81168.4**	**79312.5**	**73169.7**	**6142.9**	**4239.7**
一. 医院	1212.0	37006.9	36503.9	31993.9	4509.9	2388.9
二. 卫生院	196.5	7010.1	6831.3	6171.5	659.9	697.7
三. 疗养院	0.3	21.0	20.9	19.3	1.6	20.9
四. 社区卫生服务中心(站)	16.3	11453.7	11028.0	10541.9	486.1	543.1
社区卫生服务中心	16.2	9264.1	8867.8	8468.7	399.1	494.9
社区卫生服务站	0.1	2189.5	2160.2	2073.2	87.0	48.2
五. 门诊部		2040.5	1992.7	1992.7		131.8
六. 诊所. 卫生所. 医务室		6447.3	6418.4	6418.4		
诊所		4847.2	4823.4	4823.4		
卫生所、医务室		1600.1	1594.9	1594.9		
护理站		0.0	0.0	0.0		
七. 妇幼保健院(所、站)	116.3	3784.6	3655.9	3186.0	469.9	326.8
妇幼保健院	116.3	3781.7	3653.0	3183.0	469.9	326.2
妇幼保健站		2.9	2.9	2.9		0.6
八. 专科疾病防治院(所、站)	4.8	646.4	624.4	609.1	15.4	84.7
九. 临床检验机构		0.5	0.5	0.5		45.8
十. 村卫生室		12757.4	12236.5	12236.5		

3-14 各市医院入院与诊疗人次数（2016）

市 别	入院人次（万人次）	健康检查人次数（万人次）	总诊疗人次数（万人次）	门诊、急诊人次（万人次）		
					门诊人次	急诊人次
广东省	**1212.0**	**2388.9**	**37006.9**	**36503.9**	**31993.9**	**4509.9**
广州市	245.3	438.8	9485.8	9397.2	8553.2	843.9
韶关市	42.7	34.3	601.1	580.0	522.0	58.1
深圳市	128.3	563.5	5202.1	5129.5	4441.0	688.5
珠海市	23.5	91.0	693.4	688.3	598.4	89.9
汕头市	45.5	68.0	816.0	772.1	688.9	83.2
佛山市	110.4	230.6	5056.9	5021.8	4270.9	751.0
江门市	50.6	43.1	1565.9	1554.7	1352.3	202.4
湛江市	70.5	39.9	979.4	940.1	820.8	119.3
茂名市	59.8	28.5	722.3	705.5	627.5	78.0
肇庆市	33.9	58.4	970.5	961.1	818.0	143.2
惠州市	43.5	79.5	1309.9	1296.5	1100.7	195.8
梅州市	38.5	27.7	532.0	525.2	483.5	41.7
汕尾市	17.0	5.7	282.2	268.6	222.2	46.4
河源市	23.0	10.1	362.8	357.8	311.6	46.2
阳江市	25.4	24.4	400.0	395.8	351.3	44.5
清远市	38.9	39.0	709.8	685.2	602.6	82.6
东莞市	88.3	372.9	3550.7	3541.5	3040.8	500.7
中山市	59.1	172.1	2515.7	2481.5	2131.8	349.7
潮州市	13.9	11.2	264.4	246.0	234.2	11.8
揭阳市	36.5	25.9	455.3	444.8	391.2	53.7
云浮市	17.3	24.1	530.9	510.6	431.0	79.6

3-15 各市卫生院入院与诊疗人次数（2016）

市别	入院人次数（万人次）	健康检查人次数（万人次）	总诊疗人次数（万人次）	门诊、急诊人次（万人次）		
					门诊人次	急诊人次
广东省	**196.5**	**697.7**	**7010.1**	**6831.3**	**6171.5**	**659.9**
广州市	6.2	22.4	346.2	341.1	273.0	68.2
韶关市	7.7	48.5	269.0	254.5	236.2	18.3
深圳市	0.1	0.0	24.8	24.8	20.2	4.6
珠海市	0.4	10.2	169.3	168.0	136.1	31.9
汕头市	4.5	21.3	145.6	143.0	136.1	6.9
佛山市	1.1	8.0	302.9	295.8	271.8	23.9
江门市	12.8	43.2	794.2	773.6	651.4	122.3
湛江市	24.3	90.3	504.6	490.5	448.8	41.6
茂名市	42.7	108.5	1050.9	1023.4	963.5	59.9
肇庆市	6.7	27.4	434.0	430.8	382.0	48.7
惠州市	6.5	28.5	547.1	518.6	461.4	57.3
梅州市	16.8	33.0	327.0	322.7	313.1	9.6
汕尾市	7.7	4.4	119.5	117.3	109.8	7.4
河源市	10.1	104.4	299.6	289.8	269.0	20.8
阳江市	6.2	9.9	234.4	230.1	214.5	15.5
清远市	15.3	30.7	517.5	511.4	448.7	62.7
东莞市						
中山市						
潮州市	5.4	26.6	286.5	266.8	260.1	6.7
揭阳市	14.8	22.3	234.8	228.3	218.3	10.1
云浮市	7.0	58.2	402.2	400.9	357.5	43.4

3-16 各市妇幼保健机构入院与诊疗人次数（2016）

市别	入院人次数（万人次）	健康检查人次数（万人次）	总诊疗人次数（万人次）	门诊、急诊人次（万人次）		
					门诊人次	急诊人次
广东省	**116.3**	**326.8**	**3784.6**	**3655.9**	**3186.0**	**469.9**
广州市	18.8	54.6	814.4	775.2	652.4	122.7
韶关市	4.0	12.9	111.7	109.7	102.0	7.7
深圳市	9.8	65.9	457.1	388.0	331.2	56.8
珠海市	3.1	7.1	114.2	114.2	103.2	10.9
汕头市	2.1	5.2	46.4	45.7	43.9	1.8
佛山市	9.3	33.4	495.9	492.7	425.0	67.7
江门市	7.2	26.7	295.5	295.4	256.9	38.5
湛江市	7.9	27.8	199.7	196.6	177.5	19.1
茂名市	9.0	5.3	135.4	135.4	115.2	20.2
肇庆市	3.2	15.3	121.6	121.6	101.5	20.1
惠州市	7.2	22.5	178.5	177.6	155.4	22.2
梅州市	4.2	9.0	81.0	80.2	77.9	2.3
汕尾市	1.6	4.3	28.1	26.7	26.7	0.0
河源市	6.5	4.3	127.8	127.1	117.0	10.0
阳江市	4.3	5.3	101.1	100.9	90.0	10.9
清远市	4.6	13.5	108.3	105.1	88.8	16.3
东莞市	3.4	1.3	147.2	147.2	129.7	17.5
潮州市	1.5	0.9	35.0	34.9	34.8	0.1
揭阳市	4.2	4.5	66.1	66.0	65.3	0.7
云浮市	4.3	7.2	119.4	115.6	91.2	24.3

3-17 各市医院、妇幼保健院、专科疾病防治院万元以上设备台数（2016）

地区	合计（台）	10万元以下（台）	10～49万元（台）	50～99万元（台）	100万元以上（台）
广东省	**454995**	**327873**	**97526**	**15236**	**14360**
广州市	132563	93710	30485	4218	4150
韶关市	10734	8079	2135	274	246
深圳市	85047	59533	19471	3035	3008
珠海市	8386	6129	1704	291	262
汕头市	12267	9130	2303	383	451
佛山市	36247	25022	8886	1259	1080
江门市	13751	10451	2508	393	399
湛江市	15695	11646	3114	507	428
茂名市	9320	6523	2151	334	312
肇庆市	10929	8159	2129	362	279
惠州市	14845	10424	3242	601	578
梅州市	7199	5247	1460	235	257
汕尾市	3305	2394	709	96	106
河源市	5162	3890	965	160	147
阳江市	5624	3916	1248	247	213
清远市	10118	7391	2103	324	300
东莞市	39235	30090	6786	1261	1098
中山市	20582	15968	3289	789	536
潮州市	3645	2773	682	77	113
揭阳市	5182	3644	1118	209	211
云浮市	5159	3754	1038	181	186

3-18 2016年全省卫生技术人员性别、年龄、学历、职称构成

单位：%

分组	合计	执业(助理)医师			注册护士	药剂师(士)	技师(士)		其他
		小计	执业医师	执业助理医师			小计	检验技师(士)	
总计	100.0	100.0	100.0	100.0	100.0	100.0	100.0	100.0	100.0
按性别分:									
男	31.2	59.9	59.7	60.4	2.4	34.4	46.1	41.9	42.1
女	68.8	40.1	40.3	39.6	97.6	65.6	53.9	58.1	57.9
按年龄分:									
25岁以下	11.4	0.1	0.0	0.7	20.3	5.1	6.0	4.9	20.5
25-34	38.3	27.2	26.4	31.2	43.7	43.5	40.8	41.9	50.4
35-44	28.1	35.2	34.0	40.8	24.5	27.1	31.4	32.6	16.7
45-54	14.8	22.3	23.1	18.6	9.6	17.0	15.8	15.5	8.3
55-59	3.0	4.9	5.2	3.4	1.3	4.6	3.5	3.2	1.9
60岁及以上	4.4	10.2	11.2	5.3	0.5	2.8	2.5	2.0	2.2
按工龄分:									
5年以下	23.7	11.7	11.3	13.9	29.3	16.3	19.4	17.4	48.8
5-9年	23.5	19.8	19.8	19.9	26.8	25.7	23.8	24.7	20.9
10-19年	24.8	28.5	27.8	32.2	23.8	24.7	26.5	27.8	15.2
20-29年	17.7	22.4	22.2	23.1	15.3	19.9	19.7	20.5	9.2
30年及以上	10.3	17.6	19.0	10.9	4.7	13.2	10.6	9.6	6.0
按技术资格分									
正高	2.1	5.0	6.0	0.0	0.3	0.6	1.8	2.2	0.5
副高	6.6	13.6	16.3	0.1	2.4	3.2	7.0	7.9	1.2
中级	16.5	24.6	29.3	1.0	12.9	14.0	18.6	19.6	4.0
助理/师级	31.3	40.9	42.7	32.2	25.3	37.1	33.8	34.6	17.7
员/士	33.8	10.9	1.3	58.6	52.4	37.3	29.6	27.1	36.2
无职称	9.7	5.0	4.4	8.1	6.8	7.8	9.2	8.6	40.4
按聘任技术职务分									
正高	1.9	4.6	5.5	0.0	0.2	0.6	1.4	1.8	0.4
副高	6.4	13.4	16.0	0.1	2.2	3.0	6.5	7.4	1.2
中级	16.5	25.2	30.1	1.1	12.3	13.8	18.7	19.7	4.0
助理/师级	32.5	44.1	43.8	45.2	25.8	37.2	34.0	34.9	16.0
员/士	32.5	9.7	1.8	49.1	52.3	37.8	29.9	28.0	27.6
待聘	10.1	3.0	2.7	4.5	7.2	7.7	9.4	8.2	48.7
不祥	0.2	0.0	0.0	0.0	0.0	0.0	0.0	0.0	2.2
按学历分									
研究生	6.2	14.1	17.0	0.2	0.1	2.5	5.1	5.9	6.5
大学本科	29.0	42.5	49.4	8.1	16.5	30.1	35.1	37.8	30.5
大专	31.6	26.3	22.3	45.9	36.9	30.2	33.8	31.9	28.4
中专及中技	31.1	15.0	9.9	40.5	45.6	29.7	23.7	22.7	31.2
技校	0.1	0.1	0.1	0.2	0.1	0.2	0.1	0.1	0.2
高中及以下	1.9	2.0	1.3	5.2	0.8	7.4	2.2	1.6	3.3

注：数据来源于卫生人力资源数据，截止统计日期为2017年1月。

3-19 各市卫生机构数

单位：个

市别	2009	2010	2011	2012	2013	2014	2015	2016
广东省	**44308**	**44880**	**45935**	**46556**	**47855**	**48087**	**48367**	**49124**
广州市	3421	3457	3459	3511	3729	3749	3724	3806
韶关市	2192	2205	2228	2247	2206	2195	2139	2130
深圳市	2486	2456	2481	2623	2885	3185	3606	3957
珠海市	668	684	637	638	674	673	692	721
汕头市	797	872	976	1107	1260	1311	1320	1377
佛山市	1249	1258	1272	1215	1366	1429	1475	1469
江门市	1774	1676	1687	1677	1730	1716	1681	1590
湛江市	2987	2993	3267	3344	3463	3463	3448	3487
茂名市	3696	3798	3818	3907	3733	3772	3703	4025
肇庆市	2992	3115	3207	3209	3248	3120	3128	3096
惠州市	2214	2258	2366	2558	2604	2658	2654	2668
梅州市	3690	3745	3784	3774	3628	3426	3357	3290
汕尾市	1662	1749	1730	1710	1688	1689	1693	1678
河源市	2082	2124	2094	2040	2094	2080	2181	2131
阳江市	1349	1352	1707	1757	1802	1778	1773	1793
清远市	2476	2476	2482	2506	2611	2557	2415	2389
东莞市	2106	2229	2249	2222	2254	2194	2237	2344
中山市	523	536	533	542	560	620	673	727
潮州市	2312	2271	2302	2240	2300	2325	2333	2332
揭阳市	2337	2322	2337	2404	2612	2732	2755	2798
云浮市	1295	1304	1319	1325	1408	1415	1380	1316

注：1. 含村卫生室数；
2. 2013年起，计划生育服务机构纳入统计。

3-20 各市医院数

单位：个

市 别	2009	2010	2011	2012	2013	2014	2015	2016
广东省	**1064**	**1088**	**1125**	**1185**	**1222**	**1260**	1323	1380
广州市	224	216	207	224	222	224	229	243
韶关市	60	61	61	59	61	57	58	57
深圳市	107	114	116	121	121	127	127	134
珠海市	31	31	33	35	37	38	42	41
汕头市	39	37	34	35	38	38	39	39
佛山市	57	59	82	83	89	99	102	105
江门市	33	31	32	36	39	39	42	41
湛江市	65	69	72	74	79	82	93	92
茂名市	40	47	47	48	48	54	60	64
肇庆市	41	42	43	47	50	51	52	54
惠州市	42	46	49	61	63	62	69	70
梅州市	27	28	29	30	32	33	36	36
汕尾市	24	24	25	25	25	25	27	29
河源市	22	22	23	24	28	28	33	44
阳江市	38	38	36	37	37	37	41	44
清远市	37	35	35	40	40	45	49	54
东莞市	85	91	95	96	103	101	98	89
中山市	44	45	47	48	47	47	47	53
潮州市	13	12	19	21	20	22	23	23
揭阳市	18	23	23	24	26	33	38	48
云浮市	17	17	17	17	17	18	18	20

3-21 各市卫生院数

单位：个

市别	2009	2010	2011	2012	2013	2014	2015	2016
广东省	**1378**	**1356**	**1286**	**1252**	**1225**	**1222**	**1216**	**1201**
广州市	29	39	49	35	31	31	30	30
韶关市	114	112	109	112	103	103	103	103
深圳市	2	2	2	2	2	2	2	2
珠海市	17	18	17	14	14	12	12	12
汕头市	41	41	34	33	33	33	33	32
佛山市	40	39	20	20	17	11	14	10
江门市	86	83	78	71	66	69	68	65
湛江市	102	99	94	95	95	95	94	95
茂名市	104	101	99	99	99	99	99	99
肇庆市	105	103	99	98	99	98	96	96
惠州市	82	82	82	76	76	76	76	74
梅州市	144	138	133	124	118	121	119	118
汕尾市	55	53	46	46	47	47	47	47
河源市	101	98	98	98	98	98	97	97
阳江市	41	41	38	39	39	39	39	39
清远市	122	122	119	120	118	120	120	120
潮州市	54	53	45	45	45	45	45	42
揭阳市	78	78	70	70	70	68	67	66
云浮市	61	54	54	55	55	55	55	54

3–22 各市妇幼保健机构数

单位：个

市别	2009	2010	2011	2012	2013	2014	2015	2016
广东省	**127**	**126**	**124**	**127**	**128**	**130**	**130**	**129**
广州市	14	13	13	15	15	16	16	14
韶关市	9	9	9	9	9	9	10	9
深圳市	7	7	7	7	9	9	10	9
珠海市	2	2	2	2	2	2	2	2
汕头市	6	6	4	4	4	4	4	4
佛山市	5	5	5	5	5	5	4	4
江门市	6	6	6	6	6	6	6	6
湛江市	11	11	11	11	11	11	10	10
茂名市	5	5	5	5	5	5	5	5
肇庆市	7	7	7	7	7	7	7	9
惠州市	5	5	6	6	6	6	6	7
梅州市	9	9	9	9	9	9	9	9
汕尾市	5	5	5	5	5	5	5	5
河源市	6	6	6	6	6	6	6	6
阳江市	5	5	5	5	5	5	5	5
清远市	9	9	8	9	8	9	9	9
东莞市	1	1	1	1	1	1	1	1
潮州市	4	4	4	4	4	4	4	4
揭阳市	6	6	6	6	6	6	6	6
云浮市	5	5	5	5	5	5	5	5

3-23 各市社区卫生服务机构数

单位：个

市别	2009	2010	2011	2012	2013	2014	2015	2016
广东省	**1984**	**2267**	**2388**	**2345**	**2489**	**2527**	**2554**	**2566**
广州市	232	275	299	313	316	320	315	342
韶关市	6	9	12	19	32	33	31	19
深圳市	638	604	603	588	588	586	591	591
珠海市	96	114	112	118	124	125	121	123
汕头市	5	17	35	39	39	42	43	47
佛山市	193	287	300	254	360	365	366	361
江门市	10	27	35	35	36	31	23	24
湛江市	24	45	54	52	50	55	55	55
茂名市	20	29	35	42	51	59	61	60
肇庆市		20	32	33	30	29	34	35
惠州市	55	66	66	75	80	79	78	78
梅州市	3	5	9	9	12	12	13	11
汕尾市		3	10	10	10	10	10	10
河源市	1	5	5	6	7	6	28	23
阳江市	55	54	59	52	59	60	60	60
清远市	23	27	19	15	17	17	16	15
东莞市	348	388	390	387	389	397	398	399
中山市	245	249	251	249	248	252	266	267
潮州市	20	21	30	18	11	10	10	11
揭阳市	10	10	20	20	20	29	27	27
云浮市		12	12	11	10	10	8	8

3-24 各市村卫生室数

单位：个

市 别	2009	2010	2011	2012	2013	2014	2015	2016
广东省	**28070**	**28339**	**28973**	**29086**	**28767**	**28162**	**27178**	**26886**
广州市	1080	1070	1096	1096	1090	1081	1051	932
韶关市	1507	1503	1510	1514	1549	1534	1514	1493
珠海市	182	174	159	156	156	151	151	149
汕头市	509	566	582	586	642	619	609	616
佛山市	198	187	186	176	172	162	161	58
江门市	875	926	947	950	955	938	944	893
湛江市	2033	2047	2239	2293	2273	2238	2212	2211
茂名市	3323	3407	3399	3468	3277	3270	3187	3477
肇庆市	2387	2437	2472	2483	2368	2290	2261	2252
惠州市	1534	1539	1557	1574	1508	1490	1455	1423
梅州市	2518	2567	2582	2571	2586	2478	2434	2404
汕尾市	1453	1443	1420	1400	1312	1309	1335	1347
河源市	1792	1821	1791	1751	1709	1700	1699	1642
阳江市	964	964	1323	1361	1368	1341	1291	1302
清远市	1853	1834	1824	1813	1789	1765	1612	1592
东莞市	1206	1244	1243	1206	1148	811	231	35
中山市	81	66	60	60	58	55	50	31
潮州市	1492	1469	1493	1481	1507	1531	1579	1599
揭阳市	2073	2063	2077	2126	2265	2362	2385	2435
云浮市	1010	1012	1013	1021	1035	1037	1017	995

3-25 各市卫生人员数

单位：人

市别	2009	2010	2011	2012	2013	2014	2015	2016
全省	**556484**	**593503**	**627347**	**664825**	**710288**	**734345**	**771034**	**821880**
广州市	112266	119683	124798	131783	142026	147993	154153	166537
韶关市	18302	19745	20785	21546	22570	22707	23349	24663
深圳市	67455	67881	71976	76822	83335	87389	93506	97644
珠海市	13760	14545	14746	15395	16169	16702	17584	18673
汕头市	18769	21104	22034	23255	24462	25165	25395	27092
佛山市	39255	40869	43471	45907	48342	49814	52143	56230
江门市	21568	22107	24060	25676	27549	28467	31412	32990
湛江市	30513	32553	35373	37464	39753	40327	43406	45970
茂名市	23420	27930	29793	31855	32720	33481	34564	39732
肇庆市	20949	22004	23073	23880	26598	27390	28600	29802
惠州市	22676	24064	26221	30100	32281	33523	34576	36879
梅州市	21539	23137	24196	23712	26389	26749	27485	28855
汕尾市	10524	11546	12101	13058	13408	13242	13690	14499
河源市	13782	14487	14878	15491	16504	16910	18287	19932
阳江市	10584	11890	13244	14282	15725	16320	17306	18420
清远市	16315	16923	17666	21055	22508	22838	23590	25189
东莞市	43561	46102	48135	49353	52325	53013	54950	57167
中山市	16589	18572	19400	20425	21683	22813	23788	25171
潮州市	10312	10081	10934	11279	11556	12633	12826	13421
揭阳市	14397	17723	18440	19788	21007	22441	25500	27432
云浮市	9948	10557	12023	12699	13378	14428	14924	15582

注：本表含村卫生室数据。

3-26 各市卫生技术人员数

单位：人

市 别	2009	2010	2011	2012	2013	2014	2015	2016
全 省	**422005**	**455524**	**486356**	**520243**	**555498**	**584356**	**620004**	**667525**
广州市	89716	96056	100875	106786	114896	121120	126891	137953
韶关市	13422	14621	15674	16459	17169	17569	18302	19700
深圳市	54121	54261	58128	62079	66624	70485	75417	79307
珠海市	11343	12044	12247	12908	13439	14077	14891	15741
汕头市	13830	16194	17263	18440	19377	20198	20788	22210
佛山市	31719	33541	35815	37710	39951	41632	43641	47618
江门市	16891	17394	19375	20877	22091	23208	25840	27353
湛江市	21512	23440	25642	27397	29145	30631	33766	36071
茂名市	15611	19589	21260	23089	24073	25589	26865	31448
肇庆市	14242	15230	16090	16869	18805	20106	21316	22708
惠州市	16890	18218	19978	23990	25730	27068	28115	30124
梅州市	15500	17417	18297	18081	20126	20909	21609	22954
汕尾市	6842	7752	8082	9087	9352	9396	9942	10628
河源市	9785	10569	10916	11545	12296	12619	14146	15708
阳江市	7393	8393	9332	10139	11493	12303	13391	14371
清远市	11968	12608	13268	16410	17619	18493	19145	20651
东莞市	34481	36370	38485	39615	42132	43091	45226	47668
中山市	13635	15238	16165	17126	18193	19050	19960	21412
潮州市	6830	6695	7350	7666	7903	9031	9234	9798
揭阳市	9384	12584	13376	14646	15195	16793	20039	21853
云浮市	6890	7310	8738	9324	9889	10988	11480	12249

注：本表含村卫生室数据。

3-27 各市执业（助理）医师数

单位：人

市别	2009	2010	2011	2012	2013	2014	2015	2016
全省	**161959**	**175100**	**186755**	**199599**	**211061**	**217376**	**229389**	**244139**
广州市	33311	33950	35668	37482	39732	40807	42600	46791
韶关市	5255	5579	6157	6291	6522	6629	6922	7303
深圳市	21524	21295	22683	23973	25715	27081	29225	30757
珠海市	4404	4756	4686	4891	5097	5185	5470	5806
汕头市	5438	6960	7578	8169	8533	8626	8772	9341
佛山市	11577	11829	12546	13350	14355	14954	15427	16534
江门市	6600	6709	7387	7631	7933	7767	8927	9298
湛江市	7950	8441	9449	10125	10869	11230	11968	12377
茂名市	5680	8430	9190	10009	10236	11017	11666	12635
肇庆市	4974	5053	5147	5459	6133	6149	6629	7151
惠州市	6377	6778	7386	9168	9735	10163	10458	11283
梅州市	6750	7945	8302	7973	8537	9133	9358	9562
汕尾市	2905	3404	3697	4660	4792	4703	4533	4783
河源市	3631	4174	4140	4270	4546	4431	5258	5679
阳江市	2827	3147	3324	3604	4223	4360	4519	4787
清远市	4445	4399	4593	6711	6990	6993	7256	7484
东莞市	12884	13214	13634	14043	14864	15081	15889	16680
中山市	4993	5443	5395	5696	6069	6384	6682	7425
潮州市	3392	3411	4007	4064	4156	4279	4261	4397
揭阳市	4364	7548	7993	8246	8127	8400	9380	9746
云浮市	2678	2635	3793	3784	3897	4004	4189	4320

注：本表含村卫生室数据。

3-28 各市乡村医生和卫生员数

单位：人

市别	2009	2010	2011	2012	2013	2014	2015	2016
全省	**33926**	**34166**	**35193**	**34697**	**33280**	**28512**	**26012**	**24991**
广州市	1898	1892	1865	1738	1621	1372	1107	820
韶关市	1755	1721	1710	1693	1633	1394	1324	1284
深圳市								
珠海市	223	229	219	179	178	183	162	129
汕头市	968	1018	884	953	892	707	645	628
佛山市	220	214	247	212	201	115	111	32
江门市	1032	1087	1067	1062	1073	976	909	846
湛江市	3355	3226	3694	3618	3619	2790	2681	2662
茂名市	3968	4343	4357	4425	4154	3544	3364	3523
肇庆市	2737	2773	2746	2672	2567	2116	2048	2008
惠州市	1539	1545	1629	1528	1391	1313	1088	979
梅州市	2493	2521	2610	2534	2379	2008	1967	1946
汕尾市	1529	1571	1591	1684	1577	1396	1283	1252
河源市	2043	2052	2033	1958	1865	1825	1536	1414
阳江市	1247	1327	1755	1839	1744	1595	1310	1309
清远市	2090	2037	2072	2074	1969	1611	1405	1325
东莞市	1285	1117	1078	982	889	544	112	12
中山市	107	81	72	67	58	57	53	35
潮州市	1714	1619	1764	1655	1630	1437	1442	1441
揭阳市	2169	2196	2206	2251	2364	2150	2134	2107
云浮市	1554	1597	1594	1573	1476	1379	1331	1239

3-29 各市医疗机构床位数

单位：张

市别	2009	2010	2011	2012	2013	2014	2015	2016
全省	**271972**	**300083**	**325038**	**355274**	**378367**	**405707**	**435666**	**465228**
广州市	59038	62552	65940	70649	73301	77011	82022	87959
韶关市	11403	12229	13007	13510	14730	15285	16048	16856
深圳市	21538	22842	24079	28065	29296	31151	34009	37106
珠海市	6341	6569	6736	7439	7510	7993	8558	8806
汕头市	10296	12173	13057	13527	14667	15407	15512	17143
佛山市	21456	23227	24526	25686	27073	29821	33133	34798
江门市	11734	12603	14247	15627	16795	18455	19838	21329
湛江市	17843	21914	22360	24212	26402	28151	31037	32216
茂名市	13618	15509	17046	19748	21458	24838	26723	30774
肇庆市	9186	9712	10889	11869	12688	13953	15088	16039
惠州市	11122	12206	13092	17231	19155	20135	21879	22460
梅州市	9360	10702	11633	12660	14079	14558	15547	16654
汕尾市	5321	5933	6561	6766	7089	7435	7928	8565
河源市	6174	7121	8457	9228	10280	10994	12090	13363
阳江市	5954	6369	7437	8442	8569	9830	10914	11346
清远市	9342	10053	11097	11823	13003	14368	15066	15806
东莞市	18080	19980	22814	24617	25736	26704	27457	28138
中山市	8822	10114	10698	11336	12225	13246	13259	13754
潮州市	3233	3299	5358	5602	5732	6014	6270	6354
揭阳市	6851	9172	9844	10812	11597	12907	15515	16870
云浮市	5260	5804	6160	6425	6982	7451	7773	8892

3-30 各市医院床位数

单位：张

市 别	2009	2010	2011	2012	2013	2014	2015	2016
全 省	**202257**	**224114**	**246050**	**272873**	**294219**	**319729**	**345258**	**371602**
广州市	50367	53227	55429	62194	64864	68685	73313	79037
韶关市	8629	9068	9666	9841	10845	11378	11980	12547
深圳市	20011	21196	22349	26214	27141	29068	31617	34936
珠海市	4870	5075	5244	6103	6251	7004	7526	7864
汕头市	8097	9884	10461	10899	12027	12738	13159	14398
佛山市	12578	13894	21255	22140	23845	27255	30560	32187
江门市	8015	8355	9569	10974	12476	13473	14434	15487
湛江市	11533	14613	14079	15742	17894	19343	21706	22730
茂名市	8459	10029	10560	11785	12954	15601	16579	18952
肇庆市	6408	6808	7691	8603	9340	10333	11171	12172
惠州市	6673	7523	7793	11056	12714	13470	15198	15737
梅州市	5633	6812	7155	7752	9065	9528	10155	10900
汕尾市	3307	3772	4170	4359	4627	4908	5291	5690
河源市	2844	3266	3769	4015	4661	5328	5872	6956
阳江市	4083	4214	4961	5863	6048	7275	8190	8648
清远市	5531	5960	6567	6838	7849	9110	9843	10435
东莞市	17685	19571	22276	24042	25026	25994	26715	27450
中山市	8707	10009	10593	11213	12102	13123	13161	13656
潮州市	2023	1976	3160	3417	3524	3751	4058	4195
揭阳市	3706	5322	5602	6107	6768	7838	9971	11878
云浮市	3098	3540	3701	3716	4198	4526	4759	5747

3-31 各市卫生院床位数

单位：张

市别	2009	2010	2011	2012	2013	2014	2015	2016
全省	**48107**	**53012**	**52020**	**51871**	**52259**	**52908**	**55487**	**56821**
广州市	1323	3581	4432	2050	1857	1880	1825	1730
韶关市	2021	2159	2153	2425	2542	2662	2713	2882
深圳市	49	81	81	81	81	81	106	81
珠海市	997	1017	1015	775	739	459	452	353
汕头市	1564	1552	1480	1462	1480	1488	1482	1589
佛山市	7305	7730	1541	1668	1321	509	706	636
江门市	3081	3422	3672	3374	3050	3349	3615	3857
湛江市	4734	5498	5999	6299	6124	6465	6862	6865
茂名市	4112	4269	4969	6116	6459	6810	7500	8665
肇庆市	2050	2122	2300	2375	2411	2543	2688	2674
惠州市	3526	3354	3869	3429	3544	3628	3739	3646
梅州市	2960	3024	3279	3386	3557	3569	3916	4244
汕尾市	1751	1713	1741	1745	1772	1847	1916	2073
河源市	2532	2652	3377	3634	3962	3971	4009	4102
阳江市	1375	1531	1549	1587	1625	1664	1722	1754
清远市	3284	3438	3676	3832	3950	4033	3887	3934
东莞市								
中山市								
潮州市	999	1102	1827	1833	1833	1843	1848	1779
揭阳市	2663	3275	3442	3869	3974	4031	4386	3807
云浮市	1781	1492	1618	1931	1978	2076	2115	2150

3-32 各市妇幼保健机构床位数

单位：人

市　别	2009	2010	2011	2012	2013	2014	2015	2016
全　省	**12274**	**12516**	**14717**	**16193**	**17438**	**18692**	**19993**	**21152**
广州市	2193	1569	2185	2325	2333	2501	2726	3448
韶关市	386	501	526	546	663	655	666	713
深圳市	1317	1404	1485	1598	1910	1836	2104	1832
珠海市	448	451	451	505	520	530	580	589
汕头市	447	447	372	372	372	372	372	478
佛山市	1233	1273	1371	1530	1530	1680	1489	1539
江门市	556	589	690	779	783	981	1164	1274
湛江市	945	1039	1139	1107	1245	1246	1285	1346
茂名市	488	511	761	882	994	1184	1343	1473
肇庆市	416	416	459	562	561	721	791	749
惠州市	437	479	748	928	1093	1192	1162	1162
梅州市	503	496	564	699	737	747	762	897
汕尾市	192	292	302	312	330	330	352	352
河源市	610	715	791	902	920	1020	1248	1341
阳江市	414	470	557	580	594	600	693	652
清远市	412	484	592	729	818	833	935	964
东莞市	326	326	455	455	590	590	622	568
中山市								
潮州市	211	221	315	316	341	396	340	340
揭阳市	375	428	474	488	508	643	674	701
云浮市	365	405	480	578	596	635	685	734

3-33 各市医院病床使用率

单位：%

市　别	2009	2010	2011	2012	2013	2014	2015	2016
全　省	**85.7**	**87.0**	**86.5**	**87.0**	**87.2**	**85.3**	**83.5**	**83.9**
广州市	87.4	89.5	92.3	91.2	91.0	90.7	87.2	86.9
韶关市	75.2	78.4	76.0	81.7	82.8	86.3	83.0	85.2
深圳市	85.2	88.1	89.7	84.4	83.6	84.9	83.4	85.1
珠海市	76.0	71.7	73.9	74.3	75.6	74.7	73.9	77.7
汕头市	93.8	87.6	87.1	88.2	87.2	86.7	90.2	90.5
佛山市	95.5	98.7	93.9	95.0	97.4	95.1	88.5	85.4
江门市	92.2	97.5	96.7	94.4	90.7	91.3	85.7	85.0
湛江市	83.0	86.6	85.6	86.6	85.7	85.5	84.4	87.0
茂名市	89.0	88.3	94.9	97.1	95.8	93.6	95.0	87.4
肇庆市	82.0	83.7	77.6	83.5	85.0	81.9	79.4	79.3
惠州市	73.1	79.7	83.9	77.4	78.2	75.0	69.5	72.9
梅州市	77.6	78.1	80.2	86.7	85.7	84.0	80.9	86.6
汕尾市	60.2	69.5	67.2	72.4	80.0	82.3	81.2	77.3
河源市	76.4	76.6	81.7	81.8	78.3	75.3	72.4	74.8
阳江市	79.7	86.4	79.9	79.5	83.9	54.3	77.1	86.3
清远市	79.7	79.0	80.9	88.2	85.8	79.2	75.4	79.2
东莞市	89.9	88.0	77.0	79.1	81.4	79.7	77.7	78.0
中山市	96.8	97.4	95.4	94.9	93.0	89.6	87.7	89.4
潮州市	84.1	94.0	79.4	74.7	73.5	73.7	71.3	69.8
揭阳市	85.1	74.5	77.1	82.6	85.6	83.8	83.3	80.5
云浮市	82.2	73.4	71.4	80.8	84.1	80.4	80.5	79.3

3-34 各市医院出院者平均住院日

单位：床日

市别	2009	2010	2011	2012	2013	2014	2015	2016
全省	**9.3**	**9.4**	**9.1**	**8.7**	**8.9**	**8.8**	**8.8**	**8.8**
广州市	11.0	11.1	10.8	10.1	9.9	9.7	9.5	9.4
韶关市	9.4	9.4	9.2	8.9	8.7	8.8	8.8	10.2
深圳市	8.3	8.2	8.1	8.0	8.1	8.0	8.1	8.0
珠海市	9.2	8.9	9.1	9.0	9.1	8.8	8.6	8.5
汕头市	9.8	10.3	10.1	9.5	9.5	9.7	10.2	10.3
佛山市	10.8	11.8	9.2	9.0	9.1	8.7	8.7	8.5
江门市	10.2	10.5	10.1	9.4	9.2	9.3	9.3	9.0
湛江市	9.5	9.8	9.4	9.2	9.1	9.1	9.2	9.2
茂名市	9.9	10.0	10.0	9.9	9.9	10.0	9.8	9.5
肇庆市	9.3	9.3	9.0	8.9	9.4	9.5	9.5	10.0
惠州市	8.7	8.7	8.6	7.8	8.2	8.5	8.4	9.0
梅州市	8.4	8.4	8.5	5.7	8.8	8.7	8.3	8.3
汕尾市	7.5	8.5	8.3	8.1	9.0	9.0	9.1	9.0
河源市	7.4	7.2	7.2	7.1	7.0	7.0	7.1	7.4
阳江市	9.5	9.9	9.8	9.6	8.8	8.4	8.8	9.1
清远市	8.6	8.6	8.3	7.6	7.5	7.5	7.4	7.3
东莞市	8.1	8.1	8.0	8.2	8.4	8.5	8.6	8.5
中山市	7.3	7.1	7.0	7.1	7.0	7.0	6.9	7.0
潮州市	7.0	7.7	7.6	7.2	7.6	7.3	8.2	8.4
揭阳市	7.5	7.5	8.0	8.1	8.5	8.7	8.1	8.1
云浮市	8.7	8.0	7.8	7.8	8.4	8.4	8.3	8.4

3-35 各市医院入院病人病死率

单位：%

市别	2009	2010	2011	2012	2013	2014	2015	2016
广东省	**0.9**	**0.8**	**0.8**	**0.5**	**0.6**	**0.6**	**0.6**	**0.6**
广州市	1.3	1.2	1.2	0.8	0.9	0.9	0.9	0.9
韶关市	1.5	1.5	1.4	0.5	1.1	1.1	1.3	1.1
深圳市	0.6	0.6	0.5	0.3	0.5	0.5	0.5	0.0
珠海市	1.0	1.0	1.0	0.8	0.9	0.8	0.9	0.9
汕头市	0.7	0.7	0.6	0.4	0.5	0.5	0.5	0.4
佛山市	0.6	0.6	0.5	0.3	0.4	0.4	0.4	0.4
江门市	1.2	1.2	1.1	0.3	0.8	0.8	0.9	0.9
湛江市	0.9	0.7	0.7	0.4	0.5	0.5	0.5	0.5
茂名市	0.9	0.9	0.8	0.6	0.6	0.5	0.5	0.6
肇庆市	1.3	1.3	1.1	0.9	0.9	0.9	0.9	0.9
惠州市	1.1	1.0	1.0	0.6	0.7	0.7	0.7	0.7
梅州市	1.0	1.0	0.8	0.3	0.5	0.6	0.6	0.6
汕尾市	0.3	0.3	0.3	0.1	0.2	0.2	0.2	0.2
河源市	1.2	1.1	1.0	0.7	0.6	0.6	0.6	0.8
阳江市	0.7	0.6	0.6	0.4	0.4	0.4	0.4	0.4
清远市	1.2	1.1	0.9	0.6	0.6	0.7	0.7	0.7
东莞市	0.5	0.5	0.5	0.3	0.4	0.4	0.4	0.4
中山市	0.3	0.3	0.3	0.1	0.1	0.3	0.3	0.3
潮州市	0.4	0.4	0.3	0.2	0.2	0.2	0.2	0.2
揭阳市	0.5	0.4	0.4	0.2	0.2	0.3	0.3	0.3
云浮市	1.3	1.2	1.1	0.4	1.0	1.1	1.0	0.9

3–36 各市医院万元以上设备台数

单位：台

市 别	2009	2010	2011	2012	2013	2014	2015	2016
广东省	**185121**	**212677**	**236050**	**279184**	**316858**	**337843**	**385348**	**419177**
广州市	60845	68342	75646	89853	93970	99198	115771	124258
韶关市	4173	5007	5260	5851	6598	7163	7854	9392
深圳市	29081	36174	39536	49218	61816	60167	72798	78596
珠海市	4368	4529	4571	5011	5173	6404	6933	7317
汕头市	5447	5008	5527	6101	7580	9534	11570	11660
佛山市	10685	13866	19046	22733	23350	26116	29264	33424
江门市	7490	8085	8798	9957	10003	11246	12259	12711
湛江市	6211	7578	7773	9500	10413	11388	13065	14660
茂名市	4014	4390	4637	5621	6010	6342	7236	7886
肇庆市	3712	4314	4924	6515	8199	9317	8964	10139
惠州市	3693	4623	6050	7434	9198	9942	11009	12424
梅州市	3513	4402	4527	4117	5177	5299	5519	5979
汕尾市	1497	1651	2032	2122	2517	2536	2606	3238
河源市	1244	1538	1022	2149	2257	2778	3168	3737
阳江市	1527	2018	2526	2991	3569	4029	4353	4738
清远市	3186	3790	4173	4000	5518	6664	7854	8752
东莞市	17206	21749	22199	26704	32901	34038	36796	37190
中山市	11882	9821	11453	13131	15040	16254	17197	20582
潮州市	1523	1663	1865	1899	2518	2799	3324	3412
揭阳市	1395	1497	1925	1978	2491	2863	3800	4606
云浮市	2429	2632	2560	2299	2560	3766	4008	4476

3–37 妇幼工作基本情况

项 目	2009	2010	2011	2012	2013	2014	2015	2016
广东省								
婴儿死亡率（‰）	4.43	4.83	3.93	3.63	3.23	2.86	2.64	2.53
孕产妇死亡率(1/10万)	13.94	13.14	14.26	12.36	11.99	12.00	11.56	12.69
新生儿死亡率（‰）	3.07	2.67	2.20	2.05	1.81	1.66	1.47	1.40
全国								
婴儿死亡率（‰）	13.8	13.1	12.1	10.3	9.5	8.9	8.1	7.5
孕产妇死亡率(1/10万)	31.9	30.0	26.1	24.5	23.2	21.7	20.1	19.9
新生儿死亡率（‰）	9.0	8.3	7.8	6.9	6.3	5.9	5.4	4.9

3-38 广东省农村卫生户厕普及率

单位：%

年　度	2009	2010	2011	2012	2013	2014	2015	2016
合　计	**81.89**	**85.79**	**86.73**	**88.58**	**90.03**	**91.10**	**92.32**	**93.74**
广　州	95.02	97.78	98.16	98.58	98.79	99.00	99.21	99.52
韶　关	84.78	86.17	87.14	90.02	97.71	92.69	96.73	97.02
深　圳	100.00	100.00	100.00	100.00	100.00	100	100.00	100.00
珠　海	94.02	95.53	94.07	96.62	98.05	98.11	98.18	98.18
汕　头	92.61	93.74	94.89	95.50	95.09	95.38	95.33	95.34
佛　山	97.56	99.12	99.48	99.19	100.00	100	100.00	100.00
江　门	77.14	79.45	84.41	87.30	87.89	88.47	90.22	92.69
湛　江	66.88	70.17	72.70	73.60	73.95	74.15	74.46	83.50
茂　名	76.75	79.79	80.72	84.23	86.13	86.32	87.70	89.27
肇　庆	87.90	92.37	91.82	93.23	93.75	94.56	95.28	95.23
惠　州	89.67	92.68	94.07	95.76	96.56	97.28	97.64	98.35
梅　州	89.80	92.68	94.77	95.48	95.59	95.91	97.17	97.58
汕　尾	66.02	72.34	78.07	80.95	86.40	87.73	88.49	89.33
河　源	64.63	72.95	73.72	75.16	77.36	82.86	85.16	87.29
阳　江	67.27	72.03	72.53	85.30	86.83	88.36	89.34	90.38
清　远	61.18	73.82	75.38	76.09	82.24	85.76	92.61	92.86
东　莞	99.43	100.00	100.00	100.00	100.00	100	100.00	100.00
中　山	100.00	100.00	100.00	100.00	100.00	100	100.00	100.00
潮　州	81.40	85.87	91.07	93.09	93.86	93.92	94.98	95.34
揭　阳	91.36	93.39	90.28	90.83	92.83	93.92	94.62	96.24
云　浮	58.79	75.57	80.57	81.92	84.16	88.46	88.97	89.94

3-39 广东省农村无害化卫生厕所普及率

单位：%

年　度	2009	2010	2011	2012	2013	2014	2015	2016
合　计	**73.43**	**77.74**	**78.80**	**81.12**	**83.24**	**84.94**	**87.17**	**90.30**
广　州	92.94	94.94	95.11	95.87	96.26	97.62	97.82	98.27
韶　关	61.45	63.43	71.59	75.65	82.01	85.25	91.67	94.16
深　圳	100.00	100.00	100.00	100.00	100.00	100	100.00	100.00
珠　海	78.41	82.71	92.32	95.43	97.12	97.18	97.21	98.18
汕　头	91.93	93.10	94.25	94.51	93.23	94.79	94.74	94.75
佛　山	97.15	97.94	98.61	98.98	99.79	99.86	100.00	100.00
江　门	67.84	76.62	77.82	81.43	82.56	82.65	85.66	89.25
湛　江	66.21	69.51	72.03	72.94	73.29	73.49	73.80	83.50
茂　名	55.85	59.89	61.28	65.33	67.40	68.96	70.52	78.38
肇　庆	68.39	74.16	74.86	75.82	77.86	80.44	83.14	88.33
惠　州	79.85	83.68	87.81	90.67	92.48	94.21	95.04	96.05
梅　州	65.53	67.51	72.56	75.70	77.40	78.64	81.93	87.50
汕　尾	50.32	57.85	66.63	70.09	83.11	84.9	86.29	87.36
河　源	49.43	59.16	61.13	62.87	65.91	74.42	79.07	83.14
阳　江	59.30	60.99	61.60	74.23	80.21	82.43	83.57	85.65
清　远	57.27	68.97	70.56	72.85	76.93	79.5	85.87	88.48
东　莞	99.43	100.00	100.00	100.00	100.00	100	100.00	100.00
中　山	95.04	95.04	99.79	100.00	100.00	100	100.00	100.00
潮　州	81.40	85.87	91.07	93.09	93.86	93.92	94.98	95.34
揭　阳	91.30	93.39	90.28	90.83	91.58	93.23	93.78	95.41
云　浮	56.98	75.57	71.46	72.34	74.62	76.9	87.68	88.72

3-40 广东省农村自来水普及率

单位：%

年　度	2009	2010	2011	2012	2013	2014	2015	2016
合　计	**80.79**	**83.89**	**84.33**	**86.71**	**88.38**	**89.44**	**90.09**	**91.42**
广　州	97.47	97.74	97.98	98.26	98.56	99.99	100.00	100.00
韶　关	71.46	75.49	79.08	86.00	88.76	89.45	90.26	92.85
深　圳	100.00	100.00	100.00	100.00	100.00	100.00	100.00	100.00
珠　海	100.00	100.00	100.00	100.00	100.00	100.00	100.00	100.00
汕　头	90.95	91.68	92.48	92.14	92.40	93.13	93.16	93.23
佛　山	99.18	99.18	99.18	99.21	99.15	99.36	99.11	99.49
江　门	95.10	96.45	94.16	95.12	95.56	97.22	97.33	97.33
湛　江	89.42	89.71	89.90	90.09	90.24	90.41	90.59	92.61
茂　名	72.45	81.98	83.06	84.91	87.29	88.21	89.31	88.61
肇　庆	92.77	93.69	93.75	95.10	95.79	95.99	96.19	96.51
惠　州	83.50	87.78	88.91	90.55	91.37	92.21	95.68	93.42
梅　州	71.99	74.15	76.62	78.34	79.69	80.29	81.41	85.34
汕　尾	60.41	68.74	70.49	74.39	79.47	83.72	86.19	90.09
河　源	57.65	60.71	61.90	63.32	66.57	71.55	74.73	78.64
阳　江	54.11	56.29	59.75	81.60	83.21	86.31	88.00	88.52
清　远	68.58	76.61	78.42	79.62	81.67	83.39	82.18	90.01
东　莞	99.83	100.00	100.00	100.00	100.00	100.00	100.00	100.00
中　山	100.00	100.00	100.00	100.00	100.00	100.00	100.00	100.00
潮　州	84.50	85.41	85.44	85.47	85.38	85.60	85.73	85.84
揭　阳	74.86	76.75	77.88	82.93	87.24	87.83	88.23	88.77
云　浮	80.30	87.72	85.73	85.51	85.57	85.70	86.59	87.72

3-41 广东省农村饮用改水收益率

单位：%

年　度	2009	2010	2011	2012	2013	2014	2015	2016
合　计	**98.57**	**98.99**	**98.35**	**98.81**	**99.00**	**99.20**	**99.18**	**99.15**
广　州	99.67	99.96	99.97	99.80	99.99	99.99	100.00	100.00
韶　关	98.30	98.59	98.86	99.31	99.26	99.26	99.34	99.02
深　圳	100.00	100.00	100.00	100.00	100.00	100.00	100.00	100.00
珠　海	100.00	100.00	100.00	100.00	100.00	100.00	100.00	100.00
汕　头	96.14	96.86	98.23	99.10	99.11	99.71	99.75	99.82
佛　山	100.00	100.00	100.00	100.00	99.80	100.00	100.00	100.00
江　门	97.14	99.16	99.35	98.67	98.88	98.94	99.11	99.11
湛　江	100.00	100.00	100.00	100.00	100.00	100.00	100.00	100.00
茂　名	98.88	99.02	98.99	99.00	99.36	99.75	99.77	99.81
肇　庆	99.93	99.93	97.86	99.02	99.37	99.48	99.39	98.28
惠　州	99.47	97.82	98.36	98.89	99.02	99.10	99.17	99.31
梅　州	97.32	100.77	98.23	99.02	99.57	99.57	99.71	99.82
汕　尾	96.48	97.91	95.87	96.71	96.90	97.90	98.55	95.80
河　源	99.91	99.89	99.87	99.89	99.37	99.87	99.86	99.89
阳　江	97.63	96.83	97.58	97.20	98.07	98.65	98.75	98.97
清　远	98.12	98.42	98.56	98.55	98.31	98.42	96.65	97.58
东　莞	100.00	100.00	100.00	100.00	100.00	100.00	100.00	100.00
中　山	100.00	100.00	100.00	100.00	100.00	100.00	100.00	100.00
潮　州	99.46	99.12	99.06	99.26	98.97	99.16	97.83	99.13
揭　阳	98.27	98.36	93.01	95.72	96.92	96.92	97.86	98.23
云　浮	96.42	97.22	99.46	99.34	98.76	98.77	98.53	98.76

主要统计指标解释

卫生机构 是指从卫生部门取得“医疗机构执业许可证”，或从民政、工商行政、机构编制管理部门取得法人单位登记证书，为社会提供医疗保健、疾病控制、卫生监督服务或从事医学科研、医学教育等的卫生单位和卫生社会团体。

卫生技术人员 是指从事卫生技术工作并在卫生事业机构领取劳动报酬的专业人员。包括中医师、西医师、中西医结合高级医师、护师、中药师、西药师、检验师、其他技师、中医士、西医士、护士、助产士、中药剂士、西药剂士、检验士、其他技士、其他中医、护理员、中药剂员、西药剂员、检验员以及其他初级卫生技术员。

低出生体重儿发生率 是指年内出生的活产婴儿中，出生 1 小时内测量其体重小于 2500 克的活产婴儿数占当年活产婴儿总数的比例。

婴儿死亡率 是指某地年内每1000名活产儿中未满1周岁的婴儿死亡人数占当年活产儿的比重。

孕产妇死亡率 是指某地区 1 年内每 10 万名活产儿中孕产妇死亡数。孕产妇死亡数是指产妇从妊娠开始至产后 42 天内死亡者，不论妊娠时间与部位，包括内外科原因、计划生育手术、宫外孕及葡萄胎死亡者，但不包括意外原因（车祸、中毒）死亡者。

四、文 化

简要说明

1. 本篇资料主要反映广东省劳动就业和社会保险的基本情况。

2. 本篇资料主要包括：

（1）各级各类文化产业机构及人员基本情况，艺术表演团体和场馆基本情况，公共图书馆、博物馆、群艺馆基本情况，文化设施情况等。

（2）地区全省和 21 个地级以上市。

（3）年份主要有当年、近 5 年和 1978 以来连续年份。

3. 统计资料来源：本篇资料由广东省文化厅负责整理、审核、提供。

2016年广东省文化事业发展概述

2016年，广东扎实推进文化体制改革，文化事业繁荣昌盛，文化精品创作走在前列，文化遗产传承保护扎实有效,实现全省文化事业“十三五”规划的良好开局。

公共文化建设深入推进,公共文化基础设施日趋完善。2016年，广东积极办好文化民生实事，支持补助粤东西北地区图书馆、文化馆总分馆试点建设各10个，乡镇文体广场示范点建设156个。继续实施国家数字文化建设三大工程，推动公共数字文化服务。积极推进国家级和省级公共文化服务体系示范区（项目）创建。2016年全省建有县级以上公共图书馆142个，文化馆146个，乡（镇）综合文化站1602个，博物馆177个，行政村（社区）文化室别 37191个，基本形成了省、市、县、镇、村五级公共文化设施网络。2016年底，公共图书馆藏书量达7899.85万册；公用房屋建筑面积128.88万平方米。2016年，全省有艺术表演团体357个，从业人员11532人，演出场次3.839万场。2016年底，全省共有电影在册放映单位1974个，座位数69.98万个。

文化事业投入快速增加。2016年，全省文化事业费65.70亿元，居全国首位，比2011年的33.74亿元，增加31.96亿元，增长94.7%；全省人均文化事业费59.73元，比2011年的32.12元增加27.61元，增长86%。

艺术精品创作生产水平较大提升。推出舞剧《沙湾往事》、粤剧《还金记》、音乐剧《烽火·冼星海》、话剧《韩文公》等一批精品力作。举办2016广东戏曲喜剧特邀展、2016粤港澳台魔术交流展演、首届南国音乐花会、广东省地方戏曲片区交流演出等重点活动。舞剧《沙湾往事》荣获第十五届文华大奖，实现了艺术精品创作新突破；

文化遗产保护利用扎实有效。积极推进海上丝绸之路申遗工作，全省有多处遗迹进入我国海丝世界申遗之列。组织“十三五”时期国家非遗保护利用设施建设项目储备库申报，加强非遗传承人抢救性记录保护，加快推进《广东省粤剧保护管理规定》立法进程。完成全国第一次可移动文物普查数据采集登录工作，登录藏品总数825430件（套），居全国前列。启动文博单位文化创意产品开发试点工作，国家文物局确定我省成为“2016年度博物馆青少年教育功能提升项目”试点省份。

文化市场和文化产业繁荣发展。动漫、网络游戏、网络音乐等新兴文化业态在全国领先态势明显。建立了涉外演出管理协调会商机制。推动文化与金融合作发展，深圳文博会期间举办“文化金融合作发展推进会”，成功促成文化企业87个文化项目共获得银行授信498亿元。推动文化与旅游融合发展，评出全省首批8个文化旅游融合发展示范区。积极做好深圳文博会广东团组展工作，广东团总成交额达2063.22亿元，再创新高。积极扶持重点文化产业项目建设，指导各地市开展扩大文化消费试点工作。

对外和对港澳台文化交流合作亮点突出。全年对外和对港澳台双向文化交流达1170批、18737人次。组派文艺团组37批、769人次，分赴五大洲15个国家及港澳台地区开展“欢乐春节”活动。重点打造的舞台精品在欧美主流文化场所上演，进一步增强广东文化国际影响力。以“广东文化丝路行”为品牌，加大与“一带一路”沿线主要国家的文化交流力度，取得良好效果。与香港、澳门联合举行了粤港澳文化合作第十七次会议，商定70个合作项目。

文化改革创新持续深化。改革文化领域行政审批与监管方式，依法精简、转移、下放文化行政审批事项，完成行政审批中介服务事项的清理、行政审批标准化录入和行政审批先行先试总结评估。

撰稿：宁天　陈东清

4-1 文化产业机构及人员基本情况（2016）

指 标	机构数（个）	从业人员（人）	文化部门		其他部门	
			机构数（个）	从业人员（人）	机构数（个）	从业人员（人）
合计	**22757**	**248946**	**2541**	**34414**	**20216**	**214532**
艺术业	432	14288	111	5596	321	8692
图书馆业	142	4360	142	4360		
#少儿图书馆	5	220	5	220		
群众文化服务业	1748	11723	1748	11723		
省级文化馆	1	50	1	50		
地市级文化馆	23	579	23	579		
县区级文化馆	122	1793	122	1793		
文化站	1602	9301	1602	9301		
艺术展览创作机构	17	402	17	402		
#美术馆	15	368	15	368		
艺术教育业	5	773	5	773		
#高等院校	1	509	1	509		
中等专业学校	3	256	3	256		
其他教育机构	1	8	1	8		
文化市场经营机构（不含非公有制艺术表演团体和场馆）	19816	199185			19816	199185
文艺科研	7	101	7	101		
#文化科技研究机构	3	50	3	50		
综合性艺术研究机构	3	42	3	42		
地方戏艺术研究机构	1	9	1	9		
文化行政主管部门	151	4914	151	4914		
其他文化机构	170	8654	102	2145	68	6509
#文化市场执法机构	55	757	55	757		
文物业	269	4546	258	4400	11	146
文物科研机构	4	163	4	163		
文物保护管理机构	33	321	31	306	2	15
博物馆	177	3615	168	3484	9	131
文物商店	3	71	3	71		
其他文物机构	52	376	52	376		

4-2 各市文化、文物事业机构数（2016）

单位：个

市 别	艺术表演团体	文化馆	公共图书馆	博物馆	档案馆
广 州	34	12	13	29	
深 圳	66	8	11	16	
珠 海	5	4	3	2	
汕 头	8	8	9	6	
佛 山	6	7	6	17	
韶 关	2	11	10	9	
河 源	17	7	7	6	
梅 州	14	9	10	10	
惠 州	8	6	5	6	
汕 尾	36	6	4	5	
东 莞	7	1	1	7	
中 山	2	1	1	5	
江 门	10	8	7	8	
阳 江	1	5	5	3	
湛 江	70	11	9	6	
茂 名	27	6	5	6	
肇 庆	6	9	9	8	
清 远	4	10	10	11	
潮 州	3	4	4	4	
揭 阳	20	6	6	6	
云 浮	1	6	6	5	
省 直	10	1	1	2	

4-3 各市文化、文物事业机构人员情况（2016）

单位：人

市 别	艺术表演团体	公共图书馆	群众艺术馆、文化馆	文化站	博物馆
合 计	**11532**	**4360**	**2422**	**9301**	**3615**
广 州	2089	661	230	996	718
深 圳	843	1189	247	896	352
珠 海	92	108	86	177	45
汕 头	298	117	121	405	79
佛 山	243	333	155	528	467
韶 关	70	111	196	217	102
河 源	507	77	92	173	95
梅 州	421	136	141	446	121
惠 州	218	141	113	436	156
汕 尾	1111	47	59	167	58
东 莞	209	180	77	2143	328
中 山	70	58	23	378	129
江 门	298	113	97	386	95
阳 江	46	77	58	143	80
湛 江	1914	91	111	279	117
茂 名	666	142	74	240	62
肇 庆	125	134	115	412	170
清 远	69	99	108	230	97
潮 州	165	45	63	170	61
揭 阳	852	125	119	309	73
云 浮	5	74	87	170	54
省 直	1221	302	50		156

4-4 艺术表演团体基本情况（2016）

指 标	剧团数（个）	从业人员（人）	国内演出场次（万场次）	农村演出场次	国内观众人次（万人次）	演出收入（万元）
合计	**357**	**11,532**	**3.839**	**2.749**	**2427.28**	**38915.10**
按隶属关系分						
#省级	10	1221	0.116	0.053	120.487	6374.4
地市级	25	1750	0.282	0.097	323.129	6732
县区级	322	8561	3.441	2.599	1983.661	25808.7
按登记注册类型分						
#国有剧团	68	4295	0.866	0.54	976.913	16058.2
集体经营剧团						
其他	289	7237	2.973	2.209	1450.364	22856.9
按剧种分						
话剧、儿童剧、滑稽剧团	49	901	0.446	0.446	150.589	6041.8
歌舞、音乐类	69	2904	0.615	0.615	452.891	10406.7
京剧、昆曲类	2	35	0.002	0.002	0.812	39.8
地方戏曲类	151	5707	2.102	2.102	1492.465	15487.3
杂技、魔术、马戏类	6	212	0.025	0.025	29.30	378
曲艺类	18	463	0.151	0.151	82.44	885.6
乌兰牧骑						
综合性艺术表演团体	62	1310	0.499	0.499	218.78	5675.9

4-5 艺术表演场馆基本情况（2016）

指 标	合计	剧场、影剧院	省级	地市级	县、区级
机构数（个）	**75**	58	2	22	51
从业人员数（人）	**2756**	1647	120	884	1752
座席数（个）	**88004**	67478	3185	23372	61447
演（映）出场次（场）	**27550**	24010	560	8870	18110
#艺术演出场次（场）	**6740**	4880	430	2250	4070
#艺术演出观众人次（万人次）	**248.297**	101.435	41.966	99.311	107.019
本年收入合计（万元）	**84099.3**	42203.1	3994.1	21338.7	58766.5
#财政补助收入	**16228.9**	7941.1	1644	9336.4	5248.5
艺术演出收入	**18806.6**	16616.7		4958.4	13848.2

4-6 公共图书馆基本情况（2016）

指 标	合计	少儿图书馆	省级	地市级	县、区级
机构数（个）	**142**	5	1	27	114
从业人员（人）	**4360**	220	302	1735	2323
总藏量（万册、件）	**7899.847**	648.815	836.171	3689.13	3374.546
#图书（万册）	**6675.804**	614.52	641.437	3322.428	2711.939
报刊（万册）	**471.69**	1.635	136.119	172.542	163.029
微缩制品（万件）	**3.476**		2.452	0.173	0.852
其他（万册）	**438.728**	0.08	0.379	29.561	408.788
本年新购藏量(万册、件)	**886.251**	46.17	38.072	325.234	522.945
电子图书（万册）	**5288.287**	253.139	184.161	2105.642	2998.484
公用房屋建筑面积(万米2)	**128.876**	4.183	9.028	55.283	64.565
#书库	**20.911**	0.331	1.878	7.166	11.867
阅览室	**37.815**	1.178	1.526	17.441	18.849
阅览室座席数（个）	**93915**	3076	7812	32848	53255
总流通人次（万人次）	**8334.844**	282.729	1416.62	3045.235	3872.989
#书刊文献外借人次	**1954.11**	78.1	135.612	875.709	942.789
书刊文献外借册次(万册次)	**5218.651**	620.115	312.158	2897.124	2009.37
计算机（台）	**16163**	668	999	6155	9009
网站访问量（页次）	**39900387**	3271524	7186271	22600406	10113710
为读者举办各种活动					
次数（次）	**20277**	2181	7059	6021	7197
参加人次（万人次）	**1241.552**	142.943	152.816	729.958	358.778

4-7 文化馆（站）基本情况（2016）

指　标	合计	文化馆	文化站
机构数（个）	1748	146	1602
从业人员（人）	11723	2422	9301
举办各种活动			
举办展览（个）	8758	1667	7091
组织文艺活动次数（次）	57166	12670	44496
举办训练班班次（次）	52333	15464	36869
训练班培训人次（万人次）	428.211	67.328	360.883
组织公益性讲座（次数）	1584	1584	
藏书（万册）	2816.911	54.424	2762.487
公共房屋建筑面积（万米^2）	392.423	68.796	323.627
本年收入合计（万元）	243538.8	88532.1	155006.7
#财政补助收入	221673.9	83944.7	137729.2
事业收入	413.1	413.1	
经营收入	417.6	417.6	
本年支出合计（万元）	229999.8	86404.9	143594.9

4-8 对外、对港澳台文化交流情况（2016）

指 标	来访/出访批次（批次）	来访/出访人数（人）
来访、出访合计	1170	18737
演出	867	15826
展览	79	331
其他	224	2580

4-9 博物馆基本情况（2016）

指　标	藏品（件）		举办陈列展览（个）	参观人次（万人次）	门票收入（万元）
	合计	一级品			
合计	**953330**	**1374**	**1733**	**4727.445**	**20250.3**
综合类	696011	787	942	1740.809	494.2
历史类	96159	305	322	1871.009	3246.7
艺术类	53279	252	74	284.847	736.7
自然科技类	10537		13	48.569	
其他	97344	30	382	782.211	15772.7

4-10 文物商店基本情况（2016）

指　标	库存文物（件/套）	营业成本金额（万元）	营业收入金额（万元）
合计	**237089**	**4667.2**	**4942.1**
省级	179747	1282.3	1319.4
地市级	57342	3384.9	3622.7
县区级			

4-11 文化市场经营机构综合情况（2016）

指标	机构数（个）	从业人员（人）	营业收入（万元）	营业利润（万元）
合计	**20128**	**207591**	**11833535.9**	**1438924.3**
按城乡分				
城市	9154	121487	10098003.5	1330374.5
县城	4494	44483	356973.9	71620.9
县以下	6480	41621	1378558.5	36928.9
按经营范围分				
娱乐场所	6427	92106	677746.1	103279
互联网上网服务营业场所（网吧）	9408	42870	327955.4	55183.2
非公有制艺术表演团体	285	7153	34777.4	8980.1
非公有制艺术表演场馆	27	1253	48451.3	555.9
经营性互联网文化单位	2776	55523	10381814.9	1221753.5
艺术品经营机构	635	1846	26965.9	4514.2
演出经纪机构	570	6840	335824.9	44658.4

4-12 各市文化市场经营机构综合情况（2016）

市　别	机构数（个）	从业人员（人）	主营营业收入（万元）	主营业务利润（万元）
合　计	**20128**	**207591**	**11833535.9**	**1438924.3**
广州市（含省本级）	4466	74043	10616742.7	1252308.7
韶关市	411	2816	19395.4	3334.1
深圳市	2626	26543	424352.1	70399.8
珠海市	392	4533	59606.4	2460.6
汕头市	507	4571	47294.8	4886.5
佛山市	1122	9657	67231.8	8149.5
江门市	965	4934	27276.6	2529.1
湛江市	710	8026	45295.6	9390.3
茂名市	485	4910	30501.8	4835.8
肇庆市	410	3811	29190.6	4322.2
惠州市	897	8920	62366.8	18898.7
梅州市	502	2823	26470.7	10820
汕尾市	337	3314	14197.6	2277.5
河源市	546	4118	44992.0	10403.1
阳江市	286	3051	20984.6	6937.4
清远市	657	4099	26495.2	2934.2
东莞市	3043	25369	180970.3	19265.9
中山市	891	5764	43818.3	-2268
潮州市	141	941	4877.7	-211.3
揭阳市	498	3776	26679.0	2888.3
云浮市	236	1572	14796.3	4361.9

4-13 娱乐场所综合情况（2016）

项　目	机构数（个）	从业人员（人）	营业收入（万元）	营业利润（万元）
合　计	**6427**	**92106**	**677746.1**	**103279**
按城乡分				
城　市	2375	44013	333064.8	42476.1
县　城	2042	25916	190127	44656.1
县以下	2010	22177	154554.3	16146.8
按经营范围分				
歌舞娱乐场所	4343	87092	648803.1	99970.4
游艺娱乐场所	2075	4943	28481	3214.1
其他	9	71	462	94.5

4-14 各市娱乐场所综合情况（2016）

市别	机构数（个）	从业人员（人）	主营营业收入（万元）	主营业务利润（万元）
合计	6427	92106	677746.1	103279
广州市	499	9144	58033.2	5225.2
韶关市	194	2042	13715.2	1827.7
深圳市	1097	16162	128276.7	30149.5
珠海市	177	3104	33189.9	1253.7
汕头市	174	3268	37907.5	3348.4
佛山市	490	6431	43864.1	4413
江门市	596	3283	19969.3	1547
湛江市	172	3624	22603.2	5040.2
茂名市	146	2769	20720.4	3416.4
肇庆市	196	2901	22729.2	3275.5
惠州市	278	5437	41226.4	14802.8
梅州市	174	1597	18825.5	8002.8
汕尾市	157	1681	9432	1540.5
河源市	195	2541	32226.2	6596.1
阳江市	140	2489	18382.5	6494
清远市	365	2816	18064.3	1390.8
东莞市	517	14515	73290	3756.6
中山市	488	4294	35182.6	-2676.7
潮州市	57	666	3858.3	-286.4
揭阳市	178	2103	15400.8	1199.7
云浮市	137	1239	10848.8	2962.2

4-15 互联网上网服务营业场所（网吧）综合情况（2016）

项目	机构数（个）	从业人员（人）	主营营业收入（万元）	主营业务利润（万元）
合计	9408	42870	327955.4	55183.2
按城乡分				
城市	3124	16084	140168.6	22044
县城	2012	9479	64006	12925.4
县以下	4272	17307	123780.8	20213.8

4-16 各市互联网上网服务营业场所（网吧）综合情况（2015）

市　别	机构数（个）	从业人员（人）	主营营业收入（万元）	主营业务利润（万元）
合　计	**9408**	**42870**	**327955.4**	**55183.2**
广州市	899	4963	26608.8	2823.2
韶关市	192	714	5481.9	1445.5
深圳市	1252	6636	74744.8	13174.3
珠海市	190	903	15975.4	1070.1
汕头市	321	1049	6797.6	1081.3
佛山市	591	2747	12943.4	2168.1
江门市	324	1293	5610.5	730.4
湛江市	470	2733	17732.4	3856.1
茂名市	309	1544	8358.9	1176.9
肇庆市	169	774	5007.8	779.5
惠州市	562	3045	17106.9	3994.8
梅州市	308	900	6556.5	2900.1
汕尾市	139	695	3609.6	482
河源市	317	973	9095	3039.5
阳江市	143	540	2324.6	441.2
清远市	275	1211	6575.8	1744.9
东莞市	2116	9284	81860.8	10633.1
中山市	354	1269	6776.3	325
潮州市	83	220	893.4	70.1
揭阳市	302	1063	9970.8	1850.5
云浮市	92	314	3924.5	1396.6

4-17 文物业基本情况（2016）

项　目	机构数（个）	从业人员（人）	具有专业资质人（人）	文物藏品合计（件）	举办陈列、展览（个）	参观人次（万人次）	业务用房（万米^2）
合　计	269	4546	1915	1290857	1824	5011.025	131.648
文物科研机构	4	163	70	51114			1.472
文物保护管理机构	33	321	90	12565	91	283.58	5.957
博物馆	177	3615	1717	953330	1733	4727.445	117.992
文物商店	3	71	24	237089			0.752
其他文物机构	52	376	14	36759			5.475
省　级	7	265	177	358137	24	199.19	8.76
地市级	79	2183	1131	552464	694	2856.931	66.134
县市级	183	2098	607	380256	1106	1954.903	56.753

4-18 文化产业增加值情况（2016）

项 目	总计		文化部门		其他部门	
	总产出(万元)	增加值(万元)	总产出(万元)	增加值(万元)	总产出(万元)	增加值(万元)
合 计	**13421250.9**	**4263145.7**	**1282163.2**	**816869.1**	**12139087.7**	**3446276.6**
艺术业	162775.8	117975	78106.5	68397.2	84669.3	49577.8
#艺术表演团体	87091.6	84009.1	51797.1	52634.2	35294.5	31374.9
艺术表演场馆	74218.8	32932.1	24844	14729.2	49374.8	18202.9
图书馆业	131881.1	91889.9	131881.1	91889.9		
群众文化业	207888.3	127054.7	207888.3	127054.7		
艺术教育	18053.8	14373.6	18053.8	14373.6		
文化市场经营机构	11833543.7	3307966.6			11833543.7	3307966.6
动漫企业	219821.4	135028.9			219821.4	135028.9
文艺科研	4078.3	3015.7	4078.3	3015.7		
文物业	162876.9	79464.4	161847.6	78829.2	1029.3	635.2
其他	680331.6	386376.9	680307.6	433308.8	24	-46931.9

4-19 各市公共图书馆机构数

单位：个

市 别	2009	2010	2011	2012	2013	2014	2015	2016
合 计	**133**	**133**	**134**	**137**	**137**	**138**	**140**	**142**
广 州	14	14	14	14	14	14	13	13
韶 关	9	9	9	9	9	9	9	10
深 圳	8	8	9	11	11	11	11	11
珠 海	4	3	3	3	3	3	3	3
汕 头	8	8	8	8	8	9	9	9
佛 山	6	6	6	6	6	6	6	6
江 门	7	7	7	7	7	7	7	7
湛 江	7	7	7	8	8	8	8	9
茂 名	5	5	5	5	5	5	5	5
肇 庆	8	9	9	9	9	9	9	9
惠 州	5	5	5	5	5	5	5	5
梅 州	10	10	10	10	10	10	10	10
汕 尾	4	4	4	4	4	4	4	4
河 源	7	7	7	7	7	7	7	7
阳 江	4	4	4	4	4	4	5	5
清 远	9	9	9	9	9	9	10	10
东 莞	1	1	1	1	1	1	1	1
中 山	1	1	1	1	1	1	1	1
潮 州	4	4	4	4	4	4	4	4
揭 阳	6	6	6	6	6	6	6	6
云 浮	5	5	5	5	5	5	6	6
省 直	1	1	1	1	1	1	1	1

4–20 各市群艺馆（文化馆）机构数

单位：个

市　别	2009	2010	2011	2012	2013	2014	2015	2016
合　计	**145**	**144**	**144**	**145**	**147**	**147**	**146**	**146**
广　州	13	13	13	13	13	13	12	12
韶　关	11	11	11	11	11	11	11	11
深　圳	8	7	7	8	8	8	8	8
珠　海	4	4	4	4	4	4	4	4
汕　头	8	8	8	8	8	8	8	8
佛　山	6	6	6	6	7	7	7	7
江　门	8	8	8	8	8	8	8	8
湛　江	11	11	11	11	11	11	11	11
茂　名	7	7	7	7	7	7	7	6
肇　庆	9	9	9	9	9	9	9	9
惠　州	6	6	6	6	6	6	6	6
梅　州	9	9	9	9	9	9	9	9
汕　尾	5	5	5	5	6	6	6	6
河　源	7	7	7	7	7	7	7	7
阳　江	5	5	5	5	5	5	5	5
清　远	9	9	9	9	9	9	9	10
东　莞	1	1	1	1	1	1	1	1
中　山	1	1	1	1	1	1	1	1
潮　州	4	4	4	4	4	4	4	4
揭　阳	6	6	6	6	6	6	6	6
云　浮	6	6	6	6	6	6	6	6
省　直	1	1	1	1	1	1	1	1

4-21 各市博物馆机构数

单位：个

市 别	2009	2010	2011	2012	2013	2014	2015	2016
合 计	**152**	**164**	**161**	**168**	**175**	**176**	**177**	**177**
广 州	26	28	28	29	30	30	30	29
韶 关	9	9	9	9	9	9	9	9
深 圳	14	18	16	16	16	16	16	16
珠 海	2	2	2	2	2	2	2	2
汕 头	5	5	5	5	5	6	6	6
佛 山	8	9	9	9	16	16	16	17
江 门	8	9	9	9	8	8	8	8
湛 江	6	6	6	6	6	6	6	6
茂 名	5	5	5	6	6	6	6	6
肇 庆	7	7	7	7	7	7	8	8
惠 州	5	6	6	6	6	6	6	6
梅 州	7	11	11	11	10	10	10	10
汕 尾	5	5	5	5	5	5	5	5
河 源	6	6	6	6	6	6	6	6
阳 江	2	2	2	3	3	3	3	3
清 远	10	10	10	11	11	11	11	11
东 莞	5	5	5	7	7	7	7	7
中 山	5	5	4	4	5	5	5	5
潮 州	4	4	3	4	4	4	4	4
揭 阳	5	5	6	6	6	6	6	6
云 浮	5	5	5	5	5	5	5	5
省 直	3	2	2	2	2	2	2	2

4-22 各市文化站机构数

单位：个

市别	2009	2010	2011	2012	2013	2014	2015	2016
合计	**1594**	**1594**	**1596**	**1599**	**1599**	**1599**	**1596**	**1602**
广州	164	165	165	165	161	161	161	167
韶关	104	104	104	104	106	107	107	107
深圳	55	55	56	57	57	57	57	57
珠海	22	22	23	23	24	24	24	24
汕头	69	69	69	69	71	71	71	71
佛山	33	33	33	33	33	32	32	32
江门	81	81	80	80	80	80	79	79
湛江	117	119	119	119	119	119	118	118
茂名	110	110	109	109	109	109	109	109
肇庆	108	108	108	107	104	104	104	104
惠州	70	70	73	73	73	73	73	73
梅州	112	111	111	112	112	112	112	112
汕尾	56	56	56	57	57	57	57	57
河源	100	100	99	100	101	101	101	101
阳江	48	46	46	46	46	46	46	46
清远	87	87	87	87	87	87	87	87
东莞	33	33	33	33	33	33	33	33
中山	24	24	24	24	24	24	24	24
潮州	50	50	50	50	50	50	50	50
揭阳	88	88	88	88	88	88	88	88
云浮	63	63	63	63	64	64	63	63

4-23 各市公共图书馆公用房屋面积

单位：米^2

市别	2009	2010	2011	2012	2013	2014	2015	2016
合计	**784230**	**840820**	**975100**	**1012880**	**1093662**	**1127730**	**1257580**	**1288770**
广州	126320	135370	134800	137350	182358	232860	280070	270930
韶关	19840	20030	24900	22940	24713	28633	28630	29630
深圳	142000	142000	217400	216020	230582	233274	234500	248420
珠海	20370	18790	22900	21010	22221	23291	23290	47440
汕头	39080	38180	39100	39360	39953	43981	43680	43680
佛山	70170	70170	67600	67700	67827	61103	87820	87820
江门	30270	30270	29900	32780	32774	32774	33070	33070
湛江	39010	39310	46900	49090	49582	37360	37360	39360
茂名	16780	16780	37500	37570	42500	42572	42550	42550
肇庆	19810	22270	24100	44100	43019	43219	43450	43450
惠州	32310	32310	47000	46960	46954	41165	43940	44240
梅州	34780	35140	35600	35320	36024	36024	36020	34980
汕尾	5460	7970	7700	7670	18995	18995	22580	23000
河源	11790	11860	10900	11860	11857	11944	43730	43790
阳江	14080	16100	18600	18560	18328	20172	21670	21670
清远	22690	22690	22700	28340	28593	34917	34490	34730
东莞	53650	53650	53600	53650	53654	53654	53650	53650
中山	9140	9140	14800	9140	2363	2363	2360	1760
潮州	6840	6940	8600	8650	9052	9052	9050	9050
揭阳	18150	20050	20300	20280	27782	27782	27780	27780
云浮	13460	13460	13500	13910	13911	13911	17610	17490
省直	38230	78340	76700	90620	90620	78684	90280	90280

4-24 各市群艺馆（文化馆）公用房屋面积

单位：米²

市别	2009	2010	2011	2012	2013	2014	2015	2016
合计	**407930**	**396610**	**498100**	**3465000**	**574537**	**599642**	**718350**	**687970**
广州	66010	66560	66200	504400	68650	68195	68050	65450
韶关	17110	17790	24800	101100	21832	20904	27490	26850
深圳	97290	63340	100300	366800	128604	130604	215270	136470
珠海	9160	9210	11700	84100	11520	15673	15670	41330
汕头	13460	15210	14800	71700	16553	24950	24950	24950
佛山	28780	33220	35300	246200	72466	73416	82240	82240
江门	30050	30550	29200	143000	30367	31867	33870	33870
湛江	15870	18530	18600	134600	20625	20108	21610	24660
茂名	7600	4000	12300	98100	15730	16730	18990	16270
肇庆	17350	15140	23600	125300	24303	27338	27070	27070
惠州	5460	10810	23000	164800	23087	22923	22920	22920
梅州	14880	13260	19700	142500	19013	19313	23210	23210
汕尾	4200	3060	3800	27800	6757	6846	11250	11250
河源	9660	9660	16400	76000	17492	17492	20370	20370
阳江	8190	11130	16500	57100	16630	17530	17530	17530
清远	16130	16130	16200	98500	20761	26406	28410	25550
东莞	6690	7440	5600	626800	5550	5550	5550	24300
中山	7190	7190	7200	162600	7192	7192	7190	7190
潮州	8440	8440	10500	53900	11219	11219	11220	13300
揭阳	9930	20830	21000	100000	16400	15600	15700	15900
云浮	12480	13110	19600	77900	17998	17998	18000	18000
省直	2000	2000	1800	1800	1788	1788	1790	9290

4-25 各市博物馆公用房屋面积

单位：米²

市别	2009	2010	2011	2012	2013	2014	2015	2016
合计	**709200**	**823350**	**835400**	**986100**	**1063988**	**1099668**	**1126490**	**1179930**
广州	172900	175730	178800	191900	192759	207391	207390	225010
韶关	20800	23550	23600	23600	30963	30674	37230	37920
深圳	87000	122420	107200	131200	122765	120975	121280	157700
珠海	18400	37980	10800	10800	10788	10788	10750	10750
汕头	25000	24950	23400	23400	29517	46501	46500	47750
佛山	39800	45180	31200	33200	84985	108408	108120	120670
江门	30400	42430	31600	37200	33233	33233	33230	33230
湛江	15600	26470	28300	69600	67153	67849	67850	67840
茂名	8000	7960	8600	13700	24606	24606	24810	24810
肇庆	12800	13010	15800	15300	19333	19333	31530	34420
惠州	28600	31280	34000	34000	35426	35420	35470	32880
梅州	18800	23030	52500	54600	50662	50782	53150	53150
汕尾	4100	5480	4200	4200	6459	11406	12610	12610
河源	8200	8220	14900	14800	14790	15080	15080	22170
阳江	21600	21610	21600	22000	22609	22609	22610	22610
清远	21900	21940	22600	24600	39204	32778	33050	33050
东莞	43900	44300	52000	91900	90533	73632	73630	51160
中山	27900	26320	24600	24600	28834	28834	28830	28830
潮州	12200	21020	18400	27400	27383	27383	27380	27380
揭阳	43600	48400	48600	49000	48935	48935	48940	48940
云浮	13200	13220	13800	14100	14071	14071	14070	14070
省直	34500	38850	68900	75000	68980	68980	72980	72980

4-26 各市文化站公用房屋面积

单位：米²

市别	2009	2010	2011	2012	2013	2014	2015	2016
合计	**674980**	**2304410**	**922900**	**2961900**	**2993946**	**3063456**	**3176100**	**3236300**
广州	259860	372560	264400	435800	433823	432,554	431,590	457610
韶关	6310	88960	6500	78200	72809	75,991	78,330	80020
深圳	128970	141170	282800	277200	250828	251,866	245,860	241040
珠海	39710	80320	14000	64800	68975	69,205	70,950	73050
汕头	19110	43060	25800	56900	79620	155,916	156,060	157980
佛山	58350	175700	58400	210700	235803	236,379	322,370	323950
江门	22260	91810	26700	112800	111314	115,063	124,610	130610
湛江	6930	79770	15800	114400	134915	141,230	136,020	146600
茂名	3210	44700	6200	85400	95888	125,508	126,700	126970
肇庆	9930	111430	11100	101000	99448	113,187	124,490	124850
惠州	35180	106150	38400	141700	160206	157,258	158,100	156740
梅州	6640	116870	6900	123200	109948	136,719	139,700	140500
汕尾		21960	100	24000	28207	33,356	36,990	36990
河源	2270	53340	3000	58400	61116	62,075	69,460	69750
阳江	750	20510	1800	40500	41080	45,167	47,280	47800
清远	2720	80370	2900	81900	44639	66,948	72,640	75880
东莞	24970	456250	91000	621200	629507	470,758	470,760	480660
中山	27710	104360	35600	155400	146754	163,590	163,700	161890
潮州	4560	32220	6700	42600	44074	44,977	44,980	46450
揭阳	9260	41050	15200	76000	82784	86,601	86,550	87730
云浮	6280	41850	9600	59800	62208	79,108	68,960	69230

4-27 各市人均拥有公共图书馆藏书册数

单位：册

市　别	2009	2010	2011	2012	2013	2014	2015	2016
合　计	**0.38**	**0.40**	**0.56**	**0.62**	**0.57**	**0.59**	**0.65**	**0.72**
广　州	0.95	0.80	0.97	1.12	1.08	1.77	1.84	1.95
韶　关	0.30	0.29	0.29	0.35	0.40	0.48	0.57	0.62
深　圳	0.89	0.86	1.42	1.54	1.28	1.26	1.37	1.62
珠　海	0.69	0.55	1.02	1.16	0.73	0.90	0.97	0.98
汕　头	0.21	0.20	0.22	0.24	0.25	0.26	0.26	0.27
佛　山	0.49	0.42	0.49	0.55	0.49	0.51	0.57	0.66
江　门	0.38	0.37	0.44	0.48	0.49	0.48	0.51	0.53
湛　江	0.16	0.17	0.18	0.19	0.19	0.20	0.21	0.21
茂　名	0.09	0.10	0.11	0.15	0.17	0.17	0.19	0.20
肇　庆	0.25	0.28	0.36	0.47	0.45	0.50	0.51	0.54
惠　州	0.23	0.21	0.24	0.26	0.31	0.36	0.37	0.44
梅　州	0.33	0.29	0.33	0.35	0.34	0.37	0.38	0.41
汕　尾	0.06	0.06	0.06	0.08	0.09	0.09	0.10	0.10
河　源	0.18	0.19	0.19	0.20	0.20	0.20	0.29	0.43
阳　江	0.25	0.25	0.26	0.27	0.29	0.31	0.35	0.37
清　远	0.22	0.24	0.24	0.26	0.40	0.30	0.35	0.35
东　莞	0.25	0.22	0.30	0.32	0.30	0.28	0.31	0.32
中　山	0.37	0.34	0.41	0.44	0.42	0.48	0.53	0.58
潮　州	0.16	0.16	0.17	0.17	0.18	0.18	0.20	0.21
揭　阳	0.11	0.11	0.15	0.20	0.16	0.17	0.17	0.18
云　浮	0.26	0.28	0.29	0.35	0.34	0.34	0.40	0.42

注：人均藏书册数按常住人口计算。

4-28 各市公共图书馆人均购书费

单位：元

市别	2009	2010	2011	2012	2013	2014	2015	2016
合计	**1.3**	**1.20**	**1.27**	**1.64**	**1.74**	**1.74**	**2.18**	**2.70**
广州	1.90	1.60	0.87	3.45	4.68	6.99	6.43	8.86
韶关	0.19	0.22	0.87	0.72	0.86	1.16	1.14	1.25
深圳	3.98	2.79	4.56	4.55	2.57	4.17	6.78	7.75
珠海	1.79	2.21	2.63	5.03	3.11	3.52	4.23	4.70
汕头	0.20	0.15	0.14	0.14	0.14	0.23	0.26	0.19
佛山	0.71	1.19	0.86	1.07	2.12	1.83	2.39	2.60
江门	0.35	0.28	0.33	0.44	0.59	0.72	0.81	0.84
湛江	0.10	0.15	0.14	0.17	0.20	0.11	0.21	0.20
茂名	0.12	0.15	0.24	0.10	0.21	0.24	0.14	0.11
肇庆	0.19	0.25	0.17	0.28	0.47	0.72	1.12	0.50
惠州	0.14	0.28	0.25	0.28	0.79	0.54	0.82	0.49
梅州	0.13	0.15	0.12	0.10	0.40	0.36	0.90	0.47
汕尾	0.27	0.15	0.02	0.13	0.36	0.08	0.09	0.07
河源	0.13	0.14	0.08	0.09	0.08	0.08	2.33	3.49
阳江	0.11	0.28	0.30	0.45	0.43	0.52	0.90	1.08
清远	0.22	0.26	0.25	0.37	1.10	0.30	0.31	0.46
东莞	1.19	0.84	0.84	0.96	0.96	1.01	0.90	0.86
中山	0.54	1.34	0.83	0.54	1.00	0.37	1.43	2.80
潮州	0.12	0.11	0.10	0.18	0.13	0.15	0.17	0.17
揭阳	0.14	0.86	0.12	0.18	0.13	0.16	0.16	0.34
云浮	0.14	0.15	0.17	0.21	0.27	0.16	0.24	0.51

注：人均购书经费按常住人口计算。

4-29 各市文化文物事业费

单位：万元

市别	2009	2010	2011	2012	2013	2014	2015	2016
合计	**279589**	**331611**	**415917**	**484434**	**514713**	**556973**	**680475**	**837741**
广州	60710	79354	92244	92989	105527	123343	147192	183838
韶关	5140	4361	5989	6313	9073	8093	9532	14017
深圳	66265	67677	83627	93013	101450	117283	132582	157902
珠海	7920	7417	13393	18355	17989	16687	32091	51084
汕头	5794	7555	6059	10685	7236	8360	11766	14307
佛山	21607	22429	27588	32152	33589	38072	46428	56148
江门	5212	7266	10019	11857	11797	11730	13394	17487
湛江	3541	4558	4645	5908	8042	6688	10938	10813
茂名	2046	2386	3625	3780	3842	5041	5260	5785
肇庆	4204	6497	6978	7725	10854	11823	11612	17154
惠州	6171	7703	9100	12310	18340	19313	32425	30762
梅州	4252	4802	5742	10781	9164	12803	14496	20500
汕尾	1709	2513	2114	3244	3235	3927	7137	6922
河源	3125	3508	3444	3692	4428	5920	10516	10172
阳江	1980	2713	4201	5363	4134	6190	6209	13404
清远	2692	3052	4387	7353	8039	8115	9338	14149
东莞	24122	37292	55848	70681	60067	57004	64717	77358
中山	9951	10715	11190	15910	17577	18714	19334	22429
潮州	2406	2811	3322	4153	3724	4337	6247	8846
揭阳	2353	3262	2936	3846	4449	4596	5759	6762
云浮	2351	2555	3712	4359	4781	5305	5733	6490
省直	36038	41185	55754	59965	67376	63632	77769	91413

4-30 历年文化文物事业机构数

单位：个

年 份	艺术表演团体（公有制）	艺术表演场所	博物馆	公共图书馆	群众艺术馆、文化馆	文化站	中等艺术学校
1978	172	7	30	76		15	6
1979	197	47	25	86	2	1650	8
1980	195	42	26	97	13	1766	8
1981	190	40	36	103	14	1802	8
1982	190	38	45	108	13	1880	8
1983	186	39	61	108	15	1966	8
1984	178	38	87	114	15	2006	9
1985	171	38	106	117	15	1989	9
1986	159	96	106	117	15	2046	12
1987	155	92	106	118	16	2046	11
1988	131	83	101	100	16	1753	9
1989	131	82	101	102	19	1788	9
1990	130	83	106	103	20	1809	9
1991	122	78	107	104	20	1839	9
1992	125	80	108	108	20	1920	9
1993	126	81	108	110	20	1957	11
1994	132	78	111	111	20	1927	11
1995	134	79	113	114	21	1957	10
1996	136	69	114	115	137	1878	10
1997	138	75	117	119	139	1923	10
1998	139	76	122	120	139	1913	10
1999	140	76	128	121	139	1902	10
2000	138	76	131	125	140	1902	10
2001	139	69	140	129	140	1868	9
2002	141	71	140	131	142	1802	7
2003	144	70	144	129	139	1700	8
2004	140	69	143	128	141	1601	8
2005	139	68	146	129	139	1586	8
2006	138	67	147	129	142	1589	8
2007	128	46	153	130	143	1597	9
2008	127	48	152	132	143	1600	7
2009	119	45	152	133	145	1594	6
2010	111	44	164	133	144	1594	6
2011	89	40	161	134	154	1596	6
2012	58	28	168	137	145	1599	6
2013	75	45	175	137	147	1599	5
2014	72	44	176	138	147	1599	3
2015	72	66	177	140	146	1596	3
2016	72	75	177	142	146	1602	3

4-31 历年公共图书馆业务活动情况

年　份	机构数（个）	总藏量（万册、件）		总流通人次（万人次）		图书流通册次（万册次）	发放借书证数（万个）
			书　刊		外借人次		
1986	117	1096	1096	804		928	37
1990	103	1261	1261	903		1441	50
1991	104	1327	1319	1241	480	663	49
1992	108	1408	1396	1452	478	607	32
1993	110	1494	1479	1432	469	619	36
1994	111	1591	1570	1631	527	666	43
1995	114	1651	1633	1447	504	687	49
1996	115	1860	1840	1500	586	858	35
1997	119	1901	1879	1634	660	983	42
1998	120	2027	2000	1857	737	1142	45
1999	121	2088	2051	2026	734	1136	44
2000	125	2330	2296	2517	840	1234	44
2001	129	2239	2186	2505	880	1236	89
2002	131	2300	2227	2627	992	2843	119
2003	129	2498	2431	2635	1032	3132	129
2004	128	2740	2637	3021	1021	1636	141
2005	129	3119	3059	3543	1511	2037	144
2006	129	3454	3316	4695	1777	3097	173
2007	130	3698	3540	3819	1115	1851	190
2008	132	3995	3904	4101	1173	2081	209
2009	133	4367	4112	4565	1238	2536	245
2010	133	4615	4336	4540	1166	2267	258
2011	134	5890	4713	6072	1329	2618	300
2012	137	6567	5096	6418	1459	3070	342
2013	137	6101	5629	7357	1588	3499	410
2014	138	6367	5997	7657	1698	3848	438
2015	140	7008	6616	7855	1697	4377	524
2016	142	7900	6757	8335	1954	5219	620

注：1.　表中1986年数包括海南行政区。
　　2.　书刊是指古籍、报刊、图书。

4-32 历年群众文化事业业务活动、经费收支及设施情况

年 份	机构数（个）	举办展览个数（个）	组织文艺活动次数（次）	举办培训班次（次）	藏 书（万册）
1986	152	839	2151	1290	34
1990	145	724	2338	1808	27
1991	142	668	3472	2235	17
1992	146	833	2634	1846	20
1993	184	665	2902	2197	27
1994	948	1279	4093	3247	94
1995	1100	1619	5377	3949	15
1996	2015	5228	18031	10811	619
1997	2062	6304	21200	10734	826
1998	2052	5778	21327	13802	891
1999	2041	7076	21327	10941	1237
2000	2024	6918	22969	11932	1066
2001	2008	6523	22980	13611	1025
2002	1944	6569	22099	13218	1085
2003	1839	6997	21824	13190	1243
2004	1742	6609	23658	14735	1274
2005	1725	7228	23132	14288	1309
2006	1731	7392	25285	19613	1464
2007	1740	7268	34004	17924	1536
2008	1743	7760	30555	20817	1630
2009	1739	7536	29983	27522	1735
2010	1738	7399	32382	29041	1751
2011	1740	7930	37970	29590	1963
2012	1744	7627	38842	30198	2162
2013	1746	8176	41121	31158	2335
2014	1746	7979	47791	45111	2433
2015	1742	8199	50270	45679	2650
2016	1748	8758	57166	52333	2817

4-32 续表 历年群众文化事业业务活动、经费收支及设施情况

年 份	收入合计（万元）	财政补助收入	支出合计（万元）	业务费	公用房屋建筑面积（万米²）
1986	192		912	241	9
1990	414		1478	303	19
1991	1990	1250	1846	441	13
1992	2500	1448	2198	425	15
1993	3676	2064	3108	786	15
1994	5312	2854	4864	943	46
1995	6714	3514	5937	1028	26
1996	17187	5551	17005	3086	138
1997	21005	6847	20497	3123	140
1998	21005	8757	25189	3505	159
1999	27976	11805	27814	3687	180
2000	26414	12113	27213	4626	193
2001	27827	14671	26853	4406	193
2002	32250	18455	32677	4420	207
2003	43554	25682	42018	6161	288
2004	49354	31799	47538		232
2005	61089	40125	57669		238
2006	72577	47583	69416		235
2007	79486	56138	76499		261
2008	85678	64876	84031		284
2009	92396	75038	89841		278
2010	109816	85211	101362		270
2011	129786	116226	137740		332
2012	154069	136560	150638		346
2013	166169	143041	161075		357
2014	173539	152669	170951		366
2015	203182	181570	193291		389
2016	243539	221674	230000		392

4-33 历年博物馆业务活动情况

年　份	机构数（个）	文物藏品（件）	一级品	参观人次（万人次）	外宾人次	未成年人次
1985	106	342909	1470	633		
1986	106	354569	1573	688		
1990	106	412249	1708	666		
1991	107	418321	1448	715	88	
1992	108	444682	1443	1198	98	
1993	108	461828	1565	594	84	
1994	111	459243	952	562	69	
1995	113	458864	1062	550	47	
1996	114	466919	1105	655	47	
1997	117	464157	1353	732	39	
1998	122	463131	1180	703	24	
1999	128	472204	1491	731	31	
2000	131	490948	1843	822	39	
2001	140	492298	1174	839	43	266
2002	140	530249	1200	866	46	223
2003	144	542982	1195	826	17	132
2004	143	592570	1136	1002	27	303
2005	146	662177	1120	1036	47	288
2006	147	712703	1163	1071	47	281
2007	153	703627	1172	1130		249
2008	152	710814	1186	1251		297
2009	152	828060	1296	1891		488
2010	164	807102	1289	2457		521
2011	161	838181	1321	2761		562
2012	168	982169	1318	3204		618
2013	175	996706	1362	3599		782
2014	176	1080018	1352	4021		904
2015	177	958465	1353	4252		912
2016	177	953330	1374	4727		1082

主要统计指标解释

文化机构 是指专门从事文化工作并具有法人资格，独立核算的事业、企业单位以及单独核算，附属于事业单位的经营性专业文化活动单位。包括从事艺术、图书馆、群众文化、文物管理、文化艺术教育、娱乐等机构以及其他文化机构。

艺术表演团体 是指从事戏曲、音乐、舞蹈、杂技等专业艺术表演，具有独立账户，实行单独核算的团体，不包括半工半艺、半农半艺和民间职业剧团。

艺术表演场所 是指由各级文化主管部门、文化单位和其他部门（除部队系统外）举办的，具有观众厅、舞台、灯光设备，经常供专业艺术表演团体演出，并在工商、税务部门登记，公开售票的营业场所。

图书馆 是指通过文献、信息的收集、整理、存储和利用，为社会读者服务的文化、教育与科学机构。

图书馆总藏量 是指本馆已编目的古籍、图书、期刊和报纸的合订本、小册子、手稿以及缩微制品、录像带、录音带、光盘等视听文献资料数量之和。

文物机构 包括文物管理机构、博物馆（综合类博物馆、历史类博物馆、艺术类博物馆、自然科技类博物馆及其他博物馆）和文物店的文物专业机构。

藏品 藏品是文博机构根据收藏品的文化属性、自然属性等情况，所划分的文物藏品、模型藏品（含具有收藏、展示价值的雕塑、绘画等艺术作品）和复制品藏品的总和。

五、劳动就业和社会保障

简要说明

1. 本篇资料主要反映广东省劳动就业和社会保险的基本情况。

2. 本篇资料主要包括：

（1）劳动合同签订情况，劳动争议仲裁情况，职业介绍情况，就业和失业情况，基本养老、职工医疗、失业、工伤、生育保险情况以及社会保险基金收入、支出、结余等情况。

（2）地区全省 21 个地级以上市。

（3）年份主要为 2010—2016 年数据。

3. 统计资料来源：本篇资料由广东省人力资源和社会保障厅、广东省社会保险局负责整理、审核、提供。

2016 年广东社会保障事业发展概述

2016 年，广东坚持全覆盖、保基本、多层次、可持续的方针，以底线民生保障建设为重点，不断健全覆盖城乡居民的社会保障体系，社会保险规模日益壮大，社会保障受益人群持续增加，社会保障待遇、服务水平不断提高，社会保障事业成就瞩目。

社会保障基本实现制度全覆盖。2016 年,广东继续以底线民生保障建设为重点，坚持全覆盖、保基本、多层次、可持续的方针，覆盖城乡居民的社会保障体系进一步完善，社会保障制度覆盖程度达到新高度。2016 年广东出台《关于完善灵活就业人员参加企业职工基本养老保险有关规定的通知》，进一步完善企业职工基本养老保险制度，扩大养老保险覆盖范围，推动我省灵活就业人员参加企业职工基本养老保险，促进基本养老保险城乡一体化。全面实现居民医保城乡统筹，实现城乡居民医保公共服务均等化。出台《关于进一步完善我省城乡居民大病保险制度的通知》，全省普遍建立健全了城乡居民大病保险制度。

底线民生生活保障制度不断完善。2016 年,广东继续完善底线民生生活保障制度，将巩固提高底线民生保障水平,加大对困难弱势群体帮扶力度等列为省十件民生实事。2016 年，广东出台《底线民生精准扶贫精准脱贫三年攻坚实施方案》，农村低保最低标准提高到月人均 335 元，将 94 万符合条件的贫困人口全部纳入低保。2016 年，全省城镇最低生活保障人数 25.46 万人，全省农村最低生活保障人数 145.14 万人；全省农村特困人员救助供养人数 23.20 万人；城乡医疗救助人均补助标准提高到每年 2178 元，政策范围内住院医疗救助比例提高到 70%以上。

社会保险基金规模居全国首位。2016 年,广东各险种社保基金收入、支出、基金结余均保持较快增长，收入大于支出，累计结余稳居全国首位。全省社会保险基金收入 4962.89 亿元，支出 3431.58 亿元,滚存结余 11342.89 亿元。

城镇职工社会保险覆盖面不断扩大。五大险种参保人数实现新增长，基本实现全民社保,截止 2016 年底，全省参加城镇职工基本养老保险 5392.43 万人，城镇职工医疗保险 3814.10 万人，失业保险 3020.1 万人，工伤保险 3246.17 万人，生育保险 3161.89 万人，分别比 2011 年增加 1591.69 万人、579.77 万人、1144.48 万人、398.35 万人、822.17 万人。

社会保险受益人群持续增加。2016 年，广东享受城镇职工基本养老保险离退休待遇人数 524.58 万人、城乡居民社会养老保险领取待遇人数 893.08 万人、享受城镇职工基本医疗保险待遇人数 15826.73 万人次、享受城乡居民基本医疗保险待遇 6394.93 万人次，分别比 2011 年增加 152.03 万人、580.19 万人、8387 万人次、1786.68 万人次。

社会保障待遇水平稳步提高。2016 年广东印发了《关于广东省 2016 年调整退休人员基本养老金的通知》我省总体调整水平为全省 2015 年退休人员月人均养老金的 6.5%加发养老金。其中，广州市 90.6 万名企业退休人员,人均增加基本养老金 196.53 元/月,人均基本养老金由 2015 年的 3200 元/月增至 3316 元/月。广东城乡居保基础养老金标准逐年提升。为更好地保障城乡老年居民基本生活，省政府近年来将提高城乡居民基本养老保险列入十件民生实事重点工作，逐年提高基础养老金。2013 年 65 元，2014 年 95 元，2015 年 100 元，2016 年广东各地按不低于每人每月 110 元发放城乡居民基本养老保险基础养老金,使全省城乡老年居民养老待遇的逐步提升。2016 年城市居民最低生活保障人均支出 6980 元，是 2011 年的 2.9 倍；农村居民最低生活保障人均支出 3027 元，是 2011 年的 2.3 倍；2016 年底，全省农村特困人员（即农村五保户）共有 23.3 万人，支出五保供养资金 18.8 亿元，全省年人均农村特困集中、分散供养标准分别为 9600 元、7600 元，比 2015 年增加了 1200 元、1100 元，切实保障了他们的基本生活。

社会保障服务水平不断提高。2016 年，广东社会保障公共服务能力和水平不断提高,社会保障卡发行、应用和退休人员社会化管理等服务加快推进。广东发卡人群覆盖本省户籍人员、非本省户籍参保人员、机关和事业单位人员、港澳台和外籍参保人员。目前全省 21 个地市已全部实现发卡，基本实现“人手一卡”。截止 2016 年底，社会保障卡累计持卡人数达到 9916 万人，居全国首位。其中户籍人口持卡人数达到 8230 万人，社会保障卡作用十分广泛，持卡人凭卡就医进行医疗保险个人账户实时结算，办理养老保险事务，在网上办理有关劳动和社会保障事务，凭卡领取社保待遇，服务水平大为提高，企业退休人员社区管理服务率达到 86.3 %。

撰稿：陈东清

5-1 劳动人事争议仲裁情况（2016年）

项目	合计	国有企业	集体企业	港澳台及外资企业	私营企业	机关	事业单位	社会团体	军队文职人员聘用单位	其他
上年末结争议案件数(件)	7003	37	30	486	5265	7	45	21		1112
当期立案受理情况										
立案受理案件总数（件）	107217	1077	338	7830	77076	152	629	88		20027
集体劳动争议（件）	3114	17	15	180	2394	1	8			499
劳动者申诉（件）	105103	1065	329	7676	75590	151	625	88		19579
按争议类型分										
劳动报酬（件）	43887	434	66	1908	32875	23	130	23		8428
社会保险（件）	10802	63	32	1044	7608	10	42	1		2002
确认劳动关系（件）	4805	54	71	237	3378	15	41	4		1005
解除、终止劳动合同(件)	37885	343	126	3670	26672	67	302	43		6662
履行聘用合同（件）	33					2	3			28
解除人事关系（件）	14					1	12			1
其他（件）	9791	183	43	971	6543	34	99	17		1901
立案受理案件涉及劳动者人数（人）	214376	2414	778	16136	153224	204	1104	88		40428
集体劳动争议（人）	108492	1353	455	8411	77021	47	470			20735
案件处理情况										
结案数（件）	106625	979	330	7948	76442	155	630	92		20049
按处理方式分										
仲裁调解（件）	42008	431	97	2566	30532	77	328	37		7940
仲裁裁决（件）	57757	454	180	4978	41164	65	276	52		10588
其他（件）	6860	94	53	404	4746	13	26	3		1521
按处理结果分										
用人单位胜诉（件）	11248	134	38	1116	7366	37	91	9		2457
劳动者胜诉（件）	23196	102	63	2255	16381	11	80	7		4297
双方部分胜诉（件）	53052	498	152	3344	38494	70	326	61		10107
其他（件）	19129	245	77	1233	14201	37	133	15		3188
期末累计未结案数（件）	7597	136	38	368	5899	4	45	17		1090
案外调解案件数（件）	152562	742	1268	26422	106385	196	275	78	1	17195

5-2 各市职业技能鉴定综合情况（2009-2016）

市别	期末职业技能鉴定机构（个）							
	2009年	2010年	2011年	2012年	2013年	2014年	2015年	2016年
合计	**495**	**504**	**526**	**544**	**557**	**563**	**554**	**575**
广州	94	94	94	94	94	94	95	93
深圳	51	51	51	51	51	51	51	52
珠海	7	7	7	7	7	7	8	7
汕头	5	5	7	7	7	7	7	7
佛山	19	21	21	22	26	19	28	35
韶关	11	11	11	11	12	13	12	11
河源	4	4	12	12	12	12	11	15
梅州	14	14	14	14	14	14	15	15
惠州	19	20	22	23	23	25	27	25
汕尾	6	6	6	6	6	6	6	6
东莞	7	7	7	7	7	11	7	15
中山	8	8	8	8	8	11	8	10
江门	20	20	20	20	20	21	17	21
阳江	10	10	10	10	10	10	7	7
湛江	15	15	15	16	16	17	17	17
茂名	11	11	11	11	11	11	10	10
肇庆	17	17	18	20	20	20	19	21
清远	9	9	9	9	11	12	14	15
潮州	8	8	8	10	10	10	10	10
揭阳	13	13	15	15	15	16	14	16
云浮	11	11	12	12	12	12	12	10
省直	136	142	148	159	165	164	159	157
珠三角	242	245	248	252	256	259	260	279
东翼	32	32	36	38	38	39	37	39
西翼	36	36	36	37	37	38	34	34
山区	49	49	58	58	61	63	64	66

5-2 续表 各市职业技能鉴定综合情况（2009-2016）

市别	本期参加鉴定考核（人）							
	2009年	2010年	2011年	2012年	2013年	2014年	2015年	2016年
合计	**1863827**	**1681128**	**1753573**	**1739864**	**1747737**	**1655521**	**1683826**	**1312832**
广州	271716	266999	303929	362074	360743	347785	284727	259881
深圳	105581	136785	129781	80494	61311	70205	82173	52244
珠海	13748	24907	21320	20184	21232	20689	26757	17978
汕头	26754	23791	17168	21377	18388	21997	15245	6890
佛山	116654	73472	96900	91925	96853	60349	72157	66362
韶关	34971	45042	56984	60727	48861	29674	33427	18255
河源	32449	36504	42634	38155	25318	21462	20239	29521
梅州	68590	69945	100720	73711	47203	22156	29644	33261
惠州	84405	102429	75389	52022	36105	46824	36014	30217
汕尾	6410	8753	8877	4206	5512	5489	3042	6762
东莞	42584	31318	25971	33739	22720	27812	52345	52932
中山	40578	21806	32186	27884	27653	23648	33340	24516
江门	60035	63352	59851	56064	45826	35631	43943	42327
阳江	23774	15331	25970	22812	37883	10962	5409	4936
湛江	82928	54786	43579	44887	49996	43932	42957	40734
茂名	90912	65047	64904	51789	46116	23912	34215	23905
肇庆	35051	30016	42469	39450	41618	20521	34636	36971
清远	65649	53164	34967	31215	29981	45643	58955	40403
潮州	12670	14520	20015	23969	13409	15188	15887	15048
揭阳	26619	15976	21112	15283	21236	17835	9019	10554
云浮	36940	20446	21798	32841	37050	52108	9527	17620
省直	584809	506739	507049	555056	652723	691699	740168	481515
珠三角	770352	751084	787796	763836	714061	653464	666092	583428
东翼	72453	63040	67172	64835	58545	60509	43193	39254
西翼	197614	135164	134453	119488	133995	78806	82581	69575
山区	238599	225101	257103	236649	188413	171043	151792	139060

5-2 续表2 各市职业技能鉴定综合情况（2009-2016）

市别	本期获取职业资格证书（人）							
	2009年	2010年	2011年	2012年	2013年	2014年	2015年	2016年
合计	**1413404**	**1304042**	**1351835**	**1354376**	**1352527**	**1234363**	**1156563**	**867702**
广州	221575	218742	243805	298555	298792	283719	219693	202142
深圳	49948	54430	54479	34635	26755	29907	32613	29758
珠海	12728	22519	18479	16645	17692	16630	18886	11361
汕头	23797	20496	15249	18957	15357	17962	12422	4903
佛山	107217	64582	85970	77636	74418	34478	42107	42120
韶关	30247	39136	49886	53663	42007	23329	24021	15379
河源	26744	31295	35639	31754	21388	16243	13458	18562
梅州	62927	66146	80770	62253	41951	18987	19751	25885
惠州	67276	86927	64968	42058	30728	41469	31997	20550
汕尾	4952	7334	7976	3272	4466	4486	2191	5647
东莞	33071	24472	20534	24272	15188	20777	37010	37200
中山	36510	18609	27629	24487	25011	21010	27867	18081
江门	54742	57951	52071	46722	38322	27192	30031	24659
阳江	20224	13362	21917	19595	33745	9305	3505	2959
湛江	70657	47699	38005	39062	43467	37949	37238	35137
茂名	70434	55318	46658	37777	34588	18925	25823	16100
肇庆	31278	26940	37786	35181	37142	18395	26888	25413
清远	53199	44526	29426	27374	26726	37733	39407	25110
潮州	11210	12498	17522	20851	11698	13678	13995	12386
揭阳	22818	14889	19125	13971	19067	15529	7580	8862
云浮	26495	16089	18016	27346	31506	44129	7778	14382
省直	375355	360082	365925	398310	462513	482531	482302	271106
珠三角	614345	575172	605721	600191	564048	493577	467092	411284
东翼	62777	55217	59872	57051	50588	51655	36188	31798
西翼	161315	116379	106580	96434	111800	66179	66566	54196
山区	199612	197192	213737	202390	163578	140421	104415	99318

5-3 各市就业再就业进展情况（2009-2016）

单位：人

市别	城镇新增就业人数							
	2009	2010	2011	2012	2013	2014	2015	2016
合计	**1723106**	**1863301**	**1770655**	**1674717**	**1645396**	**1596011**	**1555421**	**1470549**
广州	707599	969500	962325	560437	536170	495003	432578	427346
深圳	105363	73648	120305	99413	84342	93010	96930	103117
珠海	40877	44262	44928	43815	43308	45876	47585	46968
汕头	82646	82855	83349	83309	61644	61026	60615	54806
佛山	117851	104302	112105	91056	90961	82363	82699	80852
韶关	52914	55342	55424	53978	53904	51754	51410	34846
河源	41149	40496	47810	41990	49050	41643	42755	40587
梅州	32726	32737	32755	32376	32374	31939	31052	30679
惠州	60361	62454	68432	65310	65603	72883	75066	71685
汕尾	40774	41701	45463	45379	45503	46488	48902	48633
东莞	133210	98331	83760	72105	84835	83956	84667	83269
中山	97110	80067	51360	50715	50882	55965	65915	47128
江门	53289	53931	42847	47671	47065	47354	49088	47520
阳江	42663	43669	44136	44393	44630	42506	42468	41919
湛江	64710	66246	70024	71346	73119	77284	77637	78482
茂名	53091	72953	73165	63126	75015	71286	71269	71252
肇庆	48648	49783	46562	46487	47196	48113	49622	43516
清远	57643	56100	55987	56650	52756	51952	51215	46356
潮州	30798	35079	35094	33860	31273	25013	23775	20213
揭阳	31142	32539	32324	32801	35816	35015	35993	30952
云浮	32067	33276	34720	38500	39950	35582	34180	20423

5-3 续表 各市就业再就业进展情况（2009-2016）

单位：人

市别	城镇失业人员再就业人数							
	2009	2010	2011	2012	2013	2014	2015	2016
合计	**692500**	**651554**	**742762**	**684737**	**677163**	**686746**	**672233**	**624716**
广州	178412	122691	226762	202234	215894	268866	274968	248239
深圳	24061	47189	46031	42652	43271	32592	21500	22402
珠海	33445	31517	23876	12867	13352	13252	12809	13106
汕头	42847	42986	43454	43593	31152	28270	29045	29187
佛山	34609	38531	49680	50133	43384	40433	38712	34573
韶关	41515	41783	42748	42313	42543	40555	39109	29652
河源	22013	22279	26812	10622	10800	10227	9310	8014
梅州	25568	26897	28843	27693	28975	27151	25472	24070
惠州	21029	22040	21679	20950	21198	20514	18703	18816
汕尾	21626	21644	23119	23161	23222	22834	20983	20061
东莞	33212	25506	11345	10165	8213	8343	9276	10136
中山	8045	8622	7352	8412	7681	5477	7355	8721
江门	42995	42176	34638	34705	34187	32058	32680	31958
阳江	29086	29392	29579	29635	29729	27452	24398	23057
湛江	50695	41679	42613	42667	43479	39305	37848	37362
茂名	21059	22152	22922	21583	21291	17740	17082	17070
肇庆	15859	15873	12747	10822	11286	12696	14107	12560
清远	14232	15366	15496	15821	15329	13350	13327	13138
潮州	10829	11241	11002	10761	8112	4027	4526	4028
揭阳	12138	12175	12214	12548	12605	12277	12202	11154
云浮	9225	9815	9850	11400	11460	9327	8821	7412

5-3 续表2 各市就业再就业进展情况（2009-2016）

单位：人

市别	就业困难人员实现再就业人数							
	2009	2010	2011	2012	2013	2014	2015	2016
合计	**169945**	**159705**	**183625**	**196129**	**201651**	**187459**	**183981**	**169938**
广州	69469	58080	84240	109174	118208	115488	115633	109736
深圳	11081	33740	34059	24529	26190	18942	10663	10855
珠海	3073	2207	2519	2022	2286	2188	2576	2273
汕头	5559	3507	3518	3531	3176	3163	3012	2935
佛山	8307	9464	12595	14940	11883	8098	8547	6960
韶关	6022	4383	3963	3228	3598	3101	4062	2666
河源	5508	5864	6597	2344	2140	2133	2278	3211
梅州	2647	3058	3227	3279	3511	3289	3533	3242
惠州	3889	3275	3225	3278	3453	3579	3632	3231
汕尾	2061	2068	2163	2187	2209	2213	2107	2079
东莞	19341	9047	2919	2857	2723	2637	2604	2203
中山	2084	1610	1093	1321	1349	1257	1824	1336
江门	4404	3539	2630	2671	2854	2647	5231	3199
阳江	4111	3276	3239	3451	3495	2721	2913	2429
湛江	5157	2188	2208	2273	1891	1729	1677	1252
茂名	2267	2589	4224	4808	3522	3688	3236	2245
肇庆	4006	3533	2070	2026	1848	2109	2667	2072
清远	3282	1446	1512	1385	1110	3020	1453	1227
潮州	2012	1513	2817	2119	1389	1014	1773	2289
揭阳	3027	3071	2527	2106	2098	2058	2256	2102
云浮	2638	2247	2280	2600	2718	2385	2304	2396

5-4 各市城镇登记失业人数

单位：人

市别	2009	2010	2011	2012	2013	2014	2015	2016
合计	**395093**	**392274**	**388345**	**396062**	**370119**	**368318**	**369667**	**379866**
广州	77204	76485	76592	75503	66121	57597	53090	53602
深圳	33988	35302	33220	38165	38787	38752	41697	42583
珠海	12903	12501	11145	11339	10972	11077	11095	11188
汕头	18580	16127	15404	15391	16781	15475	14778	17816
佛山	18818	19628	22233	23085	21580	21917	22389	22926
韶关	18556	16928	15784	15159	12965	13641	13031	13098
河源	15112	13951	10999	10940	10289	8992	9504	9251
梅州	14494	14200	12591	13750	13173	13955	14013	14029
惠州	15737	15696	16267	16869	17317	18772	19705	21468
汕尾	10871	11314	11926	12156	11961	12281	12621	12856
东莞	7674	8655	11120	12150	11226	12026	12893	13822
中山	9506	9246	9178	9785	8973	9444	9276	10672
江门	20341	21380	22249	24119	24827	24833	24972	24839
阳江	15542	15012	13423	12952	11519	12302	12506	12832
湛江	23437	23882	24637	23374	20416	20700	20885	21185
茂名	26904	30504	29321	29796	24096	26396	27832	28164
肇庆	12004	11662	12745	12671	12781	12585	12543	12440
清远	13683	14257	14805	14785	13672	13550	13621	13773
潮州	8785	8362	8605	8682	8711	9246	8483	8555
揭阳	11948	11357	10299	9708	8863	9173	9008	8968
云浮	9006	5825	5802	5683	5089	5604	5725	5799

5-5 就业及城镇登记失业情况

指　标	2009	2010	2011	2012	2013	2014	2015	2016
二、城镇登记失业情况								
城镇新登记失业人员数（万人）	62.4	66	69.5	62.5	60.9	66.4	65.4	61
就业转失业（万人）	24.6	22.7	29	22.8	21.7	21.4	22.5	22.5
高校毕业生（万人）	6.3	9.3	10.6	7.4	12.9	8.2	6	5.8
城镇失业人员就业数（万人）	58.4	59.6	66.1	59.9	60.5	63.1	62.5	56.2
城镇登记失业人员期末实有人数（万人）	39.5	39.2	38.8	39.6	37	36.8	37	38
长期失业者（万人）	11.8	10	8.6	7.7	4.6	6	5.4	5.6
城镇登记失业率（%）	2.6	2.5	2.5	2.5	2.4	2.44	2.45	2.47

5-6 各市社会保险参保人数（2016）

单位：人

市别	基本养老保险	城镇职工基本养老保险	企业+其他	城乡居民基本养老保险	基本医疗保险
合计	**79356541**	**53924323**	**52479874**	**25432218**	**101501628**
广州	12275888	11022950	11022950	1252938	10963787
深圳	10296348	10288926	10240743	7422	12918017
珠海	1242225	1149873	1149873	92352	1641574
汕头	3613484	1610806	1518963	2002678	5013004
佛山	5420772	4831894	4702652	588878	5000851
韶关	1636113	691724	618343	944389	2842548
河源	2049525	789619	724374	1259906	3342637
梅州	2689289	1018088	930798	1671201	4727155
惠州	3347166	2257171	2257171	1089995	4288162
汕尾	1996306	578165	514467	1418141	3055711
东莞	6858294	6779214	6705561	79080	5745699
中山	2421197	2420049	2420049	1148	2554049
江门	3495770	1935710	1822333	1560060	3826387
阳江	1764460	584853	535436	1179607	2641349
湛江	3699220	1148860	1027338	2550360	7207490
茂名	3468817	1050009	947900	2418808	6291243
肇庆	2346734	819604	714956	1527130	4091500
清远	2609950	1116053	1116053	1493897	4035720
潮州	1535829	600681	551914	935148	2658656
揭阳	3180616	989222	850559	2191394	5900135
云浮	1615966	448280	401178	1167686	2755954
省直	1792572	1792572	1706263		
按经济区域分					
珠三角	47704394	41505391	41036288	6199003	51030026
东翼	10326235	3778874	3435903	6547361	16627506
西翼	8932497	2783722	2510674	6148775	16140082
山区	10600843	4063764	3790746	6537079	17704014

注：1. 省直居民养老、医疗、失业、生育保险属地化管理，无数据，下表同。
2. 东莞市和中山市执行城乡统一医疗保险，在职工医疗口径反映。
3. 各区域不包括省直。

5-6 续表　各市社会保险参保人数（2016）

单位：人

市别	城镇职工基本医疗保险	城乡居民基本医疗保险	失业保险	工伤保险	生育保险
合　计	**38141004**	**63360624**	**30200988**	**32461732**	**31618895**
广　州	6368229	4595558	5021366	4954809	4766093
深　圳	10930554	1987463	10261264	10833673	10906510
珠　海	1125515	516059	921908	943526	939103
汕　头	547542	4465462	723237	700098	702391
佛　山	2887199	2113652	2298121	2314321	2307210
韶　关	556280	2286268	292648	385190	256052
河　源	313760	3028877	289073	304202	235381
梅　州	460184	4266971	270135	358181	289278
惠　州	1562028	2726134	1246426	1482971	1562028
汕　尾	315049	2740662	200214	205520	201514
东　莞	5745699		4091081	4450691	4783780
中　山	2554049		1402273	1453195	1420551
江　门	1258931	2567456	768675	840582	806710
阳　江	274660	2366689	212395	240110	201390
湛　江	636073	6571417	396236	414484	451404
茂　名	443834	5847409	261589	343662	280633
肇　庆	647338	3444162	436433	456663	417303
清　远	581805	3453915	364132	424944	374706
潮　州	327716	2330940	325576	324269	313802
揭　阳	376902	5523233	240003	210694	224924
云　浮	227657	2528297	178203	186401	178132
省　直				633546	
按经济区域分					
珠三角	33079542	17950484	26447547	27730431	27909288
东　翼	1567209	15060297	1489030	1440581	1442631
西　翼	1354567	14785515	870220	998256	933427
山　区	2139686	15564328	1394191	1658918	1333549

5-7 各市城镇职工基本养老保险参保人数

单位：人

市别	2010	2011	2012	2013	2014	2015	2016
合计	**32151757**	**38007439**	**40340837**	**41830372**	**48094651**	**50865270**	**53924323**
广州	3750002	5656340	5834193	6029256	9255618	10082417	11022950
深圳	7076802	7691157	8115011	8349147	8700187	9536284	10288926
珠海	942750	1014672	1064443	1077967	1098172	1119736	1149873
汕头	709654	944997	1202683	1278801	1479812	1549391	1610806
佛山	2785311	3295886	3361685	3519813	3941387	4330233	4831894
韶关	503455	546327	586617	617485	657828	678239	691724
河源	387820	414553	434250	449296	730407	755554	789619
梅州	741082	790712	861417	917931	964969	980987	1018088
惠州	1563087	1977641	2105935	2068017	2129107	2121840	2257171
汕尾	310436	390060	417725	452740	504331	519194	578165
东莞	4429646	5034190	5202761	5292575	6307614	6706260	6779214
中山	1969319	2089754	2118886	2170032	2196658	2385219	2420049
江门	934954	1603648	1760163	1812026	1861874	1919834	1935710
阳江	360354	399274	502457	529491	553305	569981	584853
湛江	852389	931925	971510	992790	1065665	1111628	1148860
茂名	574828	611598	772661	879206	852293	966861	1050009
肇庆	548367	621896	677754	720716	744478	763506	819604
清远	548637	592165	644313	753357	1026356	1071102	1116053
潮州	473742	527127	579041	622371	571101	583203	600681
揭阳	676848	702961	862750	933835	942865	961179	989222
云浮	226864	303271	328700	347014	419677	435193	448280
省直	1785410	1867285	1935882	2016506	2090947	1717429	1792572
按经济区域分							
珠三角	24000238	28985184	30240831	31039549	36235095	38965329	41505391
东翼	2170680	2565145	3062199	3287747	3498109	3612967	3778874
西翼	1787571	1942797	2246628	2401487	2471263	2648470	2783722
山区	2407858	2647028	2855297	3085083	3799237	3921075	4063764

5-8 各市城镇职工基本养老保险（企业+其他）参保人数

单位：人

市别	2010	2011	2012	2013	2014	2015	2016
合计	**30586988**	**36394120**	**38616242**	**40146329**	**46360502**	**49172179**	**52479874**
广州	3750002	5656340	5834193	6029256	9255618	10082417	11022950
深圳	7023510	7635674	8057775	8288069	8640601	9470021	10240743
珠海	863975	934212	980690	989613	1006941	1027078	1149873
汕头	626595	854989	1109485	1185569	1388184	1458401	1518963
佛山	2665385	3181737	3241252	3398934	3825892	4214209	4702652
韶关	435264	476582	516676	547084	584221	605315	618343
河源	327226	351761	370932	385714	665823	693973	724374
梅州	653272	702112	772364	828700	875579	893697	930798
惠州	1477149	1874128	1919423	1954508	2033153	2023751	2257171
汕尾	266118	343384	370906	405922	455975	470847	514467
东莞	4378728	4981246	5149152	5238314	6253061	6706260	6705561
中山	1969319	2089754	2118886	2170032	2116574	2290617	2420049
江门	824867	1492583	1647925	1696284	1748845	1807120	1822333
阳江	301946	343801	447602	473627	497873	520268	535436
湛江	736123	813008	850476	868875	943710	987168	1027338
茂名	471492	507932	666818	773090	747377	862293	947900
肇庆	456358	522670	578864	613591	636179	664705	714956
清远	486113	529334	583446	691769	965201	1010282	1116053
潮州	424980	478072	529749	572906	522006	534294	551914
揭阳	550154	571203	729509	803295	814464	823561	850559
云浮	188265	265247	284608	301013	379972	392134	401178
省直	1710147	1788351	1855511	1930164	2003253	1633768	1706263
按经济区域分							
珠三角	23409293	28368344	29528160	30378601	35516864	38286178	41036288
东翼	1867847	2247648	2739649	2967692	3180629	3287103	3435903
西翼	1509561	1664741	1964896	2115592	2188960	2369729	2510674
山区	2090140	2325036	2528026	2754280	3470796	3595401	3790746

5-9 各市城乡居民基本养老保险参保人数

单位：人

市别	2010	2011	2012	2013	2014	2015	2016
合计	**5090277**	**13079662**	**22733102**	**23515774**	**24337298**	**24997176**	**25432218**
广州	786952	1159144	1227078	1237724	1233208	1292677	1252938
深圳				6261	6761	7075	7422
珠海	119892	134125	136394	152980	111068	93974	92352
汕头	1836	614928	1800310	1854750	1896394	1958199	2002678
佛山	911851	645604	849479	624911	643830	626288	588878
韶关	115101	446511	837914	871385	892564	910984	944389
河源	213518	508787	1149665	1191364	1221315	1241684	1259906
梅州	869719	1207285	1603054	1666879	1667234	1671201	1671201
惠州	404120	701493	969941	1015869	1108416	1089687	1089995
汕尾	51403	129021	840520	897287	1174001	1390160	1418141
东莞				95091	89510	84405	79080
中山	118378		35	519	779	1033	1148
江门	334812	1543988	1588142	1582414	1577209	1552372	1560060
阳江	119882	408262	966013	1087341	1123708	1156077	1179607
湛江	105987	1048681	2275028	2366441	2438635	2517433	2550360
茂名	142817	818019	1886793	1998590	2115450	2201817	2418808
肇庆	189560	1079091	1355501	1387299	1446731	1494867	1527130
清远	141480	643780	1354164	1412188	1448038	1476552	1493897
潮州	41987	587735	830188	860440	884244	911129	935148
揭阳	203062	661473	1992485	2081119	2113365	2156844	2191394
云浮	217920	741735	1070398	1124922	1144838	1162718	1167686
省直							
按经济区域分							
珠三角	2865565	5263445	6126570	6103068	6217512	6242378	6199003
东翼	298288	1993157	5463503	5693596	6068004	6416332	6547361
西翼	368686	2274962	5127834	5452372	5677793	5875327	6148775
山区	1557738	3548098	6015195	6266738	6373989	6463139	6537079

注：城乡居民基本养老保险2010年起全面建立。

5-10 各市城镇职工基本医疗保险参保人数

单位：人

市别	2010	2011	2012	2013	2014	2015	2016
合计	**30000422**	**32343260**	**33734152**	**34729624**	**36470808**	**37118478**	**38141004**
广州	4273645	4662753	5078604	5382826	5720692	6076242	6368229
深圳	9611077	9897087	10008155	9995291	10041610	10391166	10930554
珠海	956429	1016380	1073276	1078995	1100613	1105038	1125515
汕头	423952	453160	471596	488537	500987	516030	547542
佛山	2011561	2282096	2423893	2583450	2729387	2777424	2887199
韶关	460269	478008	490843	499213	520113	540012	556280
河源	239534	254349	271751	282412	289677	301132	313760
梅州	295231	371003	385218	389317	429046	430967	460184
惠州	818247	1348895	1394912	1593023	1666847	1618333	1562028
汕尾	180580	249669	260255	270032	279084	281330	315049
东莞	5922690	6024092	6168589	6180883	6156884	6019153	5745699
中山	1417655	1526978	1581239	1634629	2599154	2546162	2554049
江门	862338	934875	1035852	1131478	1190865	1211309	1258931
阳江	200515	226179	239578	252884	266147	270819	274660
湛江	490985	539066	560663	581918	606216	633640	636073
茂名	346703	394243	416260	416652	412598	422490	443834
肇庆	455178	511505	574208	598588	607873	618203	647338
清远	411982	453829	526484	548300	555313	553793	581805
潮州	249482	297966	323634	347658	311721	319139	327716
揭阳	217316	239384	256057	276167	277759	262883	376902
云浮	155053	181743	193085	197371	208222	223213	227657
省直							
按经济区域分							
珠三角	26328820	28204661	29338728	30179163	31813925	32363030	33079542
东翼	1071330	1240179	1311542	1382394	1369551	1379382	1567209
西翼	1038203	1159488	1216501	1251454	1284961	1326949	1354567
山区	1562069	1738932	1867381	1916613	2002371	2049117	2139686

5-11 各市城乡居民基本医疗保险参保人数

单位：人

市别	2010	2011	2012	2013	2014	2015	2016
合计	**20431779**	**35327926**	**50483937**	**64019658**	**63680231**	**64241734**	**63360624**
广州	2510022	2585729	2603576	4774433	4826029	4449913	4595558
深圳	1150500	1249124	1379221	1581185	1536667	1740390	1987463
珠海	413438	424337	427575	440813	453492	477551	516059
汕头	458280	2594636	4440037	4524173	4551131	4608609	4465462
佛山	2149501	2140904	2057959	2059293	2067092	2070038	2113652
韶关	345266	363824	383646	2362178	2294325	2293995	2286268
河源	357627	363093	367728	3240437	3104713	3058058	3028877
梅州	403252	441739	4206041	4374661	4419748	4419101	4266971
惠州	2452233	2520055	2528791	2547577	2613882	2661439	2726134
汕尾	432520	507920	2635723	2660582	2726630	2741373	2740662
东莞							
中山	916840	922163	925531	924372			
江门	421516	2839211	2762673	2721664	2696281	2658610	2567456
阳江	407731	2221342	2234120	2264549	2321681	2358769	2366689
湛江	5924014	6311738	6370263	6361169	6436694	6655940	6571417
茂名	182952	269306	302457	6070455	6192842	6431180	5847409
肇庆	424263	431638	3372081	3401922	3477924	3513387	3444162
清远	434175	3478642	3473575	3491921	3492258	3537141	3453915
潮州	148764	271410	2189786	2236687	2275338	2294945	2330940
揭阳	707862	5207164	5406119	5498256	5665723	5714175	5523233
云浮	191023	183951	2417035	2483331	2527781	2557120	2528297
省直							
按经济区域分							
珠三角	10438313	13113161	16057407	18451259	17671367	17571328	17950484
东翼	1747426	8581130	14671665	14919698	15218822	15359102	15060297
西翼	6514697	8802386	8906840	14696173	14951217	15445889	14785515
山区	1731343	4831249	10848025	15952528	15838825	15865415	15564328

注1：东莞市居民医疗2010与职工医疗制度合并，中山市居民医疗2014与职工医疗制度合并。

2：2013年广州、韶关、河源含新农合参合人数，其中韶关、河源于2014年并入城乡居民医保；2014年广州含新农合人数，次年并入城乡居民医保。

5-12 各市失业保险参保人数

单位：人

市别	2010	2011	2012	2013	2014	2015	2016
合计	**16496028**	**18756188**	**20091249**	**27050903**	**28401826**	**29301287**	**30200988**
广州	3360000	3624810	3916627	4132275	4417340	4740721	5021366
深圳	2586234	3001335	3405853	9304475	9421817	9746880	10261264
珠海	767568	823449	862784	874204	892406	895909	921908
汕头	453330	581933	657353	697680	725649	750370	723237
佛山	1552213	1811886	1940515	2088290	2201481	2223240	2298121
韶关	266551	270499	276389	280313	283371	291472	292648
河源	238548	250965	260922	269066	274493	285627	289073
梅州	221562	226213	229158	234978	242923	256098	270135
惠州	300280	910052	925282	1273804	1307447	1273875	1246426
汕尾	124191	135160	145648	150279	166019	200091	200214
东莞	2798974	2993826	3127847	3224378	3925945	4121413	4091081
中山	1290996	1399340	1450741	1494161	1510826	1418121	1402273
江门	578934	619953	661855	712397	739990	747178	768675
阳江	181815	178083	187580	196967	206978	211165	212395
湛江	340745	352564	358077	363820	365886	384017	396236
茂名	239047	253289	263761	261282	261305	257868	261589
肇庆	325286	365791	387674	410538	415387	430477	436433
清远	247679	293817	335632	355813	368076	354238	364132
潮州	313767	339073	352828	366237	310979	317797	325576
揭阳	170632	178397	189150	192216	192910	219564	240003
云浮	137676	145753	155573	167730	170598	175166	178203
省直							
按经济区域分							
珠三角	13560485	15550442	16679178	23514522	24832639	25597814	26447547
东翼	1061920	1234563	1344979	1406412	1395557	1487822	1489030
西翼	761607	783936	809418	822069	834169	853050	870220
山区	1112016	1187247	1257674	1307900	1339461	1362601	1394191

5-13 各市工伤保险参保人数

单位：人

市　别	2010	2011	2012	2013	2014	2015	2016
合　计	**26578232**	**28478180**	**29627706**	**30572534**	**30925925**	**31227245**	**32461732**
广　州	3750021	3981321	4067073	4153885	4153258	4314000	4954809
深　圳	9195698	9466449	9915271	9879598	9986876	10324941	10833673
珠　海	787442	842151	877577	883880	903897	908714	943526
汕　头	443094	569207	639896	676518	703793	725406	700098
佛　山	1964281	2089440	2108507	2181318	2244812	2256874	2314321
韶　关	287158	316531	337059	400516	411949	383526	385190
河　源	225615	245120	254889	270441	281008	287180	304202
梅　州	188472	201124	226819	247689	281846	287528	358181
惠　州	585535	1119446	1131063	1424805	1454069	1478558	1482971
汕　尾	125341	135183	148059	160122	185927	200075	205520
东　莞	4690761	4794400	4941366	4960279	4922846	4644604	4450691
中　山	1306097	1414806	1466855	1511092	1528092	1434899	1453195
江　门	546565	608701	670895	738552	769738	778938	840582
阳　江	170725	185757	209836	220014	232166	235988	240110
湛　江	285309	302571	305018	369386	394295	409753	414484
茂　名	274698	290647	313250	312356	318233	358141	343662
肇　庆	326585	380357	407934	431364	442620	450303	456663
清　远	323089	351426	376825	404210	413761	422757	424944
潮　州	303499	330598	350062	364419	307268	315049	324269
揭　阳	147067	160914	168552	190242	199024	211003	210694
云　浮	126245	156725	165309	172111	175904	182582	186401
省　直	524935	535306	545591	619737	614543	616426	633546
按经济区域分							
珠三角	23152985	24697071	25586541	26164773	26406208	26591831	27730431
东　翼	1019001	1195902	1306569	1391301	1396012	1451533	1440581
西　翼	730732	778975	828104	901756	944694	1003882	998256
山　区	1150579	1270926	1360901	1494967	1564468	1563573	1658918

5-14 各市生育保险参保人数

单位：人

市别	2010	2011	2012	2013	2014	2015	2016
合计	**20384929**	**23397227**	**24849269**	**27115918**	**28012790**	**30817976**	**31618895**
广州	2080173	2524079	2766591	3194209	3572028	4368202	4766093
深圳	3976325	4586851	5066080	5804624	5946148	10328970	10906510
珠海	419508	477576	550695	878156	897094	902786	939103
汕头	426883	551127	620916	656215	684454	727332	702391
佛山	1734705	1980474	2097635	2103903	2221569	2240608	2307210
韶关	146121	147822	153616	169146	181495	238203	256052
河源	133668	156660	167062	205533	211714	222118	235381
梅州	198436	209075	215825	247147	281970	285660	289278
惠州	364893	1348895	1394912	1593023	1666847	1618333	1562028
汕尾	102987	114316	125769	130081	149722	190084	201514
东莞	5922690	6024092	6168589	6180883	6156884	5108233	4783780
中山	2334495	2449141	2506770	2559001	2599154	1438604	1420551
江门	502567	598330	646916	709274	738330	765743	806710
阳江	131241	141780	159558	176214	190551	197481	201390
湛江	340310	354751	360323	370433	380578	431234	451404
茂名	184043	229676	255424	257845	259248	280469	280633
肇庆	277928	325097	366420	404135	409612	414176	417303
清远	132011	140366	156862	360242	367805	365893	374706
潮州	190916	224349	246461	264562	254125	303592	313802
揭阳	185746	189269	191432	212468	207408	214411	224924
云浮	91527	112195	117798	127407	139587	175844	178132
省直	507756	511306	513615	511417	496467		
按经济区域分							
珠三角	17613284	20314535	21564608	23427208	24207666	27185655	27909288
东翼	906532	1079061	1184578	1263326	1295709	1435419	1442631
西翼	655594	726207	775305	804492	830377	909184	933427
山区	701763	766118	811163	1109475	1182571	1287718	1333549

注：省直生育保险2015年属地化管理，主要移交广州市

5-15 各市城镇职工基本养老保险缴费人数

单位：人

市别	2010	2011	2012	2013	2014	2015	2016
合计	**23291841**	**25174560**	**28304846**	**29348594**	**30409491**	**30356915**	**30828841**
广州	3020407	3271030	3553300	3679428	3965515	4275127	4538704
深圳	6233922	6818589	7275842	7550538	7697924	8153177	8832324
珠海	884617	943771	985580	991587	1003956	1006727	1022538
汕头	445404	472883	705145	688866	703891	551319	474270
佛山	1855696	2073339	2153174	2279439	2377632	2387429	2498508
韶关	299373	323752	364341	389744	405807	396361	411936
河源	280811	259699	281393	319049	351381	248995	262197
梅州	342501	405370	536733	555124	563749	427171	353487
惠州	670949	774181	1426767	1520505	1540061	1437824	1289119
汕尾	182111	200363	293337	318114	306143	247043	256955
东莞	3332971	3518322	3639565	3715184	4403342	4523447	4529515
中山	1693137	1795817	1838533	1877698	1875603	1735626	1703698
江门	704773	782790	1016733	1038099	903774	907900	924766
阳江	210539	210777	275190	284096	267351	272990	218805
湛江	462406	522993	521211	599625	589286	551339	555611
茂名	341982	375172	501174	504751	566357	577651	426505
肇庆	333308	305893	430765	451739	437701	398572	419530
清远	418994	460018	509273	542619	457302	373269	381515
潮州	216633	250393	296547	295606	236222	228870	205747
揭阳	305803	352274	568738	629760	603729	511316	400020
云浮	177341	173800	224795	206768	241914	224104	182228
省直	878163	883334	906710	910255	910851	920658	940863
按经济区域分							
珠三角	18729780	20283732	22320259	23104217	24205508	24825829	25758702
东翼	1149951	1275913	1863767	1932346	1849985	1538548	1336992
西翼	1014927	1108942	1297575	1388472	1422994	1401980	1200921
山区	1519020	1622639	1916535	2013304	2020153	1669900	1591363

5-16 各市城镇职工基本养老保险离退休人数

单位：人

市别	2010	2011	2012	2013	2014	2015	2016
合计	**3395940**	**3725534**	**3902484**	**4213018**	**4458614**	**4732539**	**5245801**
广州	657529	693054	733957	785604	829400	871625	911042
深圳	163347	173960	190661	210101	231772	255480	280728
珠海	58133	70901	78863	86380	94216	113009	127335
汕头	157412	166227	182553	195494	204667	215271	221432
佛山	334044	399160	432745	465829	494921	525500	553526
韶关	105382	115825	127774	136354	143984	150146	155943
河源	46409	50529	55127	59930	63418	68381	72470
梅州	105839	117184	184125	216511	233561	245612	259784
惠州	74511	77845	84417	91952	96531	102907	110122
汕尾	35313	37810	41719	46601	49541	58240	65106
东莞	211222	223710	69894	73457	76842	84646	341695
中山	172483	248500	258870	269578	279676	293046	304128
江门	185450	206679	236990	256308	280657	299152	314959
阳江	48803	51848	58103	61918	64721	69797	73353
湛江	195218	211301	228884	240313	254007	268408	289583
茂名	122851	127202	134304	141808	147710	154399	162692
肇庆	97545	102243	110026	118518	125255	133892	141770
清远	71624	75779	74496	105968	114496	119707	126926
潮州	82243	86420	103112	112175	119333	126806	139671
揭阳	97754	106011	118843	127833	132721	144949	151766
云浮	39427	41041	43814	46041	48382	51430	54420
省直	333401	342305	353207	364345	372803	380136	387350
按经济区域分							
珠三角	1954264	2196052	2196423	2357727	2509270	2679257	3085305
东翼	372722	396468	446227	482103	506262	545266	577975
西翼	366872	390351	421291	444039	466438	492604	525628
山区	368681	400358	485336	564804	603841	635276	669543

5-17 各市领取失业保险金人数

单位：人

市　别	2010	2011	2012	2013	2014	2015	2016
合　计	**208238**	**196248**	**198154**	**189025**	**281414**	**424390**	**452934**
广　州	53237	52550	59364	62458	64430	92488	106137
深　圳	13564	10171	9379	9474	50977	74678	95772
珠　海	4525	4759	5249	5493	9187	17690	17158
汕　头	5137	4493	4696	5228	4705	5346	5859
佛　山	34396	34504	31488	29266	32653	38739	41430
韶　关	8059	8198	7438	6383	5175	6835	7713
河　源	6501	6257	5225	4078	4071	5295	4899
梅　州	7341	6930	7361	5799	3447	7182	6030
惠　州	5472	6252	6661	5953	7671	13267	16242
汕　尾	3501	3777	2849	1449	1019	1087	1228
东　莞	3967	4483	6046	7868	42521	89163	73331
中　山	5146	4954	5522	6545	14024	24265	29136
江　门	10677	9592	10640	10594	14179	17484	17173
阳　江	6166	7391	7021	4934	3460	2589	2952
湛　江	12312	10071	9967	7433	6544	6476	5952
茂　名	8685	6550	5525	3964	3369	3754	4027
肇　庆	6052	5325	5054	4636	5419	7632	7023
清　远	5559	4168	4736	4424	5905	7508	7308
潮　州	4933	3523	2161	1660	1565	1726	2043
揭　阳	310	120	76	27	42	44	172
云　浮	2698	2180	1696	1359	1051	1142	1349
省　直							
按经济区域分							
珠三角	137036	132590	139403	142287	241061	375406	235031
东　翼	13881	11913	9782	8364	7331	8203	81405
西　翼	27163	24012	22513	16331	13373	12819	12931
山　区	30158	27733	26456	22043	19649	27962	35828

5-18 各市享受工伤保险待遇人数

单位：人

市别	2010	2011	2012	2013	2014	2015	2016
合计	**147761**	**153541**	**167248**	**167458**	**171285**	**168347**	**145110**
广州	13693	19862	21090	20189	14965	15302	14727
深圳	44069	43587	43334	41875	39573	38974	36573
珠海	5707	3687	4600	5666	6652	6827	6319
汕头	598	623	762	825	685	752	656
佛山	24375	21693	20773	19314	18531	17225	15173
韶关	5557	3824	3866	4528	5722	5213	7186
河源	1154	1289	1340	1445	1601	1631	1593
梅州	312	475	1755	1886	1972	2314	1810
惠州	4808	5346	5441	5336	5779	6134	5846
汕尾	173	184	224	160	254	271	336
东莞	20805	24404	32187	34583	43339	40936	24594
中山	11877	14190	15163	14788	14952	14623	12774
江门	3708	4194	4829	4414	5038	5613	5715
阳江	476	668	779	801	847	815	884
湛江	882	597	655	703	878	1338	1157
茂名	918	912	1097	1245	1307	1138	1185
肇庆	1987	2190	2303	2340	2247	2184	2230
清远	3219	2484	2862	2953	3400	3088	2997
潮州	376	341	512	506	545	457	453
揭阳	442	375	494	503	493	551	167
云浮	1190	966	1574	1646	742	844	751
省直	1435	1650	1608	1752	1763	2117	1984
按经济区域分							
珠三角	131029	139153	149720	148505	151076	147818	123951
东翼	1589	1523	1992	1994	1977	2031	1612
西翼	2276	2177	2531	2749	3032	3291	3226
山区	11432	9038	11397	12458	13437	13090	14337

5-19 各市参保女职工生育人数

单位：人

市别	2010	2011	2012	2013	2014	2015	2016
合计	**169561**	**216232**	**272829**	**272942**	**293911**	**327038**	**544298**
广州	24009	33067	46106	53324	51912	69305	98311
深圳	46600	64464	88393	83898	98862	93155	196771
珠海	8472	9621	12356	10869	10026	14270	18529
汕头	3493	3801	4879	5482	5690	5730	4304
佛山	27699	31821	38153	31145	33921	37441	53156
韶关	1249	1353	1764	1965	2198	2101	4190
河源	783	1132	1535	2447	2746	3864	3329
梅州	124	1158	2945	3233	4361	4308	5812
惠州	6837	2417				13406	43531
汕尾	204	212	548	588	672	1137	2018
东莞	20595	21841	22257	21569	20664	26973	41206
中山	6347	17442	20284	22106	21668	21024	3289
江门	4786	6792	8871	8856	8595	9146	21227
阳江	1022	1688	1968	2045	2057	1653	4518
湛江	2417		724	981	5668	2453	9577
茂名	757	1922	2154	3086	3870	3904	9425
肇庆	2236	3847	3944	4214	4294	4402	6021
清远	2044	2268	2821	3457	3328	3114	6753
潮州	1277	1699	2268	2179	2089	2892	3910
揭阳	1123	1294	1413	1626	1713	2059	3505
云浮	984	1135	1157	1573	1514	1349	4916
省直	6503	7258	8289	8299	8063	3352	
按经济区域分							
珠三角	147581	191312	240364	235981	249942	289122	482041
东翼	6097	7006	9108	9875	10164	11818	13737
西翼	4196	3610	4846	6112	11595	8010	23520
山区	5184	7046	10222	12675	14147	14736	25000

5-20 各市社会保险基金收入情况（2016）

单位：万元

市别	城镇职工基本养老保险	企业+其他	城乡居民基本养老保险	城镇职工基本医疗保险	城乡居民基本医疗保险	失业保险	工伤保险	生育保险
合计	**30800029**	**29248777**	**1847977**	**10366714**	**4182457**	**1064441**	**633851**	**733393**
广州	4693848	4693848	268065	3413668	292784	226562	90447	248023
深圳	7553667	7437427	2749	2410969	198230	330226	119444	200833
珠海	1038801	885386	31304	358770	35207	41687	17000	19865
汕头	585927	565006	95497	136013	272659	20717	8073	17846
佛山	2262476	2101464	107597	913921	213315	65285	70691	58751
韶关	430116	405575	66492	179597	133878	13758	17794	5341
河源	235129	201285	69081	93142	166253	7018	3576	4686
梅州	657653	639520	139003	127610	260677	8933	7650	5143
惠州	897983	871008	103743	365300	160643	27953	24012	36
汕尾	163432	146793	47631	43089	160040	4189	4596	2598
东莞	3635971	3278824	32751	783623		117223	119483	74778
中山	1248758	1164388	165	362986		50188	38070	35797
江门	771176	672902	107045	335594	165560	26330	14841	10474
阳江	230948	215688	72684	73741	278073	4488	5043	7336
湛江	726310	686766	148051	189773	382796	14084	6517	11309
茂名	473612	432630	135599	147020	391743	13850	8986	7066
肇庆	431060	363728	93835	143369	212134	16367	9051	6915
清远	390727	388484	86873	138458	223992	15705	9324	6808
潮州	277248	265046	53047	55637	130438	5594	3658	2657
揭阳	410055	257727	116971	33602	324156	5498	2495	843
云浮	180534	149363	69793	60833	179880	5092	4563	6113
省直	3504598	3425917				43693	48535	176
按经济区域分								
珠三角	22533740	21468975	747254	9088200	1277873	901821	503039	655472
东翼	1436662	1234572	313146	268341	887293	35998	18822	23944
西翼	1430870	1335084	356334	410534	1052612	32422	20546	25711
山区	1894159	1784227	431242	599640	964680	50506	42907	28091

5-21 各市社会保险基金支出情况（2016）

单位：万元

市别	城镇职工基本养老保险	企业+其他	城乡居民基本养老保险	城镇职工基本医疗保险	城乡居民基本医疗保险	失业保险	工伤保险	生育保险
合计	**19400474**	**18248300**	**1570524**	**7583283**	**3634054**	**997695**	**521400**	**608395**
广州	4124258	4124258	327091	2377313	231047	329215	66990	196683
深圳	1921661	1843611	3024	1223336	173179	361799	125507	165778
珠海	498569	380450	24781	293319	36332	35293	18132	31880
汕头	579598	575281	70575	150537	213925	14529	3401	6393
佛山	1786948	1632139	139665	769870	212395	50004	43640	72210
韶关	428304	424916	48353	136302	111810	9018	14898	7230
河源	187263	156184	54097	79609	177178	5327	3478	4845
梅州	687450	504031	98576	128480	236295	5608	4897	3707
惠州	359398	353918	68131	332295	162283	20394	16883	
汕尾	141838	139260	44028	39420	133949	1695	1094	2720
东莞	1042061	833852	32466	624365		85721	119061	51664
中山	717509	658656	141	316301		28108	31745	7217
江门	770041	688869	77379	330767	142895	14085	13135	13518
阳江	180281	178023	46334	66645	275395	2546	3321	7228
湛江	726127	718948	109012	182495	314766	5091	5747	3091
茂名	433326	426980	106078	127814	302495	3996	4696	8275
肇庆	360266	332520	69709	139670	173602	8927	6001	8361
清远	293048	289669	64280	127207	204522	7701	8202	8868
潮州	302099	287283	43228	52775	105870	3029	1638	4092
揭阳	397357	250946	95578	34892	285984	1456	1885	863
云浮	135474	132912	48000	49872	140132	2052	2237	3754
省直	3327600	3315594				2100	24811	19
按经济区域分								
珠三角	11580711	10848273	742387	6407236	1131733	933546	441094	547311
东翼	1420892	1252770	253409	277624	739728	20709	8018	14068
西翼	1339734	1323951	261424	376954	892656	11633	13764	18594
山区	1731539	1507712	313306	521470	869937	29706	33712	28404

5-22 各市社会保险基金征收收入情况（2016）

单位：万元

市别	城镇职工基本养老保险	企业+其他	城乡居民基本养老保险	城镇职工基本医疗保险	城乡居民基本医疗保险	失业保险	工伤保险	生育保险
合计	**26222045**	**24837514**	**388669**	**9946839**	**3928235**	**936274**	**532386**	**713109**
广州	4526504	4526504	95050	3358719	287695	212584	89067	246043
深圳	6940615	6837075	408	2287044	195235	323525	108826	194146
珠海	936862	793927	6885	344798	34310	33648	13492	18466
汕头	409173	388836	21356	125877	265912	19795	7469	17595
佛山	2136346	1986576	18626	851458	211843	50527	59755	54415
韶关	273791	252006	19382	168601	129758	10055	9662	4896
河源	198577	169429	10605	85434	158804	6856	3260	4678
梅州	542788	530220	53132	114671	253431	8061	5872	4982
惠州	866162	839585	16341	358882	160201	27786	23968	27
汕尾	118483	105650	5155	40534	158147	3849	3632	2334
东莞	3273690	2917280		740531		109696	102110	74586
中山	1185614	1105967	6	344027		43068	32525	35572
江门	686677	617314	15685	325193	160502	20215	12851	9978
阳江	163200	150818	13905	69228	139063	3833	3764	7022
湛江	402622	367124	23376	186061	377008	14336	6119	10714
茂名	317761	281971	23166	137942	369559	12227	8004	6152
肇庆	324950	287833	17128	134204	209532	10780	8076	6308
清远	307316	307300	13029	130959	217794	11823	8005	5875
潮州	172521	160961	6403	53262	128574	4727	2864	2545
揭阳	288382	160497	14995	32018	319041	4750	1939	826
云浮	146123	116509	14037	57396	151827	4135	4090	5940
省直	2003886	1934132					17038	8
按经济区域分								
珠三角	20877420	19912061	170129	8744856	1259318	831829	450670	639541
东翼	988559	815944	47909	251691	871674	33121	15904	23300
西翼	883583	799913	60447	393231	885630	30396	17887	23888
山区	1468595	1375464	110185	557061	911614	40930	30889	26371

5-23 各市社会保险基金累计结余情况（2016）

单位：万元

市别	城镇职工基本养老保险		城乡居民基本养老保险	城镇职工基本医疗保险	城乡居民基本医疗保险	失业保险	工伤保险	生育保险
		企业+其他						
合计	**76525518**	**72580141**	**3851618**	**19496125**	**3439902**	**6412362**	**2525711**	**1177637**
广州	5087069	5087069	1695680	7542741	224998	2079281	456142	131791
深圳	33646981	33494958	3828	7116331	166810	1682616	509458	556491
珠海	3747050	3284303	81581	351249	13279	262966	75645	12461
汕头	264745	60773	142406	150892	402752	197005	42487	25419
佛山	4536850	4205959	263245	1174357	125724	340418	294699	154817
韶关	225026	39971	93857	248668	131968	102731	19975	9910
河源	434854	271535	76277	69855	143376	44982	13172	9787
梅州	466955	463826	118456	65865	223311	34030	24184	11075
惠州	2731240	2486029	180131	607182	63163	111791	96011	17957
汕尾	214545	118778	19408	30989	107437	30041	17707	6636
东莞	12880479	12609336	825	796411		342290	261723	29283
中山	2924985	2818569	39	340720		193677	106718	31512
江门	885685	756220	152679	266385	90674	172122	48227	32407
阳江	312714	222732	113372	76878	94671	26312	11717	6056
湛江	352889	79966	183399	144969	308724	109477	31856	39263
茂名	444560	205000	162646	193866	311660	140297	52767	31671
肇庆	473321	303802	151357	89512	165895	105357	30906	18265
清远	714030	586411	98736	123312	154326	93320	23558	18330
潮州	117047	94754	56786	36304	190279	53719	26091	5122
揭阳	239065	160076	141464	16229	377454	45901	13247	2393
云浮	298291	197479	115445	53413	143401	40703	12455	12778
省直	5527135	5032595				203326	356965	14212
按经济区域分								
珠三角	66913660	65046245	2529365	18284888	850543	5290518	1879529	984984
东翼	835402	434381	360064	234414	1077922	326666	99532	39570
西翼	1110163	507698	459417	415713	715055	276086	96340	76990
山区	2139156	1559222	502771	561113	796382	315766	93344	61880

5-24 各市城镇职工基本养老保险基金收入情况

单位：万元

市别	2010	2011	2012	2013	2014	2015	2016
合计	**12270981**	**15115792**	**18060774**	**19611779**	**23091156**	**27996015**	**30800029**
广州	1849287	2444313	2932251	3391649	3569506	4346791	4693848
深圳	2868183	3708765	4200713	4871676	5832053	7067413	7553667
珠海	382968	532144	567865	696916	683885	960320	1038801
汕头	235907	260912	367943	384972	515343	522147	585927
佛山	1348859	1124584	1289828	1476450	1510882	1861449	2262476
韶关	194106	218460	256833	245384	384760	354438	430116
河源	106009	131001	137482	144851	185936	201481	235129
梅州	217080	307352	477387	250119	309691	348917	657653
惠州	250981	316039	380862	455267	599744	896493	897983
汕尾	62351	82838	100032	98563	141572	154547	163432
东莞	976257	1248706	1492882	1758836	2054413	3302955	3635971
中山	384769	504421	754343	653194	881715	1188409	1248758
江门	342252	507138	589000	601947	652834	696540	771176
阳江	85621	117580	132122	128463	169315	190862	230948
湛江	303463	379554	487042	390250	700729	668238	726310
茂名	223544	239510	318937	330425	452035	441410	473612
肇庆	161678	226668	259449	271705	343306	365161	431060
清远	144826	198603	272785	251228	318326	318327	390727
潮州	125603	188297	228553	167625	251073	246780	277248
揭阳	137067	184054	231245	257475	362263	369252	410055
云浮	70038	83852	112801	114226	134841	145300	180534
省直	1800130	2111002	2470416	2670555	3036934	3348787	3504598
按经济区域分							
珠三角	8565234	10612778	12467193	14177640	16128338	20685531	22533740
东翼	560928	716101	927773	908635	1270251	1292726	1436662
西翼	612628	736644	938101	849138	1322079	1300510	1430870
山区	732059	939268	1257288	1005808	1333554	1368463	1894159

5-25 各市城镇职工基本养老保险（企业+其他）基金收入情况

单位：万元

市别	2010	2011	2012	2013	2014	2015	2016
合计	**11695930**	**14458261**	**17347808**	**18784195**	**22211570**	**26641751**	**29248777**
广州	1849287	2444313	2932251	3391649	3569506	4146467	4693848
深圳	2835523	3651238	4162786	4831233	5775366	6989932	7437427
珠海	313912	455837	483666	596629	584084	824540	885386
汕头	218190	242940	346080	360830	488433	495594	565006
佛山	1254874	1027033	1185527	1376037	1407594	1763025	2101464
韶关	179047	201134	236604	221966	362442	330629	405575
河源	91654	112603	115111	121935	161286	175568	201285
梅州	203515	292872	456947	229888	287096	321143	639520
惠州	235129	298688	358453	424317	561842	849143	871008
汕尾	57609	73205	90789	87986	127294	136836	146793
东莞	961108	1228725	1477559	1737691	2032529	3175743	3278824
中山	355153	469069	711083	599789	828583	1121800	1164388
江门	280270	445694	522282	533252	581826	612100	672902
阳江	80042	110933	122874	117524	158914	177986	215688
湛江	287148	356315	457487	356352	667514	618428	686766
茂名	206706	219944	297538	302990	422032	404204	432630
肇庆	136889	199089	228434	240761	308104	316879	363728
清远	132657	184264	256951	234541	297639	311878	388484
潮州	114795	178159	217766	156931	237024	233989	265046
揭阳	77895	118265	155967	161989	248122	223651	257727
云浮	58219	72935	99330	99749	123416	134551	149363
省直	1766308	2075005	2432323	2600155	2980924	3277665	3425917
按经济区域分							
珠三角	8222145	10219686	12062041	13731358	15649434	19799629	21468975
东翼	468489	612569	810602	767736	1100873	1090070	1234572
西翼	573896	687192	877899	776866	1248460	1200618	1335084
山区	665092	863808	1164943	908079	1231879	1273769	1784227

5-26 各市城乡居民基本养老保险基金收入情况

单位：万元

市别	2010	2011	2012	2013	2014	2015	2016
合计	**578872**	**1027050**	**1141446**	**1417086**	**1806131**	**2067315**	**1847977**
广州	162726	614906	440331	502531	655935	383467	268065
深圳			4799	2633	2363	2876	2749
珠海	23430	21087	17969	30179	32948	36193	31304
汕头	358	22763	44073	55045	72554	95686	95497
佛山	71359	51692	84667	97521	90348	327773	107597
韶关	3144	15243	34270	36540	39861	60576	66492
河源	7284	10430	29850	39625	51186	62226	69081
梅州	76080	55679	38576	42134	66951	91187	139003
惠州	19269	29343	36130	66435	82339	99343	103743
汕尾	2161	4599	19938	26270	28997	39180	47631
东莞				32442	31232	37921	32751
中山	163077		12	37	57	121	165
江门	9932	35586	53131	67277	76231	98332	107045
阳江	3487	13238	26304	37598	46129	72282	72684
湛江	2729	27577	62969	78719	113524	124195	148051
茂名	3986	25308	52666	71952	100434	131300	135599
肇庆	7030	23975	38971	42309	72899	97069	93835
清远	7771	17115	36215	47234	56798	77561	86873
潮州	1217	14976	31938	29752	35977	51828	53047
揭阳	7289	23325	59492	74106	97666	100489	116971
云浮	6543	20208	29145	36746	51701	77709	69793
省直							
按经济区域分							
珠三角	456823	776589	676010	841364	1044352	1083095	747254
东翼	11025	65663	155441	185173	235194	287183	313146
西翼	10202	66123	141939	188269	260087	327777	356334
山区	100822	118675	168056	202279	266497	369259	431242

5-27 各市城镇职工基本医疗保险基金收入情况

单位：万元

市别	2010	2011	2012	2013	2014	2015	2016
合计	**3971598**	**5203871**	**6022216**	**7154467**	**8227517**	**9140689**	**10366714**
广州	1265146	1761082	2113440	2446399	2814472	3055085	3413668
深圳	840171	1083354	1292751	1503889	1768356	2004508	2410969
珠海	127253	160738	192679	227591	259926	301815	358770
汕头	72394	90763	94129	109824	120296	130978	136013
佛山	422560	470365	541240	650366	768580	828199	913921
韶关	97706	128090	123434	146528	144753	162637	179597
河源	39256	42917	56973	71051	80174	83076	93142
梅州	43860	58458	61764	70963	86571	111954	127610
惠州	127685	180461	222146	272823	351989	374981	365300
汕尾	18199	25284	25935	33320	34734	39227	43089
东莞	333340	415350	450985	643783	572906	643199	783623
中山	85007	123394	129616	149341	304902	329551	362986
江门	160373	231384	219895	261801	275935	322863	335594
阳江	32884	41096	51430	55121	53887	64011	73741
湛江	74757	91901	90568	112807	144006	168397	189773
茂名	58515	75167	87267	103690	113398	130506	147020
肇庆	57255	79682	94400	106481	112137	128338	143369
清远	55127	63089	84126	87020	105381	128159	138458
潮州	19353	27679	33177	38795	43885	49177	55637
揭阳	12394	20019	18653	20450	23115	29553	33602
云浮	28361	33598	37609	42422	48116	54476	60833
省直							
按经济区域分							
珠三角	3418790	4505810	5257152	6262474	7229203	7988539	9088200
东翼	122340	163745	171894	202389	222030	248935	268341
西翼	166156	208164	229265	271618	311291	362914	410534
山区	264310	326152	363906	417984	464995	540302	599640

5-28 各市城乡居民基本医疗保险基金收入情况

单位：万元

市别	2010	2011	2012	2013	2014	2015	2016
合计	**408515**	**1018662**	**1634076**	**2521185**	**2833815**	**3487869**	**4182457**
广州	39197	59672	158525	221328	261200	252167	292784
深圳	58961	83063	108620	127912	127026	167706	198230
珠海	8066	11848	15042	17492	21171	27329	35207
汕头	8594	26407	123254	150922	172371	232064	272659
佛山	104286	159892	149497	214980	196702	221323	213315
韶关	7678	12605	14972	81135	106592	115664	133878
河源	5383	7592	9058	72455	124766	152555	166253
梅州	7509	11790	113432	139644	190030	222213	260677
惠州	43755	77847	81739	84445	123039	143577	160643
汕尾	4602	7794	66412	86857	106186	127978	160040
东莞							
中山	9213	9944	10934	12796			
江门	5956	86973	90806	96397	109135	139183	165560
阳江	3565	53598	63516	71077	95176	118354	278073
湛江	73988	189063	179729	361751	244551	311272	382796
茂名	4027	7706	7142	210589	245274	324291	391743
肇庆	4944	8400	102066	100890	146194	178867	212134
清远	7489	87908	111711	129863	155703	179117	223992
潮州	3042	8783	65203	71557	82529	108808	130438
揭阳	4849	102188	125895	180413	213177	313914	324156
云浮	3410	5587	36525	88682	112996	151487	179880
省直							
按经济区域分							
珠三角	274378	497639	717229	876240	984467	1130152	1277873
东翼	21087	145172	380764	489749	574263	782764	887293
西翼	81580	250367	250387	643417	585001	753917	1052612
山区	31469	125482	285698	511779	690087	821036	964680

5-29 各市失业保险基金收入情况

单位：万元

市别	2010	2011	2012	2013	2014	2015	2016
合计	**333540**	**819430**	**932587**	**1299176**	**1405541**	**1590628**	**1064441**
广州	51597	373838	439750	351536	333433	341084	226562
深圳	43804	57144	70479	516328	543081	594319	330226
珠海	11079	37397	41662	53455	56764	48629	41687
汕头	14893	28823	22603	30640	46615	33388	20717
佛山	32721	75866	75651	65600	69732	69884	65285
韶关	10694	17861	20127	19087	16735	19321	13758
河源	7367	8051	9139	9289	9710	10152	7018
梅州	4467	5607	5456	6111	9909	13266	8933
惠州	7205	9712	11728	13767	22645	30181	27953
汕尾	3440	5109	5369	5020	5523	6738	4189
东莞	27008	32312	35929	44983	75679	186278	117223
中山	13774	25573	26364	30262	45664	46793	50188
江门	17518	33260	35005	29555	32325	38068	26330
阳江	6054	8448	9720	6870	3943	2771	4488
湛江	26119	11706	20222	15948	19600	25603	14084
茂名	13952	20884	20825	20290	20075	22567	13850
肇庆	8961	17882	21908	19235	17813	20537	16367
清远	8595	15143	16925	16039	17362	16607	15705
潮州	5098	13097	10531	9465	8699	8980	5594
揭阳	4098	5990	5871	5687	5615	7181	5498
云浮	3805	5996	7460	7042	7215	7653	5092
省直	11292	9730	19864	22969	37402	40629	43693
按经济区域分							
珠三角	213667	662984	758476	1124721	1197136	1375773	901821
东翼	27529	53019	44374	50812	66452	56287	35998
西翼	46125	41038	50767	43108	43618	50941	32422
山区	34928	52658	59107	57568	60931	66999	50506

5-30 各市工伤保险基金收入情况

单位：万元

市别	2010	2011	2012	2013	2014	2015	2016
合计	**316917**	**533343**	**568366**	**609660**	**697542**	**732539**	**633851**
广州	44853	91432	73996	97287	98922	99932	90447
深圳	60855	113668	145040	123730	133537	168512	119444
珠海	8056	16118	17236	20622	21230	19736	17000
汕头	3390	4161	5655	7086	8854	8480	8073
佛山	39625	57352	54592	57017	66747	68815	70691
韶关	5724	10996	13282	8815	24712	19109	17794
河源	3461	2863	3319	3878	4709	4700	3576
梅州	1924	5016	4812	4918	8579	7762	7650
惠州	9776	12067	13135	16933	26786	30372	24012
汕尾	1190	1641	1940	2015	2668	3747	4596
东莞	62807	97613	100178	121083	136260	132896	119483
中山	15220	22922	26057	34337	43548	46155	38070
江门	6863	13727	13304	11564	13744	14097	14841
阳江	2040	2518	2752	2207	2347	2939	5043
湛江	3790	5111	5060	5343	7622	9161	6517
茂名	4778	6900	6539	9155	10169	11652	8986
肇庆	3351	6255	6858	8062	8772	10392	9051
清远	3847	5953	6262	9442	10042	7023	9324
潮州	1850	4584	3719	4232	4854	5265	3658
揭阳	1225	2055	1978	2381	2826	2878	2495
云浮	1543	2363	2910	2942	3617	4568	4563
省直	30748	48030	59740	56610	56998	54348	48535
按经济区域分							
珠三角	251406	431154	450396	490635	549546	590907	503039
东翼	7655	12441	13292	15714	19202	20370	18822
西翼	10608	14529	14351	16705	20138	23752	20546
山区	16499	27191	30585	29995	51659	43162	42907

5-31 各市生育保险基金收入情况

单位：万元

市别	2010	2011	2012	2013	2014	2015	2016
合计	**192896**	**247582**	**301180**	**385224**	**457639**	**711083**	**733393**
广州	58951	82170	103366	125313	151762	213663	248023
深圳	58149	74433	89882	101256	116288	279511	200833
珠海	8153	10230	12619	16832	22533	22407	19865
汕头	3136	5874	9990	12504	12934	15394	17846
佛山	22313	28115	32407	66846	80779	88330	58751
韶关	1573	1815	2264	2567	3171	4487	5341
河源	2038	2664	3411	5202	6166	6883	4686
梅州	1298	1565	1925	2513	2958	4565	5143
惠州	4328	469	75	39	2036	86	36
汕尾	390	730	943	1186	1380	1680	2598
东莞						6172	74778
中山						2932	35797
江门	4312	5723	6057	6589	7572	13848	10474
阳江	1624	1588	1646	1328	1128	3929	7336
湛江	3800	4085	4396	5057	6433	9478	11309
茂名	3227	4424	5546	6862	7818	8522	7066
肇庆	1540	2830	3514	3989	4115	10264	6915
清远	2769	3878	4268	5279	7600	9035	6808
潮州	2449	2096	2514	2983	3260	3349	2657
揭阳	400	468	444	524	601	796	843
云浮	696	848	1208	1717	1814	5414	6113
省直	11748	13575	14705	16639	17290	339	176
按经济区域分							
珠三角	157746	203970	247920	320864	385085	637213	655472
东翼	6375	9168	13891	17197	18175	21219	23944
西翼	8651	10097	11588	13247	15379	21929	25711
山区	8374	10770	13076	17278	21709	30384	28091

5-32 各市城镇职工基本养老保险基金征收收入情况

单位：万元

市别	2010	2011	2012	2013	2014	2015	2016
合计	**10534734**	**12830847**	**15529547**	**17477823**	**19233875**	**22730817**	**26222045**
广州	1777531	2316630	2765865	3252917	3354970	3855343	4526504
深圳	2457752	3162102	3784653	4751820	5363531	6162593	6940615
珠海	352222	486554	514574	603533	625518	857145	936862
汕头	186634	209424	300814	324657	328519	369127	409173
佛山	1314643	1068949	1166920	1392568	1392348	1652417	2136346
韶关	168341	187484	212435	214027	238925	238311	273791
河源	77763	107667	116429	128775	140144	165294	198577
梅州	192813	273122	434089	212655	235298	235426	542788
惠州	236854	290818	341637	438096	531906	797856	866162
汕尾	50361	68543	80002	86778	98282	112074	118483
东莞	860653	1087009	1316202	1553632	1903826	2881681	3273690
中山	357730	470157	714434	616209	834511	1097050	1185614
江门	318419	468963	543490	555756	600201	618339	686677
阳江	56796	92681	103253	112334	110715	141211	163200
湛江	186196	265054	322316	316569	317597	356761	402622
茂名	149511	181343	234371	256701	261929	291901	317761
肇庆	139645	193385	219278	247003	252590	281936	324950
清远	125873	169526	242967	227491	249045	256878	307316
潮州	95160	142574	187207	150629	155259	163745	172521
揭阳	112020	149643	176841	196787	212710	239204	288382
云浮	59100	69930	97437	98562	104379	115652	146123
省直	1258715	1369290	1654332	1740322	1921673	1840871	2003886
按经济区域分							
珠三角	7815449	9544567	11367053	13411534	14859401	18204360	20877420
东翼	444175	570184	744864	758851	794770	884150	988559
西翼	392503	539078	659940	685604	690241	789873	883583
山区	623890	807729	1103357	881510	967791	1011561	1468595

5-33 各市城镇职工基本养老保险（企业+其他）基金征收收入情况

单位：万元

市别	2010	2011	2012	2013	2014	2015	2016
合计	**10010483**	**12243665**	**14889135**	**16771968**	**18472881**	**21758167**	**24837514**
广州	1777531	2316630	2765865	3252917	3354970	3855343	4526504
深圳	2433234	3130986	3754831	4721046	5316526	6097101	6837075
珠海	288156	417187	437422	516333	531774	727173	793927
汕头	171028	192309	280929	303308	306348	343639	388836
佛山	1227411	975919	1073558	1297478	1296947	1563575	1986576
韶关	154703	171915	195581	195131	220353	217748	252006
河源	64686	92242	98590	109818	120752	142301	169429
梅州	179583	259077	417533	194727	215023	214117	530220
惠州	221018	273467	319248	407162	497040	757809	839585
汕尾	45945	60357	71411	76734	88137	100757	105650
东莞	846997	1072333	1300524	1537138	1885441	2764329	2917280
中山	328382	435484	672501	568767	782454	1031656	1105967
江门	263867	412478	485373	497755	539028	553505	617314
阳江	51597	86947	94888	101538	100549	128593	150818
湛江	169995	241863	292844	283155	288276	322956	367124
茂名	133086	162583	214212	231782	234209	258290	281971
肇庆	118808	169866	193607	219130	221520	246627	287833
清远	114057	156054	229065	212370	231889	251919	307300
潮州	85977	132833	177215	140337	143278	151820	160961
揭阳	61511	90640	113302	121941	130811	144172	160497
云浮	48020	59205	84398	85782	95080	105581	116509
省直	1224893	1333292	1616239	1697620	1872476	1779155	1934132
按经济区域分							
珠三角	7505404	9204350	11002929	13017726	14425700	17597118	19912061
东翼	364461	476139	642857	642320	668574	740388	815944
西翼	354678	491393	601944	616475	623034	709839	799913
山区	561049	738493	1025167	797828	883097	931666	1375464

5-34 各市城乡居民基本养老保险基金征收收入情况

单位：万元

市别	2010	2011	2012	2013	2014	2015	2016
合计	**388682**	**466965**	**402342**	**438886**	**600113**	**614487**	**388669**
广州	88701	327642	197310	231808	325303	110934	95050
深圳			3720	875	458	374	408
珠海	12410	8869	6949	10816	13387	6761	6885
汕头	240	5881	15259	16121	22427	22996	21356
佛山	32437	15377	24552	24924	27739	244301	18626
韶关	1066	6850	13967	10307	9215	14902	19382
河源	1995	3179	10532	7949	10629	10955	10605
梅州	72551	20395	6956	6537	9880	19333	53132
惠州	6903	9390	9122	12507	14003	18593	16341
汕尾	311	883	2378	1831	2223	5146	5155
东莞							
中山	157505		1	1	2	5	6
江门	5106	16868	17478	18029	14655	15100	15685
阳江	878	2598	7329	8134	10650	10586	13905
湛江	982	10279	20669	21178	31306	3670	23376
茂名	590	6751	12707	15308	28603	33045	23166
肇庆	2038	8978	9584	11095	25899	31770	17128
清远	568	5740	11091	10758	13854	14469	13029
潮州	346	3988	8778	5092	6879	6782	6403
揭阳	1487	4223	17455	17559	16965	17786	14995
云浮	2568	9073	6507	8061	16038	26978	14037
省直							
按经济区域分							
珠三角	305100	387124	268716	310055	421446	427838	170129
东翼	2384	14975	43870	40603	48494	52710	47909
西翼	2450	19628	40705	44620	70559	47301	60447
山区	78748	45237	49053	43612	59616	86637	110185

5-35 各市城镇职工基本医疗保险基金征收收入情况

单位：万元

市别	2010	2011	2012	2013	2014	2015	2016
合计	**3668751**	**4812332**	**5730439**	**6708237**	**7751448**	**8796808**	**9946839**
广州	1218713	1706420	1997780	2323899	2648232	3003500	3358719
深圳	679614	924196	1238695	1428949	1646287	1902532	2287044
珠海	125855	156601	190103	224461	257789	298292	344798
汕头	63294	78922	82991	98115	105677	122993	125877
佛山	416560	463487	521605	631743	724307	778929	851458
韶关	93110	103597	117124	139344	138838	155852	168601
河源	29619	38357	44607	62389	69380	77994	85434
梅州	38673	46988	54785	66526	79352	99319	114671
惠州	120925	165789	213525	267680	321116	351158	358882
汕尾	15979	21203	24480	32334	32664	37674	40534
东莞	320480	386530	440372	497804	555655	626356	740531
中山	79926	105949	125407	144351	290944	315107	344027
江门	154762	221487	216148	254074	269518	313992	325193
阳江	27371	36147	47697	51533	50943	60922	69228
湛江	71931	87394	86641	107552	138910	161826	186061
茂名	55738	68910	82819	97837	107118	120721	137942
肇庆	53394	73548	92097	102849	108383	122850	134204
清远	49157	58631	71616	82299	97909	121225	130959
潮州	18065	23594	30869	36424	41264	46816	53262
揭阳	11562	15330	16534	18952	22047	27536	32018
云浮	24023	29255	34540	39123	45116	51217	57396
省直							
按经济区域分							
珠三角	3170229	4204007	5035732	5875810	6822231	7712716	8744856
东翼	108900	139049	154874	185825	201652	235019	251691
西翼	155040	192451	217157	256922	296971	343469	393231
山区	234582	276828	322672	389681	430595	505607	557061

5-36 各市城乡居民基本医疗保险基金征收收入情况

单位：万元

市 别	2010	2011	2012	2013	2014	2015	2016
合 计	**393633**	**981899**	**1612026**	**2434036**	**2752609**	**3382278**	**3928235**
广 州	38987	59365	158009	193966	253341	250568	287695
深 圳	57697	83375	107402	124993	123283	163737	195235
珠 海	8034	11804	14788	17459	21136	26955	34310
汕 头	8502	26313	121839	147667	168562	226498	265912
佛 山	101551	154949	147625	213140	194675	219380	211843
韶 关	7640	12557	14592	79691	104590	112995	129758
河 源	4530	7544	7571	46690	124146	145775	158804
梅 州	6807	11061	112892	136076	180318	219683	253431
惠 州	35214	77958	78417	83860	122234	139105	160201
汕 尾	4590	7769	65868	86024	103859	126390	158147
东 莞							
中 山	9178	9876	10844	12642			
江 门	5933	75464	87310	95739	108908	138062	160502
阳 江	3559	53328	63024	70347	94518	117359	139063
湛 江	73726	171794	178505	358597	241224	304730	377008
茂 名	4021	7520	6969	207265	229391	301042	369559
肇 庆	4927	8352	101445	100084	144817	178184	209532
清 远	7485	87790	110535	124036	149642	172632	217794
潮 州	3027	8727	64310	70527	81072	103376	128574
揭 阳	4818	100775	123951	177099	206045	307656	319041
云 浮	3409	5577	36130	88134	100847	128153	151827
省 直							
按经济区域分							
珠 三 角	261521	481143	705840	841883	968394	1115991	1259318
东 翼	20937	143584	375968	481317	559538	763920	871674
西 翼	81306	232642	248498	636209	565133	723131	885630
山 区	29871	124529	281720	474627	659543	779238	911614

5-37 各市失业保险基金征收收入情况

单位：万元

市　别	2010	2011	2012	2013	2014	2015	2016
合　计	**268081**	**748920**	**842529**	**1192134**	**1238942**	**1460799**	**936274**
广　州	30787	352148	400993	305995	275611	326496	212584
深　圳	41480	53066	66644	512940	534106	576275	323525
珠　海	7859	32219	37676	46043	52633	43105	33648
汕　头	12776	17006	20921	25801	26686	30921	19795
佛　山	29476	74118	68800	59784	59396	63726	50527
韶　关	10027	16881	18919	16829	14781	16337	10055
河　源	4845	7612	8936	8735	8615	9605	6856
梅　州	4140	4890	4860	5732	9439	12719	8061
惠　州	5912	8696	10624	13682	19283	25426	27786
汕　尾	3243	4574	4925	4822	4953	5668	3849
东　莞	24052	28259	33203	39879	73654	180387	109696
中　山	13411	21639	24578	28743	40166	43257	43068
江　门	17081	31964	34287	28627	29839	32928	20215
阳　江	5407	7696	8633	6658	3559	2618	3833
湛　江	16070	18008	19005	15541	16488	20120	14336
茂　名	12987	19321	19881	18106	17367	18544	12227
肇　庆	8485	16779	20665	18599	17369	17434	10780
清　远	8530	14196	16460	15208	15990	15241	11823
潮　州	3937	8541	10035	8831	7918	7837	4727
揭　阳	4089	5578	5475	5076	4883	5479	4750
云　浮	3486	5729	7008	6504	6207	6675	4135
省　直							
按经济区域分							
珠三角	178543	618888	697470	1054292	1102057	1309034	831829
东　翼	24045	35699	41356	44530	44440	49905	33121
西　翼	34464	45025	47519	40305	37414	41282	30396
山　区	31028	49308	56183	53008	55032	60577	40930

5-38 各市工伤保险基金征收收入情况

单位：万元

市　别	2010	2011	2012	2013	2014	2015	2016
合　计	**276205**	**462640**	**489065**	**538126**	**584412**	**611261**	**532386**
广　州	40275	85493	64140	86914	87286	97948	89067
深　圳	54186	105415	137358	117997	125002	128363	108826
珠　海	7677	14234	15263	18660	19261	17838	13492
汕　头	2843	3987	5205	6418	6632	7560	7469
佛　山	37415	54908	49574	52573	57936	64038	59755
韶　关	5602	6330	7029	8666	9576	8960	9662
河　源	1838	2581	2970	3657	3989	4476	3260
梅　州	1477	2284	3513	4544	5356	5814	5872
惠　州	9099	10996	12888	16888	20679	29231	23968
汕　尾	1065	1326	1500	1903	2265	2653	3632
东　莞	60068	85302	97624	111286	128741	126442	102110
中　山	13903	22264	25312	29550	41086	42953	32525
江　门	6580	11824	12705	11228	11715	12168	12851
阳　江	1895	2044	2151	2044	1884	2722	3764
湛　江	3097	4137	4256	4733	6436	7583	6119
茂　名	4136	6084	5993	7952	8982	10123	8004
肇　庆	3220	5633	6144	8030	8076	8761	8076
清　远	3780	5106	5879	9213	9106	6592	8005
潮　州	1226	2773	3277	3896	4309	4483	2864
揭　阳	1204	1697	1768	2180	2307	2403	1939
云　浮	1454	2026	2572	2884	3165	3639	4090
省　直	14166	26196	21944	26910	20623	16510	17038
按经济区域分							
珠 三 角	232423	396069	421008	453126	499782	527742	450670
东　翼	6338	9783	11750	14397	15513	17099	15904
西　翼	9128	12265	12400	14729	17302	20428	17887
山　区	14151	18327	21963	28964	31192	29481	30889

5-39 各市生育保险基金征收收入情况

单位：万元

市别	2010	2011	2012	2013	2014	2015	2016
合计	**187030**	**239887**	**291118**	**378189**	**443756**	**690247**	**713109**
广州	58001	80984	100892	122999	149722	211148	246043
深圳	56355	71037	85912	100192	113627	267940	194146
珠海	8117	10091	12587	16792	22278	21993	18466
汕头	2967	5825	9875	12249	12687	15055	17595
佛山	22161	27432	30881	66448	76945	86707	54415
韶关	1529	1768	2086	2408	2852	4382	4896
河源	1447	2655	3386	5108	6064	6873	4678
梅州	1289	1559	1877	2461	2913	4475	4982
惠州	4014	123	57	31	30	25	27
汕尾	360	682	866	1112	1240	1603	2334
东莞						6166	74586
中山						2932	35572
江门	4237	5650	5937	6420	7018	13012	9978
阳江	1592	1484	1502	1252	1120	3912	7022
湛江	3672	3943	4231	4465	6012	8727	10714
茂名	3205	4382	5362	6558	7392	7729	6152
肇庆	1440	2712	3287	3942	4104	9447	6308
清远	2760	3605	4118	5059	7332	8862	5875
潮州	1820	2091	2476	2910	3180	3331	2545
揭阳	399	467	440	512	574	701	826
云浮	666	841	1204	1516	1757	5196	5940
省直	10999	12554	14143	15756	16909	29	8
按经济区域分							
珠三角	154325	198029	239553	316824	373724	619370	639541
东翼	5546	9065	13657	16783	17681	20690	23300
西翼	8469	9809	11095	12275	14524	20368	23888
山区	7691	10428	12671	16552	20918	29788	26371

5-40 各市城镇职工基本养老保险基金支出情况

单位：万元

市别	2010	2011	2012	2013	2014	2015	2016
合计	**7211597**	**8749117**	**10346165**	**11676625**	**15380761**	**17110138**	**19400474**
广州	1828362	2082449	2388421	2722840	3361628	3567455	4124258
深圳	734272	984426	1080105	1271664	1553485	1732325	1921661
珠海	137297	171773	210452	299568	332788	396828	498569
汕头	205743	252122	303760	361341	450995	543742	579598
佛山	561458	704765	905358	1060964	1278881	1485150	1786948
韶关	154831	189276	226724	267594	332410	373893	428304
河源	78418	78169	90999	102720	128724	154558	187263
梅州	135603	163757	246931	297443	382789	452720	687450
惠州	121655	147913	172338	221326	270211	328228	359398
汕尾	47129	57063	67639	81874	108328	127131	141838
东莞	249888	317962	391915	473076	591923	915113	1042061
中山	222597	355304	421651	476371	568118	657913	717509
江门	280356	327587	396951	468390	590570	714385	770041
阳江	70330	79705	92805	110471	139012	165186	180281
湛江	278768	330902	390007	450345	562214	668971	726127
茂名	192914	218054	248986	287254	351326	395934	433326
肇庆	147915	172392	200248	231303	284721	328329	360266
清远	99076	118054	145574	179382	225277	271615	293048
潮州	111148	148929	152433	181688	231999	275849	302099
揭阳	130390	158344	195921	237283	294110	367867	397357
云浮	53018	61812	73996	86112	106868	122066	135474
省直	1370426	1628361	1942947	1807618	3234382	3064883	3327600
按经济区域分							
珠三角	4283800	5264571	6167439	7225502	8832325	10125726	11580711
东翼	494410	616458	719753	862186	1085432	1314589	1420892
西翼	542012	628661	731798	848070	1052552	1230091	1339734
山区	520946	611068	784224	933251	1176068	1374852	1731539

5-41 各市城镇职工基本养老保险（企业+其他）基金支出情况

单位：万元

市　别	2010	2011	2012	2013	2014	2015	2016
合　计	**6883296**	**8297755**	**9920830**	**11208951**	**14875834**	**16338378**	**18248300**
广　州	1828362	2082449	2388421	2722840	3361628	3567455	4124258
深　圳	691413	848369	1012868	1205667	1493177	1662001	1843611
珠　海	101818	131817	165024	243877	266161	321434	380450
汕　头	203381	249711	300743	357870	447405	539532	575281
佛　山	502622	643124	840931	995582	1209315	1397470	1632139
韶　关	151949	185986	222230	261763	326582	366823	424916
河　源	76377	72972	88255	98795	123863	148669	156184
梅　州	132827	160809	242929	293548	377895	447794	504031
惠　州	119524	145640	169301	217936	265683	323310	353918
汕　尾	46207	55893	66637	80187	106302	124201	139260
东　莞	248660	316623	389709	471031	589029	745592	833852
中　山	196049	319754	385627	435581	519423	606848	658656
江　门	231739	277941	345061	414004	529126	638640	688869
阳　江	69129	78751	91521	109002	137054	162823	178023
湛　江	275675	327614	385670	445095	555440	661378	718948
茂　名	189752	215091	244682	282630	344816	390133	426980
肇　庆	131752	155522	181231	211287	262135	300274	332520
清　远	96653	115980	142706	176226	222056	266960	289669
潮　州	102512	140024	142669	170969	219708	261589	287283
揭　阳	80033	101347	122715	149963	193621	232080	250946
云　浮	44864	53009	59385	69685	104888	119896	132912
省　直	1361999	1619328	1932514	1795412	3220528	3053479	3315594
按经济区域分							
珠三角	4051939	4921239	5878173	6917805	8495677	9563024	10848273
东　翼	432133	546975	632764	758989	967036	1157402	1252770
西　翼	534556	621456	721873	836727	1037310	1214334	1323951
山　区	502670	588756	755505	900017	1155284	1350142	1507712

5-42 各市城乡居民基本养老保险基金支出情况

单位：万元

市别	2010	2011	2012	2013	2014	2015	2016
合计	**163411**	**351380**	**682147**	**909255**	**1058758**	**1469326**	**1570524**
广州	15944	142939	186704	231673	273754	313873	327091
深圳			857	2204	2419	3087	3024
珠海	7537	11813	9835	15744	18783	34911	24781
汕头	263	5532	28399	35506	41068	62133	70575
佛山	51726	48523	60687	77100	84785	145836	139665
韶关	1178	4058	17683	23234	27303	40334	48353
河源	4812	4269	20259	30219	33377	49337	54097
梅州	27330	44501	65892	58335	65322	88169	98576
惠州	7058	12034	23935	46293	50721	63439	68131
汕尾	1604	2432	14111	21883	26004	39651	44028
东莞				32313	30915	35112	32466
中山	26705		11	29	55	117	141
江门	1641	12326	34617	42033	53672	68883	77379
阳江	2090	5696	15047	25315	28092	42256	46334
湛江	1298	4259	42045	55620	65220	99064	109012
茂名	2485	7972	30237	52759	63185	95881	106078
肇庆	2451	9619	32510	32194	39853	60703	69709
清远	707	6779	22618	33749	39378	58795	64280
潮州	612	9649	19760	21579	28063	39120	43228
揭阳	4560	10528	36068	48329	57442	85383	95578
云浮	3410	8451	20873	23142	29344	43240	48000
省直							
按经济区域分							
珠三角	113062	237254	349156	479583	554957	725961	742387
东翼	7039	28141	98338	127297	152577	226287	253409
西翼	5873	17927	87329	133694	156497	237201	261424
山区	37437	68058	147325	168679	194724	279875	313306

5-43 各市城镇职工基本医疗保险基金支出情况

单位：万元

市别	2010	2011	2012	2013	2014	2015	2016
合计	**2904093**	**3739577**	**4245277**	**5265836**	**6128116**	**6906046**	**7583283**
广州	857641	1100552	1364858	1661111	1935849	2251560	2377313
深圳	489693	549026	642980	815442	935608	1058927	1223336
珠海	117406	134350	157841	188343	219480	252655	293319
汕头	63098	70307	87422	104670	113998	117360	150537
佛山	250040	415290	459125	540159	627561	692641	769870
韶关	81437	87997	108214	133340	127454	127735	136302
河源	40741	43735	53922	57750	71360	74073	79609
梅州	39817	50760	60402	68937	88242	115362	128480
惠州	88908	112511	167078	225773	286168	291579	332295
汕尾	15379	20170	25129	31693	32587	37477	39420
东莞	299974	430502	378328	572422	540487	555936	624365
中山	106900	110374	112632	130796	258468	279471	316301
江门	148109	255229	209127	239367	293318	303404	330767
阳江	40241	38510	39442	48331	53001	58796	66645
湛江	67466	80351	82569	98761	137216	153781	182495
茂名	41775	52224	62493	75445	105839	136344	127814
肇庆	52663	67538	80049	98006	107489	127312	139670
清远	45583	50796	71224	78935	87487	150593	127207
潮州	21087	24958	32310	37638	40290	44258	52775
揭阳	10088	14032	16220	20328	25316	29351	34892
云浮	26048	30364	33914	38589	40895	47432	49872
省直							
按经济区域分							
珠三角	2411334	3175372	3572018	4471419	5204428	5813485	6407236
东翼	109652	129467	161081	194329	212191	228446	277624
西翼	149482	171085	184504	222537	296056	348921	376954
山区	233626	263652	327676	377551	415438	515195	521470

5-44 各市城乡居民基本医疗保险基金支出情况

单位：万元

市别	2010	2011	2012	2013	2014	2015	2016
合计	**349563**	**678717**	**1257169**	**2011441**	**2499054**	**2817740**	**3634054**
广州	44398	59092	154645	215155	215371	209629	231047
深圳	39356	62330	78442	99402	120714	136592	173179
珠海	7385	11086	12421	18599	19976	24127	36332
汕头	6753	8021	63156	101078	114972	124789	213925
佛山	86890	126123	152538	184470	199510	206943	212395
韶关	5849	6990	9828	72239	80497	94580	111810
河源	4116	7094	7190	52489	90753	121341	177178
梅州	6258	9174	93219	117784	144888	163443	236295
惠州	32262	47367	60647	102249	115399	142193	162283
汕尾	3145	4436	46611	75710	94996	119154	133949
东莞							
中山	6665	8080	9780	12140			
江门	6867	38985	64917	91889	139647	128454	142895
阳江	3760	30119	47309	63300	79665	108893	275395
湛江	71594	136430	143497	168987	219569	268182	314766
茂名	2311	3412	5145	152400	249722	286787	302495
肇庆	4432	5906	65633	109851	138385	144497	173602
清远	5943	41203	96584	116773	148838	140351	204522
潮州	2991	5114	30595	42684	56365	62945	105870
揭阳	5600	62691	79665	128392	171748	213121	285984
云浮	2988	5065	35345	85850	98040	121720	140132
省直							
按经济区域分							
珠三角	228255	358969	599023	833755	949002	992435	1131733
东翼	18489	80262	220027	347864	438081	520009	739728
西翼	77665	169961	195951	384687	548956	663862	892656
山区	25154	69526	242166	445135	563016	641435	869937

5-45 各市失业保险基金支出情况

单位：万元

市 别	2010	2011	2012	2013	2014	2015	2016
合 计	**320605**	**355850**	**227780**	**264734**	**326733**	**401820**	**997695**
广 州	85155	100621	94882	105042	115793	135400	329215
深 圳	26313	35689	9367	34907	42695	64577	361799
珠 海	14824	33735	12109	12267	16130	19794	35293
汕 头	3003	17425	3582	4230	19086	5392	14529
佛 山	33448	40340	31717	31275	36966	37904	50004
韶 关	9147	6531	4252	4963	7533	4835	9018
河 源	8071	3380	3453	3299	2923	3542	5327
梅 州	4953	8945	4487	4329	4368	4040	5608
惠 州	20118	4501	4952	4662	6106	9875	20394
汕 尾	1809	4959	1735	1207	965	1246	1695
东 莞	48056	20958	18312	21193	29288	58297	85721
中 山	18065	3572	4476	6731	10459	19064	28108
江 门	14401	10497	7699	8671	8012	11294	14085
阳 江	2574	9989	4844	3874	2890	2180	2546
湛 江	7924	12903	6811	5677	5707	5212	5091
茂 名	5119	4954	3707	3461	3311	3511	3996
肇 庆	2835	9239	3431	3686	4352	5539	8927
清 远	6151	2087	2515	2531	3368	4617	7701
潮 州	6641	7398	1748	1278	1610	2047	3029
揭 阳	418	7556	204	182	186	179	1456
云 浮	1581	5622	1397	1269	783	1174	2052
省 直		4950	2100		4200	2100	2100
按经济区域分							
珠 三 角	263215	259152	186945	228434	269801	361744	933546
东 翼	11871	37338	7269	6897	21847	8864	20709
西 翼	15617	27846	15362	13012	11908	10903	11633
山 区	29903	26565	16104	16391	18975	18208	29706

5-46 各市工伤保险基金支出情况

单位：万元

市别	2010	2011	2012	2013	2014	2015	2016
合计	**210328**	**289185**	**361921**	**386841**	**470899**	**490187**	**521400**
广州	24134	35408	58682	53544	59747	61583	66990
深圳	55806	69371	82713	92803	100626	114545	125507
珠海	7041	7777	10281	11820	13359	15909	18132
汕头	1231	1721	2659	2903	2931	3234	3401
佛山	23852	29171	32929	34397	34319	38298	43640
韶关	6094	7566	12113	14489	16740	14918	14898
河源	2218	2045	2167	2389	3041	3811	3478
梅州	1545	2226	3542	4047	4835	4715	4897
惠州	4212	6796	8478	7942	13657	12661	16883
汕尾	268	353	517	948	820	867	1094
东莞	50703	69267	79275	95738	119603	120276	119061
中山	10630	16996	19444	24133	26557	30092	31745
江门	3729	7089	7568	8762	10304	12349	13135
阳江	943	1926	1648	2253	3239	2859	3321
湛江	1670	2168	2337	3009	3724	4729	5747
茂名	2144	3443	2994	3437	4330	4693	4696
肇庆	2363	3530	4145	5002	5497	5652	6001
清远	2926	3181	4593	5475	6553	6938	8202
潮州	1012	1963	1043	937	1568	1769	1638
揭阳	266	508	724	1019	936	1085	1885
云浮	1406	1662	1962	2258	2210	2941	2237
省直	6134	15017	22109	9533	36304	26261	24811
按经济区域分							
珠三角	182470	245405	303515	334141	383669	411365	441094
东翼	2777	4545	4943	5807	6255	6955	8018
西翼	4757	7537	6979	8699	11293	12281	13764
山区	14189	16680	24377	28658	33379	33323	33712

5-47 各市生育保险基金支出情况

单位：万元

市别	2010	2011	2012	2013	2014	2015	2016
合计	**122130**	**155697**	**210553**	**275772**	**318777**	**396238**	**608395**
广州	48081	69474	100205	125210	151255	209247	196683
深圳	28258	36176	46727	50018	59011	57917	165778
珠海	6096	7176	9272	8666	16507	25309	31880
汕头	4420	4934	7139	9042	10156	13025	6393
佛山	10465	12355	14618	46630	40327	50247	72210
韶关	686	737	1020	1187	1335	1222	7230
河源	1534	1428	1929	2970	3717	6264	4845
梅州	617	772	1044	1003	1185	1420	3707
惠州	4185						
汕尾	57	88	197	277	360	757	2720
东莞						2	51664
中山							7217
江门	1171	1762	2223	2329	2165	5623	13518
阳江	543	804	1197	1621	2040	1613	7228
湛江	1124	1341	1524	1610	1687	598	3091
茂名	253	711	860	1289	1306	1461	8275
肇庆	793	1463	1472	1674	1701	4036	8361
清远	1579	1972	2702	3271	4439	5515	8868
潮州	1594	1263	1888	1950	2228	3014	4092
揭阳	194	215	638	272	273	497	863
云浮	342	390	473	615	609	553	3754
省直	10136	12636	15425	16140	18477	7918	19
按经济区域分							
珠三角	99049	128406	174517	234527	270966	352381	547311
东翼	6265	6500	9862	11541	13017	17293	14068
西翼	1920	2856	3581	4520	5033	3672	18594
山区	4758	5299	7168	9046	11285	14974	28404

5-48 各市城镇职工基本养老保险基金累计结余情况

单位：万元

市别	2010	2011	2012	2013	2014	2015	2016
合计	**24714832**	**31081507**	**38796116**	**46731270**	**54441665**	**65327542**	**76525518**
广州	2156085	2517949	3061779	3730589	3938467	4717802	5087069
深圳	8956359	11680698	14801306	18401319	22679887	28014975	33646981
珠海	1177096	1537467	1894880	2292228	2643325	3206818	3747050
汕头	119060	127849	192033	215664	280011	258416	264745
佛山	2233247	2653067	3037537	3453024	3685024	4061323	4536850
韶关	153237	182420	212530	190320	242669	223213	225026
河源	141406	194238	240721	282853	340064	386987	434854
梅州	346924	490520	720975	673651	600553	496752	466955
惠州	684267	852393	1060916	1294857	1624390	2192654	2731240
汕尾	57434	83209	115601	132290	165534	192951	214545
东莞	3118768	4049512	5150480	6436240	7898729	10286571	12880479
中山	891008	1040125	1372817	1549640	1863238	2393735	2924985
江门	336258	515808	707857	841415	903679	885834	885685
阳江	110886	148761	188077	206069	236372	262047	312714
湛江	129332	177984	275019	214924	353439	352706	352889
茂名	123512	144968	214918	258090	358798	404275	444560
肇庆	153231	207507	266708	307110	365696	402527	473321
清远	196983	277532	404744	476590	569639	616351	714030
潮州	50468	89836	165955	151892	170966	141898	117047
揭阳	75575	101285	136608	156801	224953	226338	239065
云浮	113064	135104	173909	202024	229997	253231	298291
省直	3390633	3873274	4400744	5263681	5066233	5350137	5527135
按经济区域分							
珠三角	19706319	25054526	31354280	38306422	45602435	56162239	66913660
东翼	302537	402179	610197	656647	841464	819603	835402
西翼	363730	471713	678014	679083	948609	1019028	1110163
山区	951614	1279814	1752879	1825438	1982922	1976534	2139156

5-49 各市城镇职工基本养老保险（企业+其他）基金累计结余情况

单位：万元

市别	2010	2011	2012	2013	2014	2015	2016
合计	**22778553**	**28939059**	**36366037**	**43941281**	**51277017**	**61580390**	**72580141**
广州	2156085	2517949	3061779	3730589	3938467	4517478	5087069
深圳	8712669	11515538	14665455	18291021	22573210	27901142	33494958
珠海	962924	1286944	1605586	1958337	2276261	2779367	3284303
汕头	32432	25661	70999	73958	114986	71048	60773
佛山	2063841	2447750	2792346	3172800	3371080	3736635	4205959
韶关	69922	85070	99444	59647	95506	59312	39971
河源	72485	112116	138971	162112	199535	226434	271535
梅州	263366	395428	609446	545786	454987	328337	463826
惠州	598367	751415	940567	1146947	1443106	1968939	2486029
汕尾	28355	45667	69819	77618	98609	111245	118778
东莞	3024102	3936205	5024054	6290714	7734213	10164364	12609336
中山	849744	999059	1324515	1488724	1797884	2312837	2818569
江门	282558	450311	627533	746781	799481	772941	756220
阳江	75986	108168	139522	148044	169904	185067	222732
湛江	31250	59950	131768	43024	155098	112148	79966
茂名	29993	34846	87702	108062	185279	199350	205000
肇庆	89777	133344	180547	210021	255989	272594	303802
清远	126250	194534	308779	367095	442677	487595	586411
潮州	28079	66215	141312	127275	144590	116991	94754
揭阳	44997	61915	95167	107193	161695	153266	160076
云浮	57909	77836	117780	147844	166372	181028	197479
省直	3177462	3633138	4132947	4937689	4698085	4922272	5032595
按经济区域分							
珠三角	18740067	24038515	30222382	37035934	44189691	54426297	65046245
东翼	133863	199458	377297	386044	519880	452550	434381
西翼	137229	202964	358992	299130	510281	496565	507698
山区	589932	864984	1274420	1282484	1359077	1282706	1559222

5-50 各市城乡居民基本养老保险基金累计结余情况

单位：万元

市别	2010	2011	2012	2013	2014	2015	2016
合计	**902823**	**1202232**	**1690281**	**2195395**	**2976814**	**3573471**	**3851618**
广州	275334	778447	1032073	1302932	1685112	1754706	1695680
深圳			3942	4370	4314	4103	3828
珠海	27771	37045	45176	59610	73775	75058	81581
汕头	401	17231	32905	52445	83931	117484	142406
佛山	49205	36743	86932	107352	113377	295314	263245
韶关	1966	13025	29613	42919	55477	75718	93857
河源	3583	9143	18734	28140	47709	60598	76277
梅州	102937	116899	89583	73382	75011	78029	118456
惠州	26456	44660	56855	76997	108615	144519	180131
汕尾	557	2724	8896	13283	16276	15804	19408
东莞				-2586	-2269	540	825
中山	376195		1	9	11	15	39
江门	8898	28580	47094	72338	94896	123013	152679
阳江	1992	8848	20105	32388	56996	87022	113372
湛江	1683	24703	47826	70925	119229	144360	183399
茂名	1501	18836	41265	60458	97706	133125	162646
肇庆	9225	17186	23648	33763	90865	127231	151357
清远	8095	12100	25697	39182	57377	76143	98736
潮州	724	5846	18024	26197	34258	46966	56786
揭阳	2729	15541	38966	64743	104966	120072	141464
云浮	3571	14673	22945	36549	59181	93651	115445
省直							
按经济区域分							
珠三角	773084	942661	1295721	1654785	2168696	2524499	2529365
东翼	4411	41342	98791	156668	239431	300326	360064
西翼	5176	52387	109196	163771	273931	364507	459417
山区	120152	165840	186572	220172	294755	384139	502771

5-51 各市城镇职工基本医疗保险基金累计结余情况

单位：万元

市别	2010	2011	2012	2013	2014	2015	2016
合计	**7171534**	**8635828**	**10412675**	**12300707**	**14472406**	**16712701**	**19496125**
广州	2629836	3290366	4038948	4824236	5702858	6506385	7542741
深圳	2277824	2812150	3461922	4150370	4983117	5928698	7116331
珠海	95720	122108	156946	196193	236640	285799	351249
汕头	113179	133636	140343	145498	151798	165415	150892
佛山	496900	551975	634090	744295	894748	1030306	1174357
韶关	84674	124766	139985	153172	170470	205372	248668
河源	22967	22150	25202	38504	47319	56322	69855
梅州	55525	63224	64587	66612	64941	66734	65865
惠州	255096	323046	378115	424962	490782	574184	607182
汕尾	15873	20987	21794	23421	25568	27320	30989
东莞	388609	373454	446113	517474	549892	637155	796411
中山	85763	98783	115767	134312	243568	294033	340720
江门	250175	226329	237006	259440	242099	261558	266385
阳江	42319	44904	56893	63683	64568	69782	76878
湛江	82689	94239	102237	116284	123074	137691	144969
茂名	96977	119921	144694	172940	180498	174660	193866
肇庆	45174	57316	71665	80142	84790	85817	89512
清远	83318	95611	108513	116600	134495	112062	123312
潮州	20121	22841	23709	24866	28460	33443	36304
揭阳	11373	17361	19795	19517	17316	17518	16229
云浮	17421	20656	24351	28188	35408	42451	53413
省直							
按经济区域分							
珠三角	6525097	7855527	9540572	11331424	13428494	15603935	18284888
东翼	160546	194825	205641	213302	223142	243696	234414
西翼	221985	259064	303824	352907	368140	382133	415713
山区	263905	326407	362638	403076	452633	482941	561113

5-52 各市城乡居民基本医疗保险基金累计结余情况

单位：万元

市别	2010	2011	2012	2013	2014	2015	2016
合计	**219907**	**620415**	**1290282**	**2004463**	**2218460**	**2887286**	**3439902**
广州	22173	22753	69931	74894	120722	163260	224998
深圳	26216	46949	77127	105637	111949	141760	166810
珠海	7732	8493	11114	10007	11202	14404	13279
汕头	8397	26783	129499	179343	236742	344017	402752
佛山	51995	85764	82723	113232	110424	124804	125724
韶关	6600	12216	17360	62365	88816	109900	131968
河源	2290	2789	4657	63087	118874	150088	143376
梅州	2525	5141	73157	95017	140160	198929	223311
惠州	22011	52491	73583	55779	63419	64802	63163
汕尾	2917	6275	50186	61332	72522	81346	107437
东莞							
中山	5429	7293	8447	9103			
江门	6329	56239	83283	87792	57279	68009	90674
阳江	1357	43037	59244	67021	82532	91993	94671
湛江	34411	87044	123275	316038	197605	240694	308724
茂名	3818	8112	10109	179730	184908	222412	311660
肇庆	4333	6827	94144	85183	92992	127362	165895
清远	4224	56510	76137	89226	96090	134856	154326
潮州	1195	4864	64812	93685	119849	165712	190279
揭阳	4554	78911	125140	197062	238490	339283	377454
云浮	1401	1923	56355	58929	73885	103652	143401
省直							
按经济区域分							
珠三角	146218	286809	500352	541627	567987	704401	850543
东翼	17063	116833	369637	531422	667603	930358	1077922
西翼	39586	138193	192628	562789	465045	555099	715055
山区	17040	78579	227666	368624	517825	697425	796382

5-53 各市失业保险基金累计结余情况

单位：万元

市别	2010	2011	2012	2013	2014	2015	2016
合计	**1875171**	**2338751**	**3043559**	**4078000**	**5156808**	**6345616**	**6412362**
广州	894031	1167249	1512118	1758611	1976250	2181934	2079281
深圳	120074	141528	202640	684061	1184447	1714189	1682616
珠海	112699	116362	145915	187102	227737	256572	262966
汕头	78466	89864	108884	135294	162822	190817	197005
佛山	146606	182133	226066	260391	293158	325138	340418
韶关	32973	44304	60178	74302	83504	97990	102731
河源	13545	18216	23903	29893	36680	43291	44982
梅州	16525	13187	14157	15939	21479	30706	34030
惠州	46296	51507	58283	67388	83927	104233	111791
汕尾	9901	10051	13685	17498	22055	27547	30041
东莞	83655	95010	112626	136416	182807	310788	342290
中山	41242	63243	85131	108662	143868	171597	193677
江门	37837	60601	87907	108791	133104	159877	172122
阳江	16396	14855	19731	22726	23779	24370	26312
湛江	43715	42519	55930	66201	80093	100484	109477
茂名	44747	60677	77794	94622	111386	130443	140297
肇庆	26789	35432	53908	69458	82919	97918	105357
清远	18356	31412	45823	59331	73325	85315	93320
潮州	14463	20162	28945	37131	44221	51154	53719
揭阳	19823	18257	23924	29429	34858	41859	45901
云浮	12542	12916	18979	24751	31184	37663	40703
省直	44489	49269	67033	90002	123204	161733	203326
按经济区域分							
珠三角	1509229	1913065	2484594	3380880	4308217	5322246	5290518
东翼	122653	138334	175438	219352	263956	311377	326666
西翼	104858	118051	153455	183549	215258	255297	276086
山区	93941	120035	163040	204216	246172	294965	315766

5-54 各市工伤保险基金累计结余情况

单位：万元

市别	2010	2011	2012	2013	2014	2015	2016
合计	**1270843**	**1515001**	**1721447**	**1944265**	**2170908**	**2413260**	**2525711**
广州	240079	296103	311417	355160	394334	432684	456142
深圳	291093	335389	397716	428643	461554	515521	509458
珠海	40982	49324	56278	65080	72951	76778	75645
汕头	17026	19467	22463	26646	32569	37816	42487
佛山	132241	160421	182084	204704	237132	267648	294699
韶关	5991	9421	10590	4916	12888	17078	19975
河源	7057	7875	9027	10516	12185	13073	13172
梅州	9708	12498	13769	14639	18384	21431	24184
惠州	39121	44393	49050	58042	71171	88881	96011
汕尾	5697	6985	8408	9476	11324	14205	17707
东莞	157428	185775	206678	232024	248681	261300	261723
中山	44597	50524	57137	67341	84331	100394	106718
江门	26158	32795	38531	41334	44774	46521	48227
阳江	9158	9750	10854	10809	9917	9996	11717
湛江	14757	17700	20423	22757	26655	31087	31856
茂名	22959	26417	29962	35679	41518	48477	52767
肇庆	11342	14068	16781	19841	23116	27856	30906
清远	10457	13228	14897	18863	22351	22436	23558
潮州	8696	11317	13993	17287	20574	24070	26091
揭阳	4792	6338	7592	8954	10844	12636	13247
云浮	4762	5462	6410	7094	8502	10129	12455
省直	166740	199752	237383	284460	305155	333242	356965
按经济区域分							
珠三角	983041	1168792	1315672	1472169	1638044	1817583	1879529
东翼	36211	44107	52456	62363	75311	88727	99532
西翼	46874	53867	61239	69245	78090	89560	96340
山区	37975	48484	54693	56028	74310	84147	93344

5-55 各市生育保险基金累计结余情况

单位：万元

市别	2010	2011	2012	2013	2014	2015	2016
合计	**306568**	**398453**	**489079**	**598931**	**737794**	**1052638**	**1177637**
广州	59568	72264	75425	75528	76035	80451	131791
深圳	109913	148171	191326	242565	299842	521435	556491
珠海	6787	9841	13188	21354	27380	24477	12461
汕头	1566	2506	5357	8819	11597	13966	25419
佛山	35977	51737	69525	89742	130193	168277	154817
韶关	2997	4075	5319	6698	8534	11799	9910
河源	1928	3164	4646	6878	9327	9946	9787
梅州	1537	2330	3210	4720	6494	9638	11075
惠州	15215	15684	15760	15799	17836	17921	17957
汕尾	2515	3157	3903	4813	5834	6757	6636
东莞						6170	29283
中山						2932	31512
江门	9763	13724	17558	21817	27225	35450	32407
阳江	3606	4390	4838	4545	3633	5948	6056
湛江	8354	11098	13971	17418	22164	31045	39263
茂名	5336	9050	13735	19308	25820	32880	31671
肇庆	5345	6711	8753	11069	13483	19711	18265
清远	8230	10136	11702	13711	16872	20391	18330
潮州	2696	3530	4156	5189	6221	6557	5122
揭阳	1075	1328	1134	1786	2114	2413	2393
云浮	2057	2515	3250	4352	5557	10419	12778
省直	22103	23042	22321	22821	21634	14055	14212
按经济区域分							
珠三角	242568	318132	391535	477874	591994	876824	984984
东翼	7852	10521	14550	20607	25766	29693	39570
西翼	17296	24538	32544	41271	51617	69873	76990
山区	16749	22220	28127	36359	46784	62193	61880

主要统计指标解释

城镇登记失业率 指报告期末，城镇登记失业人数占期末城镇就业人员总数与期末实有城镇登记失业人数之和的比重。

求人倍率 劳动力市场中常用指标，它等于需求人数/求职人数，表明劳动力市场中每个岗位需求所对应的求职人数，如0.9表示10个求职者竞争9个岗位。

社会保险 是指社会保障的一个子系统和核心。它是指以劳动者为保障对象，以劳动者的年老、患病、生育、伤残、死亡等暂时或永久性丧失劳动能力以及失业中断劳动而失去收入来源等特殊事件为保障内容的一种社会保障制度。社会保险分为基本保险和补充保险，基本保险包括养老保险、医疗保险、失业保险、工伤保险和生育保险等内容，补充保险主要包括各种互助保障、个人或单位自主参加的其他保险。

参加保险人数 是指报告期末按照国家法律、法规和有关政策规定参加基本社会保险的人数。

社会保险基金收入 是指根据国家规定，由纳入基本社会保险范围的单位，按照国家规定的缴费基数和缴费比例缴纳的社会基金以及通过其他方式取得的形成基金来源的收入，包括单位缴纳的社会统筹基金收入、个人缴纳社会保险费、财政补贴收入、利息收入及其他收入。

社会保险基金支出 是指按照国家政策规定的开支范围和开支标准从社会统筹基金中支付给参加基本社会保险人员个人的费用以及由于保险关系转移、上下级之间调剂资金等原因而发生的支出。

社会保险基金结余 是指截至报告期末基本社会保险的基金结余金额（含统筹基金结余和个人账户积累），包括银行存款、财政专户、债券投资和其他。

六、社会安全

简要说明

1. 本篇资料主要反映广东省公安、检察、法院、司法以及安全生产的基本情况。

2. 本篇资料主要包括：

（1）全省刑事案件立案和破案、违反治安管理案件、交通和火灾事故及机动车拥有情况；人民检察院受理举报、控告、申诉案件情况；人民法院审理案件及判处罪犯情况；全省律师、公证及人民调解情况；全省各类生产安全事故情况等。

（2）地区全省和 21 个地级以上市。

（3）年份有当年、近 5 年和 1978 年以来连续年份。

3. 统计资料来源：本篇资料由广东省公安厅、广东省人民检察院、广东省高级人民法院、广东省司法厅、广东省安全生产监督管理局负责整理、审核、提供。

2016 年广东社会安全状况概述

2016 年，广东社会安全环境总体保持稳定，社会安全环境明显改善,社会矛盾有效化解，法制建设进一步完善，村落社区邻里关系更加和谐，刑事案件发生率下降，生产安全事故减少，惩治腐败力度不减。

社会安全环境明显改善。以网格化管理、社会化服务为方向，健全基层综合服务管理平台，夯实社会治安防控体系的根基。2016 年底，全国社区（村）网格化覆盖率达到 93%。广东加强基层法治建设，优化公民法治环境。自 2014 年起，广东省在全省推行"一村(社区)一法律顾问"制度，并实现全省 2.6 万个村（社区）实现了全覆盖盖，助力基层治理法治化。广东积极实施普法宣传，"三位一体"促青少年学法， 强化企业及外来工法律意识，基层法治建设助推村（居）普法。全面提升法治宣传教育的覆盖面和感染力，充分发挥法治宣传教育在经济社会管理中的基础性和保障性作用，社会法治环境得到进一步的优化。

社会矛盾有效化解。一是广东坚持就业优先战略，积极调解仲裁劳动人事纠纷。2016 年，广东劳动人事争议立案受理案件 10.72 万件、结案案件 10.66 万件，劳动人事争议仲裁结案率 99.4%。2016 年全省查处劳动保障违法案件和处置群体事件分别同比下降 19.3%和 28.9%，累计为 36.39 万劳动者追回工资和相关待遇总额 29.1 亿元，2016 年没有发生因为欠薪引发的重大群体性事件或者恶性事件。**二是广东实施了精准扶贫战略，进一步保障底线民生。**广东通过两轮"规划到户、责任到人"扶贫开发任务，帮扶 249.2 万相对贫困人口实现脱贫，完成农村危房改造 56.82 万户和"两不具备"村庄 6 万余户搬迁安置。2016 年，广东开始启动新一轮脱贫攻坚工程，出台《底线民生精准扶贫精准脱贫三年攻坚实施方案》，农村低保最低标准提高到月人均 335 元，将 94 万符合条件的贫困人口全部纳入低保。**三是涉民利益得到保障。**2016 年，全省共办理法律援助案件 7.99 万多宗，受援人数 9.4 万多人，法律咨询 78.87 万人次。积极接待和协调处理群众上访，省市县三级信访总量从 2015 年 30.21 万件减少至 27.6 万件，同比下降 8.6%；**四是信访秩序持续好转。**群众到省上访从 2015 年 2.31 万人次减少至 2.15 万人次，同比下降 6.9%，是自 2001 年以来到省上访量人数最少的一年；进京非正常上访从 2015 年的 1397 人次减少至 819 人次，同比下降 41.4%，有效舒缓社会矛盾。**五是调解工作持续成效。**2016 年全省人民调解组织排查纠纷 73581 多次，预防纠纷 30751 件，调解纠纷 323552 件，调解成功率 97.9%。

刑事案件大幅下降。2016 年刑事立案案件 62.73 万起,比 2015 年下降 16%。全省警情同比下降 6%。2016 年全省伤害案件共 1.21 万起，比 2015 年下降 5.2%。2016 年全省发生盗窃案件数 35.68 万起，比 2015 年下降 15.7%。2016 年全省发生抢劫案件 1.36 万起，比 2015 年下降 29.7%；

安全事故得到遏制。2016 年各类交通事故 2.49 万件，比 2011 年减少 6.4%。2016 年，全省共发生生产安全事故（以下简称"事故"）8331 起，死亡 3951 人，同比（按可比口径，下同）分别下降 7.2%和 4.7%；发生较大事故 39 起，死亡 141 人，同比分别下降 20.0%和 33.9%；发生重大事故 1 起，死亡 18 人，同比分别下降 50%和 79.5%。安全生产形势有所好转。食品药品监管效果显著，2016 年，广东省共立案查处食品药品违法案件 28475 宗，其中食品案件 19942 宗，药品案件 6230 宗，医疗器械案件 562 宗，化妆品案件 1342 宗，保健食品案件 399 宗,案件总量与 2015 年基本持平。全省食品药品监管部门向公安机关移送案件 772 宗，吊销生产经营许可证件 45 张，责令停产停业 63 宗。

惩治腐败力度不减。2016 年，广东各级纪检监察机关共处置问题线索 28172 条，初核 25906 条；立案 17351 件，同比上升 16.5%；结案 17014 件，同比上升 27.6%；处分 16371 人，同比上升 26.1%。查处地厅级干部 149 人，县处级干部 1014 人。2016 年，全省纪检监察机关受理信访举报量下降 10.3%。

撰稿：陈东清

6-1 2009年广东省刑事案件立案和破案情况

项　　目	立　　案	破　　案
合　　计	**486476**	**192179**
伤　　害	16497	9585
盗　　窃	279717	89802
其中：入室盗窃	81465	32448
盗机动车	89614	31630
抢　　劫	54441	26679
其中：入室抢劫	3493	1327
抢机动车	9527	4129
抢　　夺	30079	15038
其　　他	105742	51075

6-2 2010年广东省刑事案件立案和破案情况

项　　目	立　　案	破　　案
合　　计	**536146**	**196105**
伤　　害	17899	10726
盗　　窃	326791	99292
其中：入室盗窃	91726	30990
盗机动车	82532	32909
抢　　劫	41148	18670
其中：入室抢劫	2432	958
抢机动车	6166	2682
抢　　夺	29286	12919
其　　他	121022	54498

6-3 2011年广东省刑事案件立案和破案情况

项　　目	立　　案	破　　案
合　　计	**483950**	**187690**
伤　　害	16391	9923
盗　　窃	293423	96465
其中：入室盗窃	79943	27310
盗机动车	80016	32629
抢　　劫	35122	16521
其中：入室抢劫	1889	804
抢机动车	4698	2108
抢　　夺	28197	12590
其　　他	110817	52191

6-4 2012 年广东省刑事案件立案和破案情况

项　目	立　案	破　案
合　计	**648255**	**211917**
伤　害	16189	10218
盗　窃	399481	97001
其中：入室盗窃	103479	24470
盗机动车	97795	32952
抢　劫	33361	15982
其中：入室抢劫	1670	701
抢机动车	4089	1798
抢　夺	34456	11267
其　他	164768	77449

6-5 2013 年广东省刑事案件立案和破案情况

项　目	立　案	破　案
合　计	**912343**	**187402**
伤　害	16963	9906
盗　窃	586988	94204
其中：入室盗窃	156000	24201
盗机动车	128833	29653
抢　劫	33720	10717
其中：入室抢劫	1422	491
抢机动车	2739	864
抢　夺	61864	12273
其　他	212808	60302

6-6 2014 年广东省刑事案件立案和破案情况

项　目	立　案	破　案
合　计	**866451**	**206946**
伤　害	14278	8382
盗　窃	517995	87195
其中：入室盗窃	136812	17825
盗机动车	110149	35214
抢　劫	24409	7306
其中：入室抢劫	1095	343
抢机动车	1763	668
抢　夺	50015	7422
其　他	259754	96641

6-7 2015 年广东省刑事案件立案和破案情况

项　　目	立　案	破　案
合　计	**747224**	**183868**
伤　害	12739	7161
盗　窃	422988	80549
其中：入室盗窃	116632	19134
盗机动车	77270	19753
抢　劫	19263	6456
其中：入室抢劫	854	276
抢机动车	1193	405
抢　夺	35441	7297
其　他	256793	82405

6-8 2016 年广东省刑事案件立案和破案情况

项　　目	立　案	破　案
合　计	**627306**	**182121**
伤　害	12071	7273
盗　窃	356788	80002
其中：入室盗窃	95974	18226
盗机动车	60380	18218
抢　劫	13551	5200
其中：入室抢劫	605	211
抢机动车	632	216
抢　夺	24868	6297
其　他	220028	83349

6-9 2009年全省各市刑事案件立案和破案情况

地　区	立　案	破　案
广　州	60617	34860
深　圳	144868	26220
珠　海	16355	7288
汕　头	13693	4833
佛　山	65381	29094
韶　关	11391	5391
河　源	5628	3777
梅　州	5841	3679
惠　州	12996	7527
汕　尾	2425	843
东　莞	33309	12525
中　山	16158	10662
江　门	21800	12347
阳　江	7530	3074
湛　江	11826	6018
茂　名	11732	6046
肇　庆	15508	5899
清　远	11568	3842
潮　州	5255	2195
揭　阳	6355	3017
云　浮	6240	3042
全　省	**486476**	**192179**

6-10 2010年全省各市刑事案件立案和破案情况

地区	立案	破案
广州	52029	33612
深圳	202763	27731
珠海	16628	6567
汕头	13323	6155
佛山	61916	28575
韶关	11325	5330
河源	5573	3096
梅州	5825	3456
惠州	13721	8144
汕尾	2174	767
东莞	36965	16271
中山	15903	10617
江门	20596	12279
阳江	6900	3004
湛江	12369	5761
茂名	12039	6675
肇庆	15696	5596
清远	11546	3950
潮州	5201	2228
揭阳	7517	3026
云浮	6138	3265
全省	**536146**	**196105**

6-11 2011年全省各市刑事案件立案和破案情况

地　　区	立　　案	破　　案
广　州	53252	31737
深　圳	150867	21357
珠　海	17330	6362
汕　头	12539	5697
佛　山	54846	27337
韶　关	11744	5653
河　源	5569	3181
梅　州	5803	3419
惠　州	14539	8469
汕　尾	1826	823
东　莞	37831	17796
中　山	16572	10831
江　门	21664	11843
阳　江	7526	3331
湛　江	11236	5674
茂　名	12353	5867
肇　庆	17282	5979
清　远	11216	4049
潮　州	4663	2054
揭　阳	8460	3203
云　浮	6832	3028
全　省	**483950**	**187690**

6-12 2012 年全省各市刑事案件立案和破案情况

地　　区	立　　案	破　　案
广　州	108362	31769
深　圳	155454	26664
珠　海	21551	8066
汕　头	15329	8048
佛　山	84418	30469
韶　关	12845	5851
河　源	6196	3297
梅　州	10736	3902
惠　州	14900	9262
汕　尾	2707	1452
东　莞	38180	18959
中　山	55265	11377
江　门	29495	15905
阳　江	12558	3921
湛　江	12487	6336
茂　名	12390	6425
肇　庆	22955	6652
清　远	11090	4067
潮　州	4795	2226
揭　阳	10053	4132
云　浮	6489	3137
全　省	**648255**	**211917**

6-13 2013年全省各市刑事案件立案和破案情况

地　区	立　案	破　案
广　州	236127	22766
深　圳	126133	18022
珠　海	34970	8746
汕　头	16957	6819
佛　山	88299	31422
韶　关	16350	5602
河　源	7269	2626
梅　州	11487	4191
惠　州	62135	10400
汕　尾	2497	1239
东　莞	112749	19801
中　山	46613	12286
江　门	40464	9411
阳　江	12153	4053
湛　江	12704	5784
茂　名	12102	6724
肇　庆	30250	5444
清　远	16993	3937
潮　州	7442	2310
揭　阳	9808	3626
云　浮	8841	2193
全　省	**912343**	**187402**

6-14 2014 年全省各市刑事案件立案和破案情况

地　区	立　案	破　案
广　州	214581	30327
深　圳	111524	22397
珠　海	35590	8601
汕　头	16854	6931
佛　山	83843	30022
韶　关	15612	5376
河　源	8997	3308
梅　州	10954	4541
惠　州	56478	13575
汕　尾	2834	1328
东　莞	103598	20396
中　山	39338	11569
江　门	34999	9736
阳　江	11136	4567
湛　江	26199	7419
茂　名	13606	6997
肇　庆	29600	6442
清　远	19928	4255
潮　州	7176	2278
揭　阳	12830	3977
云　浮	8874	2905
全　省	**864551**	**206947**

6-15 2015年全省各市刑事案件立案和破案情况

地　　区	立　　案	破　　案
广　　州	182089	30791
深　　圳	107380	21743
珠　　海	28186	6300
汕　　头	16497	5420
佛　　山	59275	24205
韶　　关	13392	4619
河　　源	8277	2903
梅　　州	9706	4270
惠　　州	47965	12641
汕　　尾	2837	1381
东　　莞	94541	19495
中　　山	34004	10366
江　　门	33930	6793
阳　　江	8787	3276
湛　　江	19817	6024
茂　　名	12674	6522
肇　　庆	20461	3754
清　　远	18339	4709
潮　　州	7380	2106
揭　　阳	14024	4071
云　　浮	7663	2479
全　　省	**747224**	**183868**

6-16 2016年全省各市刑事案件立案和破案情况

地　　区	立　　案	破　　案
广　　州	154567	30045
深　　圳	89405	26839
珠　　海	21108	5773
汕　　头	13055	5234
佛　　山	44012	21395
韶　　关	12759	3720
河　　源	6528	2601
梅　　州	7914	3769
惠　　州	38106	11418
汕　　尾	3022	1517
东　　莞	83440	20675
中　　山	29733	9558
江　　门	28752	8083
阳　　江	8837	3029
湛　　江	16695	6370
茂　　名	11450	5474
肇　　庆	16301	3778
清　　远	16019	4206
潮　　州	7254	2113
揭　　阳	11399	4317
云　　浮	6950	2207
全　　省	**627306**	**182121**

6-17 2009 年至 2016 年全省各市刑事案件立案情况

地　区	2009	2010	2011	2012	2013	2014	2015	2016
广　州	60617	52029	53252	108362	236127	214581	182089	154567
深　圳	144868	202763	150867	155454	126133	111524	107380	89405
珠　海	16355	16628	17330	21551	34970	35590	28186	21108
汕　头	13693	13323	12539	15329	16957	16854	16497	13055
佛　山	65381	61916	54846	84418	88299	83843	59275	44012
韶　关	11391	11325	11744	12845	16350	15612	13392	12759
河　源	5628	5573	5569	6196	7269	8997	8277	6528
梅　州	5841	5825	5803	10736	11487	10954	9706	7914
惠　州	12996	13721	14539	14900	62135	56478	47965	38106
汕　尾	2425	2174	1826	2707	2497	2834	2837	3022
东　莞	33309	36965	37831	38180	112749	103598	94541	83440
中　山	16158	15903	16572	55265	46613	39338	34004	29733
江　门	21800	20596	21664	29495	40464	34999	33930	28752
阳　江	7530	6900	7526	12558	12153	11136	8787	8837
湛　江	11826	12369	11236	12487	12704	26199	19817	16695
茂　名	11732	12039	12353	12390	12102	13606	12674	11450
肇　庆	15508	15696	17282	22955	30250	29600	20461	16301
清　远	11568	11546	11216	11090	16993	19928	18339	16019
潮　州	5255	5201	4663	4795	7442	7176	7380	7254
揭　阳	6355	7517	8460	10053	9808	12830	14024	11399
云　浮	6240	6138	6832	6489	8841	8874	7663	6950
全　省	**486476**	**536146**	**483950**	**648255**	**912343**	**864551**	**747224**	**627306**

6-18 2009年至2016年全省各市刑事案件破案情况

地 区	2009	2010	2011	2012	2013	2014	2015	2016
广 州	34860	33612	31737	31769	22766	30327	30791	30045
深 圳	26220	27731	21357	26664	18022	22397	21743	26839
珠 海	7288	6567	6362	8066	8746	8601	6300	5773
汕 头	4833	6155	5697	8048	6819	6931	5420	5234
佛 山	29094	28575	27337	30469	31422	30022	24205	21395
韶 关	5391	5330	5653	5851	5602	5376	4619	3720
河 源	3777	3096	3181	3297	2626	3308	2903	2601
梅 州	3679	3456	3419	3902	4191	4541	4270	3769
惠 州	7527	8144	8469	9262	10400	13575	12641	11418
汕 尾	843	767	823	1452	1239	1328	1381	1517
东 莞	12525	16271	17796	18959	19801	20396	19495	20675
中 山	10662	10617	10831	11377	12286	11569	10366	9558
江 门	12347	12279	11843	15905	9411	9736	6793	8083
阳 江	3074	3004	3331	3921	4053	4567	3276	3029
湛 江	6018	5761	5674	6336	5784	7419	6024	6370
茂 名	6046	6675	5867	6425	6724	6997	6522	5474
肇 庆	5899	5596	5979	6652	5444	6442	3754	3778
清 远	3842	3950	4049	4067	3937	4255	4709	4206
潮 州	2195	2228	2054	2226	2310	2278	2106	2113
揭 阳	3017	3026	3203	4132	3626	3977	4071	4317
云 浮	3042	3265	3028	3137	2193	2905	2479	2207
全 省	**192179**	**196105**	**187690**	**211917**	**187402**	**206947**	**183868**	**182121**

6-19 2014 年广东省违反治安管理案件情况

项　目	发现受理（起）	查处（起）	处罚人员（人次）
合　计	**1070602**	**933703**	**604842**
扰乱公共场所秩序	27197	26455	17993
妨害公共安全	14560	13757	6708
殴打他人	142213	129712	48154
盗　窃	369246	290545	23325
抢　夺	11579	6741	639
诈　骗	93004	70810	1920
卖淫嫖娼	12756	12518	27753
赌　博	72372	71165	229121
其　他	327675	312000	249229

6-20 2015 年广东省违反治安管理案件情况

项　目	发现受理（起）	查处（起）	处罚人员（人次）
合　计	**1030910**	**886539**	**513065**
扰乱公共场所秩序	23546	22908	16649
妨害公共安全	15130	14403	5458
殴打他人	111583	98964	34670
盗　窃	402612	320041	24296
抢　夺	13199	7361	693
诈　骗	116272	89247	2051
卖淫嫖娼	6797	6676	15013
赌　博	43386	42903	157448
其　他	298385	284036	256787

6-21 2016年广东省违反治安管理案件情况

项　目	发现受理（起）	查处（起）	处罚人员（人次）
合　计	**944512**	**813773**	**484868**
扰乱公共场所秩序	19792	19073	14479
妨害公共安全	18730	18238	8252
殴打他人	101121	89927	32030
盗　窃	359625	283666	24123
抢　夺	10279	5496	819
诈　骗	97229	74293	2929
卖淫嫖娼	7340	7212	16259
赌　博	35613	35333	136791
其　他	294783	280535	249186

6-22 2014年全省各市违反治安管理案件情况

地　　区	发现受理（起）	查处（起）	处罚人员（人次）
广　　州	156130	151353	102411
深　　圳	251280	233296	67836
珠　　海	34785	34777	29080
汕　　头	25207	23331	16007
佛　　山	117702	117679	62053
韶　　关	19666	18666	12984
河　　源	15073	12218	9347
梅　　州	26337	26246	11728
惠　　州	49317	47930	40904
汕　　尾	3585	3559	4220
东　　莞	124203	60155	51113
中　　山	61221	35300	27774
江　　门	24213	21797	25672
阳　　江	19401	19314	20706
湛　　江	29319	25884	27671
茂　　名	20440	16910	23695
肇　　庆	33054	32250	13889
清　　远	23022	22308	17473
潮　　州	10907	10907	9897
揭　　阳	14463	10592	15796
云　　浮	11277	9231	14586
全　　省	**1070602**	**933703**	**604842**

6-23 2015年全省各市违反治安管理案件情况

地　　区	发现受理（起）	查处（起）	处罚人员（人次）
广　　州	185125	179866	84575
深　　圳	220618	207117	57505
珠　　海	31672	31658	23498
汕　　头	22698	20936	11875
佛　　山	119902	119834	65550
韶　　关	19506	17874	11657
河　　源	11216	9467	8382
梅　　州	16408	15409	9849
惠　　州	43045	41100	35373
汕　　尾	3618	3594	4534
东　　莞	128576	58375	49312
中　　山	62053	33380	20493
江　　门	24543	21299	19376
阳　　江	14856	14762	12468
湛　　江	25440	21354	20064
茂　　名	16070	13963	19452
肇　　庆	28054	27545	11693
清　　远	23349	22717	16567
潮　　州	10598	10598	8660
揭　　阳	12744	7436	10390
云　　浮	10719	8255	11792
全　　省	**1030810**	**886539**	**513065**

6-24 2016 年全省各市违反治安管理案件情况

地　　区	发现受理（起）	查处（起）	处罚人员（人次）
广　　州	179697	174578	83845
深　　圳	179451	171290	54624
珠　　海	45314	45301	37236
汕　　头	19906	18481	9460
佛　　山	101368	101119	57993
韶　　关	18195	16084	7504
河　　源	12663	9968	6956
梅　　州	12533	11653	7072
惠　　州	38954	36159	34334
汕　　尾	4367	4354	6001
东　　莞	117779	57176	51116
中　　山	61939	31588	21062
江　　门	24291	20952	19458
阳　　江	15168	15111	10453
湛　　江	23253	20101	15504
茂　　名	13636	11893	17335
肇　　庆	22990	22579	8467
清　　远	22123	21854	12950
潮　　州	10380	10380	6170
揭　　阳	10770	6139	9030
云　　浮	9735	7013	8298
全　　省	**944512**	**813773**	**484868**

6-25 2009年至2016年全省各市违反治安管理案件发现受理情况

地 区	2009	2010	2011	2012	2013	2014	2015	2016
广 州	230509	181312	178323	167944	160583	156130	185125	179697
深 圳	358411	214164	172077	185960	231959	251280	220618	179451
珠 海	31578	39586	29227	43042	50158	34785	31672	45314
汕 头	45347	38293	34168	36417	25556	25207	22698	19906
佛 山	127649	147311	107836	129941	111883	117702	119902	101368
韶 关	13753	15927	14609	22584	20207	19666	19506	18195
河 源	11813	20030	14562	17424	12799	15073	11216	12663
梅 州	11684	11427	20993	25311	21416	26337	16408	12533
惠 州	48099	50753	63136	54943	68913	49317	43045	38954
汕 尾	8575	5408	5981	5299	4114	3585	3618	4367
东 莞	64506	44979	50877	50321	76313	124203	128576	117779
中 山	25984	44044	28858	60862	66868	61221	62053	61939
江 门	37957	43670	30354	30323	24159	24213	24543	24291
阳 江	17564	17358	15905	21119	18928	19401	14856	15168
湛 江	49908	37354	30424	30081	29138	29319	25440	23253
茂 名	26973	18924	16903	22151	22120	20440	16070	13636
肇 庆	40971	34771	26738	24448	22312	33054	28054	22990
清 远	25969	23084	22364	24354	22581	23022	23349	22123
潮 州	17166	20891	30260	36720	33950	10907	10598	10380
揭 阳	13822	15814	33099	46116	46358	14463	12744	10770
云 浮	18171	12580	13330	12669	14786	11277	10719	9735
全 省	**1226409**	**1037680**	**940024**	**1048029**	**1085101**	**1070602**	**1030810**	**944512**

6-26 2009年至2016年全省各市违反治安管理案件查处情况

地 区	2009	2010	2011	2012	2013	2014	2015	2016
广 州	229622	179777	176051	165339	157050	151353	179866	174578
深 圳	343988	203353	163149	177663	220732	233296	207117	171290
珠 海	31332	39421	29142	43029	50147	34777	31658	45301
汕 头	45258	38113	33947	35639	24115	23331	20936	18481
佛 山	127559	147297	107832	129906	111879	117679	119834	101119
韶 关	13203	15784	14544	21301	19615	18666	17874	16084
河 源	11674	19697	14064	16846	11944	12218	9467	9968
梅 州	11525	11324	20915	25238	21339	26246	15409	11653
惠 州	47681	49807	61732	53745	67839	47930	41100	36159
汕 尾	8756	5248	5901	5182	4072	3559	3594	4354
东 莞	58868	37818	45133	44932	48785	60155	58375	57176
中 山	25124	43315	28047	52727	47401	35300	33380	31588
江 门	35751	42187	29527	29782	23268	21797	21299	20952
阳 江	12884	10570	9017	17160	18770	19314	14762	15111
湛 江	47980	35127	28179	28354	26942	25884	21354	20101
茂 名	26971	18482	16397	21773	21019	16910	13963	11893
肇 庆	40141	34243	26223	24019	21682	32250	27545	22579
清 远	25307	22409	21305	23580	21994	22308	22717	21854
潮 州	17166	20861	30260	36715	33950	10907	10598	10380
揭 阳	13041	14291	31232	43611	43448	10592	7436	6139
云 浮	16777	11391	11807	10724	12805	9231	8255	7013
全 省	**1190608**	**1000515**	**904404**	**1007265**	**1008796**	**933703**	**886539**	**813773**

6-27 2009年至2016年全省各市违反治安管理案件处罚人员情况

地　区	2009	2010	2011	2012	2013	2014	2015	2016
广　州	163963	123413	114285	113924	105016	102411	84575	83845
深　圳	218470	108079	54377	49601	55619	67836	57505	54624
珠　海	29191	29353	19589	28264	42168	29080	23498	37236
汕　头	41673	30308	24402	25395	13145	16007	11875	9460
佛　山	81185	98342	69393	86649	71998	62053	65550	57993
韶　关	8668	9177	7888	12572	10167	12984	11657	7504
河　源	14043	19204	16258	21712	10641	9347	8382	6956
梅　州	15850	12289	16300	16321	10864	11728	9849	7072
惠　州	31843	23262	29203	32011	45286	40904	35373	34334
汕　尾	9986	3990	4933	4666	3401	4220	4534	6001
东　莞	65351	42815	48230	49071	47083	51113	49312	51116
中　山	39913	51708	34209	45188	35601	27774	20493	21062
江　门	55691	45431	37274	32990	28194	25672	19376	19458
阳　江	23753	17815	16939	18009	19740	20706	12468	10453
湛　江	51316	34192	29415	30922	28710	27671	20064	15504
茂　名	27313	16024	14255	19401	19975	23695	19452	17335
肇　庆	32956	16322	10044	13936	11463	13889	11693	8467
清　远	31542	23800	18982	17263	17020	17473	16567	12950
潮　州	14220	9296	12176	13385	30315	9897	8660	6170
揭　阳	19520	19100	32169	43846	40414	15796	10390	9030
云　浮	21112	15590	12669	11689	16339	14586	11792	8298
全　省	**997559**	**749510**	**622990**	**686815**	**663159**	**604842**	**513065**	**484868**

6-28 2009年全省火灾事故情况

项目	起数	死人	伤人	直接财产损失(万元)
合计	4548	107	76	12607
其中：较大火灾	3	10	2	50.8
重大火灾	1	13	3	21.6
特别重大火灾				

6-29 2010年全省火灾事故情况

项目	起数	死人	伤人	直接财产损失(万元)
合计	6065	107	56	17517
其中：较大火灾	10	41	4	30.5
重大火灾				
特别重大火灾				

6-30 2011年全省火灾事故情况

项目	起数	死人	伤人	直接财产损失(万元)
合计	8148	110	64	19692
其中：较大火灾	11	45	10	236
重大火灾	1	15	1	51
特别重大火灾				

6-31 2012年全省火灾事故情况

项目	起数	死人	伤人	直接财产损失(万元)
合计	8101	98	60	21797
其中：较大火灾	12	41	16	4846
重大火灾				
特别重大火灾				

6-32 2013年全省火灾事故情况

项目	起数	死人	伤人	直接财产损失(万元)
合计	21142	177	137	37830.8
其中：较大火灾	14	62		4342
重大火灾	1	16		187
特别重大火灾				

6-33 2014年全省火灾事故情况

项目	起数	死人	伤人	直接财产损失(万元)
合计	22156	120	115	45570.7
其中：较大火灾	5	20	3	537.1
重大火灾	1	12	5	13.3
特别重大火灾				

6-34 2015 年全省火灾事故情况

项目	起数	死人	伤人	直接财产损失(万元)
合计	**17992**	**141**	**100**	**37857**
其中：较大火灾	9	34	29	
重大火灾				
特别重大火灾				

6-35 2016 年全省火灾事故情况

项目	起数	死人	伤人	直接财产损失(万元)
合计	**16923**	**132**	**150**	**40379**
其中：较大火灾	8	34	9	180
重大火灾				
特别重大火灾				

6-36 2014 年广东省火灾事故原因情况

项目	起数	死人	伤人	直接财产损失（元）	烧毁建筑（平方米）
合计	**22156**	**120**	**115**	**455707706**	**734147.3**
电气火灾	8005	48	58	187490418	283811.3
生产作业类火灾	980	6	13	97419784	86590.3
生活用火不慎	2693	18	21	14620035	51567.8
吸烟	422	4	2	817737	9559.6
玩火	292	16	5	1066271	8712.6
自燃	929		3	30620673	36267.7
雷击	47			1072603	2827.5
静电	8			693203	2218
不明确原因	1108	5	1	48367463	53556.3
放火	339	7	2	2262248	7740.3
其他	7333	16	10	71277271	191295.9

6-37 2015 年广东省火灾事故原因情况

项目	起数	死人	伤人	直接财产损失（元）	烧毁建筑（m²）
合计	**17992**	**141**	**100**	**378570654**	**891391.9**
电气火灾	6553	91	46	189871733	288026.1
生产作业类火灾	666	2	16	57713833	60602.2
生活用火不慎	2000	20	18	8325002	164755
吸烟	258	1	2	316635	3352.4
玩火	159	4	3	6820098	5444.7
自燃	682	1	1	18346655	23343
雷击	17			185800	1032
静电	10		2	2995252	3946.5
不明确原因	1251	2	2	14180096	50084.4
放火	224	10	2	2394623	14352
其他	6172	10	8	77420927	276453.6

6-38 2016年广东省火灾事故原因情况

项目	起数	死人	伤人	直接财产损失（元）	烧毁面积（m²）
合计	**16923**	**132**	**150**	**403788662**	**517992**
电气火灾	6789	89	64	189661271	224840.9
生产作业类火灾	651	3	13	66794623	65299.5
生活用火不慎	1961	8	33	7668788	10983.3
吸烟	190	2	3	761785	2185
玩火	142	5	2	1356658	6014.4
自燃	662		7	30243277	33881.4
雷击	19			338850	244.2
静电	9	1	1	2097750	3011
不明确原因	1340	2	2	29794209	60474.6
放火	267	9		5845995	4409.1
其他	4893	13	25	69225456	98548.6

6-39 全省各市火灾事故发生起数情况

地区	2009	2010	2011	2012	2013	2014	2015	2016
广州	1188	1184	1031	1018	2413	3304	2696	2614
深圳	774	1017	1733	1007	2374	2019	1767	1540
珠海	89	63	46	49	1448	689	569	352
汕头	40	40	234	205	492	736	531	598
佛山	54	77	81	735	946	1453	1371	1167
韶关	45	65	47	66	300	705	584	747
河源	20	7	15	20	360	511	405	238
梅州	21	34	34	175	372	454	409	401
惠州	286	502	864	719	1054	995	522	465
汕尾	105	139	288	173	282	491	455	599
东莞	1058	1878	2479	1579	2770	2566	1668	1657
中山	52	61	99	196	2919	2111	1314	930
江门	135	304	490	398	248	947	751	882
阳江	16	13	20	220	380	524	582	491
湛江	115	102	45	37	1110	1037	674	575
茂名	295	295	327	215	287	379	503	705
肇庆	43	123	133	286	487	597	505	296
清远	85	49	65	182	530	638	774	816
潮州	72	56	48	559	542	741	763	785
揭阳	22	22	37	235	1088	899	863	774
云浮	33	34	32	27	240	360	286	291
全省	**4548**	**6065**	**8148**	**8101**	**21142**	**22156**	**17992**	**16923**

6-40 全省各市火灾事故死亡人数情况

地区	2009	2010	2011	2012	2013	2014	2015	2016
广州	17	13	12	11	22	20	23	22
深圳	12	3	10	2	28	5	8	16
珠海			3	6	3	2	5	4
汕头	25	10	7	12	15	6	12	15
佛山	6	6	22	11	18	13	19	9
韶关		7	3	2	5			1
河源	4	1	2	2		1	2	1
梅州	1	1	2		5	4	9	5
惠州	7	5	2	2	4	7	8	9
汕尾	1	1	2	5	3	5	4	2
东莞	6	15	14	13	39	14	12	14
中山	4			4		3	7	5
江门	3	9	11		1	2	5	3
阳江	3	2	1	7	2	2	2	6
湛江	3	8	6		3	5		2
茂名	3		3	3	7	3	1	3
肇庆	4	4	1		6	2		0
清远		4		5	6	1	4	3
潮州	3	4	2	7	4	4	4	2
揭阳	3	14	7	6	8	19	11	9
云浮	2				3	2		1
全省	**107**	**107**	**110**	**98**	**177**	**120**	**141**	**132**

6–41 全省各市火灾事故受伤人数情况

地区	2009年	2010年	2011年	2012年	2013年	2014年	2015年	2016年
广州	8	9	9	9	17	14	12	15
深圳	25	10	11		14	17	15	45
珠海	1				15	4	18	10
汕头	5	7	2	1	6	4		4
佛山	2	4	7	5	10	12	13	8
韶关		1			5	3	1	7
河源	9		1	5	3	1		0
梅州	3				4	4		5
惠州	3	4		9		18	1	16
汕尾					2	1		2
东莞	2	7	11	3	25	10	3	10
中山	9	6	8	9	6	3	8	6
江门		1	1		3	4		1
阳江	1			2	4	2		7
湛江	3	2	1		7	9	3	5
茂名			1		5	2	3	3
肇庆				2	5			0
清远				4	4	3	2	0
潮州	2	2	3	10		6	4	0
揭阳	1	2	7	1	2	10	3	6
云浮	2	1	2			1	1	0
全省	**76**	**56**	**64**	**60**	**137**	**115**	**100**	**150**

6-42 全省各市火灾事故直接财产损失情况

（单位：万元）

地 区	2009 年	2010 年	2011 年	2012 年	2013 年	2014 年	2015 年	2016年
广 州	1398.4	1624.7	1594.4	3311.6	9597.4	3444.2	3001.2	5485.6
深 圳	1158.1	2028.7	1503.0	1170.9	4202.9	2757.2	410.1	3037.8
珠 海	252.9	238.8	236.6	121.3	1447.1	1237.3	2810.7	148.1
汕 头	282.8	515.5	2235.5	805.6	914.0	2277.4	1419.6	1768
佛 山	703.9	578.9	1462.7	1630.4	4080.3	6341.9	721.1	4984.5
韶 关	308.1	1097.2	180.2	232.1	1078.0	1985.9	4280.4	990.1
河 源	187.3	13.9	149.4	33.2	494.6	712.1	3236.6	156.4
梅 州	221.6	139.5	558.8	148.3	660.4	458.4	1836.3	873.3
惠 州	675.4	963.3	993.8	933.3	752.1	1768.3	1331.8	1856.9
汕 尾	96.9	508.3	1154.7	275.7	1669.2	771.9	1593.7	1318.6
东 莞	3781.1	4014.6	3574.2	7433.4	4663.4	5929.7	1888.9	6539.9
中 山	876.4	1149.7	738.9	789.1	866.9	818.6	923.7	2267.5
江 门	414.7	863.9	1673.7	927.4	1354.5	3597.6	638.7	3917.6
阳 江	74.4	72.2	71.6	215.2	602.7	1260.9	1856.8	809
湛 江	151.1	296.5	700.6	144.7	603.9	1939.9	422.7	588.6
茂 名	481.9	490.3	599.6	419.6	634.8	1312.7	1347.6	1212.2
肇 庆	754.4	1806.1	996.4	1398.2	1820.1	2394.8	5605.1	239.6
清 远	109.6	94.2	99.0	725.5	944.9	1323.5	1579.3	1526.9
潮 州	242.2	741.9	468.2	478.1	533.0	1077.8	468.3	491.6
揭 阳	224.9	192.8	611.8	475.7	772.8	3824.4	2228.4	1758.9
云 浮	211.8	86.5	89.6	128	137.9	336.4	255.9	407.7
全 省	**12607.9**	**17517.4**	**19692.8**	**21797.8**	**37830.8**	**45570.7**	**37856.9**	**40378.9**

6-43 2014年全省交通事故及原因情况

项　目	起数	死亡	受伤	直接财产损失
合　计	**26820**	**5629**	**30585**	**73683696**
机动车违法	22816	4868	26207	64179232
非机动车违法	752	114	832	894590
行人乘车人违法	250	128	147	869260
道　路				
其他违法	146	61	103	491425
非违法过错	1140	215	1395	4629447
意　外	27	7	22	69700
其他违法	1689	236	1879	2550042

6-44 2015年全省交通事故及原因情况

项　目	起数	死亡	受伤	直接财产损失
合　计	**24672**	**5549**	**27765**	**67839882**
机动车违法	20446	4750	23156	58061173
非机动车违法	729	106	831	1109775
行人乘车人违法	228	119	122	773405
道　路	3	2	1	3700
其他违法	176	67	164	684600
非违法过错	1312	246	1602	4503003
意　外	35	10	37	116900
其他违法	1743	249	1852	2587326

6-45 2016年全省交通事故及原因情况

项　目	起数	死亡	受伤	直接财产损失
合　计	**24876**	**5556**	**26883**	**74138103**
机动车违法	21251	4663	23319	63927584
非机动车违法	1127	176	1239	1672811
行人乘车人违法	372	169	216	1150761
道　路	3	1	3	4100
其他违法	45	10	47	135310
非违法过错	1111	229	1288	4304134
意　外	31	12	26	795900
其他违法	936	296	745	2147503

6-46 2014 年全省交通事故机动车违法行为情况

项　　目	起数	死亡	受伤	直接财产损失（元）
合　　计	**22816**	**4868**	**26207**	**64179232**
不按规定使用灯光	25	7	30	38150
超速行驶	180	85	162	594980
酒后驾驶	315	89	329	947320
逆　　行	549	125	731	1423718
疲劳驾驶	114	59	117	907934
无证驾驶	1317	394	1721	1975129
未按规定让行	2578	467	3003	4574032
违法变更车道	665	103	797	2334378
违反交通信号	307	62	391	898078
违法占道行驶	127	24	141	358211
违法超车	305	86	367	1038470
违法倒车	204	59	144	476910
违法掉头	262	16	333	498990
违法会车	549	128	709	1326950
违法抢行	52	7	61	67820
违法装载	42	19	41	455500
违法停车	77	23	95	317799
其　　他	15148	3115	17035	45944863

6-47 2015 年全省交通事故机动车违法行为情况

项 目	起数	死亡	受伤	直接财产损失（元）
合 计	**20446**	**4750**	**23156**	**58061173**
不按规定使用灯光	23	3	27	90700
超速行驶	113	67	102	559661
酒后驾驶	394	105	386	1605950
逆 行	451	127	584	1619252
疲劳驾驶	94	65	45	317480
无证驾驶	1159	348	1441	1605341
未按规定让行	2137	395	2414	3989955
违法变更车道	604	117	712	2135016
违反交通信号	289	57	361	1001747
违法占道行驶	101	32	126	637500
违法超车	274	68	338	1739615
违法倒车	190	38	162	354670
违法掉头	200	20	245	446796
违法会车	532	124	717	1010051
违法抢行	59	9	79	252230
违法装载	34	25	33	214000
违法停车	59	29	53	256700
其 他	13733	3121	15331	40224509

6-48 2016年全省交通事故机动车违法行为情况

项　　目	起数	死亡	受伤	直接财产损失（元）
合　　计	**24876**	**5556**	**26883**	**74138103**
不按规定使用灯光	10	6	6	20500
超速行驶	274	100	275	829826
酒后驾驶	942	257	890	2600180
逆　　行	522	104	718	1870093
疲劳驾驶	78	60	55	428700
无证驾驶	1950	551	2389	2777492
未按规定让行	2443	396	2804	4512132
违法变更车道	876	94	1032	3244827
违反交通信号	471	99	592	2105650
违法占道行驶	142	25	162	160531
违法超车	321	58	401	554875
违法倒车	274	59	212	534772
违法掉头	247	13	325	337373
违法会车	330	64	396	682060
违法抢行	149	46	177	366160
违法装载	66	33	52	428300
违法停车	73	19	84	366200
其　　他	15708	3572	16313	52318432

6-49 2009年-2016年全省各市交通事故发生起数情况

地 区	2009年	2010年	2011年	2012年	2013年	2014年	2015年	2016年
广 州	4261	3582	2664	2457	2521	2700	2676	2544
深 圳	1955	1783	1313	372	1000	1114	1148	1325
珠 海	854	737	630	1228	433	431	425	403
汕 头	594	540	437	502	361	358	389	514
佛 山	4600	4441	3975	410	3764	3331	2311	2056
韶 关	379	380	340	3884	386	400	425	457
河 源	175	134	296	2558	629	541	454	332
梅 州	244	245	235	1536	247	249	293	314
惠 州	741	636	569	796	546	538	495	494
汕 尾	777	645	445	881	531	604	591	644
东 莞	5037	4872	4490	552	4359	4214	3594	3644
中 山	2352	2112	1979	280	1810	1790	1707	1592
江 门	4016	3853	2994	586	3026	3268	3391	3368
阳 江	965	862	753	763	669	656	640	620
湛 江	1581	1785	1654	716	1512	2244	2009	2358
茂 名	1040	1016	895	890	748	749	696	714
肇 庆	931	967	916	4299	876	1366	1283	1271
清 远	648	622	854	1884	910	945	819	875
潮 州	311	292	293	283	285	416	502	500
揭 阳	517	510	426	442	418	483	424	509
云 浮	477	466	428	400	389	416	397	339
全 省	**32455**	**30480**	**26586**	**25719**	**25424**	**26820**	**24672**	**24876**

6-50 2009 年 -2016 年全省各市交通事故受伤情况

地 区	2009 年	2010 年	2011 年	2012 年	2013 年	2014 年	2015 年	2016年
广 州	5191	4254	3018	2708	2833	2918	2953	2591
深 圳	2108	2016	1410	407	981	1005	1171	999
珠 海	1028	957	796	1302	488	482	431	371
汕 头	573	518	335	607	258	321	325	537
佛 山	5240	4983	4382	328	3903	3714	2449	2075
韶 关	413	476	412	4128	442	446	477	557
河 源	189	140	327	3148	482	556	494	297
梅 州	205	213	194	2073	247	247	283	295
惠 州	899	792	645	974	499	515	485	460
汕 尾	1203	927	589	1062	741	780	729	742
东 莞	5560	5354	4999	575	4941	4671	3933	3927
中 山	2507	2346	2189	270	1927	1925	1790	1561
江 门	5151	5125	3816	927	3764	4103	4193	4025
阳 江	1235	1215	983	597	811	801	773	711
湛 江	2081	2490	2300	866	2035	2887	2624	2998
茂 名	1405	1263	1111	965	798	766	714	710
肇 庆	1193	1188	1143	4831	1084	1627	1442	1481
清 远	811	790	1043	2076	1013	1278	997	1018
潮 州	390	321	323	304	297	481	554	590
揭 阳	638	626	475	486	442	544	474	531
云 浮	578	546	525	461	430	506	468	403
全 省	**38598**	**36540**	**31015**	**29095**	**28435**	**30585**	**27765**	**26883**

6-51 2009 年 -2016年全省各市交通事故死亡人数情况

地　区	2009 年	2010 年	2011 年	2012 年	2013 年	2014 年	2015 年	2016年
广　州	1131	1018	930	889	879	852	847	809
深　圳	605	582	498	207	467	459	421	408
珠　海	116	116	114	476	107	105	100	98
汕　头	197	194	193	111	179	171	176	179
佛　山	704	692	648	185	630	616	593	561
韶　关	227	220	209	639	198	204	174	199
河　源	101	107	106	361	110	117	102	110
梅　州	186	155	151	204	145	146	149	146
惠　州	347	331	312	247	297	294	290	289
汕　尾	153	138	125	215	140	134	136	149
东　莞	545	527	495	299	484	482	482	482
中　山	307	303	299	150	296	295	292	246
江　门	368	370	365	119	364	346	342	315
阳　江	179	171	161	104	159	158	157	181
湛　江	222	210	228	159	200	194	212	269
茂　名	284	267	251	191	238	236	235	234
肇　庆	242	231	220	490	215	225	231	254
清　远	202	197	194	297	184	176	190	197
潮　州	89	86	82	81	78	128	135	143
揭　阳	200	179	174	172	162	173	173	171
云　浮	137	129	118	118	115	117	112	116
全　省	**6542**	**6223**	**5873**	**5714**	**5647**	**5629**	**5549**	**5556**

6-52 2009 年 -2016年全省各市交通事故直接财产损失情况

地　区	2009 年	2010 年	2011 年	2012 年	2013 年	2014 年	2015 年	2016年
广　州	13396538	11090174	9105132	10815180	9436060	10478330	8111100	9381840
深　圳	13174532	9626677	8327821	6819601	12010000	7661000	8825510	8957000
珠　海	2562897	1638548	1493106	9255500	973600	1271300	947950	888811
汕　头	1994670	1966701	21458009	1364820	1303450	946610	1043600	1202050
佛　山	9592439	9039674	8052512	1400140	8115600	6993960	6173830	4613650
韶　关	4035807	6508811	7331055	7494410	6043960	4913220	3272640	6316182
河　源	1648224	665917	2281976	4879840	3459089	2610200	3002879	2449686
梅　州	271920	321554	208519	5095379	216345	248290	283681	215250
惠　州	3029861	3406382	2603478	1718970	2777600	2729010	2679950	2809050
汕　尾	1824628	1519647	1431704	3321651	3446955	1777397	1419896	1387069
东　莞	6704022	6390223	5663136	2852380	6065281	6062485	5512657	6596807
中　山	3068089	3034458	2841115	245886	2637340	2605410	2491716	2313011
江　门	5024306	7416374	5801665	1498905	6593340	7016200	7491800	7566960
阳　江	2783532	2369782	1502823	3530732	1506700	1216970	2064780	1657861
湛　江	5022995	4583192	3859858	1449480	3101550	3367569	3054142	4030826
茂　名	2244507	2091048	2074532	5086100	1895994	1600250	1550150	1804504
肇　庆	3315516	2820635	2436015	5565943	3231636	2926901	3099380	4343023
清　远	2378547	2482963	3695850	2653910	3441600	2897767	2145361	2196108
潮　州	579686	643048	674218	726811	626760	1631810	1113293	1675955
揭　阳	1704385	1682580	1091172	1238402	1133496	1822557	1282117	1945109
云　浮	1171674	1214805	1653957	2134250	2105480	2639960	2218450	1705351
全　省	**85528775**	**80513193**	**93587653**	**79148290**	**80169336**	**73683696**	**67839882**	**74138103**

6-53 2014年各地市机动车拥有量情况

市（区）名称	机动车总计	汽车				
		合计	载客			
			小计	其中大型	其中轿车	其中个人
合　计	**24334479**	**13329421**	**11441806**	**154145**	**7722269**	**10237099**
广州市	2504390	2227715	1923424	36135	1205714	1653209
深圳市	3153902	3111488	2776710	35109	1906744	2513389
珠海市	391190	345636	302803	6102	215443	266562
汕头市	969582	455842	384241	3362	275596	356109
佛山市	705344	492455	440017	4710	303211	406486
南海市	766960	561280	488960	3181	319987	462875
顺德市	807245	484725	413295	3045	296327	388247
韶关市	384118	175403	146150	1953	98595	131384
湛江市	729947	278880	218935	4296	156352	192957
肇庆市	1145282	265419	200972	3021	131161	181213
江门市	2673337	457034	377114	3834	262502	345068
茂名市	1500037	292012	226949	3195	167249	210607
惠州市	846880	470906	408601	6498	294621	376380
梅州市	588899	218704	171143	1715	122276	156474
汕尾市	142503	59312	46645	1854	30507	38927
河源市	431392	144802	111697	2387	73738	97438
阳江市	825730	183092	149944	1316	114366	139573
清远市	713766	279611	213884	3252	131625	194545
东莞市	1651437	1559588	1405878	17130	932431	1298041
中山市	964133	639769	523051	4924	345088	485856
潮州市	593521	186567	158235	878	107377	149532
揭阳市	673957	252984	205837	2686	145100	189665
云浮市	725502	141199	110429	1533	74022	99668
省直属	71579	44998	36892	2029	12237	1
省农机办	373846					

6-53 续表 2014 年各地市机动车拥有量情况

市（区）名称	汽车 载货 小计	汽车 载货 其中个人	汽车 其他汽车	摩托车	拖拉机	挂车	其它类型车
合　计	**1818071**	**1144734**	**69544**	**10540375**	**373849**	**90529**	**305**
广州市	293050	134442	11241	258980		17429	266
深圳市	320778	121661	14000	6752		35658	4
珠海市	41013	24055	1820	43346		2208	
汕头市	70278	53146	1323	511139		2601	
佛山市	50748	36091	1690	208862		4027	
南海市	70802	53922	1518	204729		951	
顺德市	69797	52908	1633	320599		1921	
韶关市	28096	20213	1157	207256		1446	13
湛江市	57826	46226	2119	448228		2832	7
肇庆市	63249	52963	1198	877916		1947	
江门市	77916	55217	2004	2213816		2482	5
茂名市	62176	50295	2887	1206051		1974	
惠州市	59189	42588	3116	374444	3	1527	
梅州市	45491	37973	2070	369240		955	
汕尾市	11941	9653	726	83003		188	
河源市	28435	23583	4670	285637		953	
阳江市	31990	26935	1158	641907		726	5
清远市	63528	52818	2199	431004		3151	
东莞市	148612	75624	5098	88339		3510	
中山市	114065	87739	2653	321925		2434	5
潮州市	25975	20703	2357	406649		305	
揭阳市	46312	40239	835	420214		759	
云浮市	29917	25740	853	583758		545	
省直属	6887		1219	26581			
省农机办					373846		

6-54 2015 年各地市机动车拥有量情况

市（区）名称	机动车总计	汽车					
		合计	载客				
			小计	其中大型	其中轿车	其中个人
合　计	**25204173**	**14723299**	**12905714**	**153062**	**8699182**	**11812887**
广州市	2438611	2237782	1947615	35852	1236210	1680562
深圳市	3193498	3147043	2817908	33764	1924865	2559700
珠海市	455623	408138	368046	6720	258442	326944
汕头市	1030809	501561	428751	3179	304360	406585
佛山市	747220	568609	521216	4744	356244	485848
南海市	842605	658820	593104	3813	387453	563421
顺德市	875734	545074	478183	3524	339583	451965
韶关市	426103	204252	174944	1806	117029	160463
湛江市	741555	312999	254333	4274	182105	230682
肇庆市	1252105	319573	257231	3014	166792	238031
江门市	2765997	518282	442309	3434	309630	411306
茂名市	1584968	330677	271085	2991	199637	255109
惠州市	990915	643392	584719	6788	414679	551517
梅州市	610679	259087	210309	2133	149457	195964
汕尾市	142719	71229	58961	1550	39265	52094
河源市	457931	183976	150932	2137	98521	137299
阳江市	811782	212844	179385	1247	136264	169226
清远市	773492	344527	280645	2968	174568	262421
东莞市	1881403	1844948	1694322	16947	1114622	1587813
中山市	1033884	710303	607309	5004	401120	568517
潮州市	632161	214744	185002	852	124914	176199
揭阳市	696527	288494	240399	2903	167564	225909
云浮市	748430	155106	125227	1433	84865	115311
省直属	69422	41839	33779	1985	10993	1
省农机办						

6-54 续表 2015 年各地市机动车拥有量情况

市（区）名称	汽车 载货 小计	汽车 载货 其中个人	汽车 其他汽车	摩托车	拖拉机	挂车	其它类型车
合　计	**1748981**	**1093159**	**68604**	**10381349**		**99204**	**321**
广州市	279687	122205	10480	181946		18601	282
深圳市	314730	115079	14405	7535		38916	4
珠海市	38320	23422	1772	45052		2433	
汕头市	71474	54222	1336	526595		2653	
佛山市	45748	32599	1645	174043		4568	
南海市	64206	47932	1510	182765		1020	
顺德市	65374	48544	1517	328634		2026	
韶关市	28211	20355	1097	220282		1556	13
湛江市	56445	44835	2221	425510		3039	7
肇庆市	61123	50961	1219	930307		2225	
江门市	74024	52423	1949	2244848		2862	5
茂名市	56944	46446	2648	1251596		2695	
惠州市	55713	39891	2960	345829		1694	
梅州市	46805	39330	1973	350558		1034	
汕尾市	11527	9216	741	71289		201	
河源市	28525	23715	4519	272952		1003	
阳江市	32277	27293	1182	598076		857	5
清远市	61693	51031	2189	425306		3659	
东莞市	145659	80440	4967	32698		3757	
中山市	100430	75873	2564	320997		2579	5
潮州市	27323	21730	2419	417109		308	
揭阳市	46946	40670	1149	407190		843	
云浮市	29055	24947	824	592649		675	
省直属	6742		1318	27583			
省农机办							

6-55 2016年各地市机动车拥有量情况

市（区）名称	机动车总计	汽车				
		合计	载客			
			小计	其中大型	其中轿车	其中个人
合　计	**24886359**	**16755043**	**14856547**	**163034**	**9946270**	**13700570**
广州市	2424109	2300405	1997431	36160	1272757	1718299
深圳市	3225879	3178832	2828974	38329	1910043	2542784
珠海市	547997	473746	432187	7368	299387	388070
汕头市	920952	560986	488206	3745	343822	466028
佛山市	2554518	2020053	1831135	11881	1233818	1731317
韶关市	445738	252358	222358	2178	145989	207012
湛江市	670591	375430	317471	4553	225829	294215
肇庆市	1235075	410539	347252	3199	221701	328655
江门市	2506000	610470	531043	3734	369151	499398
茂名市	1467264	413057	349634	2909	252870	334175
惠州市	1099115	876193	811515	7686	560263	774679
梅州市	551170	333717	281369	2922	198279	266625
汕尾市	151108	110188	97172	1994	65524	89428
河源市	443238	238688	204960	2186	134024	191328
阳江市	716331	257580	222492	1355	166905	212490
清远市	614439	445734	383862	2963	241049	365118
东莞市	2251147	2246220	2082986	16955	1359765	1968998
中山市	1136423	831636	726133	5249	477778	685517
潮州市	565452	248802	217625	1077	147861	208832
揭阳市	621783	343083	292897	3218	201120	277678
云浮市	672161	189665	159527	1417	108655	149920
省直属	65869	37661	30318	1956	9680	4
省农机办						

6-55 续表　2016 年各地市机动车拥有量情况

市（区）名称	汽车			摩托车	拖拉机	挂车	其它类型车
	载货		其他汽车				
	小计	其中个人					
合　计	**1830185**	**1129603**	**68310**	**8023725**	**0**	**107327**	**264**
广州市	292223	126878	10751	103624	0	19824	256
深圳市	335476	103510	14382	6221	0	40826	0
珠海市	39862	24774	1697	72091	0	2160	0
汕头市	71533	53700	1247	357368	0	2598	0
佛山市	184085	133881	4832	525799	0	8666	0
韶关市	28939	21187	1061	191705	0	1674	1
湛江市	55790	44493	2169	291839	0	3319	3
肇庆市	62052	52196	1235	822009	0	2527	0
江门市	77647	55435	1780	1892361	0	3167	2
茂名市	60875	49996	2548	1050090	0	4117	0
惠州市	61774	44343	2904	220994	0	1928	0
梅州市	50415	42946	1933	216261	0	1192	0
汕尾市	12239	9819	777	40731	0	189	0
河源市	29675	24995	4053	203641	0	909	0
阳江市	33850	28794	1238	457674	0	1075	2
清远市	59814	49635	2058	164448	0	4257	0
东莞市	158212	94988	5022	772	0	4155	0
中山市	103132	77325	2371	302086	0	2701	0
潮州市	28579	22972	2598	316343	0	307	0
揭阳市	48727	42332	1459	277806	0	894	0
云浮市	29353	25434	785	481654	0	842	0
省直属	5933	0	1410	28208	0	0	0
省农机办							

6-56 2009年-2016年全省各市机动车拥有量情况

地　区	2009年	2010年	2011年	2012年	2013年	2014年	2015年	2016年
广　州	1954727	2146364	2325357	2440810	2477208	2504390	2438611	2424109
深　圳	1452642	1705461	1976164	2252377	2622873	3153902	3193498	3225879
珠　海	223068	249843	280360	310097	346048	391190	455623	547997
汕　头	701521	764089	827613	871899	927473	969582	1030809	920952
佛　山	1926462	2018449	2076560	2149854	2193253	2279549	2465559	2554518
韶　关	379495	403151	417589	423738	389621	384118	426103	445738
河　源	359043	383556	398108	409530	406387	431392	457931	670591
梅　州	577894	583163	569811	571886	570738	588899	610679	1235075
惠　州	696964	738368	778129	800162	818168	846880	990915	2506000
汕　尾	132072	136413	139832	139139	139090	142503	142719	1467264
东　莞	1269078	1347524	1417131	1486827	1546939	1651437	1881403	1099115
中　山	653262	706191	756094	806080	878388	964133	1033884	551170
江　门	1753233	1979328	2186390	2366768	2527021	2673337	2765997	151108
阳　江	660436	698325	725513	749781	759075	825730	811782	443238
湛　江	574624	613902	650154	681481	709324	729947	741555	716331
茂　名	1178129	1249169	1301815	1343584	1414609	1500037	1584968	614439
肇　庆	805807	880255	945675	1000046	1061765	1145282	1252105	2251147
清　远	529574	565052	597056	633478	670875	713766	773492	1136423
潮　州	516154	542530	554541	556160	569393	593521	632161	565452
揭　阳	512955	555228	597246	627439	640742	673957	696527	621783
云　浮	517899	574064	618266	658115	689553	725502	748430	672161
省直属	76528	67060	68043	69845	70672	71579	69422	65869
省农机办	373846	373846	373846	373846	373846	373846		
全　省	17825413	19281331	20581293	21722942	22803061	24334479	25204173	24886359

6-57 2009 年 -2016 年全省各市机动车驾驶员情况

地 区	2009 年	2010 年	2011 年	2012 年	2013 年	2014 年	2015 年	2016年
广 州	2697253	2704628	2998201	3315808	3447028	3678702	3963063	4303245
深 圳	1546100	1788206	2090911	2556994	2762606	3000078	3363384	3626806
珠 海	364060	379515	421558	480903	533222	605969	687238	778943
汕 头	812500	802214	894076	1002316	1047561	1134580	1175172	1257936
佛 山	2065140	2139932	2281075	2436075	2562324	2733088	2884632	3066708
韶 关	461433	452671	491900	530987	553208	580674	618914	653523
河 源	611374	626137	675724	705563	741059	809426	891715	964955
梅 州	900251	776719	811278	844047	832460	869151	931523	1289037
惠 州	676220	702852	823429	937724	1030821	1171397	1346795	1663421
汕 尾	367931	347016	405765	439954	438550	462594	512924	1568014
东 莞	1144901	1287738	1486810	1674774	1827929	2025514	2254668	1562937
中 山	714863	774453	841528	903354	953565	1012614	1121679	991524
江 门	1233872	1218414	1279702	1334881	1399630	1482104	1572244	561827
阳 江	716341	731036	757581	784239	813422	846178	880974	995922
湛 江	710309	665557	708967	740461	757620	801305	875453	920133
茂 名	1109582	1090852	1142971	1186753	1261060	1325930	1459808	903533
肇 庆	912243	913857	992883	1043155	1099167	1143993	1199304	2565483
清 远	636023	588364	642593	710637	727090	771785	838369	1262240
潮 州	491591	484846	506965	524409	544559	592176	651447	721910
揭 阳	515821	527607	587420	631776	661858	724990	830125	944811
云 浮	558190	557595	585436	609186	622742	651000	688021	732206
全 省	**19245998**	**19560209**	**21426773**	**23393996**	**24617481**	**26423248**	**28747452**	**31335114**

6-58 2014 年广东省各市户籍人口情况

地区	年末总人口（人）	性别		年龄			
		男	女	18 岁以下	18-35 岁	35-60 岁	60 岁以上
广东省	**88868799**	**45770999**	**43097800**	**21036984**	**26760250**	**29132978**	**11938587**
广州	8424169	4244403	4179766	1458009	2369967	3189694	1406499
深圳	3465952	1796124	1669828	797722	1239277	1235516	193437
珠海	1102229	562174	540055	199304	326230	450491	126204
汕头	5465749	2737583	2728166	1467079	1681822	1646536	670312
佛山	3856084	1917226	1938858	694505	1099599	1441264	620716
韶关	3291270	1704182	1587088	645481	956982	1212464	476343
河源	3652891	1862899	1789992	923195	1111045	1170954	447697
梅州	5286373	2703785	2582588	1331864	1548062	1694208	712239
惠州	3485197	1767694	1717503	847754	1077605	1142417	417421
汕尾	3590865	1865592	1725273	1056863	1214753	920222	399027
东莞	1913879	970181	943698	365228	566826	696401	285424
中山	1560582	774218	786364	310134	439519	582855	228074
江门	3933870	1981990	1951880	637048	1070308	1509237	717277
阳江	2894263	1537332	1356931	612317	821684	1016555	443707
湛江	8189976	4355200	3834776	2302907	2555813	2321303	1009953
茂名	7723795	4142201	3581594	2056249	2434998	2244357	988191
肇庆	4337328	2258426	2078902	1001834	1248338	1466035	621121
清远	4122614	2137862	1984752	801807	1316082	1445562	559163
潮州	2687922	1360778	1327144	605018	773601	920239	389064
揭阳	6941595	3546939	3394656	2202796	2004365	1902227	832207
云浮	2942196	1544210	1397986	719870	903374	924441	394511

6-59 2015 年广东省各市户籍人口情况

地区	年末总人口（人）	性别		年龄			
		男	女	18 岁以下	18-35 岁	35-60 岁	60 岁以上
广东省	**90083778**	**46371314**	**43712464**	**20768014**	**26790418**	**29741988**	**12783358**
广州	8541913	4293289	4248624	1500908	2353831	3211914	1475260
深圳	3696368	1904575	1791793	818796	1236811	1403831	236930
珠海	1124540	573036	551504	204326	307668	465113	147433
汕头	5504599	2764399	2740200	1397148	1737315	1653376	716760
佛山	3889720	1931219	1958501	697275	1058614	1460277	673554
韶关	3302061	1709837	1592224	655173	926471	1215923	504494
河源	3664136	1869899	1794237	926936	1086507	1168934	481759
梅州	5437897	2798321	2639576	1254394	1570955	1794195	818353
惠州	3570738	1809732	1761006	884201	1042950	1197442	446145
汕尾	3589559	1865614	1723945	1022241	1202948	948579	415791
东莞	1950089	987095	962994	377341	560499	714513	297736
中山	1586833	786405	800428	311911	440739	593137	241046
江门	3914146	1971748	1942398	635704	1050466	1488141	739835
阳江	2921220	1546014	1375206	634145	822961	1033134	430980
湛江	8229609	4381341	3848268	2124358	2623939	2357048	1124264
茂名	7858428	4205126	3653302	2046492	2464219	2310348	1037369
肇庆	4382729	2274337	2108392	998232	1256382	1475297	652818
清远	4185092	2172113	2012979	817937	1291882	1459415	615858
潮州	2728029	1380922	1347107	601951	770842	928655	426581
揭阳	7016799	3578314	3438485	2120333	2089505	1919934	887027
云浮	2989273	1567978	1421295	738212	894914	942782	413365

6-60 2016年广东省各市户籍人口情况

地区	年末总人口（人）	性别		年龄			
		男	女	18岁以下	18-35岁	35-60岁	60岁以上
广东省	**91648998**	**47172852**	**44476146**	**21304830**	**26809070**	**30197912**	**13337186**
广州	8704901	4366737	4338164	1564041	2331064	3263705	1546091
深圳	3343886	1724648	1619238	706447	892174	1212542	532723
珠海	4004689	2047930	1956759	933126	1300713	1512591	258259
汕头	1147765	583400	564365	213618	306188	471315	156644
佛山	5593095	2809975	2783120	1411361	1764747	1657725	759262
韶关	4001834	1981403	2020431	741914	1056535	1491740	711645
河源	3939346	1982661	1956685	643936	1039772	1483831	771807
梅州	8348094	4444226	3903868	2134715	2643409	2390094	1179876
惠州	7988504	4273380	3715124	2082618	2463256	2364670	1077960
汕尾	4441708	2305794	2135914	1020584	1252838	1489804	678482
东莞	3643096	1842750	1800346	910283	1038225	1224965	469623
中山	5514010	2838846	2675164	1313536	1552781	1809910	837783
江门	3618886	1888199	1730687	1034343	1205503	946601	432439
阳江	3733183	1906671	1826512	981915	1008880	1231330	511058
湛江	2960614	1572516	1388098	651218	807380	1042241	459775
茂名	4320897	2242809	2078088	924534	1246142	1497776	652445
肇庆	2009352	1014678	994674	400103	562867	738301	308081
清远	1612485	797439	815046	315722	438411	605797	252555
潮州	2739833	1386601	1353232	601429	778857	923121	436426
揭阳	6970496	3582810	3387686	1970941	2244658	1887915	866982
云浮	3012324	1579379	1432945	748446	874670	951938	437270

6-61 2015 年广东暂住人口分布情况

地区	合计	性别		暂住时间		
		男	女	半年以下	半年至五年	五年以上
广东省	**35884535**	**19830370**	**16054165**	**12765362**	**17884291**	**5234882**
广州市	7742539	4401610	3340929	3525366	4079072	138101
深圳市	14933550	7899860	7033690	7730700	4876465	2326385
珠海市	918481	518601	399880	94167	653015	171299
汕头市	210535	132358	78177	73852	119169	17514
佛山市	4439730	2648879	1790851	409382	3663259	367089
韶关市	39335	27982	11353	10660	25326	3349
河源市	103903	76325	27578	9203	69464	25236
梅州市	21503	12632	8871	5015	13678	2810
惠州市	899547	517395	382152	109162	479454	310931
汕尾市	71463	42845	28618	12158	47758	11547
东莞市	4008120	2047374	1960746	456170	2246432	1305518
中山市	1344205	742736	601469	196293	763645	384267
江门市	363900	232765	131135	23919	284111	55870
阳江市	90973	59876	31097	2527	77329	11117
湛江市	25327	17167	8160	5405	18106	1816
茂名市	30733	21367	9366	7850	15968	6915
肇庆市	311091	210593	100498	15039	236582	59470
清远市	154290	108347	45943	51446	85947	16897
潮州市	54477	38961	15516	14203	39591	683
揭阳市	84472	50393	34079	5285	69643	9544
云浮市	36361	22304	14057	7560	20277	8524

6-61 续表1 2015年广东暂住人口分布情况

地区	来自地区					
	省内		省外		港澳台	国外
	市	县	市	县		
广东省	**3879975**	**7015549**	**8131117**	**16552229**	**207854**	**97811**
广州市	610642	2094647	1333697	3623136	29080	51337
深圳市	1590854	3132224	2483037	7579840	121229	26366
珠海市	77010	152904	246508	437984	3717	358
汕头市	21862	39726	60707	87595	294	351
佛山市	652631	673136	1506224	1593051	10223	4465
韶关市	6935	11414	5425	15274	223	64
河源市	16920	10308	36176	40491	8	
梅州市	5259	1069	11301	3870	4	
惠州市	126881	168763	252421	349762	1391	329
汕尾市	14841	22462	14171	19951	32	6
东莞市	417932	449745	1311375	1788561	32315	8192
中山市	137249	117226	513106	570808	5084	732
江门市	62485	38326	129362	125569	3052	5106
阳江市	16438	13744	16744	44001	10	36
湛江市	4889	3900	5140	11322	19	57
茂名市	6013	5356	8808	10556		
肇庆市	62952	48110	108089	90807	848	285
清远市	27760	17286	41087	67855	194	108
潮州市	4374	4264	10425	35414		
揭阳市	4409	6398	29751	43864	47	3
云浮市	11639	4541	7563	12518	84	16

6-61 续表2 2015 年广东暂住人口分布情况

地区	居住处所					
	旅店	居民家中	单位内部	工地现场	租赁房屋	其他
广东省	**547322**	**1851758**	**7424093**	**749366**	**23062682**	**2249314**
广州市	28960	721512	1049539	89440	5357801	495287
深圳市	114717	638526	2200372	91785	10929480	958670
珠海市	306622	9153	88050	8053	179669	326934
汕头市	3616	16816	77863	10409	88582	13249
佛山市	20124	128181	1165661	254510	2768954	102300
韶关市	1629	6356	7133	3412	18036	2769
河源市	1031	2794	19433	8125	64018	8502
梅州市	89	3287	2000	2887	12563	677
惠州市	5673	55019	357313	45539	429578	6425
汕尾市	622	6501	7555	5750	48834	2201
东莞市	42948	113966	1777060	117484	1903649	53013
中山市	6820	61179	264086	32417	785622	194081
江门市	612	22543	150072	12575	157958	20140
阳江市	500	7461	28676	7950	41616	4770
湛江市	55	4353	4537	4608	10197	1577
茂名市	208	5824	5655	5032	11482	2532
肇庆市	1431	35380	103922	18755	118529	33074
清远市	2080	4678	64665	12959	54564	15344
潮州市	4738	2995	13088	1956	26382	5318
揭阳市	4496	1956	29329	13330	35061	300
云浮市	351	3278	8084	2390	20107	2151

6-62 2016年广东暂住人口分布情况

地区	合计	性别		暂住时间			
		男	女	半年以下	半年至一年	一年至五年	五年以上
广东省	**39031107**	**21907894**	**17123213**	**8205687**	**8525301**	**15467567**	**6832552**
广州市	8384972	4765499	3619473	2450490	1588683	3824805	520994
深圳市	15802249	8563921	7238328	3494909	3513567	5477497	3316276
珠海市	1102254	636686	465568	190928	83509	590320	237497
汕头市	307067	196664	110403	98570	100880	84776	22841
佛山市	4502575	2637700	1864875	723275	777982	1991130	1010188
韶关市	49783	34671	15112	10139	27454	8315	3875
河源市	126490	89757	36733	3686	5904	29942	86958
梅州市	36178	24198	11980	10375	12083	9354	4366
惠州市	1570582	937964	632618	346745	435765	535417	252655
汕尾市	58720	33696	25024	8662	14173	28621	7264
东莞市	4283923	2274363	2009560	504308	1035700	1781266	962649
中山市	1331364	737464	593900	129371	379171	574589	248233
江门市	643629	398382	245247	80127	189143	303286	71073
阳江市	73400	50860	22540	11683	32217	24486	5014
湛江市	28013	19414	8599	5088	8173	13344	1408
茂名市	37960	27362	10598	10784	9497	10007	7672
肇庆市	320609	225921	94688	54459	158893	62633	44624
清远市	166889	116671	50218	24553	62589	60336	19411
潮州市	64967	48357	16610	20774	31416	11975	802
揭阳市	79964	48038	31926	13015	43889	18642	4418
云浮市	59519	40306	19213	13746	14613	26826	4334

6-62 续表1 2016 年广东暂住人口分布情况

地区	居住处所						
	租赁房屋	单位内部	工地现场	旅店	居民家中	自购房屋	其他
广东省	**24535986**	**6795156**	**625100**	**533790**	**1340212**	**2676448**	**2524415**
广州市	5856848	1035252	87307	64098	144462	679914	517091
深圳市	10882452	2097545	73031	40095	459919	1305426	943781
珠海市	167732	52981	4571	307511	9148	25903	534408
汕头市	113558	114044	19635	6283	14000	5207	34340
佛山市	3307875	455550	72212	18225	295529	138427	214757
韶关市	19675	10433	1832	3163	6846	4306	3528
河源市	26183	50595	31138	1054	6399	197	10924
梅州市	24893	2543	4844	44	1144	1178	1532
惠州市	659995	602794	84028	6189	69743	99476	48357
汕尾市	38735	9434	4142	355	4812	624	618
东莞市	2029243	1665441	113478	59883	160092	204258	51528
中山市	799972	205518	33651	10262	56398	141614	83949
江门市	269992	239326	34523	1221	44157	33744	20666
阳江市	35289	20535	5338	1692	4943	2795	2808
湛江市	10046	7090	5747	174	3038	513	1405
茂名市	10208	4998	8011	2913	6559	1911	3360
肇庆市	140153	73225	22293	1153	36027	21021	26737
清远市	42974	84238	10876	3603	4954	8145	12099
潮州市	33113	16999	433	4052	3255	549	6566
揭阳市	38079	33438	4527	1741	1845	97	237
云浮市	28971	13177	3483	79	6942	1143	5724

6-62 续表2 2016 年广东暂住人口分布情况

地区	来自地区			
	省内		省外	
	乡村	城镇	乡村	城镇
广东省	**7884034**	**4574861**	**18773523**	**7798689**
广州市	2240375	810490	4463192	870915
深圳市	3080118	1782902	8093346	2845883
珠海市	266871	84642	424863	325878
汕头市	44481	40443	148069	74074
佛山市	846643	704661	1717279	1233992
韶关市	12693	11788	15000	10302
河源市	16796	9183	71463	29048
梅州市	6295	5231	15834	8818
惠州市	291257	258068	603665	417592
汕尾市	18989	10406	19342	9983
东莞市	627387	485152	1928662	1242722
中山市	175405	178276	586345	391338
江门市	105052	85420	301699	151458
阳江市	15684	12670	28864	16182
湛江市	4343	4307	13345	6018
茂名市	11013	6422	13492	7033
肇庆市	50367	44039	141419	84784
清远市	37405	22553	74295	32636
潮州市	8832	4612	37836	13687
揭阳市	8083	4562	49858	17461
云浮市	15945	9034	25655	8885

6-63 历年广东省发生交通事故情况

年　份	发生起数	死亡人数	受伤人数	直接经济损失（万元）
1990	25909	3639	14875	5043.79
1991	30306	4429	16979	6621.6
1992	34023	5509	18286	10463.9
1993	42700	6933	21075	19798.5
1994	46140	7647	23848	28028.3
1995	42115	7809	25210	28699.6
1996	39574	7725	27884	26554.4
1997	39086	7617	32882	26517.4
1998	38914	8246	36124	23050.5
1999	54812	9065	51883	25623.6
2000	66072	10208	63759	27526.1
2001	69555	10801	64788	30098.9
2002	78929	12035	75040	35833.8
2003	68903	11151	73170	31387.5
2004	68423	10657	78562	24127.2
2005	67756	9959	77591	20882.79
2006	56171	8828	67242	13297.6
2007	46558	7994	55565	12075.2
2008	39389	7182	46998	10013.6
2009	32455	6542	38598	8552.9
2010	30480	6223	36540	8051.3
2011	26586	5873	31015	9358.8
2012	25719	5714	29095	7914.8
2013	25424	5647	28435	8016.9
2014	26820	5629	30585	7368.4
2015	24672	5549	27765	6784
2016	24876	5556	26883	7413.8

6-64 历年广东省发生火灾事故情况

年　份	发生起数	死亡人数	受伤人数	直接经济损失（万元）
1990	1725	128	312	9102
1991	1363	173	257	10747
1992	1204	171	239	13187
1993	1362	329	889	38654
1994	1382	278	450	35484
1995	1254	220	283	17419
1996	1426	242	351	14442
1997	3563	201	414	10745
1998	4488	242	347	11314
1999	8781	349	382	13831
2000	8622	261	386	101065
2001	7885	248	385	8035
2002	13882	188	338	9491
2003	16133	249	334	7821
2004	16090	280	384	11476
2005	17276	298	350	8052
2006	8866	173	197	5725
2007	6168	194	130	9027
2008	4876	220	157	11490
2009	4548	107	76	12608
2010	6065	107	56	17517
2011	8148	110	64	19693
2012	8101	98	60	21798
2013	21142	177	137	37831
2014	22156	120	115	45571
2015	17992	141	100	37857
2016	16923	132	150	40378.9

6-65 历年广东省刑事治安案件情况

年份	刑事案件		治安案件		
	立案(起)	破案(起)	发现受理(起)	查处(起)	处罚违法人员(人次)
1990	194685	79403	122374	113854	253169
1991	197362	86926	155939	145512	338358
1992	135254	70883	201299	166374	381061
1993	148007	84554	207546	172185	399454
1994	163533	100951	210746	189046	430676
1995	164691	108757	218085	202655	460588
1996	145819	100330	218987	208248	487504
1997	129740	85982	223877	213890	484637
1998	128310	81785	228318	218750	484185
1999	145884	87092	246153	231259	493400
2000	467222	131627	309009	260026	571223
2001	524440	141871	391019	317598	626082
2002	474137	169103	400391	297668	554323
2003	516971	161765	409209	266207	447841
2004	514507	178984	439026	275974	435497
2005	497525	186476	465598	323186	452751
2006	468589	188055	901751	795086	692183
2007	447576	178859	1042397	979934	784686
2008	422016	168869	1101926	1066451	804132
2009	486476	192179	1226409	1190608	997559
2010	536146	196105	1037680	1000515	749510
2011	483950	187690	940024	904404	622990
2012	648255	211917	1048029	1007265	686815
2013	912343	187402	1085101	1008796	663159
2014	864551	206947	1070602	933703	604842
2015	747224	183868	1030810	886539	513065
2016	627306	182121	944512	813773	484868

6-66 2016年全省法律援助工作情况

市别 \ 项目	法律援助机构数（个）	法律援助机构工作人员（人）	其中有律师资格或法律职业资格（人）	经费总数（万元）	业务经费（万元）	批准办理案件（件）	受援人总数（人）	咨询（人次）
广东省	**1**	**19**	**10**	**4910.66**	**4520**	**1052**	**1052**	**473115**
广州市	12	63	21	3550.49	1642.66	14884	14885	40259
韶关市	11	49	43	574.02	217.5	2424	2621	4651
深圳市	11	139	48	3694.95	2621.15	14440	26056	100224
珠海市	6	15	9	647.78	338.71	3322	3414	9889
汕头市	8	45	21	538.17	225	1021	1024	11457
佛山市	5	28	18	718.25	493.35	10476	10515	16194
江门市	8	26	17	289.9	206.45	3760	3761	19063
湛江市	10	34	20	303.44	180	1678	1712	9724
茂名市	6	26	9	383.08	219.75	1036	1058	11171
肇庆市	9	31	17	174.46	55	780	817	9772
惠州市	7	33	15	342.91	249.11	2230	2267	17687
梅州市	9	48	33	256.28	91.2	1310	1953	16158
汕尾市	6	15	2	141	47	1740	1740	3855
河源市	7	30	9	279.75	152	638	638	1286
阳江市	5	26	15	163.62	97.4	686	923	3368
清远市	9	30	11	381.23	178.29	826	1065	6741
东莞市	1	10	3	879.54	710.8	6110	6887	14925
中山市	1	8	3	350.99	169.27	1309	1309	5331
潮州市	5	15	6	108.34	18.7	436	476	1541
揭阳市	6	27	11	289.3	141.8	1022	1072	3428
云浮市	6	16	8	103.67	39	592	611	3792
顺德区	1	15	12	492.9	204.56	8109	8183	5096
合计	**150**	**748**	**361**	**19574.73**	**12818.7**	**79881**	**94039**	**788727**

6-67 2016年全省公证工作情况

市别 \ 项目	机构（个）	公证员（人）	国内证（件）	涉外证（件）	涉港澳台证（件）	案件总数（件）
广州	**10**	**146**	**339971**	**100273**	**5235**	**445479**
深圳	8	107	288985	68554	3775	361314
珠海	5	44	42899	11531	5716	60146
汕头	8	38	31505	5358	566	37429
佛山	5	48	54398	12742	1468	68608
顺德	1	9	44850	5547	1481	51878
韶关	11	27	12280	2411	442	15133
河源	7	21	4828	1268	490	6586
梅州	9	34	11748	2642	2192	16582
惠州	7	29	56664	4801	977	62442
汕尾	5	15	4365	1744	1954	8063
东莞	3	31	89703	11037	4105	104845
中山	5	33	34123	16198	6092	56413
江门	8	38	50143	79545	5773	135461
阳江	5	13	2715	1498	472	4685
湛江	8	25	13644	6915	1399	21958
茂名	7	17	11534	3722	941	16197
肇庆	10	34	10955	5129	1101	17185
清远	9	20	10180	3676	811	14667
潮州	3	11	2306	1373	121	3800
揭阳	6	21	4554	1836	581	6971
云浮	6	12	3178	1968	748	5894
南方处	1	33	37645	43382	1124	82151
合计	**147**	**806**	**1163173**	**393150**	**47564**	**1603887**

6-67 续表 2016 年全省律师工作情况

项目 / 市别	刑事诉讼辩护及代理（件）	行政诉讼代理（件）	非诉讼法律事务（件）	解答法律咨询（件）	代写法律文书（件）	参加公益事业和社会活动（件）
广东省	**38449**	**10985**	**204550**	**346134**	**56910**	**201995**
广州市	8627	2517	59640	37082	6269	41972
深圳市	7013	2047	19238	101036	17986	53167
珠海市	1254	308	7138	14239	836	7738
汕头市	325	341	792	8176	1036	3842
佛山市	1792	855	14003	31992	9286	8941
韶关市	848	263	250	13123	843	8014
河源市	145	169	208	6545	184	450
梅州市	121	151	204	6249	785	5952
惠州市	597	424	21683	11203	1305	4270
汕尾市	168	39	141	2241	94	1108
东莞市	8328	1122	24421	26969	3496	11266
中山市	1070	706	44962	28693	9675	6378
江门市	3814	500	971	1929	946	2301
阳江市	1064	63	170	2533	285	4308
湛江市	752	406	379	13654	769	10139
茂名市	593	313	375	12057	384	8356
肇庆市	143	209	8503	4083	221	1867
清远市	758	292	907	11278	694	6012
潮州市	488	52	165	3249	344	897
揭阳市	316	102	253	7283	1217	12260
云浮市	233	106	147	2520	255	2757

6-68 2016 年全省律师工作情况

市别 \ 项目	律师事务所（个）	律师总数（人）	兼职律师（人）	律师辅助人员（人）	担任法律顾问（处）	民事诉讼代理（件）
广东省	**2654**	**32190**	**698**	**15581**	**64339**	**277188**
广州市	604	10852	385	4434	18866	71971
深圳市	670	10044	44	4473	16731	54281
珠海市	86	1039	20	508	2317	10451
汕头市	81	528	20	233	1200	3875
佛山市	267	2353	36	1348	5238	20022
韶关市	56	323	22	102	891	3479
河源市	44	206	9	140	583	2821
梅州市	46	201	18	0	583	1273
惠州市	83	844	33	710	2100	10055
汕尾市	20	77	0	48	186	175
东莞市	181	2265	29	1359	5356	41374
中山市	90	964	4	884	3629	18404
江门市	74	554	6	308	1918	14991
阳江市	24	161	10	97	329	2375
湛江市	68	401	26	163	638	3419
茂名市	44	275	8	136	562	4019
肇庆市	61	332	15	184	849	3612
清远市	60	338	4	188	912	5037
潮州市	44	197	8	84	531	1168
揭阳市	22	142	1	83	427	2086
云浮市	29	94	0	99	493	2300

6-69 2016年全省人民调解工作情况

市别＼项目	调解委员会总数（个）	村（居）调委会（个）	乡镇（街道）调委会（个）	企事业单位调委会（个）	社会团体和其他组织调委会（个）	调解员总数（人）	调解案总数（件）
广州市	3204	1163	37	308	58	14893	32580
韶关市	1681	1211	95	63	54	9207	13141
深圳市	2363	0	0	510	991	11517	93055
珠海市	404	122	15	16	46	2588	10451
汕头市	1179	555	33	25	15	5496	6800
佛山市	1349	348	21	369	214	12853	10255
江门市	1520	1056	62	72	39	8080	11902
湛江市	2005	1536	84	44	22	10992	13757
茂名市	2108	1624	90	59	36	11687	24909
肇庆市	1992	1299	114	277	27	8829	6210
惠州市	1573	1053	56	154	85	9933	7658
梅州市	2627	2048	105	251	21	11784	20321
汕尾市	924	719	47	4	6	4426	3217
河源市	1580	1259	95	30	25	8372	5580
阳江市	904	717	38	5	18	4010	13321
清远市	1598	1046	80	135	169	7520	11623
东莞市	1479	356	28	623	234	14322	12881
中山市	814	153	18	282	234	5043	3825
潮州市	1104	887	40	34	14	3848	6524
揭阳市	1802	1471	72	39	24	6322	8526
云浮市	1064	846	55	22	17	6330	7006
总计	33274	19469	1185	3322	2349	178052	323552

6-70 人民检察院直接立案侦查案件情况 (2016年)

案件类别	受案（件）	立案件数（件）	立案人数（人）	#要案	结案件数（件）	结案人数（人）
合　计	**4179**	**2251**	**2825**	**213**	**2084**	**2577**
贪污贿赂案件	3068	1774	2241	171	1656	2058
贪　污	1157	403	684	18	389	637
贿　赂	1739	1278	1430	151	1174	1304
挪用公款	107	79	93	1	78	92
集体私分	24	12	32	1	10	19
巨额财产来源不明	19					
其　他	22	2	2		5	6
渎职侵权案件	1111	477	584	42	428	519
滥用职权	447	180	215	31	157	180
玩忽职守	351	178	219	4	164	208
徇私舞弊	131	24	29		27	32
其　他	129	91	114	6	76	91

6-71 人民检察院审查批准、决定逮捕犯罪嫌疑人和提起公诉被告人情况（2016年）

案件类别	批捕、决定逮捕		提起公诉	
	（件）	（人）	（件）	（人）
合　　计	**85552**	**118752**	**108806**	**144866**
公安、安全、监狱管理机关提请	84436	117551	107072	142617
危害国家安全案	13	17	11	20
危害公共安全案	4292	4562	20059	20413
破坏社会主义市场秩序案	5487	9490	7394	12230
侵犯公民人身、民主权利案	11203	14175	12548	16146
侵犯财产案	33432	46049	33747	45355
妨害社会管理秩序案	29987	43229	33291	48424
危害国防利益案	21	28	22	29
军人违反职责案	1	1		
检察机关直接立案侦查案件	1116	1201	1734	2249
贪污贿赂案	993	1065	1461	1903
渎职侵权案	120	128	271	344
其他	3	8	2	2

6-72 人民检察院出庭公诉情况（2016年）

单位：件

案件类别	简易程序	出庭公诉	一审	二审			再审
					上诉案	抗诉案	
合　　计	**60809**	**97739**	**97600**	**136**	**5250**	**375**	**3**
贪污贿赂	172	1137	1112	25	220	46	
渎职侵权	20	135	129	6	54	16	
刑事案件	60617	96467	96359	105	4976	313	3
军人违反职责							

6-73 人民检察院办理刑事抗诉案件情况（2016年）

案件类别	提出抗诉（件）	审判结果合计（件）	改判		维持原判(件)	发回重审(件)
			（件）	（人）		
合　计	**394**	**141**	**63**	**91**	**53**	**23**
二审小计	375	136	63	91	52	21
贪污贿赂案件	46	25	7	12	10	8
渎职侵权案件	16	6	3	3	2	1
刑事案件	313	105	53	76	40	12
再审小计	10	3			1	2
贪污贿赂案件	2					
渎职侵权案件	3					
刑事案件	5	3			1	2
申诉审监小计	9	2				

6-74 人民检察院办理民事、行政抗诉案件情况（2016年）

单位:件

案件类别	合　计	民事案件	行政案件
立　案	3914	3068	846
提请抗诉	282	272	10
抗　诉	192	180	12
提出再审检察建议	21	20	1
不支持监督申请	1798	1518	280
抗诉案件再审	89	86	3
改　判	29	28	1
发回重审	10	10	
调　解	5	5	
维持原判	35	33	2
和解撤诉	2	2	
其　他	8	8	

6-75 人民检察院纠正违法情况

项 目	2012	2013	2014	2015	2016
书面提出纠正件次合计(件次)	3954	7445	4757	2182	2676
立案监督小计	2798	3966	2416	996	862
监督立案	1411	1864	935	413	285
监督撤案	1387	2102	1481	583	577
侦查监督小计	1034	3288	2170	1134	1301
审查批捕环节	629	2414	1456	504	712
审查起诉环节	405	874	714	630	589
刑事审判监督	122	191	171	52	41
刑罚执行监督人次小计（人次)	1816	1921	863	589	472
监管活动	657	691	363	378	275
超期羁押	16	22	9	16	6
减刑、假释、保外就医	1143	1208	491	195	191
已纠正件次合计(件次)	3765	7063	4620	2029	2505
立案监督小计	2798	3966	2385	996	862
监督立案	1411	1864	915	413	285
监督撤案	1387	2102	1470	583	577
侦查监督小计	864	2931	2068	991	1156
审查批捕环节	588	2261	1419	438	635
审查起诉环节	276	670	649	553	521
刑事审判监督	103	166	167	42	36
刑罚执行监督人次小计（人次)	1827	1917	854	581	451
监管活动	657	691	367	374	269
超期羁押	16	21	10	16	6
减刑、假释、保外就医	1154	1205	477	191	176

6-76 人民检察院处理申诉案件情况 (2016年)

单位：件

案件分类	受案	立案复查	结案	#改变原决定
合计	**1098**	**532**	**538**	**9**
不服检察机关处理决定	259	216	55	9
不服不批捕	18	20	5	
不服不起诉	233	195	43	9
不服撤案				
不服原免予起诉				
其他	8	1	7	
不服法院刑事判决裁定	839	316	483	
刑罚执行中被害人申诉	246	124	123	
刑罚执行中被告人申诉	315	82	195	
刑罚执行完毕后被害人申诉	53	28	24	
刑罚执行完毕后被告人申诉	185	62	129	

6-77 人民检察院受理举报、控告和申诉案件情况 (2016年)

单位：件

案件类别	受理	处理	#分送检察机关	#转其他机关
合计	**24942**	**23859**	**13673**	**3252**
首次举报	6556	6414	4822	636
首次控告	5514	5333	1178	1317
首次申诉	12872	12112	7673	1299

6-78 各市、分院人民检察院直接立案侦查案件情况

市别	2012				2013				2014			
	立案		结案		立案		结案		立案		结案	
	件	人	件	人	件	人	件	人	件	人	件	人
广州市院	659	719	673	730	632	730	568	656	755	866	724	838
深圳市院	217	270	189	237	198	255	184	225	189	207	199	218
珠海市院	81	85	93	95	80	82	67	71	224	307	177	238
汕头市院	121	143	167	208	101	133	44	61	100	106	84	90
佛山市院	123	149	135	164	130	161	128	157	92	112	91	106
韶关市院	159	175	155	168	147	166	126	144	152	169	142	160
河源市院	61	66	60	65	61	70	55	63	95	133	86	128
梅州市院	106	126	106	126	106	120	100	114	138	241	146	242
惠州市院	120	151	110	141	110	150	123	162	84	100	68	82
汕尾市院	36	44	35	47	34	43	29	32	94	111	92	108
东莞市院	62	77	60	73	47	61	34	44	109	153	85	129
中山市院	50	52	50	52	56	58	54	56	104	125	102	123
江门市院	101	115	91	107	107	145	119	146	55	68	43	58
阳江市院	67	86	80	99	53	79	44	67	50	66	56	74
湛江市院	151	204	146	200	124	195	104	172	68	83	56	73
茂名市院	132	156	123	146	81	98	68	84	135	151	108	125
肇庆市院	69	97	65	94	75	95	77	98	52	66	54	71
清远市院	159	176	164	183	129	150	126	144	70	76	49	55
潮州市院	35	47	36	48	38	49	34	45	36	49	38	50
揭阳市院	80	107	92	120	66	91	59	82	63	97	56	84
云浮市院	62	78	61	77	68	84	67	82	54	97	52	96
广州铁检分院	20	20	25	25	13	14	8	9	21	22	18	19

6-78 续表 各市、分院人民检察院直接立案侦查案件情况

市别	2015				2016			
	立案		结案		立案		结案	
	件	人	件	人	件	人	件	人
广州市院	553	603	488	535	565	635	425	459
深圳市院	186	252	163	238	109	119	104	111
珠海市院	100	105	87	92	165	215	175	227
汕头市院	66	92	83	107	64	68	70	74
佛山市院	212	225	183	197	68	97	70	97
韶关市院	177	183	167	174	167	182	180	194
河源市院	56	78	47	68	92	119	89	118
梅州市院	106	139	108	141	122	187	100	169
惠州市院	112	149	106	141	61	89	46	63
汕尾市院	71	75	54	61	108	120	106	119
东莞市院	53	66	54	67	81	131	87	136
中山市院	73	76	65	66	66	109	66	108
江门市院	107	144	90	121	70	75	59	60
阳江市院	56	94	65	99	52	85	49	76
湛江市院	146	244	138	230	56	88	44	73
茂名市院	78	116	59	98	88	110	90	111
肇庆市院	103	125	88	107	44	58	43	52
清远市院	122	139	122	133	71	74	74	79
潮州市院	37	52	30	45	43	54	42	54
揭阳市院	63	96	64	98	43	78	32	54
云浮市院	75	94	69	87	63	76	58	68
广州铁检分院	22	22	12	12	16	16	21	21

6-79 人民法院审理一审案件情况

单位：件

年 份	收案	刑事	民事	行政	结案	刑事	民事	行政
2010	566972	73940	486039	6993	568934	73632	488366	6936
2011	605285	82249	515664	7372	584271	81054	495966	7251
2012	622395	103542	511170	7683	621730	102497	511587	7646
2013	613053	92468	511506	9079	603943	91673	503649	8621
2014	678759	105226	560856	12677	654786	102903	539802	12081
2015	800445	129290	655124	16031	715795	122882	579042	13871
2016	828934	111081	702254	15599	811358	113829	681896	15633

6-80 人民法院刑事一审案件收案情况

单位：件

项 目	2010	2011	2012	2013	2014	2015	2016
合 计	**73940**	**82249**	**103542**	**92468**	**105226**	**129290**	**111081**
危害国家安全罪	4	2	6	4	5	14	7
危害公共安全罪	4980	7512	11992	12149	14590	16691	20327
破坏社会主义市场经济秩序罪	3696	3933	8132	5202	7674	12036	7580
侵犯公民人身权利民主权利罪	14399	15462	17714	15006	16212	15113	13013
侵犯财产罪	31966	33553	39475	33427	32751	36518	34025
妨害社会管理秩序罪	17534	20371	23834	24852	31858	46594	34180
危害国防利益罪	24	19	19	31	26	9	25
贪污贿赂罪	1179	1214	1927	1373	1744	1998	1613
渎职罪	139	130	320	281	268	283	293
其 他	19	53	123	143	98	34	18
合计中含自诉案件	137	146	140	133	197	341	490

6-81 人民法院刑事一审案件结案情况

单位：件

项　目	2010	2011	2012	2013	2014	2015	2016
合　计	**73632**	**81054**	**102497**	**91673**	**102903**	**122882**	**113829**
危害国家安全罪	4	5	6	4	4	8	11
危害公共安全罪	4962	7372	11935	12078	14459	16352	20414
破坏社会主义市场经济秩序罪	3670	3819	7908	5137	7267	11487	7767
侵犯公民人身权利民主权利罪	14243	15272	17560	14928	15895	14461	13216
侵犯财产罪	31922	33068	39279	33259	32448	34001	34684
妨害社会管理秩序罪	17474	20172	23483	24587	30879	44957	35357
危害国防利益罪	25	19	17	30	27	7	19
贪污贿赂罪	1174	1164	1878	1249	1570	1345	2038
渎职罪	140	114	305	257	255	235	301
其　他	18	49	126	144	99	29	22
合计中含自诉案件	129	147	133	125	191	303	485

6-82 人民法院判处刑事罪犯情况

单位：人

年　份	判处罪犯总数	青少年罪犯			青少年罪犯占刑事罪犯比重
			不满18岁	18~25岁	
2010	103406	33944	8361	25583	32.83%
2011	108099	34374	9557	24817	31.80%
2012	127507	34943	9453	25490	27.40%
2013	121070	32748	7513	25235	27.05%
2014	127785	31070	7248	23822	24.31%
2015	128695	31021	5388	25633	24.10%
2016	113807	26817	4423	22394	23.56%

6-83 人民法院婚姻家庭、继承一审案件收案情况

单位：件

项　目	2010	2011	2012	2013	2014	2015	2016
合　计	**52479**	**55883**	**56061**	**60110**	**61083**	**67204**	**65609**
婚姻家庭	50915	54016	53980	57450	58092	63338	61662
离　婚	42964	45470	46093	48465	49213	52902	51265
解除非法同居关系	549	599	608	906	1156	1895	1788
登记离婚后财产纠纷	1182	1553	1530	1708	1615	1966	1955
赡养纠纷	227	213	199	262	266	296	337
抚养、扶养关系纠纷	4113	3885	3498	3888	3760	3889	3629
抚育费纠纷	767	965	1070	1042	1108	1251	1485
其　他	1113	1331	982	1179	974	1139	1203
继　承	1564	1867	2081	2660	2991	3866	3947
法定继承	711	864	1243	1546	1735	2150	2307
遗嘱继承	138	174	205	216	236	330	333
其　他	715	829	633	898	1020	1386	1307

6-84 人民法院婚姻家庭、继承一审案件结案情况

单位：件

项 目	2010	2011	2012	2013	2014	2015	2016
合 计	**52752**	**54513**	**56120**	**59621**	**60696**	**63318**	**64551**
婚姻家庭	51240	52730	54078	57066	57797	59861	60774
离 婚	43343	44334	46122	48190	48930	50066	50707
解除非法同居关系	522	602	628	902	1118	1851	1792
登记离婚后财产纠纷	1193	1423	1593	1642	1628	1707	1840
赡养纠纷	226	205	199	258	267	258	318
抚养、扶养关系纠纷	4061	3920	3503	3862	3755	3720	3585
抚育费纠纷	786	945	1053	1025	1125	1179	1385
其 他	1109	1301	980	1187	974	1080	1147
继 承	1512	1783	2042	2555	2899	3457	3777
法定继承	717	798	1191	1496	1679	1984	2248
遗嘱继承	140	163	200	214	236	290	309
其 他	655	822	651	845	984	1183	1220

6-85 人民法院知识产权一审案件收案情况

单位：件

项　目	2010	2011	2012	2013	2014	2015	2016
合　计	**10029**	**16094**	**23672**	**24843**	**23900**	**23766**	**32205**
著作权	5560	8995	13836	16497	16244	14700	20309
商标权	2331	4009	5519	4419	3797	3641	5216
专利权	1646	2608	3726	3096	3154	4589	4300
技术合同	37	40	47	53	75	90	682
发现权与发明权纠纷	3		3		3	1	22
不正当竞争	130	139	130	232	197	234	389
其他知识产权纠纷	322	303	411	546	430	511	1287

6-86 人民法院知识产权一审案件结案情况

单位：件

项　目	2010	2011	2012	2013	2014	2015	2016
合　计	**9584**	**15012**	**22461**	**24819**	**24662**	**20215**	**29771**
著作权	5321	8554	13271	16259	16875	12834	18915
商标权	2294	3738	5406	4551	3857	3116	4709
专利权	1441	2241	3354	3193	3179	3491	4110
技术合同	43	34	47	52	60	91	495
发现权与发明权纠纷	3		2	1	2		14
不正当竞争	130	129	135	216	195	205	247
其他知识产权纠纷	352	316	246	547	494	478	1281

6-87 人民法院海事海商一审案件收案情况

单位：件

项 目	2010	2011	2012	2013	2014	2015	2016
合 计	**770**	**762**	**1231**	**1139**	**1311**	**1690**	**1584**
海事侵权纠纷	103	135	59	151	108	263	106
船舶碰撞	33	26	29	18	72	33	49
船舶、港口作业污染损害赔偿	42	53	3		3	90	3
海上人身损害赔偿	17	33	15	18	18	27	43
其他海事侵权纠纷	11	23	12	115	15	113	11
海商合同	654	606	1111	861	1180	1387	1431
海上货物运输合同	229	284	240	258	227	239	582
海员劳务合同	60	18	368	143	266	476	384
船舶建造、买卖合同	24	22	97	36	32	64	74
船舶租用合同	30	25	27	47	37	66	52
海上保险合同	14	24	9	10	18	37	21
其他海商合同	297	233	370	367	600	505	318
其他海事海商纠纷	13	21	61	127	23	40	47

6-88 人民法院海事海商一审案件结案情况

单位：件

项 目	2010	2011	2012	2013	2014	2015	2016
合 计	**796**	**662**	**1204**	**1163**	**1397**	**1584**	**1504**
海事侵权纠纷	100	65	124	145	120	252	94
船舶碰撞	32	35	22	22	70	41	40
船舶、港口作业污染损害赔偿	41	2	54	1	5	85	5
海上人身损害赔偿	18	22	23	13	27	21	30
其他海事侵权纠纷	9	6	25	109	18	105	19
海商合同	679	587	1046	874	1241	1296	1372
海上货物运输合同	264	282	188	286	252	204	541
海员劳务合同	60	9	366	148	266	440	397
船舶建造、买卖合同	23	23	89	34	35	58	69
船舶租用合同	27	30	22	45	40	61	41
海上保险合同	14	21	6	7	25	27	23
其他海商合同	291	222	375	354	623	506	301
其他海事海商纠纷	17	10	34	144	36	36	38

6-89 人民法院合同纠纷一审案件收案情况

单位：件

项目	2010	2011	2012	2013	2014	2015	2016
合计	**302634**	**287900**	**292871**	**295977**	**338950**	**417957**	**469575**
借款合同	56808	61889	70862	83529	109362	140004	150190
买卖合同	35836	39583	43556	45469	53676	80998	84213
电信合同	13055	7536	8477	9777	5037	1438	437
租赁合同	12164	14039	12257	11936	13400	17413	19134
劳动争议	84940	68551	62633	50156	49636	46349	44199
房地产合同	14880	12343	13931	12739	17624	19315	21843
供用动力合同	2045	870	2142	2889	1970	930	268
建设工程合同	4323	4392	4629	4800	5619	7585	8458
农村承包合同	2684	2940	2315	2553	1581	1315	1347
承揽合同	4186	4740	4410	5032	5973	7637	7357
其他	71713	71017	67659	67097	75072	94973	132129

6-90 人民法院合同纠纷一审案件结案情况

单位：件

项目	2010	2011	2012	2013	2014	2015	2016
合计	**305070**	**278135**	**290478**	**291567**	**320182**	**360976**	**453226**
借款合同	57346	60109	69210	80577	100858	118702	146506
买卖合同	36046	37694	43184	45011	50243	69169	80985
电信合同	13014	7567	8469	9700	5096	1447	418
租赁合同	12259	13495	12285	11704	12561	14929	18125
劳动争议	85808	66617	63001	50090	49044	41188	43165
房地产合同	15247	11970	13297	13069	16667	17807	20697
供用动力合同	2040	886	2124	2857	2003	880	254
建设工程合同	4677	4132	4502	4640	5116	6436	7495
农村承包合同	2722	2905	2341	2553	1535	1181	1424
承揽合同	4118	4644	4453	4951	5662	6649	7152
其他	71793	68116	67612	66415	71397	82588	127005

6-91 人民法院权属、侵权纠纷及其他民事一审案件收案情况

单位：件

项　目	2010	2011	2012	2013	2014	2015	2016
合　计	**130926**	**171881**	**162238**	**155419**	**160823**	**169963**	**167070**
所有权及其相关权利	19305	20484	12688	11707	12034	15039	15297
特别程序	25610	46019	46549	39490	43976	42654	41457
人身权纠纷	59350	72118	65006	61617	61071	65643	58535
# 人身损害赔偿	58177	69968	63694	59238	59294	63945	56829
特殊侵权纠纷	1521	2633	2038	2775	4908	8507	11344
不当得利	3169	2136	1596	1750	2445	2667	2362
无因管理	4058	1986	3770	4155	3697	1213	351
票据、证券、股东权纠纷	5605	7852	3597	4501	3754	6107	4810
其　他	12308	18653	26994	29424	28938	28133	32914

6-92 人民法院权属、侵权纠纷及其他民事一审案件结案情况

单位：件

项　目	2010	2011	2012	2013	2014	2015	2016
合　计	**130544**	**163318**	**164989**	**152461**	**158924**	**154748**	**164119**
所有权及其相关权利	19278	17465	15495	11567	11567	12826	14842
特别程序	25744	45426	46508	39420	43634	42402	41034
人身权纠纷	59074	69142	66200	60331	59582	59913	57952
# 人身损害赔偿	57867	67091	64844	58044	57805	58662	56145
特殊侵权纠纷	1478	2359	2092	2618	4530	7358	10594
不当得利	3244	1993	1600	1744	2365	2195	2449
无因管理	4064	1935	3803	4139	3695	1154	391
票据、证券、股东权纠纷	5744	7494	3508	3264	4409	5635	4516
其　他	11918	17504	25783	29378	29142	23265	32341

6–93 人民法院行政一审案件收案情况

单位：件

项　目	2010年	2011年	2012年	2013年	2014年	2015年	2016年
合　计	**6993**	**7372**	**7683**	**9079**	**12677**	**16031**	**15599**
资　源	1230	1276	1107	1169	1527	1679	1319
公　安	658	577	491	606	944	1148	1164
城　建	1000	938	727	621	974	1189	885
交　通	152	129	148	123	159	370	401
工　商	195	286	675	1111	1993	1218	749
环　保	90	66	34	50	73	110	86
计划生育	100	152	91	105	41	44	29
税　务	41	20	47	47	49	45	69
卫　生	66	29	55	40	37	46	69
乡政府	612	652	479	439	396	883	1079
劳动和社会保障	1157	1117	1280	1058	1352	1561	1625
其　他	1692	2130	2549	3710	5132	7738	8124

6–94 人民法院行政一审案件结案情况

单位：件

项　目	2010年	2011年	2012年	2013年	2014年	2015年	2016年
合　计	**6936**	**7251**	**7646**	**8621**	**12081**	**13871**	**15633**
资　源	1221	1342	1072	1111	1426	1583	1282
公　安	641	575	502	593	902	1025	1077
城　建	983	903	779	605	913	1019	926
交　通	149	130	150	121	142	321	421
工　商	182	267	676	1086	1960	957	851
环　保	91	66	34	51	66	105	75
计划生育	98	151	93	103	40	42	29
税　务	43	18	46	34	61	36	62
卫　生	64	27	55	43	32	31	86
乡政府	631	635	488	402	387	850	764
劳动和社会保障	1167	1091	1308	1037	1321	1303	1543
其　他	1666	2046	2443	3435	4831	6599	8517

6-95 各市人民法院各类一审案件收案情况

单位：件

地　区	2010	2011	2012	2013	2014	2015	2016
广　州	96726	106496	120950	122309	136988	144708	171998
深　圳	117497	120871	111242	109596	134610	164197	152057
珠　海	15540	20465	18714	18788	22542	24884	22694
汕　头	9694	8656	9871	9105	10336	14127	14409
佛　山	62509	70016	68269	62533	69113	84579	87351
韶　关	11933	12318	13814	12696	14031	17051	18716
河　源	7022	6432	7121	7084	7882	11054	12108
梅　州	10566	12460	12372	12564	11637	13609	14083
惠　州	16402	18812	19847	21936	26735	35484	37559
汕　尾	2877	2860	3347	4849	5698	4893	4792
东　莞	65534	62648	63794	59931	60099	65907	69671
中　山	26498	31715	34187	32134	36742	51433	56131
江　门	30776	32827	32694	32730	29169	32172	30999
阳　江	8287	8195	8806	8995	11145	14688	13951
湛　江	20356	19875	20333	22659	20798	24394	23376
茂　名	11171	13889	13902	14205	16661	18788	19792
肇　庆	13697	13316	16744	16187	17998	20708	18259
清　远	11571	15122	15783	16213	17660	22760	23332
潮　州	4479	4665	5038	4883	5064	6265	6540
揭　阳	15337	13808	13622	12179	9801	10834	10501
云　浮	6565	8031	9039	8982	10432	11819	11090
知　产	——	——	——	——	——	1866	2593
海　事	1092	1106	2144	1845	2023	2188	1938
铁　路	641	686	728	634	904	898	4891

6-96 各市人民法院各类一审案件结案情况

单位：件

地区	2010	2011	2012	2013	2014	2015	2016
广州	96037	100596	117909	118067	132094	129758	165968
深圳	119291	119150	110736	112073	127216	131065	156234
珠海	15348	19541	18879	17466	22054	23735	22373
汕头	9789	8422	10011	8911	9554	14003	14071
佛山	62586	67602	67664	61004	66310	77402	87872
韶关	11885	12323	13888	12574	13609	15435	18220
河源	7048	6171	7087	6973	8730	10954	11907
梅州	10573	12283	12506	12418	11732	13102	14283
惠州	16258	18840	19290	21286	25099	32914	33508
汕尾	2824	2855	3373	4905	5320	4450	4834
东莞	65948	58289	66580	58000	58845	60506	68367
中山	26627	32332	33712	33165	36251	44535	51859
江门	30867	31765	32465	32112	29508	30697	30487
阳江	8336	7300	8697	9264	10945	13926	13907
湛江	20939	20080	20114	22266	19856	22738	22474
茂名	11229	11079	15924	13933	16143	17176	19159
肇庆	13815	13116	16359	15685	17385	20192	18027
清远	11526	14982	15743	15582	16501	21371	21984
潮州	4425	4650	5017	4835	4795	5544	5993
揭阳	15328	13883	13599	12154	9657	10450	10058
云浮	6457	7363	9270	8755	10240	11392	10674
知产	——	——	——	——	——	1433	2774
海事	1120	939	2180	1854	2123	2080	1850
铁路	648	685	707	644	791	875	4405

6-97 各市人民法院各类案件收案情况

单位：件

地　区	2010	2011	2012	2013	2014	2015	2016
广　州	171332	180035	195175	201010	228200	252974	300755
深　圳	199586	191077	175478	174289	208752	258782	278156
珠　海	26608	31455	30173	30225	33867	40288	47646
汕　头	16785	12762	13086	12998	14783	19888	21709
佛　山	106555	111380	102755	97882	110284	136222	162914
韶　关	17970	18500	20254	19643	21038	25958	31583
河　源	9284	8592	9306	9966	10685	15363	18047
梅　州	14473	16332	16271	18800	17215	19745	21071
惠　州	25445	27714	29595	32217	40874	54937	63097
汕　尾	3763	3780	4443	5842	6830	6153	6287
东　莞	110195	97835	96781	101363	102188	119778	146512
中　山	40028	45783	48640	48809	55543	76147	98164
江　门	47273	48166	52162	51216	47343	49894	56320
阳　江	11688	11767	12695	13079	16014	22459	23253
湛　江	27084	25779	26424	28616	28213	33603	37082
茂　名	17161	19358	19522	19761	22459	27200	31757
肇　庆	20832	18465	21348	21827	24538	30273	29812
清　远	16922	20974	21493	23438	26640	35793	40449
潮　州	6045	6274	6715	6554	6854	8925	10336
揭　阳	17964	15768	15850	14341	12179	13753	14611
云　浮	10048	11851	12746	13375	14868	17568	18296
知　产	——	——	——	——	——	4941	4753
海　事	1327	1406	2523	2079	2315	3149	2562
铁　路	772	811	824	733	1138	1273	14574

6-98 各市人民法院各类案件结案情况

单位：件

地 区	2010	2011	2012	2013	2014	2015	2016
广 州	171976	170713	193953	195279	220547	230334	286156
深 圳	207606	191048	176031	175629	200720	215077	276394
珠 海	26702	30662	30023	28797	33190	36768	46306
汕 头	16986	12490	13302	12757	14006	19800	20827
佛 山	110487	109729	102747	95172	105031	125117	159760
韶 关	18418	18534	20336	19404	20555	23609	30058
河 源	9389	8330	9278	9796	11881	15123	17463
梅 州	14497	16142	16436	18549	17385	19055	21327
惠 州	25481	27780	28907	31476	39090	51844	56351
汕 尾	4077	3871	4467	5924	6396	5635	6372
东 莞	111128	91871	101261	97249	100548	111682	141085
中 山	41912	46913	48767	49029	54971	66884	84209
江 门	48247	47008	52368	49623	48174	47244	55204
阳 江	11768	10676	12711	13346	15833	21131	22702
湛 江	28178	25961	26138	28324	26859	31597	35597
茂 名	17711	16608	21421	19588	21788	24988	30358
肇 庆	21166	18261	20846	21198	23903	29004	28983
清 远	16946	20953	21422	22501	24959	33061	38039
潮 州	6215	6296	6698	6476	6524	7823	9025
揭 阳	18264	15966	15850	14302	11971	13253	13812
云 浮	10131	11033	13096	13055	14688	16801	17278
知 产	——	——	——	——	——	3402	4907
海 事	1404	1221	2578	2085	2420	2894	2403
铁 路	794	808	802	741	972	1276	13738

6-99 广东省各类生产安全事故类型情况表（2016年）

行业	合计		事故等级					
			一般事故		较大事故		重大事故	
	事故起数（起）	死亡人数（人）	事故起数（起）	死亡人数（人）	事故起数（起）	死亡人数（人）	事故起数（起）	死亡人数（人）
合计	**8331**	**3951**	**8291**	**3792**	**39**	**141**	**1**	**18**
物体打击	**119**	**112**	119	112				
车辆伤害	**70**	**60**	70	60				
机械伤害	**116**	**108**	116	108				
起重伤害	**31**	**29**	31	29				
触电	**107**	**106**	107	106				
淹溺	**43**	**62**	39	44	4	18		
灼烫	**6**	**3**	6	3				
火灾	**58**	**41**	56	29	2	12		
高处坠落	**321**	**303**	321	303				
坍塌	**42**	**54**	41	36			1	18
冒顶片帮	**2**	**2**	2	2				
透水								
爆破								
火药爆炸	**1**	**4**			1	4		
瓦斯爆炸	**1**		1					
锅炉爆炸								
容器爆炸	**7**	**11**	6	7	1	4		
其他爆炸	**13**	**10**	13	10				
中毒和窒息	**20**	**30**	18	23	2	7		
其他伤害	**52**	**49**	50	41	2	8		
道路运输	**7322**	**2967**	7295	2879	27	88		

注：表格空白处为0

6-100 广东省各市生产安全事故情况表（2016年）

市别	合计		事故等级					
			一般事故		较大事故		重大事故	
	事故起数（起）	死亡人数（人）	事故起数（起）	死亡人数（人）	事故起数（起）	死亡人数（人）	事故起数（起）	死亡人数（人）
合计	**8331**	**3951**	**8291**	**3792**	**39**	**141**	**1**	**18**
广州市	**888**	**498**	886	491	2	7		
韶关市	**271**	**141**	269	134	2	7		
深圳市	**507**	**393**	506	388	1	5		
珠海市	**131**	**82**	130	79	1	3		
汕头市	**182**	**73**	181	70	1	3		
佛山市	**464**	**278**	462	271	2	7		
江门市	**513**	**191**	511	179	2	12		
湛江市	**669**	**166**	667	159	2	7		
茂名市	**275**	**112**	275	112				
肇庆市	**352**	**196**	347	180	5	16		
惠州市	**250**	**194**	249	191	1	3		
梅州市	**105**	**64**	104	61	1	3		
汕尾市	**371**	**115**	369	109	2	6		
河源市	**99**	**75**	97	69	2	6		
阳江市	**218**	**161**	215	150	3	11		
清远市	**847**	**263**	841	244	6	19		
东莞市	**738**	**354**	736	327	1	9	1	18
中山市	**657**	**207**	657	207				
潮州市	**108**	**68**	104	54	4	14		
揭阳市	**111**	**75**	111	75				
云浮市	**337**	**126**	336	123	1	3		
顺德区	**210**	**92**	210	92				

注：1. 各市数据不含铁路运输业、水上运输业事故数据。
　　2. 表格空白处为0。

6–101 广东省生产安全事故伤亡情况表（2016年）

	合计		事故等级					
			一般事故		较大事故		重大事故	
	事故起数（起）	死亡人数（人）	事故起数（起）	死亡人数（人）	事故起数（起）	死亡人数（人）	事故起数（起）	死亡人数（人）
合 计	8331	3951	8291	3792	39	141	1	18
A 农、林、牧、渔业	33	27	32	24	1	3		
B 采矿业	14	16	13	12	1	4		
C 制造业	314	322	308	279	5	25	1	18
D 电力、热力、燃气及水生产和供应业	12	11	12	11				
E 建筑业	372	353	372	353				
F 批发和零售业	37	33	37	33				
G 交通运输、仓储和邮政业	7419	3067	7389	2970	30	97		
H 住宿和餐饮业	14	9	14	9				
I 信息传输、软件和信息技术服务业	8	7	8	7				
J 金融业								
K 房地产业	10	9	10	9				
L 租赁和商务服务业	11	8	11	8				
M 科学研究和技术服务业	2	2	2	2				
N 水利、环境和公共设施管理业	11	14	10	10	1	4		
O 居民服务、修理和其他服务业	56	54	56	54				
P 教育								
Q 卫生和社会工作	1		1					
R 文化、体育和娱乐业	12	19	11	11	1	8		
S 公共管理、社会保障和社会组织	5		5					
T 国际组织								

注：表格空白处为0

七、民政

简要说明

1. 本篇资料主要反映广东省民政事业发展情况。

2. 本篇资料主要包括：

（1）全省各类民政对象、各类社会服务机构、社会组织、婚姻、收养登记、殡葬等情况。

（2）地区分全省和各地级以上市。

（3）年份主要为 2011—2016 年数据。

3. 统计资料来源：本篇资料由广东省民政厅负责整理、审核、提供。

2016 年广东民政事业发展概述

2016 年，广东集中力量办好十件民生实事，涉及民政的 8 项事项圆满完成，保障和改善底线民生取得新进步，基层社会治理创新呈现新气象，民政公共服务能力不断提升，广东民政事业取得了长足发展。

省十件民生实事中涉及民政的 8 项事项圆满完成。全省城乡低保补差、农村五保供养、孤儿养育、医疗救助水平均位居全国前列。事实无人抚养儿童基本生活保障制度得到落实，残疾人“两项补贴”任务圆满达标。全省社会福利事业的彩票公益金，50%用于支持发展养老服务业。

社会救助工作全面推进。提请省人大审议《广东省社会救助条例》。出台《底线民生精准扶贫精准脱贫三年攻坚实施方案》，农村低保最低标准提高到月人均 335 元，将 94 万符合条件的贫困人口全部纳入低保。在全国率先开展特困人员供养服务机构公建民营社会化改革试点。出台重特大疾病医疗救助实施意见及《广东省困难群众医疗救助暂行办法》。全面启动“救急难”综合试点。

减灾救灾工作有效开展。全年救助受灾群众 47.26 万人次，1954 户因灾“全倒户”2017 年春节前基本完成重建家园任务并搬入新居。出台了《关于支持引导社会力量参与减灾救灾工作的实施意见》。深入开展防灾减灾日宣传活动。

养老服务体系建设和慈善事业加快推进。出台《广东省养老服务体系建设“十三五”规划》，。普惠型 80 岁以上高龄津贴制度实现全省全覆盖，各级财政支出超过 14 亿元，受惠老年人达 225 万人。全省参加意外伤害保险老年人数达到 635 万，覆盖率达 53%，居全国第一。成功举办 2016 年广东扶贫济困日活动，全省共认捐 22.6 亿元。做好福利彩票发行管理工作，全年全省销售福利彩票 211 亿元，筹集福彩公益金 61 亿元，两项指标均创历史新高。

城乡社区治理和服务创新不断推进。推进农村社区建设试点、城乡社区协商示范点和社区减负工作，推广“一门一网式”政务改革延伸到村（居），并将其纳入省委、省政府文件内容。全国社区治理和服务创新实验区、乡镇（街道）和职能部门与村（居）民委员会双向考核试点、“村（居）民自治改革创新工程”等试点顺利完成。出台了《关于规范全省行政村公务接待工作的指导意见（试行）》。开展村（居）务公开“五化”创建活动，以“九有”为标准推动全省 19732 个行政村村务监督委员会规范运作，实现全覆盖。

社会组织管理不断加强。截至 2016 年底，全省共有社会组织 59455 个，其中社会团体 27077 个、民办非企业单位 31574 个、基金会 804 个。深化社会组织体制改革。加强社会组织规范管理，严格履行社会组织登记年检审批审核职责；建立社会组织退出机制；组织开展 1419 个社会组织等级评估；创建 10 家社会组织法人治理示范单位；全面实施社会组织统一社会信用代码制度改革。推进我省行业协会商会与行政机关脱钩工作。加快社会组织信息化建设。基层（镇级）社会组织管理试点工作稳妥推进。

专业社会工作和志愿服务管理有序发展。全省累计近 6 万人通过全国社会工作职业资格考试，约占全国总数的 1/5；民办社会工作机构增加到 1254 家，社工专业岗位数量达 23784 个，全年各级政府投入社会工作经费达 14 亿元。“专业社工、全民义工”试点工作顺利开展。成立广东省公共危机社会工作服务队和公共危机志愿服务协会，探索建立“专业社工、全民义工”的公共危机介入服务联动机制。连续第五年举办岭南社工宣传周活动。开发应用广东省志愿服务信息管理系统。启动粤东西北地区“双百镇（街）社工服务站”建设项目。

民政公共服务能力得到新提升。完成了一批行政区划调整审核报批工作。深入推进殡葬改革工作，印发《广东省殡葬事业发展“十三五”规划》。婚姻登记管理水平不断提高，全年全省办理婚姻登记97.3万对，补发婚姻登记证12.3万对，实现全省联网在线实时登记、全国联网核查。启动婚姻登记体制改革。未成年人保护试点工作深入推进。完成对全省农村留守儿童249846人的入户调查和登记统计工作，启动开展“合力监护、相伴成长”关爱保护专项行动。出台《特殊困难救助对象跨省护送返乡工作规程》，建立了长期滞留流浪乞讨人员就地落户安置工作机制，全面启用全国救助寻亲网，全省共寻亲成功396人。

优抚安置双拥工作取得新进展。优抚保障水平进一步提升，中央和省财政投入资金19.2亿元提高优抚对象抚恤补助标准，惠及优抚对象42万人。进一步规范了“两参”人员身份认定的协查、备案制度；完善了伤残评定程序；有18个地市建立烈士评定申报审核工作制度；5个优抚工作区域协调机制已建立并实施。制定了《关于做好义务兵家庭优待金发放工作的通知》。推广惠州经验，起草了关于建立和完善我省复退军人服务体系的文件。烈士褒扬工作深入开展，全省组织9.7万人次参加“9·30”烈士纪念日烈士公祭活动。各地烈士纪念设施维修改造工作顺利推进。

撰稿：杨文超

7-1 民政事业发展情况（2016）

项目	2015	2016	2016年比2015年增减%
社会工作			
提供住宿的社会服务机构床位数(万张)	18.43	21.22	15.11%
#老年及残疾人床位	16.18	18.96	17.17%
智障和精神疾病床位	0.41	0.46	12.09%
儿童床位	0.49	0.57	16.07%
其它床位	1.35	1.23	-8.94%
社区服务中心数（个）	2922	1871	-35.97%
城镇居民最低生活保障人数(万人)	29.69	25.46	-14.26%
农村居民最低生活保障 人数 （万人）	153.60	145.14	-5.51%
家庭儿童收养登记总数(件)	1458	1436	-1.51%
社会福利企业 （个）	134	103	-23.13%
福利彩票销售额 （亿元）	205.05	211.29	3.04%
国家重点优抚对象 （万人）	42.82	42.20	-1.46%
成员组织			
社会组织 （个）	53958	59455	10.19%
村民委员会 （万个）	1.96	1.97	0.35%
社区居委会 （万个）	0.66	0.67	1.38%
其他社会服务			
办理结婚登记 （万对）	84.04	78.61	-6.46%
办理离婚登记 （万对）	16.75	18.64	11.28%
火化遗体数 （万具）	45.06	47.32	5.01%

7-2 社会服务机构基本情况（2016）

项目	单位数(个)		职工人数(人)	
	2015	2016	2015	2016
(一)社会工作				
提供住宿的社会服务机构	1588	1643	26435	27516
老年人与残疾人服务机构	1424	1491	21445	21876
城市养老服务机构	251	279	9205	9605
农村养老服务机构	899	941	4744	4973
社会福利院	148	149	6037	5887
光荣院	45	42	387	354
荣誉军人康复医院	2	2	219	221
复员军人疗养院	2	2	144	145
军休所	77	76	709	691
智障与精神疾病服务机构	11	12	1217	1568
复退军人精神病院	8	9	569	914
社会福利医院	3	3	648	654
儿童收养救助服务机构	39	46	1156	1737
儿童福利机构	37	43	1050	1617
流浪儿童救助保护中心	2	3	106	120
其他提供住宿的服务机构	114	94	2617	2335
生活无着人员救助管理站	73	71	1763	1740
其他收养机构	28	10	610	358
军供站	13	13	244	237
不提供住宿的社会服务机构	57635	66975	175336	211831
老龄机构	100	40	315	205
社会福利企业	134	103	12508	8461
救灾储备仓库	67	18	208	114
福利彩票发行单位	65	62	751	866

7-2 续表2 社会服务机构基本情况（2016）

项　目	单位数(个)		职工人数(人)	
	2015	2016	2015	2016
军队离退休人员活动中心				
烈士纪念建筑物管理单位	111	29	428	232
社区服务机构	57108	66677	160546	201392
救助、低保服务机构	4	4	34	38
其他事业单位	40	37	454	435
(二)成员组织和其他社会服务机构				
成员组织				
社会组织	53958	59455	616820	609387
社会团体	24904	27077	187131	207502
基金会	677	804	4088	4769
民办非企业	28377	31574	425601	397116
自治组织	26241	26436		
居委会	6609	6702		
村委会	19632	19734		
其他社会服务				
婚姻				
婚姻登记服务机构	133	60	671	424
殡葬				
殡仪馆	89	88	4323	4053
公墓	113	70	2166	1859
骨灰堂	9		50	
殡葬管理机构	103	84	1146	935
二、行政机关	142	145	4006	4244

7-3 各项民政事业经费情况（2016）

单位：亿元

项　　目	2015	2016	2016年比2015年增减%
民政事业经费合计	259.52	305.67	17.78%
抚恤	35.81	42.05	17.42%
退役安置	29.98	30.51	1.76%
社会福利	40.89	55.33	35.30%
社会救助	96.84	112.10	15.75%
#城市最低生活保障	15.95	17.77	11.39%
农村最低生活保障	39.35	43.94	11.67%
其他社会救济	24.85	27.47	10.53%
医疗救助	16.69	22.92	37.33%
自然灾害生活救助	5.11	3.74	-26.74%
离退休人员费	4.20	5.55	32.21%
其他	46.68	56.39	20.79%

7-4 各市民政事业经费情况（2016）

单位：亿元

地　区	社会服务事业费总支出	抚恤	退役安置	社会福利	社会救助	自然灾害生活救助	离退休人员经费	其他
合　计	**305.7**	**42.1**	**30.5**	**55.3**	**112.1**	**3.7**	**5.5**	**56.4**
省本级	5.7	0.4	0.1	1.4	0.8	0.1	0.5	2.5
广　州	71.2	5.5	16.0	15.8	9.4	0.0	1.7	22.7
深　圳	20.9	1.0	2.7	p	1.9	0.0	0.1	9.7
珠　海	6.1	0.5	0.8	0.8	1.0	0.0	0.9	2.1
汕　头	11.3	2.6	0.6	1.6	5.1	0.1	0.2	1.1
佛　山	12.1	2.3	1.0	3.3	3.5	0.0	0.2	1.8
韶　关	8.4	1.4	0.5	1.4	3.3	0.3	0.2	1.2
河　源	12.7	1.7	0.3	1.7	7.9	0.3	0.1	0.6
梅　州	14.8	2.4	0.5	1.3	9.3	0.3	0.2	0.9
惠　州	15.4	2.1	1.1	3.1	5.5	0.1	0.3	3.3
汕　尾	8.9	1.4	0.2	1.0	5.4	0.3	0.1	0.5
东　莞	8.3	0.9	1.1	3.1	2.1	0.1	0.0	1.1
中　山	4.8	1.1	0.3	1.3	1.2	0.0	0.1	0.9
江　门	9.4	2.0	0.6	1.5	3.9	0.1	0.1	1.2
阳　江	7.3	1.1	0.3	1.3	4.1	0.1	0.1	0.4
湛　江	22.9	3.3	1.8	2.5	13.2	0.6	0.2	1.3
茂　名	16.9	2.4	0.7	2.7	9.9	0.5	0.1	0.6
肇　庆	10.7	1.7	0.3	1.4	5.2	0.2	0.1	1.8
清　远	10.4	1.4	0.4	1.9	5.6	0.1	0.1	0.9
潮　州	5.2	1.1	0.2	0.5	2.7	0.1	0.1	0.5
揭　阳	15.1	4.8	0.7	1.7	7.1	0.2	0.1	0.7
云　浮	7.0	1.0	0.2	0.8	4.2	0.1	0.0	0.6

7-5 各市抚恤、补助优抚对象总人数(2016)

单位：人

市别	抚恤、补助优抚对象总人数	定期抚恤人数合计	烈属	因公牺牲军人遗属	病故军人遗属	定期补助人数合计	伤残人员合计
合计	**422033**	**6437**	**4005**	**864**	**1568**	**390895**	**24701**
省本级	365	71	71	0	0	244	50
广州	25280	307	154	51	102	21664	3309
深圳	3739	87	36	14	37	2330	1322
珠海	3091	48	19	12	17	2704	339
汕头	30545	304	156	53	95	28019	2222
佛山	11687	203	144	18	41	10714	770
韶关	15624	225	119	33	73	14617	782
河源	19719	518	386	44	88	17926	1275
梅州	28672	625	333	78	214	26762	1285
惠州	16014	190	91	30	69	15007	817
汕尾	15725	819	724	30	65	14064	842
东莞	9536	88	59	6	23	9054	394
中山	8581	70	40	13	17	8230	281
江门	23024	305	176	59	70	21762	957
阳江	16939	168	99	26	43	16182	589
湛江	40076	637	382	103	152	36677	2762
茂名	37695	423	223	79	121	35584	1688
肇庆	21900	189	95	36	58	21050	661
清远	21580	205	110	30	65	20720	655
潮州	20833	169	68	40	61	19593	1071
揭阳	36438	664	459	90	115	33567	2207
云浮	14970	122	61	19	42	14425	423

7-6 各市抚恤、补助优抚对象总人数

单位：人

市 别	2012	2013	2014	2015	2016
合 计	**419740**	**434344**	**432929**	**428232**	**422033**
省本级	442	441	432	420	365
广 州	23566	24633	24914	25512	25280
深 圳	3085	3326	3420	3615	3739
珠 海	2962	2847	2928	3034	3091
汕 头	31595	30278	30561	30827	30545
佛 山	12217	12028	11857	11800	11687
韶 关	15385	16138	15590	15807	15624
河 源	21325	23181	21595	19278	19719
梅 州	35960	35697	33631	31803	28672
惠 州	15831	15863	16087	16080	16014
汕 尾	17922	18695	16511	16493	15725
东 莞	9211	9531	9711	9822	9536
中 山	7853	8127	8185	8377	8581
江 门	23610	24213	23337	23166	23024
阳 江	16535	17553	17202	17848	16939
湛 江	39308	41679	38990	40411	40076
茂 名	34196	34768	43395	37876	37695
肇 庆	20767	21962	21604	21826	21900
清 远	20448	20875	21230	21269	21580
潮 州	20699	21714	20704	21120	20833
揭 阳	33419	36700	36730	37031	36438
云 浮	13404	14095	14315	14817	14970

7-7 各市城镇居民最低生活保障人数

单位：人

市　别	2012	2013	2014	2015	2016
合　计	**371609**	**339911**	**315969**	**296930**	**254644**
广　州	37682	34523	29297	24256	22105
深　圳	8598	7095	6729	6309	5916
珠　海	4181	3902	3395	3546	3339
汕　头	24626	23630	23108	22881	20528
佛　山	10258	9465	8301	7076	6960
韶　关	23958	19348	15957	14718	12231
河　源	30307	19652	19979	19176	13149
梅　州	15560	13711	12298	11807	10738
惠　州	9327	9028	11577	10721	9681
汕　尾	26519	24714	24186	25174	26674
东　莞	6598	6584	5716	5466	3569
中　山	4814	4155	3590	3355	2999
江　门	11332	10162	9150	8796	8335
阳　江	18216	17550	14270	13385	12348
湛　江	44700	43224	43378	42047	21716
茂　名	34418	33650	31022	28563	27788
肇　庆	7569	7180	6534	5668	4955
清　远	11573	10807	9831	8056	7581
潮　州	13711	13911	10628	9134	7312
揭　阳	22362	22136	21374	21009	20495
云　浮	5300	5484	5649	5787	6225

7-8 各市城镇居民最低生活保障家庭数

单位：户

市　别	2012	2013	2014	2015	2016
合　计	**165089**	**161431**	**156836**	**151870**	**132521**
广　州	19815	18946	17029	15076	14282
深　圳	3320	2866	2787	2653	2550
珠　海	2289	2208	2046	2289	2258
汕　头	11538	11749	11811	11953	10588
佛　山	5004	4898	4484	4037	4563
韶　关	12144	10732	9351	9007	7545
河　源	11908	9178	9697	9596	6274
梅　州	7242	6753	6295	6241	5832
惠　州	3592	3579	4894	4754	4327
汕　尾	8748	8940	9498	10089	10216
东　莞	2732	3025	2771	2707	1938
中　山	2110	1890	1751	1668	1551
江　门	5242	4925	4727	4724	4627
阳　江	6750	7444	6373	6372	6143
湛　江	18930	19429	20563	20823	11028
茂　名	15129	15342	15076	13939	13477
肇　庆	3602	3512	3288	2940	2899
清　远	4978	4859	4685	4201	4136
潮　州	6587	7081	5531	4290	3783
揭　阳	10656	11183	11214	11475	11189
云　浮	2773	2892	2965	3036	3315

7-9 各市农村居民最低生活保障人数

单位：人

市别	2012	2013	2014	2015	2016
合计	**1778371**	**1632234**	**1587610**	**1536045**	**1451361**
广州	56657	52284	43221	33150	26932
深圳					
珠海	5507	4811	4459	4137	3580
汕头	86212	87488	88241	89959	87526
佛山	27353	25390	22360	18992	15481
韶关	85164	71931	60352	58882	52424
河源	210949	156523	147699	139675	88205
梅州	247841	196598	192916	182145	161255
惠州	80019	79153	72314	66124	60811
汕尾	78586	78496	78787	82246	84899
东莞	17423	15432	13745	11961	8343
中山	12246	8951	7841	7120	6259
江门	57113	54216	52498	52368	50300
阳江	63738	64598	66211	63238	56154
湛江	173294	163361	170767	169427	207335
茂名	168931	169214	168394	162645	149594
肇庆	66704	64423	60629	49753	43563
清远	120384	109621	104076	101388	95521
潮州	50996	52886	53553	52536	45273
揭阳	113301	118269	120422	129290	143360
云浮	55953	58589	59125	61009	64546

7–10 各市农村居民最低生活保障家庭数

单位：户

市 别	2012	2013	2014	2015	2016
合 计	**784847**	**721482**	**717464**	**712017**	**606658**
广 州	22644	21346	18303	14595	12068
深 圳				0	
珠 海	2758	2604	2504	2423	2154
汕 头	34588	36735	37253	37972	34974
佛 山	12885	12487	11283	10008	8466
韶 关	38238	34585	28208	28684	24553
河 源	110820	65868	66341	66642	36109
梅 州	92004	75963	77382	75236	67773
惠 州	28081	28303	26327	24905	23093
汕 尾	34164	36349	36324	38495	33424
东 莞	8299	6768	6220	5566	4090
中 山	4467	3434	3116	2867	2696
江 门	24414	24227	24043	24500	24071
阳 江	32202	31931	28535	27543	24530
湛 江	78265	80210	88010	91637	70807
茂 名	80056	78136	78579	79375	60618
肇 庆	29893	28533	26873	22611	20639
清 远	47763	42135	42171	43097	40462
潮 州	24534	25637	27099	19793	18417
揭 阳	53006	59874	62619	69497	69342
云 浮	25766	26357	26274	26571	28372

7-11 各市农村特困人员救助集中供养人数

单位：人

市别	2012	2013	2014	2015	2016
合计	**33657**	**32608**	**27417**	**26000**	**22980**
广州	1172	1106	954	866	758
深圳					
珠海	254	244	272	265	239
汕头	594	561	519	469	388
佛山	1395	1221	1134	1037	937
韶关	1879	1799	1755	1682	1593
河源	1994	1881	1821	1784	1364
梅州	2696	2629	2342	2229	2180
惠州	891	790	757	721	656
汕尾	1167	1180	752	741	653
东莞	794	600	619	611	602
中山	828	828	662	626	539
江门	1351	1269	1295	1274	1226
阳江	1509	1522	1431	1267	1094
湛江	6508	7410	4080	4444	3991
茂名	2430	2419	2462	2428	1862
肇庆	3028	2191	1974	1446	1318
清远	2095	1960	1804	1814	1643
潮州	320	331	319	278	189
揭阳	1350	1337	1232	861	699
云浮	1402	1330	1233	1157	1049

以前指标叫：各市农村五保集中供养人数

7-12 各市农村特困人员救助分散供养人数

单位：人

市别	2012	2013	2014	2015	2016
合计	**217673**	**210379**	**211498**	**214147**	**208983**
广州	3678	3503	3511	3600	3696
深圳					
珠海	693	732	771	764	755
汕头	2811	2857	2927	2849	3286
佛山	1436	1397	1396	1335	1318
韶关	4813	4778	4903	5061	5068
河源	14959	15052	14695	14778	15270
梅州	14108	12295	11534	12092	12540
惠州	8030	8086	7776	7831	7723
汕尾	11447	11428	11068	11547	12228
东莞	328	313	234	222	222
中山	627	627	443	389	346
江门	5639	5691	6072	6282	6470
阳江	13393	13942	13542	13672	13744
湛江	44887	39118	39433	38853	34783
茂名	34168	31732	31562	31775	29402
肇庆	10153	11055	11567	11865	12117
清远	19034	19525	19187	18904	18040
潮州	3892	4064	3967	4074	3692
揭阳	8860	9184	11950	13181	13237
云浮	14717	15000	14960	15073	15046

以前指标叫：各市农村五保分散供养人数

7-13 各市孤儿人数

单位：人

市别	2012	2013	2014	2015	2016
合计	**44375**	**43526**	**41711**	**38845**	**35807**
省本级	46	102	60	58	125
广州	2969	2969	3080	3029	2105
深圳	1257	1296	1273	1181	1147
珠海	313	264	313	284	303
汕头	773	695	664	633	578
佛山	742	735	670	636	614
韶关	962	987	981	801	698
河源	2830	2608	2421	2292	2080
梅州	3144	2979	2454	2371	1545
惠州	798	769	698	666	629
汕尾	3245	3228	3029	2944	2902
东莞	1028	999	925	925	807
中山	744	643	627	594	568
江门	1011	932	880	800	726
阳江	2344	2347	2443	2271	1920
湛江	8133	7837	7469	6832	5943
茂名	6987	7138	6729	5952	5759
肇庆	1211	1227	1268	1106	1066
清远	1501	1435	1386	1328	2378
潮州	409	424	336	316	289
揭阳	2580	2578	2718	2624	2513
云浮	1348	1334	1287	1202	1112

7-14 各市收养登记件数

单位：件

市　别	2012	2013	2014	2015	2016
合　计	**2553**	**1989**	**1789**	**1458**	**1436**
省本级	800	556	481	446	336
广　州	200	118	63	53	51
深　圳	68	43	53	42	49
珠　海	45	13	34	34	25
汕　头	17	6	14	13	6
佛　山	88	54	56	39	20
韶　关	135	151	194	97	135
河　源	39	45	30	32	22
梅　州	32	19	41	42	28
惠　州	55	50	34	34	52
汕　尾	28	21	30	19	14
东　莞	49	59	29	27	23
中　山	149	92	70	46	50
江　门	132	122	116	124	126
阳　江	137	156	122	74	80
湛　江	31	62	40	45	35
茂　名	114	57	32	31	39
肇　庆	82	64	79	32	36
清　远	156	136	111	91	148
潮　州	7	4	7	9	7
揭　阳	20	15	13	12	19
云　浮	169	146	140	116	135

7-15 各市收养类单位数

单位：个

市 别	2012	2013	2014	2015	2016
合 计	**2488**	**1743**	**1637**	**1588**	**1643**
省本级	5	5	9	9	9
广 州	173	180	222	205	204
深 圳	38	38	31	29	34
珠 海	33	32	32	27	26
汕 头	61	60	48	41	37
佛 山	65	64	64	70	73
韶 关	110	110	95	98	101
河 源	108	111	113	113	113
梅 州	138	144	74	89	93
惠 州	94	93	95	92	93
汕 尾	60	60	66	59	59
东 莞	34	37	40	40	40
中 山	24	24	25	25	25
江 门	87	95	96	94	92
阳 江	63	65	37	58	57
湛 江	800	12	29	51	72
茂 名	119	130	91	60	85
肇 庆	127	128	142	130	130
清 远	102	100	94	97	98
潮 州	44	44	26	26	26
揭 阳	130	136	139	105	97
云 浮	73	75	69	70	79

7-16 各市收养类单位床位数

单位：张

市　　别	2012	2013	2014	2015	2016
合　　计	**152178**	**159670**	**180910**	**184339**	**212206**
省本级	1364	1378	2598	2605	2607
广　　州	34566	41237	51468	54071	54732
深　　圳	5567	5567	7481	7404	8334
珠　　海	2463	2500	3424	3451	3403
汕　　头	2054	2076	2357	2259	4610
佛　　山	10573	11090	11548	13371	14731
韶　　关	5613	5698	5922	6252	6862
河　　源	5353	6239	6835	6943	7098
梅　　州	4986	5247	3930	4544	6822
惠　　州	7611	7836	8593	8562	9896
汕　　尾	2588	2651	2820	3470	3481
东　　莞	4605	4931	5696	5877	6165
中　　山	3939	4150	4206	5138	5128
江　　门	7257	10032	11681	11094	12160
阳　　江	4054	4304	3834	4648	4811
湛　　江	11462	1752	4719	5251	6726
茂　　名	9748	10844	8723	6157	13567
肇　　庆	6494	6495	9358	10332	10448
清　　远	4633	5694	5881	7099	7104
潮　　州	1768	1804	1305	1292	1374
揭　　阳	12297	14207	14860	10845	16834
云　　浮	3183	3938	3671	3674	5313

7-17 各市收养类单位年末在院人数

单位：人

市 别	2012	2013	2014	2015	2016
合 计	**91606**	**83638**	**82616**	**82329**	**86701**
省本级	1187	1219	1167	1179	1168
广 州	25382	25151	26621	26405	26287
深 圳	2880	3088	3026	3272	3635
珠 海	1488	1492	1553	1534	1621
汕 头	1269	1325	954	825	756
佛 山	8032	8440	8347	8990	9265
韶 关	3366	3469	3134	3085	3188
河 源	3241	2722	3087	2813	2849
梅 州	3686	3855	2259	2308	2435
惠 州	2224	2188	2261	2381	2532
汕 尾	1657	1680	1520	1316	1241
东 莞	2726	2759	2724	2745	2745
中 山	2075	2036	2033	2290	2313
江 门	4478	4862	6278	5175	5250
阳 江	2705	2732	1983	3076	2808
湛 江	9383	1324	1332	1977	2511
茂 名	4141	4318	4174	2859	6240
肇 庆	4319	3420	3329	2957	3064
清 远	2762	2742	2468	2941	3160
潮 州	609	628	398	359	289
揭 阳	2375	2172	2220	2100	1549
云 浮	1621	2016	1748	1742	1795

7-18 各市救助类单位数

单位：个

市别	2012	2013	2014	2015	2016
合计	**81**	**75**	**76**	**75**	**74**
省本级	3	3	3	3	3
广州	6	6	6	6	6
深圳	3	3	3	3	3
珠海	2	2	2	2	2
汕头	4	4	4	4	4
佛山	1	1	1	1	1
韶关	2	1	1	1	1
河源	3	2	2	2	2
梅州	7	7	7	7	6
惠州	5	5	5	5	5
汕尾	4	4	5	5	5
东莞	1	1	1	1	1
中山	1	1	1	1	1
江门	6	6	6	6	6
阳江	1	1	1	1	1
湛江	4	5	6	5	6
茂名	6	6	5	5	5
肇庆	6	2	2	2	2
清远	4	4	4	4	3
潮州	2	2	2	2	2
揭阳	5	4	4	4	4
云浮	5	5	5	5	5

7-19 各市救助类单位床位数

单位：张

市别	2012	2013	2014	2015	2016
合计	**7734**	**8120**	**8087**	**8204**	**7687**
省本级	1035	1150	1150	1150	1150
广州	1664	1664	1664	1664	1274
深圳	830	830	850	850	800
珠海	375	375	388	388	388
汕头	417	417	417	417	250
佛山	150	150	150	150	150
韶关	210	210	210	210	210
河源	160	182	182	182	182
梅州	234	234	234	234	226
惠州	463	471	424	491	411
汕尾	210	210	240	260	275
东莞	346	322	322	406	406
中山	50	50	50	50	40
江门	422	422	384	265	291
阳江	120	120	120	120	120
湛江	184	210	234	224	219
茂名	100	172	177	177	158
肇庆	113	111	111	111	111
清远	144	259	259	334	324
潮州	90	94	94	94	94
揭阳	352	402	362	362	543
云浮	65	65	65	65	65

7-20 各市救助类单位救助人次数

单位：人次

市 别	2012	2013	2014	2015	2016
合 计	**133718**	**141098**	**154027**	**173845**	**169642**
省本级	1457	1625	1848	1714	1823
广 州	36754	37070	39429	44736	45861
深 圳	23815	24110	22085	21881	20933
珠 海	3113	3004	2694	2626	2646
汕 头	4821	5099	3712	3870	2793
佛 山	2031	2547	3198	3757	3044
韶 关	2376	4100	4025	3247	3276
河 源	3205	4015	4308	10652	9792
梅 州	3835	5169	5276	6887	6700
惠 州	7176	11067	16265	10480	10229
汕 尾	7018	6326	8833	10430	11578
东 莞	6751	8627	9263	10900	8559
中 山	2782	2782	2782	2751	1737
江 门	2614	4240	3653	5104	5266
阳 江	1767	1854	1925	2515	1859
湛 江	6516	3517	6525	10037	7966
茂 名	3185	3681	4610	5254	5737
肇 庆	1856	1734	2517	3061	5362
清 远	6578	3916	3784	4149	4471
潮 州	1897	2186	945	1791	1808
揭 阳	3428	3310	5236	5613	5412
云 浮	743	1119	1114	2390	2790

7-21 各市救助类单位年末在站人数

单位：人

市　　别	2012	2013	2014	2015	2016
合　　计	**2472**	**1406**	**1764**	**2129**	**2175**
省本级	773	441	458	420	446
广　　州	1141	278	380	627	500
深　　圳	352	381	564	541	618
珠　　海	20	3	33	29	30
汕　　头	53	50	59	57	59
佛　　山	20	35	13	15	33
韶　　关	14	16	16	16	48
河　　源					
梅　　州		2	7	6	7
惠　　州	19	17	71	65	63
汕　　尾				38	53
东　　莞		80	80	251	251
中　　山	9	9	9	9	23
江　　门	16	7	51	13	2
阳　　江	1				6
湛　　江	34	15	17	19	26
茂　　名			4	4	7
肇　　庆					
清　　远	3			1	
潮　　州	15	70		2	
揭　　阳	2	2	2	16	3
云　　浮					

7-22 优抚安置单位情况（2016）

项　目	单位数	休养所可提供休养的户数/床位数	年末休养人数/接待人次数	机构占地面积	烈士纪念建筑物数
军队离退休干部休养所	76	5866	7432		
军用供养站	13	3478	233702		
军队离退休人员管理中心	5				
烈士纪念建筑物管理机构	29			1258411	241

7-23 各市优抚安置单位数

单位：个

市别	2012	2013	2014	2015	2016
合计	**163**	**182**	**212**	**207**	**123**
省本级	1	1	1	1	1
广州	38	38	38	38	38
深圳	5	5	5	5	5
珠海	3	2	2	2	2
汕头	8	9	9	9	6
佛山	4	4	4	3	3
韶关	9	9	9	9	6
河源	9	11	11	11	6
梅州	10	9	9	8	6
惠州	1	1	1	1	1
汕尾	8	15	15	15	6
东莞	2	2	2	2	2
中山	1	1	0	1	0
江门	3	3	3	3	3
阳江	3	3	3	3	2
湛江	11	11	12	11	11
茂名	10	10	43	43	5
肇庆	6	6	7	7	7
清远	6	11	11	8	4
潮州	2	2	2	2	2
揭阳	19	25	21	21	3
云浮	4	4	4	4	4

7-24 各市老龄事业单位数

单位：个

市别	2012	2013	2014	2015	2016
合计	**122**	**114**	**111**	**100**	**40**
省本级	1	1	1	1	1
广州	11	10	11	10	10
深圳	6	6	6	6	2
珠海	1	2	2	2	2
汕头	7	7	7	7	2
佛山	7		0		
韶关	8	8	9	9	1
河源	6	5	4	4	1
梅州	9	9	9	9	
惠州	6	6	6	6	6
汕尾	5	5	5	5	2
东莞	1	1	1	1	1
中山			0	0	
江门	8	8	8	8	3
阳江	5	5	5		
湛江	4	2	1	1	
茂名	5	5	5	5	2
肇庆	8	8	8	8	1
清远	6	6	5	5	2
潮州	3	5	5	5	
揭阳	9	10	8	3	1
云浮	6	5	5	5	3

7-25 社会福利企业情况(2016)

指标	机构数（个）	年末职工人数（人）	残疾职工	女残疾职工	应减免税金总额（万元）	实际减免税金总额（万元）	交纳税金总额（万元）	盈利总额（万元）
合计	**103**	**8461**	**3650**	**1042**	**1009.3**	**897.6**	**939.2**	**201.2**
按登记机构分								
工商登记	93	8143	3529	1015	979.4	869.4	903.9	207.7
编制登记	10	318	121	27	29.9	28.2	35.3	-6.5
按单位类别分								
福利工厂	70	5616	2664	724	363	360.8	361.5	97.6
康复辅具机构	2	74	8	2				
其他福利企业	31	2771	978	316	646.3	536.8	577.7	103.6

7-26 各市福利企业单位数

单位：个

市别	2012	2013	2014	2015	2016
合计	**157**	**154**	**147**	**134**	**103**
省本级	1	1	1	1	1
广州	34	34	33	33	13
深圳	15	17	20	16	16
珠海	1	1	1	1	1
汕头	3	3	3	3	3
佛山	31	28	27	22	22
韶关	6	6	5	5	5
河源	3	2	2	2	2
梅州	3	3	2	2	2
惠州					
汕尾	1	1	1	1	1
东莞	7	7	6	7	5
中山	2	2	2	1	
江门	9	10	10	8	7
阳江	1	1	1	1	1
湛江	3	3	3	3	3
茂名	18	16	13	12	12
肇庆	8	8	7	6	2
清远	3	3	2	2	2
潮州	6	6	6	6	3
揭阳					
云浮	2	2	2	2	2

7-27 各市福利企业年末职工人数

单位：人

市　别	2012	2013	2014	2015	2016
合　计	**14004**	**14107**	**13817**	**12508**	**8461**
省本级	78	75	70	63	61
广　州	3428	3389	3128	2724	974
深　圳	902	1590	1976	1833	1818
珠　海	11	295	273	323	323
汕　头	131	131	113	100	93
佛　山	3037	2406	2197	1830	1663
韶　关	257	237	204	213	189
河　源	15	11	11	11	11
梅　州	140	133	84	84	84
惠　州					0
汕　尾	7	7	9	12	12
东　莞	2	219	151	179	138
中　山	80	80	80	39	
江　门	2407	2115	2374	2063	702
阳　江	13	13	13	13	13
湛　江	99	100	100	100	100
茂　名	1147	983	866	853	853
肇　庆	646	646	634	518	40
清　远	135	110	80	83	72
潮　州	1298	1387	1274	1283	1135
揭　阳					
云　浮	171	180	180	184	180

7-28 各市福利企业残疾女职工数

单位：人

市别	2012	2013	2014	2015	2016
合计	**1700**	**1902**	**2020**	**1513**	**1042**
省本级					
广州	401	381	343	307	122
深圳	133	370	382	348	342
珠海	2	18	34	15	15
汕头	11	11	10	9	9
佛山	369	318	253	249	219
韶关	24	17	9	9	9
河源					
梅州	12	11	7	7	9
惠州					
汕尾					
东莞	47	47	32	47	30
中山	19	19	19	8	
江门	256	281	532	127	16
阳江	4	4	4	4	4
湛江	48	48	48	41	1
茂名	112	83	64	64	64
肇庆	65	65	65	60	2
清远	43	12	12	12	12
潮州	122	198	171	171	153
揭阳					
云浮	32	19	35	35	35

7-29　各市福利企业残疾职工数

单位：人

市　　别	2012	2013	2014	2015	2016
合　　计	**5618**	**5987**	**5689**	**5310**	**3650**
省本级	2	2	2	2	1
广　　州	1220	1128	1063	1003	338
深　　圳	528	1254	1186	1075	1073
珠　　海	10	80	153	93	93
汕　　头	48	48	45	42	44
佛　　山	1020	794	706	629	520
韶　　关	95	88	64	63	54
河　　源	9	8	8	8	8
梅　　州	70	70	35	35	35
惠　　州					
汕　　尾	1	1	1	1	1
东　　莞	172	172	119	132	108
中　　山	42	42	42	18	
江　　门	952	864	943	932	336
阳　　江	8	8	8	8	8
湛　　江	70	70	69	69	69
茂　　名	560	551	510	497	497
肇　　庆	208	208	205	172	12
清　　远	91	56	26	27	26
潮　　州	441	481	441	441	364
揭　　阳			0	0	
云　　浮	71	62	63	63	63

7-30 各市救灾储备单位数

单位：个

市别	2012	2013	2014	2015	2016
合计	**60**	**66**	**68**	**67**	**18**
省本级	1	1	1	1	1
广州	10	8	7	6	1
深圳					
珠海	1	2	2	2	1
汕头	3	3	3	3	1
佛山		5	5	5	
韶关	5	5	5	5	
河源	4	4	5	5	2
梅州	2	2	2	2	1
惠州	1	1	1	1	1
汕尾	2	2	2	2	
东莞	1	1	1	1	1
中山	1	1	1		
江门	6	6	6	7	
阳江	2	2	2	2	2
湛江	1	1	2	2	1
茂名	1	1	3	3	1
肇庆	8	9	9	9	1
清远	1	1	1	1	1
潮州	4	4	3	3	
揭阳	4	4	4	4	2
云浮	2	3	3	3	1

7-31　各市救灾储备单位库房建筑面积

单位：平方米

市　别	2012	2013	2014	2015	2016
合　计	**47966.7**	**55317.7**	**60194.9**	**58988.2**	**28109.0**
省本级					2500.0
广　州	9849.4	8699.4	9368.0	9321.0	4341.0
深　圳				0.0	
珠　海	100.0	100.0	200.0	400.0	500.0
汕　头	2621.0	2221.0	2221.0	2221.0	1500.0
佛　山		3970.0	3970.0	3970.0	
韶　关	4885.3	4885.3	4885.0	4885.0	
河　源	2600.0	2420.0	2620.0	2620.0	2168.0
梅　州	100.0	100.0	895.0	1200.0	
惠　州	2684.0	2684.0	2684.0	2684.0	2000.0
汕　尾	600.0	600.0	600.0	800.0	
东　莞	7079.0	7079.0	7079.0	7079.0	5900.0
中　山	2500.0	2500.0	2500.0	0.0	
江　门	2758.0	2758.0	2758.0	3592.3	
阳　江	1960.0	1960.0	1960.0	1960.0	1100.0
湛　江				630.0	480.0
茂　名	2001.0	2001.0	6001.0	6001.0	1762.0
肇　庆	3881.0	6579.0	6516.9	5687.9	1550.0
清　远	2998.0	2998.0	2998.0	2998.0	2998.0
潮　州	610.0	1414.0	490.0	490.0	
揭　阳	150.0	1000.0	1100.0	1100.0	610.0
云　浮	590.0	1349.0	1349.0	1349.0	700.0

7-32 各市社区服务中心数

单位：个

市别	2012	2013	2014	2015	2016
合计	**1559**	**2523**	**2776**	**2922**	**1871**
广州	174	180	194	173	157
深圳	260	389	538	668	670
珠海	20	20	20	50	20
汕头	146	146	142	147	70
佛山	96	103	116	126	127
韶关	5	5	4	4	45
河源	18	14	16	4	4
梅州	72	72	72	75	7
惠州	72	764	766	764	73
汕尾	14	14	14	17	20
东莞	32	32	52	51	51
中山	2	2	2	2	2
江门	76	74	111	112	109
阳江	37	37	40	39	30
湛江	114	9	19	19	20
茂名	68	84	85	86	88
肇庆	29	104	105	105	105
清远	81	231	231	231	31
潮州	44	44	48	48	48
揭阳	198	198	200	200	193
云浮	1	1	1	1	1

7–33 各市社区服务站数

单位：个

市别	2012	2013	2014	2015	2016
合计	**8773**	**12381**	**12992**	**13284**	**20097**
广州	1297	1327	1305	1131	1114
深圳					
珠海	197	193	197	311	318
汕头	330	330	323	428	1076
佛山	449	505	539	556	558
韶关	152	152	151	173	1399
河源	123	136	150	3	1061
梅州	94	94	96	96	2252
惠州	311	2675	2675	2675	1275
汕尾		4	4	4	871
东莞	1110	1110	1122	1117	1117
中山	335	335	335	335	286
江门	139	1315	1316	772	1363
阳江	927	927	1080	1080	827
湛江	252	183	144	137	1814
茂名	66	58	57	57	55
肇庆	118	162	606	1554	1554
清远	1281	964	982	981	1235
潮州	81	81	81	81	81
揭阳	1393	1712	1711	1713	1723
云浮	118	118	118	80	118

7-34 各市其他社区服务机构数

单位：个

市 别	2012	2013	2014	2015	2016
合 计	**27067**	**30329**	**39606**	**40902**	**44709**
广 州	2417	794	878	899	963
深 圳	6943	7003	7619	7936	8183
珠 海	561	423	420	1139	970
汕 头	225	13	56	56	566
佛 山	231	7492	11348	11761	12091
韶 关	1531	1531	1553	1566	1846
河 源	5		2	0	25
梅 州	10	1	100	83	95
惠 州	1350	2530	2564	2567	4663
汕 尾	267	368	370	445	482
东 莞	1841	1984	2628	2612	2683
中 山	253	253	253	253	55
江 门	1200	775	919	968	785
阳 江	803	796	912	894	1304
湛 江	2223	2025	2229	2214	2235
茂 名			52	90	81
肇 庆	523	138	3292	3009	3200
清 远	3662	1527	1626	1631	1623
潮 州	220	220	296	292	292
揭 阳	1728	1382	1404	1403	1492
云 浮	1074	1074	1085	1084	1075

7-35 社会组织情况（2016）

指 标	年末实有单位数（个）	负责人（人）	#女性（人）
社会团体	27,077	60098	7139
民办非企业单位	31,574	36749	12986
基金会	804	481	321

7-36 各市社会团体单位数

单位：个

市别	2012	2013	2014	2015	2016
合计	**15853**	**19000**	**22132**	**24904**	**27077**
省本级	1190	1394	1570	1733	1894
广州	1564	1729	1937	2255	2711
深圳	1970	p	2752	3280	3708
珠海	523	638	751	894	926
汕头	986	1066	1053	1143	1195
佛山	1337	1581	1775	1966	2131
韶关	713	787	888	930	1005
河源	389	462	523	601	661
梅州	892	996	1221	1289	1324
惠州	699	849	945	1039	1151
汕尾	310	332	345	387	448
东莞	379	435	561	739	847
中山	414	460	522	573	634
江门	806	1780	2564	2837	2766
阳江	320	399	464	498	546
湛江	542	599	669	718	776
茂名	608	708	774	845	915
肇庆	594	678	741	818	867
清远	462	532	561	669	741
潮州	328	420	506	568	597
揭阳	478	520	574	632	726
云浮	349	400	436	490	508

7-37 各市民办非企业单位数

单位：个

市别	2012	2013	2014	2015	2016
合计	**19135**	**21883**	**24990**	**28377**	**31574**
省本级	435	555	642	759	753
广州	3172	3441	3632	3989	4277
深圳	3002	3318	3818	4260	4772
珠海	683	739	829	1040	1170
汕头	959	1041	861	954	1117
佛山	1307	1579	1773	1994	2230
韶关	444	507	616	662	728
河源	424	487	649	797	902
梅州	326	388	474	567	674
惠州	897	1084	1216	1361	1533
汕尾	320	337	365	399	435
东莞	1821	2111	2512	2985	3276
中山	1418	1308	1389	1491	1567
江门	610	753	893	990	1052
阳江	365	456	481	610	652
湛江	603	923	1483	1632	1811
茂名	345	393	499	648	752
肇庆	543	626	716	764	876
清远	533	620	676	804	968
潮州	331	474	529	585	624
揭阳	423	533	678	789	1049
云浮	174	210	259	297	356

7-38 各市基金会单位数

单位：个

市别	2012	2013	2014	2015	2016
合计	**336**	**434**	**558**	**677**	**804**
省本级	286	338	380	411	428
广州	3	7	10	17	26
深圳	47	76	127	182	251
珠海				2	4
汕头		2	4	5	8
佛山			3	5	6
韶关					
河源		1	1	1	1
梅州		1	4	7	9
惠州			5	7	8
汕尾				1	1
东莞			3	9	23
中山				2	2
江门		2	2	2	2
阳江			1	1	2
湛江					1
茂名		1	4	5	5
肇庆					
清远		1	1	1	2
潮州				3	3
揭阳		5	9	12	16
云浮			4	4	6

7-39　各市居委会单位数

单位：个

市　别	2012	2013	2014	2015	2016
合　计	**6466**	**6572**	**6586**	**6609**	**6702**
广　州	1528	1533	1516	1494	1540
深　圳	792	792	795	798	801
珠　海	189	189	189	196	196
汕　头	516	517	519	522	526
佛　山	389	408	411	411	431
韶　关	217	220	220	223	222
河　源	170	171	171	172	179
梅　州	190	190	194	195	195
惠　州	207	207	210	219	220
汕　尾	147	140	143	149	149
东　莞	245	245	247	247	243
中　山	126	129	127	127	127
江　门	265	264	268	272	274
阳　江	113	114	116	116	117
湛　江	262	298	298	298	307
茂　名	265	271	270	274	274
肇　庆	253	292	293	293	293
清　远	176	176	183	185	187
潮　州	120	120	120	122	122
揭　阳	178	178	178	178	181
云　浮	118	118	118	118	118

7-40 各市村委会单位数

单位：个

市别	2012	2013	2014	2015	2016
合计	**19180**	**19257**	**19347**	**19632**	**19734**
广州	1142	1142	1144	1144	1144
深圳					
珠海	120	122	122	122	122
汕头	548	548	549	549	549
佛山	361	328	328	328	327
韶关	1205	1205	1205	1205	1205
河源	1250	1251	1251	1251	1251
梅州	2040	2043	2045	2042	2042
惠州	1042	1043	1043	1043	1043
汕尾	719	727	726	721	722
东莞	350	350	350	350	350
中山	153	150	150	150	150
江门	1051	1051	1051	1051	1051
阳江	709	709	709	710	710
湛江	1341	1500	1500	1526	1628
茂名	1621	1625	1622	1628	1628
肇庆	1320	1255	1255	1255	1255
清远	1023	1023	1112	1371	1371
潮州	893	893	893	893	893
揭阳	1445	1445	1445	1446	1446
云浮	847	847	847	847	847

7–41 婚姻登记情况（2016）

指　标	单位	数量
（一）登记结婚件数	对	786123
（二）登记结婚人数	人	1572246
1.按居住地分类		
（1）内地居民登记结婚件数	对	777990
内地居民登记结婚人数	人	1556826
（2）涉外及华侨、港澳台居民登记结婚件数	对	8133
内地居民	人	8077
其中：女性	人	5368
香港居民	人	2802
澳门居民	人	809
台湾居民	人	780
华侨	人	1272
外国人	人	2526
2.按婚前状况分类		
初婚人数	人	1365312
再婚人数	人	206934
其中：女性	人	99589
恢复结婚件数	对	33170
3.按年龄分类		
其中：20～24	人	431319
25～29	人	655385
30～34	人	228708
35～39	人	99803
40以上	人	157031
（三）离婚登记	对	186406
1.内地居民登记离婚	对	185025
2.涉外及华侨、港澳台居民登记离婚	对	1381
其中：外国人	人	403

7-42 各市登记结婚人数

单位：人

市　别	2012	2013	2014	2015	2016
合　计	**1741482**	**1749446**	**1782914**	**1680822**	**1572246**
广　州	184414	177664	195172	185338	175738
深　圳	106682	107376	121044	120182	121652
珠　海	24912	24162	26760	25722	24368
汕　头	93816	106304	98184	91986	84128
佛　山	75800	71284	79314	79092	70888
韶　关	59236	57524	59848	55774	50696
河　源	64838	64472	65284	62350	55644
梅　州	109762	104678	104350	97882	88190
惠　州	63762	62458	65432	64100	60924
汕　尾	74490	88602	72308	68178	64286
东　莞	36578	34262	37750	36540	35428
中　山	32876	30756	33572	30680	29044
江　门	70962	66692	69006	63920	59994
阳　江	52494	50620	51672	49512	44830
湛　江	162166	162282	164070	149256	143302
茂　名	144182	144340	154774	142016	128700
肇　庆	78106	77170	75812	72172	65834
清　远	82622	80666	82028	78130	74718
潮　州	41178	43388	41504	40846	38968
揭　阳	130684	142368	132962	119426	110602
云　浮	51922	52378	52068	47720	44312

7-43 各市内地居民结婚登记人数

单位：人

市别	2012	2013	2014	2015	2016
合计	**1724368**	**1732996**	**1764438**	**1665442**	**1556826**
广州	182042	175864	192816	183310	173812
深圳	105432	105940	119448	118744	120064
珠海	23970	23208	25756	24822	23596
汕头	93626	106084	96350	91790	83926
佛山	74532	70730	78750	78536	70318
韶关	58952	57242	59556	55522	50472
河源	64576	64272	65082	62136	55422
梅州	108668	104070	103824	97422	87770
惠州	63246	61980	64874	63634	60420
汕尾	72990	86932	70490	66372	62406
东莞	36392	33960	37468	36202	35110
中山	32352	30214	33062	30194	28586
江门	66534	61926	64534	59972	55902
阳江	52224	50346	51380	49250	44608
湛江	161622	161736	163502	148732	142806
茂名	143802	143798	154406	141630	128324
肇庆	77816	76838	75472	71866	65556
清远	82250	80282	81714	77806	74374
潮州	41120	43310	41416	40794	38904
揭阳	130480	142144	132688	119182	110374
云浮	51742	52120	51850	47526	44076

7-44 各市涉外及华侨、港澳台居民登记结婚件数

单位：对

市 别	2012	2013	2014	2015	2016
合 计	**8558**	**8225**	**8401**	**7717**	**8133**
广 州	1186	900	1178	1014	963
深 圳	625	718	798	719	794
珠 海	471	477	502	450	386
汕 头	95	110	91	105	101
佛 山	634	277	282	278	285
韶 关	142	141	146	126	112
河 源	131	100	101	109	111
梅 州	547	304	263	250	210
惠 州	258	239	279	233	252
汕 尾	750	835	909	903	1359
东 莞	93	151	141	169	159
中 山	262	271	255	243	229
江 门	2214	2383	2234	1974	2046
阳 江	135	137	146	131	111
湛 江	272	273	286	262	248
茂 名	192	271	184	193	188
肇 庆	144	166	170	153	139
清 远	186	192	157	162	172
潮 州	29	39	33	26	36
揭 阳	102	112	137	120	114
云 浮	90	129	109	97	118

7-45 各市香港居民登记结婚人数

单位：人

市别	2012	2013	2014	2015	2016
合计	**2405**	**2491**	**2630**	**2436**	**2802**
广州	188	125	190	172	153
深圳	163	238	258	233	274
珠海	32	33	37	28	26
汕头	18	18	20	27	22
佛山	224	68	78	97	80
韶关	39	54	85	40	30
河源	53	51	45	56	57
梅州	53	59	59	60	51
惠州	127	115	138	130	142
汕尾	688	768	828	840	1308
东莞	37	60	60	54	49
中山	28	42	35	46	35
江门	407	383	359	306	284
阳江	54	57	54	56	26
湛江	64	62	121	60	57
茂名	49	132	58	45	43
肇庆	51	77	57	55	51
清远	65	62	55	44	39
潮州	3	2	12	3	4
揭阳	28	31	38	46	33
云浮	34	54	43	38	38

7-46 各市离婚登记件数

单位：对

市别	2012	2013	2014	2015	2016
合计	**129733**	**150631**	**151645**	**167544**	**186406**
广州	20715	24764	23277	24722	29223
深圳	11776	15751	15578	22664	24998
珠海	2886	3653	3753	4189	4580
汕头	2266	2633	2799	3476	4054
佛山	8713	10366	9512	9439	10180
韶关	6622	7071	7456	7552	8033
河源	6077	6853	6994	7424	8122
梅州	6484	7145	7985	8709	9571
惠州	5892	6367	6298	6914	7341
汕尾	3449	3965	4020	4699	5622
东莞	3188	3514	3694	3672	3987
中山	3337	3857	3774	3991	4020
江门	6434	7102	7197	7319	8115
阳江	3938	4379	4515	4680	5119
湛江	7754	9000	9422	10386	10891
茂名	6695	7705	8243	9049	10131
肇庆	6504	7758	7805	7830	8108
清远	8094	8918	8753	9025	11134
潮州	1201	1402	1699	1947	2223
揭阳	3580	4110	4488	5348	5916
云浮	4128	4318	4383	4509	5038

7-47 各市殡葬服务单位情况（2016）

市别	单位数（个）	火化炉数（个）	全年处理遗体数（人）	国际运尸数（具）	穴位数（个）	本年销售穴位	安葬数（人）	本年安葬数	节地生态安葬数（个）
合计	**242**	**432**	**473186**	**260**	**1027989**	**27835**	**644542**	**26369**	**221452**
广州	19	44	60809	133	285048	3832	190316	5366	217110
深圳	10	13	15743	47	83492	716	41183	1147	465
珠海	3	9	7524		15000	44	800	500	
汕头	9	18	27622		1273	1273	1276	1276	
佛山	15	37	28359		204033	2903	180463	5844	2065
韶关	19	33	17090		38442	1176	16662	836	9
河源	10	19	14636		29500	3800	4000	302	21
梅州	20	24	31247		9293	119	359	119	
惠州	6	18	16968						
汕尾	10	13	10662		19821	1386	17362	1336	
东莞	5	10	16214		19941	949	4000	100	
中山	3	8	12604		36078	703	30961	473	
江门	19	32	30949	80	105490	2286	85506	3590	1082
阳江	9	12	15165		40000	1173	18860	1039	664
湛江	14	25	38241		6024	231	3505	231	
茂名	9	11	18422		16760	613	5700	631	
肇庆	20	26	23383		30400	3937	939	607	15
清远	17	25	23150		61262	1568	33495	2446	21
潮州	5	11	17445		6278	23	6717	129	
揭阳	9	29	31905		7938	95	1669	95	
云浮	11	15	15048		11916	1008	769	302	

7-48 历年社会服务事业费支出

单位：亿元

年份	民政事业费总支出	抚恤费	军队、离退休费	社会福利费	城市居民最低生活保障事业费	农村及其他社会救济费	自然灾害	地方离、退休人员费	其他
2003	34.18	5.60	3.36	6.49	2.92	3.49	1.56	0.93	7.64
2004	38.62	7.02	4.44	8.75	3.34	5.41	1.01	1.32	7.33
2005	48.34	8.27	5.00	7.87	3.92	8.35	3.53	1.08	10.32
2006	63.59	9.94	6.33	9.39	4.24	11.80	9.73	1.15	11.02

年份	民政事业费总支出	抚恤费	军队、离退休费	社会福利费	城市居民最低生活	农村及其他社会救	其他城镇社会救济	自然灾害	行政事业单位离退休	其他
2007	72.01	11.33	10.13	10.48	5.38	11.43	2.03	3.35	1.87	16.02

年份	民政事业费总支出	抚恤	退役安置	城市居民最低生活保障	农村最低生活	农村社会救济	其他城镇社会	社会福利	自然灾害生活	行政事业单位离退休	其他
2008	83.45	14.15	9.89	6.97	12.95	4.88	3.05	9.03	4.43	2.21	15.88
2009	102.11	16.27	13.52	8.01	16.31	5.71	3.38	13.67	2.20	2.44	20.61
2010	115.43	17.47	15.08	7.97	16.48	6.31	3.53	10.18	4.60	2.53	31.28
2011	148.07	21.04	18.60	9.74	24.74	7.67	3.81	17.21	2.85	2.71	39.69

年份	民政事业费总支出	抚恤	退役安置	社会福利	城市最低生活	农村最低生活	其他社会救济	医疗救助	自然灾害生活	离退休人员费	其他
2012	166.90	25.11	21.15	27.65	10.59	29.39	13.98	6.85	3.00	3.15	26.03
2013	198.17	29.61	20.65	30.84	13.05	34.01	17.95	8.97	6.88	3.45	32.76
2014	223.71	32.07	22.91	34.92	15.46	37.81	22.22	12.53	5.16	3.75	36.88
2015	259.52	35.81	29.98	40.89	15.95	39.35	24.85	16.69	5.11	4.20	46.68
2016	305.67	42.05	30.51	55.33	17.77	43.94	27.47	22.92	3.74	5.55	56.39

7-49 历年民政基本建设投资

单位：万元、个

年 份	计划总投资	本年完成投资	国家投资	国内贷款	自筹	#福利彩票公益金	其 他	本年施工项目个数
2003	34496	40809.7	15334.2	962.4	20761.1	1912.3	3752	196
2004	25194	23511.5	8577.9	678	11224.3	3039.3	3031.3	282
2005	25253	14420.6	4474.2	20	7919.1	3733.6	2007.3	104

年 份	计划总投资	本年完成投资	国家预算内投资	国内贷款	利用外资	自筹	#福利彩票公益金	其他自筹资金	其 他	本年施工项目个数
2006	21137	15583.5	4093.5	850.7		6837.2	2080.5	4756.7	3802.1	121
2007	24734	20192.2	10178.6	1600	800	6385.2	3438	2947.2	1228.4	82
2008	16645	19870.7	3396.6	100		13685	3654.9	10030	2689.2	244
2009	18299	15981.4	8432.3			7374.1	3673.9	3700.2	175	95

年 份	本年计划投资	本年实际完成投资	国家预算内投资	国内贷款	利用外资	福利彩票公益金	其 他	在建项目数
2010	46477	41242	11511.3	2619		6869.2	20243	247
2011	97643	94505.8	54424.6	600		10920	28561	238
2012	60869	61620	28131.1	2009		13742.5	17737	244
2013	88915	78522.3	36663.2	0		29520.5	12339	240
2014	95278	88695.2	55325.8	310	80	21851.8	11128	184
2015	102436	97289.5	56687.8	0	0	32340.8	8260.9	881554（平方米）
2016	174596	174955.7	62997.1			33904.8	78054	1313698（平方米）

7-50 历年社会捐赠

单位：万元、万件

年份	社会捐赠款物合计	社会捐赠款	社会捐赠其他物资折款	接收社会捐赠衣被数量
2003	13596.3	13037.7	558.6	1184.7
2004	22238.2	21791.0	447.2	958.4
2005	69603.0	68405.1	1197.9	1071.0
2006	209355.7	203208.7	6147.0	1026.1
2007	133271.7	131099.0	2172.7	1419.7
2008	625668.6	611318.6	14350.0	2209.1
2009	79419.6	78321.6	1098.0	159.3
2010	277828.6	275547.1	2281.5	166.6
2011	215517.8	214417.6	1100.2	180.0
2012	185106.1	183215.0	1891.1	205.5
2013	177739.7	175933.0	1806.7	1717.8
2014	117854.4	116588.6	1265.8	3194.4
2015	80066.4	79246.9	819.5	670.2
2016	14813.3	14042.1	771.2	84.6

7-51 各省社会服务事业费支出水平（2016）

地区	2016年			2015年			2014年		
	民政事业费支出（亿元）	每万人民政事业费支出（万元/万人）及排名		民政事业费支出（亿元）	每万人民政事业费支出（万元/万人）及排名		民政事业费支出（亿元）	每万人民政事业费支出（万元/万人）及排名	
全　国	**5409.81**	**391.25**		**4926.44**	**358.39**		**4404.12**	**321.98**	
北　京	255.89	1177.66	1.00	222.06	1022.86	1.00	160.04	743.66	1.00
天　津	89.51	572.98	7.00	76.91	497.15	8.00	59.18	390.12	11.00
河　北	211.53	283.17	28.00	180.52	243.12	28.00	165.33	223.90	28.00
山　西	129.15	350.77	22.00	120.14	327.89	21.00	114.46	313.77	21.00
内蒙古	140.05	555.74	8.00	141.01	561.58	4.00	140.93	562.58	3.00
辽　宁	184.55	421.55	15.00	184.45	420.94	11.00	169.41	385.81	12.00
吉　林	104.13	380.99	19.00	105.74	384.10	17.00	94.20	342.30	17.00
黑龙江	152.68	401.86	17.00	150.46	394.70	14.00	137.34	358.32	14.00
上　海	153.23	633.25	4.00	96.65	400.20	13.00	85.73	353.38	15.00
江　苏	287.23	359.09	21.00	260.56	326.67	22.00	246.05	309.11	23.00
浙　江	189.94	339.79	23.00	167.47	302.34	25.00	150.26	272.80	27.00
安　徽	197.05	318.06	26.00	181.22	294.96	26.00	169.96	279.40	25.00
福　建	104.17	268.90	30.00	90.32	235.26	31.00	77.56	203.79	31.00
江　西	171.73	373.95	20.00	157.19	344.25	19.00	147.22	324.13	18.00
山　东	304.88	306.52	27.00	287.14	291.60	27.00	270.68	276.51	26.00
河　南	246.96	259.09	31.00	229.26	241.84	29.00	205.49	217.77	29.00
湖　北	242.33	411.77	16.00	226.98	387.87	15.00	185.28	318.57	20.00
湖　南	271.64	398.18	18.00	230.55	339.90	20.00	208.54	309.54	22.00

7-51 续表 各省社会服务事业费支出水平（2016）

地　区	2016年			2015年			2014年		
	民政事业费支出（亿元）	每万人民政事业费支出（万元/万人）及排名		民政事业费支出（亿元）	每万人民政事业费支出（万元/万人）及排名		民政事业费支出（亿元）	每万人民政事业费支出（万元/万人）及排名	
广　东	**305.67**	**277.91**	**29.00**	**259.52**	**239.21**	**30.00**	**223.71**	**208.61**	**30.00**
广　西	157.80	326.16	25.00	149.29	311.29	24.00	139.13	292.65	24.00
海　南	30.07	327.91	24.00	29.66	325.60	23.00	28.78	318.69	19.00
重　庆	129.97	426.35	13.00	114.65	380.02	18.00	102.77	343.61	16.00
四　川	348.64	421.98	14.00	315.25	384.26	16.00	291.79	358.46	13.00
贵　州	160.27	450.82	12.00	147.23	417.09	12.00	139.17	396.72	10.00
云　南	234.88	492.37	11.00	231.09	487.33	9.00	197.95	419.91	8.00
西　藏	23.58	713.45	3.00	17.50	540.23	6.00	13.68	430.16	7.00
陕　西	202.07	530.00	9.00	184.79	487.18	10.00	167.90	444.77	6.00
甘　肃	163.13	625.03	5.00	136.76	526.01	7.00	121.48	468.87	5.00
青　海	49.23	829.55	2.00	46.26	786.68	2.00	38.16	654.54	2.00
宁　夏	42.09	623.61	6.00	40.98	595.65	3.00	26.47	399.79	9.00
新　疆	125.77	524.46	10.00	129.24	547.61	5.00	112.63	490.11	4.00

注：1.全国数据包括中国人民解放军现役军人数，但不包括香港、澳门特别行政区和台湾地区数据；分省数据中未包括中国人民解放军现役军人数。
2.2010年数据为当年人口普查数据推算数；其余年份数据根据年度人口抽样调查推算。

7-52 各省社会组织发展指数（2016）

地区	2016年			2015年		
	社会组织数（个）	每万人拥有社会组织数量（个/万人）	排名	社会组织数（个）	每万人拥有社会组织数量（个/万人）	排名
全　国	**701497**	**5.07**	—	**662423**	**4.82**	—
北　京	10754	4.95	13	9721	4.48	17
天　津	5062	3.24	28	5137	3.32	27
河　北	20916	2.80	30	19328	2.60	30
山　西	13004	3.53	25	12511	3.41	25
内蒙古	13664	5.42	10	13248	5.28	9
辽　宁	21039	4.81	16	20669	4.72	15
吉　林	10669	3.90	22	10606	3.85	23
黑龙江	14401	3.79	23	13567	3.56	24
上　海	14181	5.86	8	13355	5.53	8
江　苏	84094	10.51	1	80385	10.08	1
浙　江	47536	8.50	4	43784	7.90	2
安　徽	25708	4.15	21	24630	4.01	22
福　建	26154	6.75	6	23956	6.24	5
江　西	15813	3.44	26	15358	3.36	26
山　东	45963	4.62	19	43411	4.41	19

7-52 续表1 各省社会组织发展指数（2016）

地区	2016年			2015年		
	社会组织数（个）	每万人拥有社会组织数量（个/万人）	排名	社会组织数（个）	每万人拥有社会组织数量（个/万人）	排名
河南	29328	3.08	29	29472	3.11	28
湖北	28498	4.84	15	27605	4.72	14
湖南	30361	4.45	20	27766	4.09	20
广东	**59455**	**5.41**	**11**	**53958**	**4.97**	**12**
广西	23928	4.95	14	22196	4.63	16
海南	6293	6.86	5	5357	5.88	7
重庆	16199	5.31	12	15360	5.09	11
四川	39448	4.77	17	40011	4.88	13
贵州	11848	3.33	27	10533	2.98	29
云南	22552	4.73	18	21128	4.46	18
西藏	627	1.90	31	572	1.77	31
陕西	20758	5.44	9	19699	5.19	10
甘肃	22763	8.72	2	18730	7.20	3
青海	3658	6.16	7	3633	6.18	6
宁夏	5751	8.52	3	4857	7.06	4
新疆	8731	3.64	24	9566	4.05	21

7-52 续表2 各省社会组织发展指数（2016）

地区	2014年			2013年		
	社会组织数（个）	每万人拥有社会组织数量（个/万人）	排名	社会组织数（个）	每万人拥有社会组织数量（个/万人）	排名
全国	**606047**	**4.43**	—	**547245**	**4.02**	—
北京	9083	4.22	17	8560	4.05	16
天津	4729	3.12	27	4516	3.07	26
河北	17642	2.39	30	16530	2.25	30
山西	12330	3.38	24	11611	3.20	25
内蒙古	11790	4.71	11	10685	4.28	14
辽宁	20137	4.59	13	19494	4.44	11
吉林	10521	3.82	21	9193	3.34	22
黑龙江	12479	3.26	25	12672	3.30	23
上海	12365	5.10	8	11626	4.81	8
江苏	71571	8.99	1	56234	7.08	1
浙江	39844	7.23	2	36426	6.63	2
安徽	22549	3.71	22	20705	3.43	21
福建	21357	5.61	5	19372	5.13	6
江西	14236	3.13	26	13375	2.96	27
山东	41165	4.21	18	38976	4.00	17

7-52 续表3 各省社会组织发展指数（2016）

地区	2014年			2013年		
	社会组织数（个）	每万人拥有社会组织数量（个/万人）	排名	社会组织数（个）	每万人拥有社会组织数量（个/万人）	排名
河南	27572	2.92	28	23577	2.50	28
湖北	26560	4.57	14	25778	4.45	10
湖南	24011	3.56	23	21663	3.24	24
广东	**47680**	**4.45**	**15**	**41317**	**3.88**	**18**
广西	20321	4.27	16	17370	3.68	19
海南	4847	5.37	7	4338	4.85	7
重庆	14387	4.81	9	13154	4.43	12
四川	37800	4.64	12	35050	4.32	13
贵州	9424	2.69	29	8295	2.37	29
云南	19207	4.07	20	16954	3.62	20
西藏	600	1.89	31	589	1.89	31
陕西	18050	4.78	10	17360	4.61	9
甘肃	14400	5.56	6	13335	5.16	5
青海	3362	5.77	4	3039	5.26	4
宁夏	4324	6.53	3	4002	6.12	3
新疆	9453	4.11	19	9259	4.09	15

7-53 各省社工发展指数（2016）

地区	2016年			2015年		
	持证社工人数（个）	每万人中社工人数（个/万人）	排名	持证社工人数（个）	每万人中社工人数（个/万人）	排名
全国	**288185**	**2.08**	—	**206183**	**1.50**	—
北京	25082	11.54	1	20723	9.55	1
天津	6566	4.20	5	4754	3.07	5
河北	4566	0.61	24	3652	0.49	24
山西	3143	0.85	20	2149	0.59	20
内蒙古	2012	0.80	21	1178	0.47	26
辽宁	10823	2.47	8	6993	1.60	8
吉林	5882	2.15	10	4185	1.52	9
黑龙江	4495	1.18	17	3457	0.91	15
上海	14569	6.02	2	9412	3.90	3
江苏	37590	4.70	4	27830	3.49	4
浙江	22456	4.02	6	16134	2.91	6
安徽	7517	1.21	16	5606	0.91	14
福建	9109	2.35	9	6523	1.70	7
江西	3151	0.69	23	2488	0.54	22
山东	12943	1.30	14	9078	0.92	13

7-53 续表1 各省社工发展指数（2016）

地区	2016年			2015年		
	持证社工人数（个）	每万人中社工人数（个/万人）	排名	持证社工人数（个）	每万人中社工人数（个/万人）	排名
河南	5734	0.60	26	4454	0.47	25
湖北	7954	1.35	13	5450	0.93	12
湖南	6172	0.90	19	4471	0.66	18
广东	**59224**	**5.38**	**3**	**43100**	**3.97**	**2**
广西	3545	0.73	22	2674	0.56	21
海南	410	0.45	29	299	0.33	29
重庆	5683	1.86	11	3594	1.19	11
四川	10412	1.26	15	6931	0.84	16
贵州	1147	0.32	30	818	0.23	30
云南	2766	0.58	27	1851	0.39	27
西藏	25	0.08	31	17	0.05	31
陕西	10014	2.63	7	5068	1.34	10
甘肃	1484	0.57	28	980	0.38	28
青海	360	0.61	25	290	0.49	23
宁夏	920	1.36	12	443	0.64	19
新疆	2431	1.01	18	1581	0.67	17

注：2013年各省数据为通过社工考试人数，含通过考试未取得社工资格证书人数。

7-53 续表2 各省社工发展指数（2016）

地区	2014年			2013年		
	持证社工人数（个）	每万人中社工人数（个/万人）	排名	持证社工人数（个）	每万人中社工人数（个/万人）	排名
全国	**158954**	**1.16**	—	**123833**	**0.91**	—
北京	17964	8.35	1	15429	7.30	1
天津	3370	2.22	6	2404	1.63	6
河北	2950	0.40	24	2497	0.34	24
山西	1633	0.45	23	1361	0.37	22
内蒙古	794	0.32	26	585	0.23	26
辽宁	5393	1.23	8	4413	1.01	7
吉林	3067	1.11	9	2519	0.92	9
黑龙江	2779	0.73	11	2363	0.62	11
上海	7388	3.05	3	5943	2.46	2
江苏	21155	2.66	4	15955	2.01	4
浙江	12753	2.32	5	10119	1.84	5
安徽	4229	0.70	15	3002	0.50	14
福建	4929	1.30	7	3552	0.94	8
江西	2085	0.46	22	1812	0.40	18
山东	6948	0.71	13	5509	0.57	12

7-53 续表3 各省社工发展指数（2016）

地区	2016年			2015年		
	持证社工人数（个）	每万人中社工人数（个/万人）	排名	持证社工人数（个）	每万人中社工人数（个/万人）	排名
河南	3719	0.39	25	3017	0.32	25
湖北	4140	0.71	12	3085	0.53	13
湖南	3390	0.50	18	2738	0.41	17
广东	**33359**	**3.11**	**2**	**24627**	**2.31**	3
广西	2184	0.46	21	1825	0.39	21
海南	207	0.23	29	144	0.16	29
重庆	2468	0.83	10	2562（含社工员749）	0.86	10
四川	4968	0.61	16	3452	0.43	15
贵州	627	0.18	30	500	0.14	30
云南	1252	0.27	28	1056	0.23	28
西藏	10	0.03	31	8	0.03	31
陕西	2666	0.71	14	1369	0.36	23
甘肃	742	0.29	27	588	0.23	27
青海	268	0.46	20	240	0.42	16
宁夏	322	0.49	19	261	0.40	19
新疆	1195	0.52	17	898	0.40	20

注：2013年各省数据为通过社工考试人数，含通过考试未取得社工资格证书人数。

7-54 各市社会服务事业费支出水平（2016）

地区	2016年			2015年			2014年		
	民政事业费支出（亿元）	每万人民政事业费支出（万元/万人）	排名	民政事业费支出（亿元）	每万人民政事业费支出（万元/万人）	排名	民政事业费支出（亿元）	每万人民政事业费支出（万元/万人）	排名
全省	**305.7**	**277.91**	—	**259.5**	**239.21**	—	**223.7**	**208.61**	—
省本级	5.7	—	—	4.6	—	—	3.4	—	—
珠三角	**159.0**	**265.14**	—	**134.8**	**229.41**	—	**114.1**	**1633.1**	—
广州	71.2	507.26	1	60.5	448.04	1	48.3	369.13	1
深圳	20.9	175.40	18	17.9	157.52	17	15.4	142.85	17
珠海	6.1	363.50	3	3.6	220.03	12	2.9	179.83	13
佛山	12.1	162.57	19	10.7	144.08	19	9.1	123.68	19
惠州	15.4	322.85	5	14.0	294.18	4	12.3	259.81	4
东莞	8.3	100.84	21	7.6	91.71	21	7.6	90.98	21
中山	4.8	149.53	20	4.0	124.29	20	3.9	123.21	20
江门	9.4	206.98	15	8.2	181.55	15	7.1	157.36	16
肇庆	10.7	262.31	13	8.3	204.24	13	7.5	186.22	12
粤东西北	**140.9**	**281.86**	—	**120.1**	**241.45**	—	**106.2**	**2617.4**	—
汕头	11.3	202.10	16	8.7	157.49	18	8.9	161.99	15
韶关	8.4	285.20	9	7.0	238.70	10	6.4	221.21	8
河源	12.7	411.59	2	10.7	349.03	2	9.2	299.28	2
梅州	14.8	338.64	4	13.8	318.98	3	12.5	289.93	3
汕尾	8.9	293.91	7	7.7	255.52	7	6.1	204.21	11
阳江	7.3	290.36	8	7.0	277.15	5	6.1	245.07	5
湛江	22.9	315.27	6	19.4	268.31	6	17.1	236.64	6
茂名	16.9	275.70	11	14.7	242.10	9	12.9	212.62	9
清远	10.4	269.99	12	9.1	236.72	11	8.7	228.65	7
潮州	5.2	197.86	17	5.0	189.27	14	4.5	164.89	14
揭阳	15.1	248.23	14	10.7	177.25	16	8.5	140.97	18
云浮	7.0	280.91	10	6.2	250.10	8	5.2	211.90	10

7-55 各市社会组织发展指数（2016）

地 区	2016年			2015年			2014年		
	社会组织数（个）	每万人拥有社会组织数量（个/万人）	排名	社会组织数（个）	每万人拥有社会组织数量（个/万人）	排名	社会组织数（个）	每万人拥有社会组织数量（个/万人）	排名
全 省	**59224**	**5.38**	—	53,958	4.97	—	47,680	4.45	—
省本级	1606		—	2,903	—	—	2,592	—	—
珠三角	**50893**	**8.48**	—	33,501	**5.70**		**29476**	**5.11**	
广 州	13285	9.46	10	6,261	4.64	**8**	5579	4.27	8
深 圳	10846	9.11	3	7,722	6.79	3	6697	6.21	3
珠 海	1860	11.10	1	1,936	11.85	1	1580	9.79	1
佛 山	6284	8.42	6	3,965	5.34	6	3551	4.83	6
惠 州	4966	10.40	7	2,407	5.06	7	2166	4.58	7
东 莞	6300	7.63	9	3,733	4.52	10	3076	3.69	13
中 山	3933	12.18	4	2,066	6.44	4	1911	5.99	4
江 门	2446	5.38	2	3,829	8.47	2	3459	7.67	2
肇 庆	973	2.38	15	1,582	3.90	14	1457	3.61	14
粤东西北	**6725**	**1.34**	—	17,554	**3.53**	—	**15612**	**3.15**	—
汕 头	890	1.60	16	2,102	3.79	16	1918	3.47	15
韶 关	2225	7.53	5	1,592	5.43	5	1504	5.17	5
河 源	230	0.75	8	1,399	4.55	9	1173	3.83	10
梅 州	315	0.72	13	1,863	4.29	13	1699	3.93	9
汕 尾	199	0.66	20	787	2.60	19	710	2.36	19
阳 江	342	1.35	11	1,109	4.42	11	946	3.78	12
湛 江	188	0.26	17	2,350	3.25	17	2152	2.98	17
茂 名	256	0.42	21	1,498	2.46	20	1277	2.11	20
清 远	1251	3.25	14	1,474	3.84	15	1238	3.24	16
潮 州	134	0.51	12	1,156	4.38	12	1035	3.80	11
揭 阳	623	1.02	19	1,433	2.37	21	1261	2.09	21
云 浮	72	0.29	18	791	3.21	18	699	2.86	18

7-56 各市社工发展指数（2016）

地区	2016年			2015年		
	持证社工人数（个）	每万人中持证社工人数（个/万人）	排名	持证社工人数（个）	每万人中持证社工人数（个/万人）	排名
全省	**59224**	**5.39**	—	**43100**	**3.97**	—
省本级	1606	—	—	1867	—	—
珠三角	**50893**	**8.49**	—	**36789**	**6.26**	—
广州	13285	9.47	4	10248	7.59	3
深圳	10846	9.13	5	8190	7.20	4
珠海	1860	11.10	2	1323	8.10	2
佛山	6284	8.43	6	4439	5.97	5
惠州	4966	10.40	3	2617	5.50	7
东莞	6300	7.64	7	4889	5.92	6
中山	3933	12.18	1	2969	9.25	1
江门	2446	5.38	9	1573	3.48	9
肇庆	973	2.38	11	541	1.33	11
粤东西北	**6725**	**1.34**	—	**4444**	**0.89**	—
汕头	890	1.60	12	730	1.31	12
韶关	2225	7.53	8	1510	5.15	8
河源	230	0.75	15	154	0.50	15
梅州	315	0.72	16	158	0.36	17
汕尾	199	0.66	17	141	0.47	16
阳江	342	1.35	13	187	0.74	13
湛江	188	0.26	21	139	0.19	20
茂名	256	0.42	19	184	0.30	19
清远	1251	3.25	10	803	2.09	10
潮州	134	0.51	18	89	0.34	18
揭阳	623	1.02	14	313	0.52	14
云浮	72	0.29	20	36	0.15	21

7-56 续表 各市社工发展指数（2016）

地 区	2014年			2013年		
	持证社工人数（个）	每万人中持证社工人数（个/万人）	排名	持证社工人数（个）	每万人中持证社工人数（个/万人）	排名
全 省	**33359**	**3.11**	—	**24455**	**2.30**	—
省本级	1626	—	—	1491	—	—
珠三角	**28985**	**5.03**	—	**21276**	**3.72**	—
广 州	8542	6.53	2	6766	5.23	3
深 圳	7030	6.52	3	5833	5.49	2
珠 海	992	6.15	4	715	4.50	4
佛 山	3245	4.41	6	1740	2.38	6
惠 州	1228	2.60	8	420	0.89	10
东 莞	4170	5.00	5	3248	3.91	5
中 山	2482	7.77	1	1872	5.90	1
江 门	1022	2.27	9	526	1.17	8
肇 庆	274	0.68	12	156	0.39	11
粤东西北	**2748**	**0.55**	—	**1688**	**0.34**	—
汕 头	630	1.14	10	502	0.92	9
韶 关	944	3.25	7	585	2.02	7
河 源	102	0.33	15	68	0.22	14
梅 州	93	0.22	18	56	0.13	17
汕 尾	102	0.34	14	15	0.05	21
阳 江	93	0.37	13	62	0.25	13
湛 江	94	0.13	20	66	0.09	18
茂 名	150	0.25	17	107	0.18	15
清 远	304	0.80	11	126	0.33	12
潮 州	53	0.19	19	40	0.15	16
揭 阳	156	0.26	16	43	0.07	20
云 浮	27	0.11	21	18	0.07	19

主要统计指标解释

民政经费 包括民政事业费实际支出、民政事业基本建设投资、社会福利基金三部分。其中民政事业费实际支出包括抚恤事业费、军队移交地方安置的离退休人员费用、社会救济福利事业费、社会残疾人福利事业费、救灾支出、其他民政事业费、地方离退休人员经费和其他款项用于民政支出。

社会福利院 是指提供食宿、不以盈利为目的、主要收养对象为城市中无亲属子女赡养、无生活来源、无劳动能力的孤老、孤儿和残疾人的综合性社会福利事业单位。

社区服务中心 由区或街道（镇）管理的，民政部门指导的为老年人、残疾人、烈军属等社区居民提供多功能综合性服务（服务内容两项以上）的福利事业单位。称为社区服务中心的基本条件：1. 有一点的服务场所（建筑面积在 100 米 2 以上）；2. 固定的工作人员；3. 所提供社会福利项目在两项以上；4. 财务上独立核算的单位。社区服务中心分为提供住宿的社区服务中心和不提供住宿的社区服务中心两类。

慈善事业 是以社会成员的慈善心为道德基础，以社会成员的自愿捐献为经济基础，以民间公益事业团体根据捐献者的意愿对需要帮助的社会成员进行物质帮助为基本内容的一种社会保障事业。慈善基金会的慈善基金主要来源于以下五个方面：一是企事业单位和其他组织、个人的捐赠或资助，二是港澳台地区和国外友好团体、组织、个人的捐赠或资助，三是政府资助，四是基金母本的增值部分，五是基金会的其他合法收入。

最低生活保障线 是指以保障公民基本生存权利为目标的社会救助制度，它的通常做法是根据维持最起码的生活需要的标准设立一条最低生活保障线，每一个公民当其收入水平低于最低生活保障线而发生生活困难时，按照法定程序有权得到国家和社会按照明文公布的标准提供的现金和实物救助。

八、体 育

简要说明

1. 本篇资料主要反映广东省体育事业发展情况。
2. 本篇资料主要包括：
   （1）全省体育运动情况。
   （2）地区分全省和各地级以上市。
   （3）年份主要为 2010-2016 年数据。
3. 统计资料来源：本篇资料由广东省体育局负责整理、审核、提供。

2016 年广东体育事业发展概述

2016 年，广东深化体育体制机制改革创新，全民健身蔚然成风，群众体育活动蓬勃发展，竞技体育和体育产业互动发展,体育事业发展生机勃勃。

群众体育蓬勃开展，全民健身体系不断健全。2016 年底全省人均公共体育场地面积 2.17 平方米；2016 年全省达 90%的公共体育场馆以及约 60%具备开放条件的学校场馆实现对外开放。截至 2016 年底，各级民政部门登记备案的体育社会组织达 3511 个，全省社会体育指导员人数达 24.4 万，平均每万人拥有 24 名社会体育指导员，位居全国前列。2016 年，全省经常参加体育锻炼人数达到 4000 多万人，占常住人口的 40.2%，高于全国平均水平。据不完全统计，2016 年全年举办各级各类群众性体育竞赛与活动达 5350 项次，参与人数超过 4500 万人次。2016 年国民体质监测工作在全省 21 个地市及顺德区开展，共获得有效样本量 40000 余例。

青少年体育基础扎实。截止 2016 年全省目前共有各级业余体校 143 所，省市两级传统校 1086 所（含国家级 22 所），在训人数约 9 万人。以省体校、广州、深圳为龙头，建立了 3 个省级示范基地和 140 个重点单项人才基地，鼓励人才流动、资源共享。扶持创建 32 所国家高水平体育后备人才基地。2016 年，广东省青少年体育联合会成功组织了广东青少年帆船比赛、摔跤比赛、击剑比赛、跆拳道比赛、棒球比赛、游泳比赛等赛事。

竞技体育实力增强。2016 年广东体育健儿共 19 人次获世界冠军、111 项次全国冠军；破 2 项世界纪录、1 项亚洲纪录、4 项次全国纪录，赢得社会各界的广泛赞誉。

体育产业规模壮大。全省加快培育体育市场，促进产业升级。2016 年启动并完成了“体育产业专项调查”，数据显示：2015 年全省各类体育企业近万家，体育产业增加值约占全省 GDP 的 1.37 %，居各省前列。体彩销体彩销量稳步提高，近五年来共销售 719.37 亿元，筹集公益金 178.26 亿元，居全国前列，2016 年销量全国第一。体博会改革进一步深入，办展规模和水平逐年提升，已成为国内第二、亚洲第三的体育用品博览会。

撰稿：孙宏伟　陈东清

8-1 2016年体育系统分行政级别机构数

单位：个

年 份	合计			省级		
	小计	独立	合并	小计	独立	合并
2010	398	370	28	10	10	
2011	370	344	26	10	10	
2012	370	333	37	9	9	
2013	417	343	74	21	21	
2014	394	362	32	21	21	
2015	396	347	49	20	20	
2016	391	338	53	20	20	

8-1续表 2016年体育系统分行政级别机构数

单位：个

年 份	地级			县级		
	小计	独立	合并	小计	独立	合并
2010	178	176	2	200	174	26
2011	148	146	2	210	187	23
2012	151	147	4	210	177	33
2013	127	122	5	269	198	71
2014	128	123	5	245	218	27
2015	130	124	6	246	203	43
2016	127	121	6	244	197	47

8-2 2010-2016年体育系统分单位类型机构数

单位：个

指标	2010			2011			2012			2013		
	小计	独立	合并	小计	独立	合并	小计	独立	合并	小计	独立	合并
合　　计	398	370	28	370	344	26	370	333	37	417	343	74
体育行政机关	142	114	28	171	145	26	168	131	37	171	97	74
运动项目管理部门	18			11			13			18		
职业、运动技术学院	2			1			2			3		
体育运动学校	14			p			16			19		
竞技体校	1						1					
业余体校	68			61			60			59		
单项运动学校	2			2			2			3		
训练基地	8			6			7			7		
体育场馆	72			60			59			59		
体育科研机构	2			1			1			2		
其他事业单位	47			42			40			72		
其他机构	22									4		

8-2 续表 2010-2016年体育系统分单位类型机构数

单位：个

指标	2014			2015			2016		
	小计	独立	合并	小计	独立	合并	小计	独立	合并
合计	394	362	32	381	328	52	391	338	53
体育行政机关	171	102	69	136	84	52	157	104	53
运动项目管理部门	15			7			7		
职业、运动技术学院	2			2			2		
体育运动学校	18			18			18		
竞技体校				1			1		
业余体校	54			46			41		
单项运动学校	8			4			4		
训练基地	7			7			7		
体育场馆	55			55			55		
体育科研机构	2			2			2		
其他事业单位	58			100			95		
其他机构	3			3			4		

8-3 体育系统人员情况

指　　标	2015	2016
体育系统年末职工人数(人)	**10620**	**10226**
运动员	1649	1429
专职教练员	1485	1430
专职文化教师	907	942
科技人员	114	89
宣传出版人员		
医务人员	60	112
管理人员	4401	4243
其他人员	2004	1981

注：2009-2012年口径为正式运动员，2013年口径除正式运动员外，还包含集训、实训、职业过渡期运动员

8-4 2010-2016 体育国际交流情况

单位：起、人

年份	交流层次	交流性质			交流类型	
		合计	来访	出访	世界	洲际
2010	**合 计**	**267**	**31**	**236**	**98**	**65**
	国家（起数）	115	4	111	54	31
	省级（起数）	91	6	85	35	32
	地级（起数）	61	21	40	9	2
	合 计	**2218**	**855**	**1363**	**937**	**209**
	国家（人次）	635	35	600	635	
	省级（人次）	772	454	318	200	200
	地级（人次）	811	366	445	102	9
2011	**合 计**	**200**	**26**	**174**	**58**	**36**
	国家（起数）	3	1	2	1	
	省级（起数）	89	4	85	37	27
	地级（起数）	108	21	87	20	9
	合 计	**4020**	**2838**	**1182**	**674**	**311**
	国家（人次）	32	31	1	31	
	省级（人次）	719	326	393	390	270
	地级（人次）	3269	2481	788	253	41
2012	**合 计**	**191**	**4**	**187**	**141**	
	国家（起数）	150	4	146	120	
	省级（起数）	41		41	21	
	地级（起数）					
	合 计	**1433**	**170**	**1263**	**1256**	
	国家（人次）	737		737	659	
	省级（人次）	696	170	526	597	
	地级（人次）					

8-4 续表 2010-2016 体育国际交流情况

单位：起、人

年份	交流层次	交流性质			交流类型	
		合计	来访	出访	世界	洲际
2013	**合 计**	**124**		**124**	**86**	**12**
	国家（起数）	91		91	71	12
	省级（起数）	33		33	15	
	地级（起数）					
	合 计	**562**		**562**	**326**	**31**
	国家（人次）	309		309	261	31
	省级（人次）	253		253	65	
	地级（人次）					
2014	**合 计**	**175**	**6**	**169**	**67**	**52**
	国家（起数）	113	3	110	53	30
	省级（起数）	62	3	59	14	22
	地级（起数）					
	合 计	**935**	**120**	**815**	**720**	**102**
	国家（人次）	633	43	590	475	70
	省级（人次）	302	77	225	245	32
	地级（人次）					
2015	**合 计**	**185**	**23**	**162**	**120**	**7**
	国家（起数）	127	4	123	95	7
	省级（起数）	58	19	39	25	0
	地级（起数）					
	合 计	**2811**	**1848**	**963**	**1750**	**120**
	国家（人次）	1272	547	725	1540	95
	省级（人次）	1539	1301	238	210	25
	地级（人次）					
2016	**合 计**	**170**	**6**	**164**	**70**	**26**
	国家（起数）	106	4	102	55	22
	省级（起数）	64	2	62	14	4
	地级（起数）				1	
	合 计	**2500**	**1511**	**989**	**552**	**328**
	国家（人次）	499	255	244	156	236
	省级（人次）	1751	1006	745	146	92
	地级（人次）	250	250		250	

8-4 续表 1 2010-2016 体育国际交流情况

单位：起、人

年份	交流层次	交流类型		交流形式	
		双边	其他	政府间	民间
2010	**合 计**	**79**	**25**	**232**	**35**
	国家（起数）	30		114	1
	省级（起数）	24		91	
	地级（起数）	25	25	27	34
	合 计	**504**	**568**	**1667**	**551**
	国家（人次）			635	
	省级（人次）	72	300	772	
	地级（人次）	432	268	260	551
2011	**合 计**	**35**	**71**	**142**	**58**
	国家（起数）	1	1	2	1
	省级（起数）	24	1	88	1
	地级（起数）	10	69	52	56
	合 计	**416**	**2679**	**1095**	**2925**
	国家（人次）	1		1	31
	省级（人次）	59		705	14
	地级（人次）	356	2679	389	2880
2012	**合 计**	**50**		**164**	**27**
	国家（起数）	30		135	15
	省级（起数）	20		29	12
	地级（起数）				
	合 计	**177**		**1045**	**388**
	国家（人次）	78		457	280
	省级（人次）	99		588	108
	地级（人次）				

8-4 续表 2 2010-2016 体育国际交流情况

单位：起、人

年份	交流层次	交流类型		交流形式	
		双边	其他	政府间	民间
2013	**合 计**	**26**			**124**
	国家（起数）	8			91
	省级（起数）	18			33
	地级（起数）				
	合 计	**205**			**562**
	国家（人次）	17			309
	省级（人次）	188			253
	地级（人次）				
2014	**合 计**	**56**		**164**	**11**
	国家（起数）	30		107	6
	省级（起数）	26		57	5
	地级（起数）				
	合 计	**113**		**720**	**215**
	国家（人次）	88		475	158
	省级（人次）	250		245	57
	地级（人次）				
2015	**合 计**	**58**		**175**	**10**
	国家（起数）	8		4	0
	省级（起数）	50		171	10
	地级（起数）				
	合 计	**941**		**2461**	**350**
	国家（人次）	187		547	0
	省级（人次）	754		1914	350
	地级（人次）				
2016	**合 计**	**27**	**35**	**165**	**5**
	国家（起数）	6	33	106	
	省级（起数）	21	2	59	5
	地级（起数）				
	合 计	**459**	**1161**	**2220**	**280**
	国家（人次）	22	85	499	
	省级（人次）	437	1076	1721	280
	地级（人次）				

8-5 2010-2015 等级运动员当年发展情况

单位：人

项　目	2010					2011				
	合计	国际级	国家级	一级	二级	合计	国际级	国家级	一级	二级
合　计	**2990**	**19**	**180**	**625**	**2166**	**2118**	**28**	**158**	**498**	**1434**
田径	459		3	53	403	313		1	36	276
游泳	437		2	99	336	230	1	2	56	171
跳水	83			50	33	55	7	11	15	22
水球	20			20		18	5	4	9	
花样游泳	11			11		15	1	5		9
体操	16			15	1	24		4	8	12
艺术体操	6			6		5		5		
蹦床	12				12	16		1	3	12
举重	45			23	22	29	1	7	10	11
拳击	111		70	11	30	33		7		26
摔跤	7	1			6	40		1		39
中国式摔跤	45		30		15	14				14
柔道	90		2	19	69	66	1	7	15	43
跆拳道	82			9	73	31			13	18
自行车	2			1	1	8			8	
击剑	85			7	78	23		2	6	15
马术										
现代五项						4		4		
射击	38			23	15	29		1	25	3
射箭	16			3	13	18			8	10
赛艇	44	2	3	27	12	22		2	14	6
皮划艇	58	6	6	30	16	30	1	6	16	7
帆船	65		40	25		23	1	13		9
帆板										
足球	274			8	266	250		10	50	190
篮球	89			34	55	186		21	113	52
排球	101			24	77	73		10	17	46
沙滩排球	4				4					
乒乓球	133		20	14	99	62	1	2	22	37

8-5 续表1 2010-2015 等级运动员当年发展情况

单位：人

项 目	2012					2013				
	合计	国际级	国家级	一级	二级	合计	国际级	国家级	一级	二级
合 计	**2554**			**1042**	**1512**	**2253**	**10**	**148**	**428**	**1667**
田径	285			62	223	228		4		224
游泳	259			90	169	317		14	35	268
跳水	111			93	18	15	1	8		6
水球	18			18		39		4	35	
花样游泳	10				10	2		2		
体操	20			20		21	1	2	17	1
艺术体操	22			22		12		6	6	
蹦床	17			4	13	21		3	8	10
举重	76			44	32	30		3	11	16
拳击	31			21	10	27		4	6	17
摔跤	41			14	27	40		8		32
中国式摔跤	5				5					
柔道	45			28	17	38			19	19
跆拳道	66			36	30	99		1	29	69
自行车	30			28	2	18		1	7	10
击剑	74			25	49	19		4	2	13
马术										
现代五项	1			1		6	4	1	1	
射击	41			31	10	8			5	3
射箭	9			9		2		1	1	
赛艇	97			47	50	58	1	10	10	37
皮划艇	43			13	30	86	1	5	31	49
帆船	99			91	8	12		1	6	5
帆板						2				2
足球	204			55	149	187		11	59	117
篮球	219			104	115	214		17	57	140
排球	147			39	108	132			20	112
沙滩排球										
乒乓球	123			20	103	124		5	2	117

8–5 续表2 2010–2015 等级运动员当年发展情况

单位：人

项　目	2014						2015					
	合计	国际级	国家级	一级	3.88	二级	合计	国际级	国家级	一级	一级	二级
合 计	**3149**	**8**	**144**	**961**		**2036**	**2446**	**18**	**178**	**571**	**567**	**1679**
田径	327		9	58		260	420	0	2	56	50	362
游泳	398		3	93		302	549	2	13	88	93	446
跳水	35	1	17	14		3	12	0	4	2	0	6
水球	15		6	9			37	0	0	37	30	0
花样游泳	16			4		12	11	0	3	3	3	5
体操	29		9	14		6	13	0	1	5	5	7
艺术体操	10			10			13	0	1	12	12	0
蹦床	21	1	2	6		12	12	1	0	1	2	10
举重	43	1	1	20		21	45	0	9	9	7	27
拳击	19			7		12	15	0	3	5	5	7
摔跤	28		5	7		16	16	0	2	5	5	9
中国式摔跤							6	0	0	0	1	6
柔道	30		4	12		14	28	0	1	12	6	15
跆拳道	38			23		15	30	0	2	12	12	16
自行车	13			7		6	2	0	0	0	0	2
击剑	41			15		26	17	0	0	9	5	8
马术							9	0	9	0	0	0
现代五项							1	1	0	0	0	0
射击	40		3	24		13	31	1	5	17	14	8
射箭	1		1				2	0	0	1	1	1
赛艇	73			37		36	60	1	9	15	15	35
皮划艇	54		5	44		5	50	1	6	15	18	28
帆船	38		4	32		2	21	1	4	8	3	8
帆板							0	0	0	0	0	0
足球	243		20	89		134	256	1	15	66	69	175
篮球	463	3	10	71		379	219	2	12	43	44	162
排球	171		4	72		95	130	0	3	55	53	72
沙滩排球							0	0	0	0	0	0
乒乓球	198			75		123	97	1	5	19	31	72

8-5 续表3 2010-2015 等级运动员当年发展情况

单位：人

项　目	2016				
	合计	国际级	国家级	一级	二级
合 计	**1916**	**1**	**2**	**688**	**1176**
田径	301			36	259
游泳	294			86	204
跳水				0	
水球				7	
花样游泳	67			0	66
体操	16			7	9
艺术体操				1	
蹦床	1			3	1
举重	23			11	12
拳击	42			12	28
摔跤	45			17	27
中国式摔跤	16			7	9
柔道	45			17	28
跆拳道	32			21	11
自行车	18			5	9
击剑	23			10	13
马术				0	
现代五项				0	
射击	43	1	2	14	15
射箭	5			5	
赛艇	47			25	18
皮划艇	49			29	20
帆船	7			4	3
帆板	3			0	3
足球	187			99	83
篮球	172			74	98
排球	89			40	43
沙滩排球				0	
乒乓球	109			30	79

8-5 续表4 2010-2015 等级运动员当年发展情况

单位：人

项 目	2010					2011				
	合计	国际级	国家级	一级	二级	合计	国际级	国家级	一级	二级
羽毛球	78			29	49	74	2	1	11	60
网球	62			6	56	48			2	46
手球	72				72	104		12		92
曲棍球	88			20	68	48	1	4		43
棒球	26				26	15	5	6	3	1
垒球	23			13	10	12	1			11
速度滑冰	1		1							
技巧	1			1						
健美操	21			5	16	14			8	6
街舞										
软式网球	6			5	1					
武术	151			15	136	97		7	18	72
滑水	5	1	3	1						
蹼泳	5				5	2			1	1
摩托艇										
围棋	49			3	46	34			1	33
国际象棋	25			6	19	15			7	8
象棋	4			2	2	6				6
登山						2		2		
攀岩										
高尔夫球										
橄榄球										
车辆模型	2				2	2				2
航海模型	9				9	5			2	3
定向										
航空模型	3				3	1				1
热气球										
轮滑	9	9				2				2
业余无线电	17			7	10	20			1	19
健美										

8-5 续表5 2010-2015 等级运动员当年发展情况

单位：人

项 目	2012					2013				
	合计	国际级	国家级	一级	二级	合计	国际级	国家级	一级	二级
羽毛球	28			16	12	42		3	2	37
网球	27			7	20	56			6	50
手球	28			8	20	24		3		21
曲棍球	22			5	17	47	1	2	10	34
棒球	17			13	4	40		5	5	30
垒球	38				38	3	1	2		
速度滑冰										
技巧										
健美操	37			20	17	5			5	
街舞										
软式网球										
武术	163			29	134	153		10	13	130
滑水										
蹼泳	5			2	3	2		2		52
摩托艇										
围棋	40			5	35	53			1	
国际象棋	21			1	20	19			4	15
象棋	2			2		7		1		6
登山	8			7	1	7		4	1	2
攀岩						1				1
高尔夫球	1			1		3		1	1	1
橄榄球						5				5
车辆模型						1				1
航海模型	7			5	2	12			9	3
定向										
航空模型	2			1	1	1			1	
热气球										
轮滑	1				1	1			1	
业余无线电	14			5	9					
健美						14			2	12

8-5 续表6 2010-2015 等级运动员当年发展情况

单位：人

项目	2014						2015					
	合计	国际级	国家级	一级	3.88	二级	合计	国际级	国家级	一级	一级	二级
羽毛球	143	2	11	72		58	45	3	9	13	13	20
网球	79			5		74	25	0	1	2	1	22
手球	100		9	8		83	13	0	5	1	1	7
曲棍球	67			25		41	39	0	6	8	23	25
棒球	7					7	30	0	5	4	4	21
垒球	43			28		15	12	1	2	9	9	0
速度滑冰							0	0	0	0	0	0
技巧							0	0	0	0	0	0
健美操	13		1	4		8	0	0	0	0	2	0
街舞							0	0	0	0	0	0
软式网球							0	0	0	0	0	0
武术	200		11	22		167	91	0	9	16	12	66
滑水							0	0	0	0	0	0
蹼泳	2		2				0	0	0	0	1	0
摩托艇							0	0	0	0	0	0
围棋	49		1	3		45	0	0	0	0	1	0
国际象棋	14			5		9	0	0	0	0	1	0
象棋							0	0	0	0	0	0
登山	5		1	4			0	0	0	0	4	0
攀岩							0	0	0	0	4	0
高尔夫球	10		2	7		1	0	0	0	0	5	0
橄榄球							0	0	0	0	0	0
车辆模型	14			5		9	0	0	0	0	0	0
航海模型	13			4		9	0	0	0	0	0	0
定向							0	0	0	0	0	0
航空模型	7			6		1	0	0	0	0	0	0
热气球							0	0	0	0	0	0
轮滑	15		1	6		8	0	0	0	0	0	0
业余无线电	24		2	13		9	0	0	0	0	2	0
健美							0	0	0	0	0	0

8-5 续表7 2010-2015 等级运动员当年发展情况

单位：人

项 目	2016				
	合计	国际级	国家级	一级	二级
羽毛球	34			24	10
网球	24			4	20
手球	26			12	12
曲棍球	16			2	13
棒球	30			14	16
垒球	6			3	4
速度滑冰				0	
技巧				0	
健美操	11			3	8
街舞				0	
软式网球				0	
武术	76			31	45
滑水				0	
蹼泳				0	
摩托艇				0	
围棋	5			2	2
国际象棋	4			4	1
象棋	5			3	1
登山	5			5	
攀岩	4			4	
高尔夫球	5			5	
橄榄球				0	
车辆模型	2			2	
航海模型	3			2	1
定向				0	
航空模型	9			3	
热气球				0	
轮滑				0	
业余无线电	5			5	
健美				0	

8–6 2016等级教练员当年发展情况

单位：人

项　目	2010					2011				
	合计	国家级	高级	中级	初级	合计	国家级	高级	中级	初级
合 计	**42**	**6**	**6**	**9**	**21**	**42**		**3**	**16**	**23**
田径		1				2		1	1	
游泳		1	3			2		1		1
跳水		1		3		3			1	2
水球										
花样游泳										
体操						7			5	2
艺术体操		1								
蹦床						1				1
举重		1				3			1	2
拳击										
国际式摔跤						4			4	
摔跤										
柔道										
跆拳道										
击剑		1				3		1	1	1
现代五项						2				2
射击										
射箭										
赛艇			2	2						
皮划艇			1	2		1				1
帆船										
足球				1						
篮球										
排球										
乒乓球						7			2	5
羽毛球						4			1	3
网球						2				2
手球										
曲棍球										
垒球				1						
技巧										
武术						1				1
滑水										
蹼泳										
中国象棋										
激流回旋										
马术										

8–6 续表 2016等级教练员当年发展情况

单位：人

项 目	2012					2013				
	合计	国家级	高级	中级	初级	合计	国家级	高级	中级	初级
合 计	**67**	**2**	**7**	**21**	**37**	**38**	**10**	**10**	**10**	**8**
田径		1	1	1		2		1		1
游泳			1	1						
跳水				4		3	1			2
水球				1						
花样游泳						1	1			
体操			1			3		2		1
艺术体操										
蹦床										
举重			2	1		1	1			
拳击				2						
国际式摔跤				2		2	2			
摔跤										
柔道										
跆拳道						1		1		
击剑			1			4	2	2		
现代五项										
射击				1		2			1	1
射箭				1						
赛艇		1	1	1		1				1
皮划艇				2		2		1	1	
帆船										
足球				2		1			1	
篮球						1			1	
排球						1			1	
乒乓球				1						
羽毛球						3		1		2
网球										
手球						2			2	
曲棍球						1		1		
垒球										
技巧						1	1			
武术				1		4	1	1	2	
滑水						1			1	
蹼泳						1	1			
中国象棋										
激流回旋										
马术										

8-6 续表2 2016等级教练员当年发展情况

单位：人

项 目	2014					2015				
	合计	国家级	高级	中级	初级	合计	国家级	高级	中级	初级
合 计	**41**	**11**	**18**	**10**	**2**	**67**	**11**	**17**	**10**	**9**
田径	5		3	2				2		
游泳							1	2		
跳水	2		1	1				2		
水球							1			
花样游泳	2	2							1	
体操	8	3	3				3	2		
艺术体操							1			
蹦床	2		2							
举重	1		1					2		1
拳击							1			
国际式摔跤										
摔跤							2		1	
柔道									1	
跆拳道	1		1							2
击剑										
现代五项	1		1				1			
射击	2		2							
射箭									2	
赛艇	2	1	1							
皮划艇	1	1					1			1
帆船										1
足球	2				2				1	2
篮球	4	2	2					1		
排球										1
乒乓球	5		2	3					1	
羽毛球	1	1								
网球								1	1	
手球										
曲棍球								1		
垒球								1		
技巧									1	
武术	1			1						
滑水										
蹼泳	1	1						3	1	1
中国象棋										
激流回旋										
马术										

8-6 续表3 2016等级教练员当年发展情况

单位：人

项 目	2016				
	合计	国家级	高级	中级	初级
合 计	**66**	**8**	**33**	**12**	**13**
田径		2	4	2	
游泳			2		1
跳水		1	2	1	1
水球					2
花样游泳					
体操		1	2	1	
艺术体操					
蹦床					
举重			1		1
拳击			1		
国际式摔跤					
摔跤				2	
柔道			1		
跆拳道			2		
击剑				1	2
现代五项			1		
射击		1		1	
射箭				2	
赛艇			1		1
皮划艇					
帆船					
足球			4		
篮球			1		1
排球					1
乒乓球			1		1
羽毛球		1	3	1	1
网球					1
手球			1	1	
曲棍球		1			
垒球					
技巧			2		
武术			1		1
滑水					
蹼泳					
中国象棋					
激流回旋		1	2		
马术			1		

8-7 2010-2016 等级公益性社会体育指导员发展情况

单位：人

指标	2010					2011				
	合计	国家级	一级	二级	三级	合计	国家级	一级	二级	三级
本年度认证人数	31605	11	2045	5733	23816	37041		1250	4181	31610
截至年末认证总人数	91337	51	9407	18555	63324	106963		9644	16187	81132
本年参加指导员的培训人数	42331	28	2252	7171	32880	37460		1320	3708	32432

8-7 续表1 2010-2016 等级公益性社会体育指导员发展情况

单位：人

指标	2012					2013				
	合计	国家级	一级	二级	三级	合计	国家级	一级	二级	三级
本年度认证人数	45242	85	1362	6412	37383	5398		14	414	4970
截至年末认证总人数	141301	172	3429	22265	115435	39073		282	6360	32431
本年参加指导员的培训人数	84472		1620	12581	70271	60498		858	6147	53493

8-7 续表2 2010-2016 等级公益性社会体育指导员发展情况

单位：人

指标	2014					2015				
	合计	国家级	一级	二级	三级	合计	国家级	一级	二级	三级
本年度认证人数	34358		311	3761	30286	18250	112	575	2631	17563
截至年末认证总人数	214410	320	4268	33699	176123	223467	540	4874	37401	180679
本年参加指导员的培训人数	35237		241	4482	30514	21406	118	617	3044	17565

8-7 续表3 2010-2016 等级公益性社会体育指导员发展情况

单位：人

指标	2016				
	合计	国家级	一级	二级	三级
本年度认证人数	26623	24	181	5066	21352
截至年末认证总人数	257946	235	2785	47376	207565
本年参加指导员的培训人数	23642	5	3	3609	20025

8-8　2010-2016　国民体质监测站点基本情况

单位：个、人

指标	2010					2011				
	合计	国家	省	地市	县区	合计	国家	省	地市	县区
总站（点）数	672	1	2	86	583	242			96	146
组建测试队	407	1	3	63	340	164			56	108
测试工作人员数	11904	6	50	4030	7818	4646			897	3749
累计受测人员数	2750446		43850	818687	1887909	1199328			852334	346994
本年度受测人员数	548050		7800	437482	102768	146342			91134	55208
本年度测试达标人数	398464		4872	302532	91060	134405			87395	47010
本年度测试达标（%）	72.71		62.46	69.15	88.61	91.84			95.9	85.15

8-8 续表1　2010-2016　国民体质监测站点基本情况

单位：个、人

指标	2012					2013				
	合计	国家	省	地市	县区	合计	国家	省	地市	县区
总站（点）数	173			54	119			1		
组建测试队	157			19	138			2		
测试工作人员数	15400			407	14993			40		
累计受测人员数	1619556			1064926	554630			73528		
本年度受测人员数	291385			159562	131823			8453		
本年度测试达标人数	239559			123136	116423			7903		
本年度测试达标（%）	82.21			77.17	88.32			93.5		

8-8 续表2 2010-2016 国民体质监测站点基本情况

单位：个、人

指标	2014				2015			
	合计	国家	省	县区	合计	国家	省	县区
总站（点）数			1				1	
组建测试队			2				2	
测试工作人员数			40				40	
累计受测人员数			54506				81469	
本年度受测人员数			4780				3161	
本年度测试达标人数			4550				2981	
本年度测试达标（%）			95.2				94.3	

8-8 续表3 2010-2016 国民体质监测站点基本情况

单位：个、人

指标	2016				
	合计	国家	省	地市	县区
总站（点）数			1		
组建测试队			2		
测试工作人员数			60		
累计受测人员数			91892		
本年度受测人员数			10423		
本年度测试达标人数			9881		
本年度测试达标（%）			94.8		

8-9 体育比赛和体育活动情况

指标	2000	2010	2013	2014	2015	2016
体育比赛成绩						
破世界纪录 (项)	5	1	2	3	1	2
获世界冠军 (人次)	36	27	27	17	27	19
破亚洲纪录 (项)	4	2	0	2	4	1
破全国纪录 (项次)	6	5	5	5	5	4
获得全国冠军 (项次)	156	132	143.5	138	124	111
体育活动开展情况						
举办全民健身活动次数(次)		9477	4231	4886	5000	5350

8-10 2009-2016 政府援建体育场地情况

单位：万元、m²

年份	级次	场地设施数量					
		合计	健身路径（条）	篮球场（个）	乒乓球台（个）	小篮板（个）	其他
2009	**合计**	**16704**	**2080**	**7276**	**6820**	**479**	**49**
	国家						
	省级	6412	59	4325	1698	330	
	地级	347	66	32	195	50	4
	县级	9945	1955	2919	4927	99	45
2010	**合计**	**23335**	**2589**	**8432**	**8687**	**1755**	**1872**
	国家						
	省级	9375	84	4279	4669	343	
	地级	732	186	62	385	50	49
	县级	13228	2319	4091	3633	1362	1823
2011	**合计**	**9454**	**1776**	**6445**	**863**		**370**
	国家						
	省级	4		1	3		
	地级	3594	147	2917	270		260
	县级	5856	1629	3527	590		110
2012	**合计**	**9338**	**1652**	**710**	**576**		**6400**
	国家						
	省级	6617	531		17		6069
	地级	1009	498	62	267		182
	县级	1712	623	648	292		149

8-10 续表 2009-2016 政府援建体育场地情况

单位：万元、m²

年 份	级次	场地设施数量					
		合计	健身路径（条）	篮球场（个）	乒乓球台（个）	小篮板（个）	其他
2013	**合计**						
	国家						
	省级		163		5110		38
	地级						
	县级						
2014	**合计**						
	国家						
	省级		358	150	9293	0	38
	地级						
	县级						
2015	合计						
	国家						
	省级	4981	655	1000	3288	0	38
	地级						
	县级						
2016	**合计**						
	国家						
	省级	7805	1712	2947	2921	100	125
	地级						
	县级						

8-10 续表1 2009-2016 政府援建体育场地情况

单位：万元、m²

年 份	级次	投入（万元）			场地规模（m²）		
		合计	财政拨款	体彩公益金	其他	占地面积	场地面积
2009	**合计**	**35255**	**18959**	**6710**	**9587**	**1901432**	**1245998**
	国家						
	省级	2950	150	2800			
	地级	417	7	410		113604	99354
	县级	31888	18802	3500	9587	1787828	1146644
2010	**合计**	**18613**	**6766**	**8478**	**3369**	**5339246**	**3306210**
	国家						
	省级	3580	150	3430		2308190	1160495
	地级	2138	200	1919	20	124640	112224
	县级	12895	6416	3129	3349	2906416	2033491
2011	**合计**	**39532**	**26158**	**5863**	**7511**	**3017403.2**	**2422317.8**
	国家						
	省级	731	181	550		16100	7296
	地级	2997	643	1953	401	828769	645848
	县级	35804	25333	3360	7110	2172534.2	1769173.8
2012	**合计**	**31599**	**6684**	**14611**	**10304**	**2188031**	**1823505**
	国家						
	省级	4477	790	3627	60	217604	222614
	地级	6780		5369	1411	260376	205186
	县级	20342	5894	5615	8833	1710051	1395705

8-10 续表2 2009-2016 政府援建体育场地情况

单位：万元、㎡

年份	级次	投入（万元）				场地规模（㎡）	
		合计	财政拨款	体彩公益金	其他	占地面积	场地面积
2013	**合计**						
	国家						
	省级	3485		3485		545828	234199.6
	地级						
	县级						
2014	**合计**						
	国家						
	省级	6270	900	5370	0	589733	516487.74
	地级						
	县级						
2015	合计						
	国家						
	省级	5620	0	5620	0	770380	510880
	地级						
	县级						
2016	**合计**						
	国家						
	省级	6600		6600		3293992	1963426
	地级						
	县级						

8-11 2010-2016 彩票公益金使用情况

单位：万元

指标名称	2010	2011	2012	2013	2014	2015	2016
彩票公益金收入						198617	192614
其中：本年彩票公益金						169362.73	161634
上年结余						29254.27	30980
彩票公益金支出						123519.84	159987
其中：用于体育事业的彩票公益金						126053.19	157825
1、体育设施	9399	6944.5	6874.3	20454	7400	34096.33	40490
其中：体育设施建设						15680.93	20000
其中：全民健身场地设施建设						7342.82	8490
其他体育设施建设						5013.98	6949
体育设施维护和运行						10426.06	8988
2、群众体育	15361	22166	41620	26217	8717	30240.11	37419
其中：资助全民健身活动						14179.94	19681
资助全民健身组织						2876.89	2558
开展科学健身指导						1726.14	2009
3、竞技体育	11697	28668	20460	33770	11860	46206.21	65038
其中：体育竞赛						14965.92	23346
运动员保障						2962.31	4204
体育训练						23004.78	30800
4、青少年体育				5980.7	5443	7040.32	9746
其中：资助青少年体育活动						1878.78	1591
资助青少年体育组织						3465.51	1713
5、其他（含体育扶贫）						8470.22	5130
用于非体育事业支出				2882.8		2533.35	2162

8-12 2010-2016 体育系统单位财务状况表

单位：万元

序号	科 目	2010	2011	2012	2013
1	1、固定资产原价	355830.2	256400.3	351870.2	515354
2	2、收入合计	319754.8	413231.6	342810.7	465703.5
3	其中：事业收入	58896.5	70030.7	43780.3	93415
4	经营收入	7069.4	11011	11292	14990.8
5	3、支出合计	316909.3	415698.3	345844.6	404874.6
6	其中：工资福利支出	64344.9	102278	76428.7	105620.1
7	其中：基本工资	19396.6	20696.1	16034.6	
8	奖金	5255.4	23237.5	6335	
9	津贴	28649.2	28521.8	22549.8	
10	社会保险	3738.7	5009	3824.5	
11	其他	7305	10406.7	9579.3	
12	商品和服务支出	82726.6	136690.9	112778.9	145078
13	其中：办公费	3265.4	4783.3	6373.2	
14	福利费	2677.7	2181	2980.4	2223.2
15	劳务费	3427.2	6641.2	7238.1	9830.3
16	取暖费	77.8	5.4	56.1	376.3
17	差旅费	4226.8	13089.2	8439.8	11213.9
18	对个人和家庭补助支出	23513	42267.7	41626	50492
19	其中：助学金	5293	6823	3220	6611.7
20	抚恤金和生活补助	485.2	3218.2	646.7	1633.5
21	其他资本性支出	89891.5	75380.4	45258.5	2901.5
22	4、收支结余	26327.8	37899.7	35504.2	
23	5、经营税金	514	235.4	99	1488.4
24	6、行政事业单位增加值	685.8	183.7	250.5	

8-12 续表 2010-2016 体育系统单位财务状况表

单位：万元

序号	科目	2014	2015	2016
1	1、固定资产原价	209292.87	3438569.11	974054
2	2、收入合计	126700.17	1948636.3	719287
3	其中：事业收入	3900	454062.32	199449
4	经营收入	5522	53543.24	14714
5	3、支出合计	95736.5	1847710.5	761774
6	其中：工资福利支出	34228.6	413071.14	135754
7	其中：基本工资	5269.52		
8	奖金	8106.92		
9	津贴	3871.66		
10	社会保险	955.79		
11	其他	2776.15		
12	商品和服务支出	17898.14	649755.33	263291
13	其中：办公费	355.4		
14	福利费	516.5	4970.71	1423
15	劳务费	1393.65	47423.71	16819
16	取暖费		277.36	176
17	差旅费	3865.78		12370
18	对个人和家庭补助支出	23728.36	223126.88	83072
19	其中：助学金	73.31		6539
20	抚恤金和生活补助	286.44	8414.31	1411
21	其他资本性支出	11838.49		
22	4、收支结余	30963.67	100925.8	
23	5、经营税金	104.61	6411.8	1313
24	6、行政事业单位增加值			

8-13　2016体育科技情况

单位：个、万元、、项、部、篇

年份	指标名称		合计	体育行政机关	运动项目管理部门	本科院校	职业、运动技术学院	体育运动学校
2010	科研课题	课题数（个）	2		1			
		课题经费（万元）	30		15			
	科研成果	获奖（项）	6					6
		著作（部）	2					
		论文（篇）	138		5			63
		其他（篇）	30					
2011	科研课题	课题数（个）	15	1				1
		课题经费（万元）	32	10				0.5
	科研成果	获奖（项）	12	5				6
		著作（部）						
		论文（篇）	112	1				14
		其他（篇）	51					
2012	科研课题	课题数（个）	3	1				2
		课题经费（万元）	13	12				1
	科研成果	获奖（项）	3	1				2
		著作（部）	1					
		论文（篇）	76	38				8
		其他（篇）	55					
2013	科研课题	课题数（个）	54			1	18	
		课题经费（万元）	350.7			20	30	
	科研成果	获奖（项）	10				1	
		著作（部）	8				1	1
		论文（篇）	163				30	46
		其他（篇）	19					

8-13 续表1　2016体育科技情况

单位：个、万元、、项、部、篇

年 份	指标名称		合计	体育行政机关	运动项目管理部门	本科院校	职业、运动技术学院	体育运动学校
2014	科研课题	课题数（个）	107			65	28	
		课题经费（万元）	154.2			58.2	63	
	科研成果	获奖（项）						
		著作（部）						
		论文（篇）	14				2	
		其他（篇）						
2015	科研课题	课题数（个）	39				26	3
		课题经费（万元）	188				65	5
	科研成果	获奖（项）						
		著作（部）	2					
		论文（篇）	150				54	23
		其他（篇）						
2016	科研课题	课题数（个）	96				54	
		课题经费（万元）	346				27	
	科研成果	获奖（项）	1					
		著作（部）	2					
		论文（篇）	179				86	15
		其他（篇）	8					

8-13 续表2　2016体育科技情况

单位：个、万元、、项、部、篇

年 份	指标名称		竞技体校	业余体校	单项运动学校	体育传统项目学校	体育科研机构	其他事业单位	其他机构
2010	科研课题	课题数（个）		1					
		课题经费（万元）		15					
	科研成果	获奖（项）							
		著作（部）							
		论文（篇）		70					
		其他（篇）							
2011	科研课题	课题数（个）		13					
		课题经费（万元）		21.5					
	科研成果	获奖（项）					1		
		著作（部）							
		论文（篇）		75			22		
		其他（篇）							
2012	科研课题	课题数（个）							
		课题经费（万元）							
	科研成果	获奖（项）							
		著作（部）							
		论文（篇）		7			23		
		其他（篇）							
2013	科研课题	课题数（个）				5	11	17	2
		课题经费（万元）				5	236.5	40.8	18.4
	科研成果	获奖（项）					4	5	
		著作（部）					6		
		论文（篇）		47			27	12	1
		其他（篇）					19		

8-13 续表3 2016体育科技情况

单位：个、万元、、项、部、篇

年份	指标名称		竞技体校	业余体校	单项运动学校	体育传统项目学校	体育科研机构	其他事业单位	其他机构
2014	科研课题	课题数（个）					14		
		课题经费（万元）					33		
	科研成果	获奖（项）							
		著作（部）							
		论文（篇）					12		
		其他（篇）							
2015	科研课题	课题数（个）		1		3	5	1	
		课题经费（万元）		2		6	108	2	
	科研成果	获奖（项）							
		著作（部）				2			
		论文（篇）		54			15	4	
		其他（篇）							
2016	科研课题	课题数（个）					42		
		课题经费（万元）					319		
	科研成果	获奖（项）					1		
		著作（部）					2		
		论文（篇）		36			37	5	
		其他（篇）					8		

8-14 2010-2016 体育社团组织、运动项目组织数

单位：个

年份	单项运动项目组织					综合运动项目组织				
	合计	国家级	省级	地级	县级	合计	国家级	省级	地级	县级
2010	**1420**	13	35	444	928	**214**	3	1	31	179
2011	**1256**		32	413	811	**153**		1	35	117
2012	**1313**		36	435	842	**169**		6	38	125
2013			32					10		
2014			37					13		
2015	**39**		39			**14**		14		
2016			42					26		

8-14 续表 2010-2016 体育社团组织、运动项目组织数

单位：个

年份	体育社团组织				
	合计	国家级	省级	地级	县级
2010	**1634**	16	36	475	1107
2011	**1409**		33	448	928
2012	**1482**		42	473	967
2013			42		
2014			50		
2015	**2166**		53	826	1287
2016			68		

主要统计指标解释

体育场 是指有400米跑道（中心含足球场），有固定跑道6条以上，并有固定看台的室外田径场地。以看台容纳观众人数分：甲级25000人以上，乙级15001～25000人，丙级5000～15000人，丁级5000人以下。

等级裁判员 是指经考核正式批准授予等级裁判员称号的裁判员。裁判员等级分为国际裁判、国家级裁判、一级裁判、二级裁判、三级裁判。

全民健身活动设施 是指国家体育总局统一组织，将各级体育行政部门的体育彩票公益金作为启动资金，捐赠给城市社区和乡镇的受赠单位，由受赠单位兴建，旨在开展全民健身活动的公益性体育场地设施，包括设在健身公园、广场、室内的体育设施和青少年体育俱乐部。

九、广播电影电视、新闻出版、档案

简要说明

1．本篇资料主要反映广东省广播电影电视行业的基本情况。

2．本篇资料主要包括：

（1）全省电影放映情况，全省广播电视从业人员和总收入，广播电视播出情况，广播电视节目制作情况，广播电视台（站）情况，有线电视用户数量，广播电视覆盖情况等。

（2）地区分全省和21个地级以上市。

（3）年份有当年、近5年和1978年以来连续年份。

3．统计资料来源：本篇资料由广东省新闻出版广电局、广东省档案局负责整理、审核、提供。

2016 年广东新闻出版广电事业发展概述

2016 年，广东扎实推进新闻出版广电事业改革发展，公共文化服务建设提质增效，文艺创作蓬勃发展，产业发展势头强劲，全省新闻出版广电事业实现“十三五”良好开局。

公共文化服务建设提质增效，文化惠民利民工程建设不断推进。至 2016 年底，全省广播电视人口综合覆盖率达 99.9%，全省有线广播电视用户达 1874 万户；农村广播电视无线覆盖（省节目）工程目前已完成了 92 座广播电视发射台升级改造的竣工验收，8 座广播电视发射台待验收；2016 年超额完成总局下达的农村公益电影放映任务和省政府十件民生实事任务，全年累计放映农村公益电影 28.03 万场，观影人次达 4788 万，同时完成为异地务工人员放映 3.22 万场，（观影人次 585 万），逐步形成了省、市、县三级贯通的农村电影公益放映网络。县级数字影院基本实现全覆盖，欠发达地区 120 个县（市、区）实现至少建成 1 座多厅数字影院的任务，至 2016 年底，全省共有在册放映单位 1974 个，观众人数 23073 万人次。

文艺创作蓬勃发展，出版影视精品硕果累累。一是主旋律影视创作欣欣向荣。多部电影、电影电视剧本分别获得国家电影精品专项资金扶持、孵化计划扶持和重点电视剧选题。一批反映“中国梦”、弘扬社会主义核心价值观的优秀动画片，8 部作品获得总局的季度优秀动画片，占全国三分之一。**二是节目创新创优成效显著。**19 个公益广告获得国家项目扶持。举办中国・广东广电公益广告大会，清远成功打造国家级公益广告品牌。**三是新媒体创作崭露头角。**在 2016 年“弘扬社会主义核心价值观 共筑中国梦”主题原创网络视听节目征集推选活动及 2016 优秀网络视听作品活动中，共征集作品 130 余部，推荐 30 余部作品参加国家级各类评奖活动。5 部网络影视剧经总局“中国网络视听大会”发布为重点扶持优秀节目，进一步提升了广东网络视听节目创作热情和内容品质。**四是精品扶持保障有力。**落实省文艺精品专项扶持资金 1705 万元补助 46 个影视文艺精品项目。广电公益广告扶持项目继续发挥作用，全年落实资金 100 万元，扶持项目 22 个，带动全省广电媒体创作公益广告总数达 1.1 万条。

强化创新驱动，产业发展势头强劲。2016 年，全省电影票房总收入达 66.57 亿元，同比增长 6.64%，连续 15 年稳居全国榜首，观影人次达 1.87 亿人次，同比增长 12.58%。共全省有城市影院 930 家，同比增长 29.89%，银幕 5065 块，同比增长 34.74%。票房、影院、银幕分别占全国的 14.56%、11.28%、11.85%；全省经总局备案公示的电视动画片共 88 部，4626 集，继续居全国首位；全省有线广播电视用户达 1874 万户，其中数字电视用户达到 1731 万户；全省 IPTV 用户数突破 655 万，较去年增加 200 多万。全省拥有互联网出版资质的企业由 58 家增到 64 家。2016 年新增广播电视节目制作经营机构达到 230 家，存量持证机构总数达 1028 家，制作经营机构呈现出增长速度逐年加快、民营机构逐年繁荣的特点。

版权保护力度加大。2016 年我省作品著作权登记数量达 35073 件，比 2015 年大幅增长 72.37%。2016 年，我省深入开展“4.26”版权保护宣传周系列活动，向社会公布 2015 年度广东省版权保护十大事件。

文化交流合作不断深化。第八届中国国际影视动漫版权保护和贸易博览会共吸引 503 家企业参展，同比增长 9.8%，成交金额达 34.6 亿元；中国（广州）国际纪录片节共有 111 个国家和地区的 4059 部/集纪录片参评参展，561 家国内外机构参会，与法国戛纳国际电视节等 20 个国际纪录片电影节展和意大利纪录片协会等 8 家行业机构建立了友好合作关系，成为国内唯一具备纪录片投融资、交易功能的国际性、国家级专业平台；第九届中国国际漫画节吸引近百个海内外知名动漫品牌前来参与，入场观众比 2015 年增长 12.5%，参展商营业额增长 30%。

撰稿：冯宇杰

9-1 广播电影电视综合情况（2016）

指　标	合　计
广播电台（座）	22
电视台（座）	24
县、市广播电视台（座）	79
有线广播电视用户数（万户）	2017.08
数字电视用户数（万户）	1755.86
从业人员（人）	52320
总收入（万元）	2686502.53
资产总额（万元）	7524954.23
广播影视节目制作经营机构（家）	909
在册放映单位（个）	930
院线（家）	31
座位数（个）	699828
放映场次（万场次）	914.52
观众人数（万人次）	23073
放映收入（万元）	665737

备注：院线（家）含外省在我省经营有影院的院线数。

9-2 电影基本情况（2016）

指 标	在册放映单位（个）	座位数（个）	放映场次（万场次）	观众人数（万人次）	放映收入（万元）
合 计	**1,974**	**699,828**	**914.52**	**23,073**	**665,737**
农 村	1,044		27.14	4,323	
城 市	930	699,828	887.38	18,750	665,737
其中：中影南方新干线	280	205,239	250.37	5,091.90	182,950
金逸珠江院线	112	85,575	112.78	2,508.44	88,934
广东大地	131	88,183	124.51	2,603.89	83,657

注：1. 农村在册放映单位指流动放映队，没有座位数统计指标。
2. 城市指院线的电影放映情况，未含院线外的电影放映情况。

9-3 广播电视从业人员和收入情况（2016）

指 标	从业人员（人）		本年总收入（万元）		
		编播人员		广告收入	网络收入
合 计	**52320**	**8792**	**2,686,502.53**	**620,078.29**	**755,637.67**
省 级	17915	1365	1,408,209.02	222,345.79	485,256.56
地市级	20894	5202	1,071,149.86	370,725.06	151,423.40
县 级	13511	2225	207,143.65	27,007.44	118,957.71

9-4 各市广播电视从业人员和收入情况（2016）

市别	从业人员（人）	编播人员	本年总收入（万元）	广告收入	网络收入
合计	**52,320**	**8,792**	**2686502.53**	**620078.29**	**755637.67**
省级	17,915	1,365	1408209.02	222345.79	485256.56
广州	5,006	839	231160.36	46494.36	36879.62
深圳	10,511	1,891	727788.18	239561.41	135371.45
珠海	561	94	14005.32	10181.59	0.00
汕头	453	181	11424.24	8833.63	0.00
佛山	1,438	536	35980.86	20928.80	0.00
韶关	1,148	305	18099.47	2086.03	5751.43
河源	768	139	12192.86	1802.08	5240.33
梅州	1,452	432	15264.15	1786.35	8356.90
惠州	950	338	14841.76	5915.98	0.00
汕尾	660	129	6591.79	853.57	2341.27
东莞	619	325	14818.23	10791.05	0.00
中山	660	254	19838.03	5544.79	0.00
江门	1,693	278	31453.08	10785.80	18573.63
阳江	797	142	13160.14	1962.55	10593.65
湛江	2,182	379	22349.95	3378.02	13245.53
茂名	1,025	170	20716.58	3326.92	10675.46
肇庆	818	234	13562.17	3927.58	2360.50
清远	981	303	21423.44	7490.06	10370.40
潮州	638	114	10409.57	5623.08	2606.05
揭阳	1,530	244	15199.40	5574.80	3499.50
云浮	515	100	8013.93	884.05	4515.39

9-5 各市广播电视从业人员情况

单位：人

市 别	2004	2005	2006	2007	2008	2009	2010
合 计	**37161**	**37306**	**41382**	**42988**	**45042**	**45152**	**54291**
省 级	4391	3978	4885	5873	6523	5830	15349
广 州	4397	3886	4078	4178	4162	4303	5219
深 圳	4390	4810	6434	6329	7312	7372	8866
珠 海	940	962	926	887	882	946	697
汕 头	1085	1042	1132	1063	1061	1169	1232
佛 山	2438	2634	2742	2455	2610	2260	2565
韶 关	1321	1263	1420	1340	1337	1358	1202
河 源	767	771	833	857	950	957	957
梅 州	1564	1594	1589	1685	1660	1592	1604
惠 州	1466	1559	1917	1864	1915	2065	1818
汕 尾	257	257	1110	881	911	929	912
东 莞	1776	1776	1669	1656	1667	1901	566
中 山	467	498	1307	1258	1283	1515	983
江 门	1728	1680	1794	1617	1614	1697	1625
阳 江	769	954	921	900	981	969	1069
湛 江	2205	2150	2122	2145	2131	2183	1972
茂 名	1244	1217	1322	1341	1404	1530	1370
肇 庆	1397	1430	1461	1511	1495	1559	1439
清 远	1001	1129	1254	1186	1285	1118	1151
潮 州	796	819	523	961	750	733	628
揭 阳	2091	2202	2233	2259	2335	2335	2349
云 浮	671	695	710	742	774	831	718

9-5 各市广播电视从业人员情况

单位：人

市别	2011	2012	2013	2014	2015	2016
合计	**52718**	**53095**	**49730**	**51862**	**53547**	**52320**
省级	16661	14850	15401	16771	19468	17915
广州	5152	3929	3684	5402	4241	5006
深圳	9481	11655	7439	9174	11234	10511
珠海	696	1234	757	620	640	561
汕头	568	958	720	486	466	453
佛山	1026	1382	1129	828	1083	1438
韶关	1229	1102	1261	1295	1647	1148
河源	961	880	836	893	776	768
梅州	1557	1422	1603	1548	1150	1452
惠州	1974	2190	2131	1405	1032	950
汕尾	779	769	743	739	660	660
东莞	594	629	1942	1881	639	619
中山	827	817	781	874	832	660
江门	1650	1620	1635	1676	1696	1693
阳江	1062	1011	988	707	631	797
湛江	1911	1914	1880	1840	2157	2182
茂名	1438	1334	1527	949	882	1025
肇庆	1522	1539	1513	841	820	818
清远	1132	1385	1310	1022	810	981
潮州	618	627	637	609	635	638
揭阳	1199	1167	1192	1705	1536	1530
云浮	681	681	621	597	512	515

9-6 各市广播电视总收入情况

单位：万元

市别	2004	2005	2006	2007	2008	2009	2010
合计	**834870**	**858152**	**1000812**	**1093798**	**1251271**	1368363.19	1737425.1
省级	260385	252526	284354	352735	401465	396436.47	610925.4
广州	122528	129262	138200	145289	168317	191880.83	270397.03
深圳	166774	181981	238978	238537	263429	300607.93	436081.29
珠海	21664	20224	18529	24319	26953	27624.74	23107.64
汕头	20445	20582	21098	22926	21621	24355.4	27609.26
佛山	57402	57427	64976	70950	79710	87946.14	74390.96
韶关	12230	14018	15186	14755	16131	15105.96	15550.02
河源	3726	5483	6329	7388	9611	9161	9990.92
梅州	8574	8915	9973	10857	12621	13618.76	15467.66
惠州	18469	18626	18993	18469	22721	29446.91	26208.47
汕尾	2269	3069	5321	5034	5868	6709.5	6738.9
东莞	32345	30764	27415	33458	53547	83140.35	49728.38
中山	17723	12788	26819	25799	29850	29896.83	24782.06
江门	24221	26776	28268	30595	35530	39532.27	35246.12
阳江	3572	6950	6149	7788	8876	11230.28	11394.5
湛江	10361	15624	15399	17017	17915	19496.88	17990.4
茂名	9036	9789	10718	13055	15047	13925.09	13218.04
肇庆	13818	14626	15068	16469	19090	19777.56	19558.41
清远	8552	12146	13138	13786	16823	20456.4	19490
潮州	8523	9496	7552	8269	8314	8995	9354
揭阳	7827	9437	9330	10631	10946	12057.79	12822.24
云浮	4426	4643	5307	5673	6887	6961.1	7373.4

9-6 续表 各市广播电视总收入情况

单位：万元

市别	2011	2012	2013	2014	2015	2016
合计	**1982906.36**	**2144604.14**	**2364525.7**	**2491126.24**	**2612822.59**	**2686502.53**
省级	820247.73	919329.9	1101335.97	1193656.67	1346098.53	1408209.02
广州	267245.55	229653.14	246306.65	311026.2	158387.18	231160.36
深圳	538217.83	598928.47	606774.91	625726.75	770883.47	727788.18
珠海	16001.29	15868.81	14078.45	14749.93	13805.97	14005.32
汕头	18627	26919.4	22547.1	15745.94	12005.94	11424.24
佛山	39319	48690	49296	41501.73	36536.38	35980.86
韶关	15029.29	15528.28	18252.98	19584.65	23667.98	18099.47
河源	9615.63	10122.66	11191.54	10186.4	10972.72	12192.86
梅州	16429.95	17474.43	17520.05	21583.88	22622.2	15264.15
惠州	32819.26	43969.1	40937.97	19805.69	14232.45	14841.76
汕尾	6890.8	5370	7048	7528.47	6669.8	6591.79
东莞	33383.11	27673.8	26124.66	22707.77	17784.4	14818.23
中山	21370.21	26829.22	25216.51	21577.75	24674.74	19838.03
江门	33422	34728.84	34649.56	34422.56	32563.47	31453.08
阳江	12556.47	13591.69	12507.09	11711.72	11634.86	13160.14
湛江	17352.5	17939.19	20727.26	18321.69	31486.88	22349.95
茂名	15409.88	16260.59	29818.12	20457.42	15411.24	20716.58
肇庆	21167.58	21593.42	21605.46	18678.89	13886.73	13562.17
清远	20707.8	24138.62	28810.61	24055.9	18608.09	21423.44
潮州	8816.96	9028.35	9770.36	10159.32	9371.99	10409.57
揭阳	10987.96	13499.08	12738.72	18814.79	13624.53	15199.4
云浮	7288.56	7467.15	7267.73	9122.12	7893.04	8013.93

9-7 各市广播电视广告收入情况

单位：万元

市别	2004	2005	2006	2007	2008	2009	2010
合计	**457179**	**478666**	**567514**	**571014**	**607401**	**610611.45**	**727374.91**
省级	136355	151567	200240	200254	210162	200665.87	232831.45
广州	68032	65034	64126	68430	73900	68180.45	110370.83
深圳	106938	117285	132859	131587	146314	162125.41	183342.26
珠海	12773	7964	7650	9978	10469	10629.86	12138.98
汕头	13046	13620	11973	13490	11712	14029.5	17380.36
佛山	32930	29004	33879	37308	38432	32662.53	41543.9
韶关	4964	5195	5638	4744	4885	3560.05	4551.1
河源	1159	1503	1596	1938	1973	1966	1482.95
梅州	3715	3643	4512	4455	4711	4876.49	6051.77
惠州	8099	9924	10096	9516	10689	10821.1	11558.84
汕尾	893	893	2310	1633	1888	2027	1961.6
东莞	20949	18976	21962	25432	28027	31925.51	30640.14
中山	9244	9050	14948	15666	16458	14952.42	16487.96
江门	12652	12840	12641	13954	14886	16211.6	14821
阳江	1614	2522	2283	2202	2122	2199.7	2760.3
湛江	5641	6078	5376	6509	6508	7456.7	7564.9
茂名	3096	3240	2763	3942	3170	2848.83	3315.74
肇庆	3049	5465	4999	5486	5797	5533.16	6299.64
清远	2954	3069	3437	3525	4475	6029.8	6776.3
潮州	3619	4139	4379	4718	4412	4949	7215
揭阳	4270	4303	4459	4489	4629	5225.28	6255.68
云浮	1187	1784	1676	1760	1782	1735.19	2024.21

9-7 续表　各市广播电视广告收入情况

单位：万元

市　别	2011	2012	2013	2014	2015	2016
合　计	**823765.35**	**896412.27**	**931328.88**	**933288.26**	**821529.55**	**620078.29**
省　级	299310.38	341852.66	354020.54	389319.78	381736.61	222345.79
广　州	87331.72	93760.67	122190.93	90023.81	35864.78	46494.36
深　圳	234580.35	255544.66	258301.4	278726.38	264191.9	239561.41
珠　海	13873.19	13031.23	11549.2	10770.53	10151.3	10181.59
汕　头	17901	19070	15917.4	13273.22	9904.55	8833.63
佛　山	36301	42912	42693	38102.74	28136.39	20928.8
韶　关	4749.25	4817.13	5587.8	3831.82	4307.54	2086.03
河　源	1547.76	2162.78	1845.03	1816.9	2014.98	1802.08
梅　州	6577.41	7017.03	7237.74	8511.43	8686.23	1786.35
惠　州	11815.75	9886.85	10533.67	8113.14	6264.92	5915.98
汕　尾	2034	1702	1967.6	1431.09	1416.36	853.57
东　莞	31051.94	26085.96	24896.9	19957.66	14529.11	10791.05
中　山	17526.26	17480.65	16701.16	11870.76	10915.87	5544.79
江　门	15791	15902.3	13327.26	12885	11837.11	10785.8
阳　江	2534.16	2877.43	2720.87	2574.19	3024.14	1962.55
湛　江	6689.7	6467.46	5540.84	4900.26	1198.15	3378.02
茂　名	3065.31	3421.47	4286.14	3081.42	1297.84	3326.92
肇　庆	7076.27	7866.94	6942.2	5354.12	5135.47	3927.58
清　远	8074.6	8767.9	9730.8	7579.7	7410.96	7490.06
潮　州	7215.92	6971.24	6973.67	12558.7	5439.68	5623.08
揭　阳	6862.01	6937.5	6332.3	6580.4	6085.4	5574.8
云　浮	1856.37	1876.41	2032.43	2025.21	1980.26	884.05

9-8 各市广播电视网络收入情况

单位：万元

市别	2004	2005	2006	2007	2008	2009
合计	**180400**	**216617**	**285767**	**313716**	**387517**	**461008.9**
省级	23535	24585	31659	30219	41209	43047.99
广州	28015	29671	44350	42879	62684	69862.5
深圳	31534	44850	70715	75961	83271	93066.59
珠海	4722	7083	9412	12242	14862	16245.5
汕头	5919	5538	8155	8702	8777	9255.8
佛山	19802	21500	28746	31644	36673	44292.16
韶关	6163	6894	7216	8689	9259	9349.71
河源	2304	2455	3145	3752	6109	5076
梅州	2963	5068	4289	5092	5058	6251.26
惠州	3548	p	4665	5384	6194	16535.6
汕尾	940	1740	1958	2689	3028	2898
东莞	8197	8638	7260	15242	25183	49521.53
中山	2715	2426	7757	9734	10349	12636.04
江门	7658	10959	13402	15263	18722	22261.2
阳江	2820	3667	2878	3633	4279	5151.79
湛江	3323	5903	7819	7938	9786	10619.58
茂名	3433	4080	5398	5723	8464	7739.54
肇庆	7357	7054	7365	7973	9080	10391.86
清远	4415	8184	8569	8967	10876	13029
潮州	4372	5011	2869	3382	3629	3714
揭阳	4458	4031	4311	5071	5429	5787.77
云浮	2205	3170	3514	3536	4595	4275.48

9-8 续表　各市广播电视网络收入情况

单位：万元

市　别	2010	2011	2012	2013	2014	2015	2016
合　计	**499800.77**	**567012.62**	**654750.67**	**759604.32**	**793468.9**	**777571.72**	**755637.7**
省　级	138962.89	264611.03	305713.64	366471	430240.88	440127.97	485256.6
广　州	86948.44	87888.24	102594.23	109489.04	111724.14	105692.3	36879.62
深　圳	103760.55	116951.29	120994.76	135784.52	135301.65	133166.2	135371.5
珠　海	7941.39	851.3	3435.54	4446.81			
汕　头	7527.35		4664	4157.33			
佛　山	26261.68						
韶　关	8743.9	7293.23	8984.73	10581.4	10029.42	9864.62	5751.43
河　源	5062.22	5034.25	5346	5097.41	4951.7	5195.7	5240.33
梅　州	6047.55	5796.7	6610.37	6393.3	8021.87	8754.35	8356.9
惠　州	11537.95	8013.7	19179.18	21590.27	5532.42	431.1	
汕　尾	3152	2934	1784	2403	3005	2159	2341.27
东　莞	15844.82						
中　山	7566.68					136.86	
江　门	19572.9	16147	16961.35	20001	19370.4	18647.63	18573.63
阳　江	6276.57	7615.29	8085.74	7023.99	6870.69	2918.84	10593.65
湛　江	6822	8121.9	8830.45	9653.78	9362.38	17384.67	13245.53
茂　名	6958.97	8053.1	9269.07	21293.44	14286.42	11418.21	10675.46
肇　庆	9510.33	10939.74	9718.71	10104.78	4183.31	2553.38	2360.5
清　远	10980.7	9498.2	13004.9	15507.1	13527.6	7873.44	10370.4
潮　州	1689	1151.51	1495.65	1887.18	6621.17	2392.15	2606.05
揭　阳	4969.34	1944.75	3789.69	2897.9	4709.8	4153.1	3499.5
云　浮	3663.54	4167.39	4288.66	4821.07	5730.05	4702.2	4515.39

9-9 广播电视基本情况

年 份	从业人员（人）		本年总收入（万元）		
		编播人员		广告收入	网络收入
2000	24716	5820	402,611	220,915	
2001	25562	5826	446,595	230,836	
2002	28032	6268	565,974	307,525	116,723
2003	30352	6826	649,639	361,327	137,661
2004	37161	7058	834,870	457,179	180,400
2005	37306	7250	858,152	478,666	216,617
2006	41382	7403	1,000,812	567,514	285,767
2007	42988	7595	1,093,798	571,014	313,716
2008	45042	7639	1,251,271	607,401	387,517
2009	45152	8247	1,368,363	610,611	461,009
2010	54291	8890	1,737,425	727,375	499,801
2011	52718	8460	1,982,906	823,765	567,013
2012	53095	8560	2,144,604	896,412	654,751
2013	49730	8362	2,364,526	931,329	759,604
2014	51862	7092	2,491,126	933,288	793,469
2015	53547	8,345	2,612,823	821,530	777,572
2016	52320	8,792	2,686,503	620,078	755,638

9-10 广播电视播出情况（2016）

指 标	广播节目套数（套）	全年公共广播节目播出时间（小时）	电视节目套数（套）	全年公共电视节目播出时间（小时）
合 计	**132**	**815619**	**142**	**740089**
省 级	9	65622	10	88996
地 市 级	52	365331	60	368428
县 级	71	384666	72	282665

9–11 各市广播电视播出情况（2016）

市别	广播节目套数（套）	全年公共广播节目播出时间（小时）	电视节目套数（套）	全年公共电视节目播出时间（小时）
合计	**132**	**815619**	**142**	**740089**
省级	9	65622	10	88995
广州	9	66691	13	84877
深圳	7	46124	15	114027
珠海	4	30625	3	13095
汕头	3	24132	3	22164
佛山	6	52560	5	33489
韶关	7	24777	7	15097
河源	5	22082	5	24313
梅州	9	42467	8	35200
惠州	7	48474	6	28484
汕尾	3	20934	5	15747
东莞	1	3925	2	11576
中山	3	15229	3	13910
江门	7	48528	10	52761
阳江	4	19364	6	21891
湛江	8	42277	7	17639
茂名	6	33480	8	37640
肇庆	9	57069	2	13140
清远	9	47837	10	40670
潮州	5	36630	4	19991
揭阳	7	40095	6	20851
云浮	4	26697	4	14532

9-12 各市公共广播节目播出时间情况

单位：小时

市别	2004	2005	2006	2007	2008	2009	2010
合计	**682715**	**704912**	**746528**	**753474**	**755343**	**778,520**	**764,901**
省级	57981	77460	77460	77460	62971	75,177	75,177
广州	36596	38426	40347	50975	52228	52,684	47,583
深圳	28573	30002	31502	34087	42119	42,400	40,818
珠海	18175	19084	20038	21437	20805	20,622	20,805
汕头	31922	33518	35194	35198	35213	38,015	40,515
佛山	41640	43722	45908	50917	51934	44,153	32,560
韶关	41750	43837	46029	33066	29178	30,627	30,542
河源	29953	31450	33023	32908	30567	37,038	37,045
梅州	28788	30228	31739	33682	41617	37,149	35,330
惠州	32581	34210	35921	37519	32777	35,365	35,233
汕尾	13826	14517	15243	16684	17240	23,139	22,931
东莞	14331	15048	15800	15790	16912	17,520	17,520
中山	9195	9655	10138	12409	7697	9,901	7,838
江门	41815	43906	46101	46191	47274	47,930	48,783
阳江	18192	19102	20057	17878	19909	19,902	19,902
湛江	41362	43430	45602	45600	45356	41,660	46,868
茂名	36204	38014	39915	39809	39835	39,957	40,241
肇庆	49410	51880	54474	54620	54651	53,961	53,961
清远	32298	33913	35609	34604	35212	38,965	38,469
潮州	17712	18597	19527	12730	21603	25,178	25,585
揭阳	21274	22338	23455	26235	26439	25,130	25,126
云浮	21261	22324	23440	23667	23801	22,040	22,065

9-12 续表　各市公共广播节目播出时间情况

单位：小时

市　别	2011	2012	2013	2014	2015	2016
合　计	**772,551**	**798,898**	**767,484**	**766,093**	**747,116**	**815619**
省　级	77,600	77,600	78,080	78,387	78,388	65622
广　州	50,992	54,840	55,676	54,088	54,186	66691
深　圳	42,680	39,840	34,912	37,345	36,394	46124
珠　海	18,241	18,241	18,606	6,095	29,565	30625
汕　头	26,280	18,080	27,526	26,280	26,280	24132
佛　山	35,370	31,172	52,560	52,560	52,560	52560
韶　关	24,945	36,310	32,950	31,383	19,117	24777
河　源	36,050	32,867	18,205	27,541	17,884	22082
梅　州	36,690	38,641	38,305	36,707	37,531	42467
惠　州	39,298	41,224	41,869	48,694	47,834	48474
汕　尾	24,870	24,870	24,870	24,890	24,890	20934
东　莞	17,520	17,520	19,084	23,725	23,768	3925
中　山	14,600	19,620	14,600	14,600	14,600	15229
江　门	49,093	49,145	46,939	46,939	46,538	48528
阳　江	20,430	20,430	6,971	6,971	6,972	19364
湛　江	46,777	47,434	39,655	40,378	33,030	42277
茂　名	33,137	36,247	25,969	26,016	19,812	33480
肇　庆	53,960	53,528	52,799	52,768	52,082	57069
清　远	37,595	36,256	36,174	36,622	36,536	47837
潮　州	25,863	32,879	32,548	32,761	32,839	36630
揭　阳	38,083	38,801	38,083	38,078	39,428	40095
云　浮	22,474	33,349	31,096	23,262	16,882	26697

9-13 各市公共电视节目播出时间情况

单位：小时

市别	2004	2005	2006	2007	2008	2009	2010
合计	**450713**	**499719**	**612264**	**643134**	**653263**	**678,278**	**662,706**
省级	76207	83693	101732	110452	104043	115,326	100,017
广州	53262	55925	58721	60153	63587	64,896	63,644
深圳	57433	60305	63320	68927	72344	79,934	79,422
珠海	12559	13187	13846	14906	14811	14,495	14,768
汕头	21080	22134	23241	24176	24797	25,735	27,913
佛山	33369	35037	36789	31720	34132	33,309	34,404
韶关	32354	33971	35670	25021	30336	30,430	30,017
河源	11503	12078	12682	39330	37601	44,447	40,353
梅州	31546	33123	34779	43588	43559	37,968	35,313
惠州	28160	29568	31046	32409	29364	28,093	27,202
汕尾	10204	10714	11250	8540	8600	9,109	9,833
东莞	11918	12514	13140	13140	13480	12,719	9,635
中山	10391	10910	11456	12900	10086	12,708	13,201
江门	23549	24727	25963	27364	32838	33,042	33,042
阳江	11572	12150	12758	16373	13798	11,283	10,607
湛江	18872	19815	20806	19701	19992	30,136	32,236
茂名	19692	20676	21710	18331	18496	18,613	20,948
肇庆	10924	11470	12044	12045	11680	11,497	11,489
清远	10594	11124	11680	7151	11840	12,715	13,025
潮州	13010	13661	14344	11132	18696	18,746	19,059
揭阳	10866	11410	11980	12718	12684	21,891	22,588
云浮	30206	31716	33302	33053	26494	11,181	13,986

9-13 续表　各市公共电视节目播出时间情况

单位：小时

市　别	2011	2012	2013	2014	2015	2016
合　计	**781,663**	**744,564**	**703,381**	**751,274**	**728,129**	**740089**
省　级	135,682	119,051	113,995	115,391	61,849	88996
广　州	70,260	49,871	67,223	97,623	98,352	84877
深　圳	79,137	91,273	86,610	110,890	102,649	114027
珠　海	23,388	14,595	14,601	243	15,634	13095
汕　头	25,276	31,543	24,122	21,920	22,103	22164
佛　山	36,497	33,897	28,730	32,825	33,368	33489
韶　关	31,668	23,273	19,843	22,598	14,034	15096
河　源	35,442	30,007	24,763	42,014	24,926	24313
梅　州	43,845	42,569	42,124	31,990	28,940	35200
惠　州	32,086	33,449	33,410	28,073	28,200	28484
汕　尾	10,658	15,740	15,740	15,762	15,761	15747
东　莞	10,159	10,159	13,140	13,140	13,140	11576
中　山	20,415	19,534	13,224	17,368	19,710	13910
江　门	35,021	42,210	45,031	39,957	49,636	52761
阳　江	28,087	26,789	10,725	10,725	13,730	21891
湛　江	32,642	34,495	28,268	28,335	17,171	17639
茂　名	23,416	24,440	20,361	20,467	22,573	37640
肇　庆	12,407	12,410	12,410	12,410	13,140	13140
清　远	28,947	31,941	29,378	22,192	80,741	40670
潮　州	19,211	17,746	20,612	20,626	20,161	19991
揭　阳	18,143	19,150	18,115	18,046	19,658	20851
云　浮	29,273	20,417	20,950	28,672	12,653	14532

9-14 广播电视播出情况

年 份	广播节目套数（套）	全年公共广播节目播出时间（小时）	电视节目套数（套）	全年公共电视节目播出时间（小时）
2000	114	654,810	118	460,560
2001	117	673,060	125	499,668
2002	118	678,170	119	428,844
2003	118	674,520	118	436,696
2004	114	682,715	115	450,713
2005	123	704,912	123	499,719
2006	120	746,528	125	612,264
2007	125	753,474	139	643,134
2008	125	755,343	152	653,263
2009	125	778,520	152	678,278
2010	125	764,901	143	662,706
2011	129	772,551	143	781,663
2012	129	798,898	134	744,564
2013	129	767,484	134	703,381
2014	148	766,093	163	751,274
2015	206	747,116	222	728,129
2016	132	815,619	142	740,089

9-15 广播电视节目制作情况 （2016）

指 标	全年制作广播节目时间（小时）	全年制作电视节目时间（小时）
合 计	620, 866	317, 897
省 级	65215	20931
地市级	357, 589	257, 314
县 级	198062	39652

9-16 各市广播电视节目制作情况（2016）

市　别	全年制作广播节目时间（小时）	全年制作电视节目时间（小时）
合　计	**620866**	**317897**
省　级	65215	20931
广　州	67679	102626
深　圳	55965	97659
珠　海	39690	11865
汕　头	12240	1128
佛　山	52561	2572
韶　关	11963	4879
河　源	12090	2399
梅　州	6437	3849
惠　州	29463	2684
汕　尾	14860	3344
东　莞	10415	1315
中　山	22616	2362
江　门	38869	20255
阳　江	12461	1598
湛　江	27458	2930
茂　名	17343	10181
肇　庆	40116	1894
清　远	30645	12544
潮　州	19918	2488
揭　阳	16578	3443
云　浮	16284	4951

9-17 各市制作广播节目时间情况

单位：小时

市别	2004	2005	2006	2007	2008	2009	2010
合计	**395048**	**467003**	**446025**	**499438**	**489136**	**471,586**	**539,670**
省级	37367	41104	40540	40565	41481	73,908	72,479
广州	33459	36805	38645	42381	43789	35,178	51,358
深圳	23730	26103	27408	32809	40131	35,150	40,005
珠海	11162	12278	12892	19758	17755	17,065	15,671
汕头	5818	6400	6720	27810	28421	26,837	27,107
佛山	34058	37464	39337	34044	40125	25,461	32,560
韶关	13930	15323	16089	13917	8178	8,027	9,532
河源	6411	7052	7405	10631	11204	12,989	12,401
梅州	10549	11604	12184	14683	6270	18,164	15,884
惠州	22074	24282	25496	18170	19716	19,506	24,850
汕尾	8284	9112	9568	16315	15065	12,261	16,262
东莞	12009	13210	13870	13932	14863	16,145	17,520
中山	8777	9655	10138	12409	6697	9,024	6,861
江门	32029	35231	36993	34463	37311	32,682	38,165
阳江	6021	6623	6954	6416	6309	6,456	7,956
湛江	26872	29559	31037	32237	32631	27,636	30,215
茂名	9750	10725	11261	17228	16053	14,154	17,296
肇庆	32114	35326	37092	39480	38145	27,781	37,791
清远	16780	18458	19381	25425	18224	18,810	24,169
潮州	9292	10221	10732	8667	11031	10,899	11,376
揭阳	11570	12727	13363	19065	16715	16,555	15,975
云浮	16381	18019	18920	19033	19022	9,898	14,237

9-17 续表 各市制作广播节目时间情况

单位：小时

市别	2011	2012	2013	2014	2015	2016
合计	**514,492**	**535,125**	**612,439**	**607,735**	**678,389**	**620866**
省级	73,278	73,867	77,256	78,673	79,554	65215
广州	42,282	41,278	77,017		84,244	67679
深圳	40,101	35,669	29,653	32,619	34,631	55965
珠海	17,876	17,508	18,111	5,034	56,030	39690
汕头	18,788	15,633	27,117	25,871	25,872	12240
佛山	28,968	31,172	40,573	52,560	51,533	52561
韶关	8,417	8,188	16,601	14,456	26,529	11963
河源	10,292	10,268	13,880	13,872	11,261	12090
梅州	15,739	17,832	16,272	20,310	13,296	6437
惠州	22,462	25,521	27,173	34,728	31,873	29463
汕尾	16,680	16,680	16,680	16,700	16,700	14860
东莞	17,520	17,520	19,084	23,725	23,768	10415
中山	8,400	16,886	16,768	15,564	15,436	22616
江门	39,256	39,161	39,360	39,408	40,593	38869
阳江	7,544	7,544	7,104	7,104	7,105	12461
湛江	20,663	20,111	28,449	28,468	29,444	27458
茂名	8,564	13,952	21,820	3,229	7,024	17343
肇庆	39,073	39,231	38,867	36,341	38,902	40116
清远	25,625	24,161	24,134	21,532	25,865	30645
潮州	11,620	13,395	12,881	12,992	13,013	19918
揭阳	25,852	25,564	19,535	23,024	23,568	16578
云浮	15,492	23,984	24,097	16,910	22,148	16284

9-18 各市制作电视节目时间情况

单位：小时

市别	2004	2005	2006	2007	2008	2009	2010
合计	**88732**	**106478**	**138422**	**132211**	**124308**	**114,538**	**126,595**
省级	23424	28108	36541	33896	33404	27,319	28,789
广州	11033	13240	17212	15926	11744	12,370	10,072
深圳	13903	16684	21689	28061	30360	28,768	36,067
珠海	5635	6762	8791	2042	2664	2,618	1,874
汕头	1388	1665	2165	2171	2365	2,528	2,411
佛山	4226	5071	6592	5421	5650	2,899	2,922
韶关	2524	3029	3938	5583	5779	5,018	4,956
河源	417	500	650	3514	2976	2,163	2,351
梅州	1886	2263	2942	3654	2197	4,100	5,583
惠州	3506	4208	5470	3407	1597	1,927	2,164
汕尾	965	1158	1505	1870	1524	1,487	3,255
东莞	1186	1423	1850	2023	3018	2,840	3,031
中山	1227	1472	1914	1903	1596	1,578	1,826
江门	2383	2860	3718	3980	2369	2,239	4,109
阳江	1669	2002	2603	2463	2128	1,047	1,514
湛江	2303	2764	3593	3602	3727	3,306	3,814
茂名	2148	2578	3351	2670	3325	3,348	3,696
肇庆	822	986	1282	1282	580	1,414	1,489
清远	2230	2676	3479	3217	1629	1,677	2,033
潮州	508	609	792	845	1185	1,600	1,790
揭阳	896	1075	1398	2070	1781	2,114	2,082
云浮	4453	5344	6947	2611	2710	2,178	2,767

9-18 续表　各市制作电视节目时间情况

单位：小时

市　别	2011	2012	2013	2014	2015	2016
合　计	**148,701**	**173,771**	**175,785**	**192,757**	**334,711**	**317897**
省　级	42,409	37,563	35,536	34,296	155,649	20931
广　州	11,797	18,228	11,807	14,334	13,155	102626
深　圳	34,523	62,022	43,884	44,642	46,603	97659
珠　海	1,874	1,985	2,012	3,252	3,616	11865
汕　头	2,411	2,342	3,580	1,408	1,117	1128
佛　山	4,568	3,361	5,180	2,940	2,718	2572
韶　关	3,906	5,910	5,271	4,225	7,966	4879
河　源	3,231	3,690	3,749	4,076	3,296	2399
梅　州	6,090	6,851	5,926	7,577	4,868	3849
惠　州	2,340	2,665	2,674	3,832	3,994	2684
汕　尾	3,254	3,254	3,254	3,274	3,274	3344
东　莞	3,070	3,070	3,558	3,268	2,680	1315
中　山	1,244	1,584	2,200	2,578	2,484	2362
江　门	6,914	5,923	6,548	8,930	11,310	20255
阳　江	1,572	1,649	1,672	1,698	1,797	1598
湛　江	3,750	3,323	2,964	3,015	2,942	2930
茂　名	1,946	1,576	1,757	1,709	2,729	10181
肇　庆	1,338	1,026	1,673	3,008	1,845	1894
清　远	2,757	2,015	2,804	2,495	53,597	12544
潮　州	1,109	1,280	3,775	1,109	1,147	2488
揭　阳	1,851	2,575	2,682	2,906	2,877	3443
云　浮	3,747	2,879	3,274	3,792	5,047	4951

9-19 广播电视制作情况

年 份	全年制作广播节目时间（小时）	全年制作电视节目时间（小时）
2000	513,160	75,822
2001	471,641	106,173
2002	485,671	76,220
2003	511,631	84,003
2004	395,048	88,732
2005	467,003	106,478
2006	446,025	138,422
2007	499,438	132,211
2008	489,136	124,308
2009	471,586	114,538
2010	539,670	126,595
2011	514,492	148,701
2012	535,125	173,771
2013	612,439	175,785
2014	607,735	192,757
2015	678,388	334,711
2016	620,866	317,897

9-20 广播电视有线传输情况

年 份	有线广播电视用户数（万户）	数字电视用户数（万户）
2000	785.0	
2001	810.4	
2002	931.8	
2003	986.8	
2004	1094.7	33.8
2005	1121.9	100.6
2006	1248.3	195.6
2007	1345.7	355.9
2008	1493.8	517.2
2009	1570.17	701.97
2010	1701.53	950.45
2011	1825.03	1116.93
2012	1913.01	1432.87
2013	1960.00	1571.11
2014	1970.00	1550.01
2015	1972.78	1487.43
2016	2017.08	1755.87

9-21 广播电视覆盖情况

年 份	广播综合人口覆盖率（%）	电视综合人口覆盖率（%）
1980	21.7	44.7
1981	30.0	68.0
1982	69.0	73.0
1983	69.8	74.5
1984	69.8	74.5
1985	70.3	80.0
1986	71.5	82.0
1987	75.0	82.0
1988	78.0	84.0
1989	82.4	86.3
1990	90.1	90.6
1991	90.3	90.8
1992	90.4	90.9
1993	90.4	91.0
1994	90.6	91.0
1995	90.6	91.0
1996	92.0	92.4
1997	92.0	92.4
1998	92.0	92.4
1999	96.0	96.4
2000	96.0	96.4
2001	96.0	96.4
2002	96.0	96.4
2003	96.0	96.4
2004	96.1	96.4
2005	96.1	96.4
2006	96.4	96.7
2007	97.0	97.3
2008	97.1	97.4
2009	97.5	97.7
2010	98	98
2011	98	98
2012	99.9	99.9
2013	99.9	99.9
2014	99.9	99.9
2015	99.9	99.9
2016	99.9	99.9

9-22 体育文化宣传情况（2016）

指　标	数　量
图书（种）	10840
总印数（万册）	31195
总印张（千印张）	2419143
杂志（种）	381
平均期印数（万册）	622
总印数（万册）	12270
总印张（千印张）	663517
报纸（种）	99
平均期印数（万份）	1152
总印数（万份）	298845
总印张（千印张）	16595386

9-23 图书、杂志、报纸出版数量

项 目	2004	2005	2006	2007	2008	2009	2010
图书出版							
种数（种）	5245	5908	5800	5646	6318	5881	6354
总印数（万册）	25732	22600	26993	23234	28005	23101	23133
总印张数（千印张）	1629856	1514191	1901857	1575820	2036526	1746376	1597299
杂志出版							
种数（种）	379	366	379	379	380	381	381
总印数（万册）	19941	20371	23558	25969	24608	22594	21201
总印张数（千印张）	901843	1116814	1344451	1495214	1393465	1332364	1251752
报纸出版							
种数（种）	100	102	101	101	101	100	100
总印数（万份）	438528	398152	434279	426039	439352	455781	455912
总印张数（千印张）	29196999	28996964	29576392	28371149	39628060	42461585	43788152

注：2000年开始报纸出版统计不包校报、院报。

9-23 续表 图书、杂志、报纸出版数量

项 目	2011	2012	2013	2014	2015	2016
图书出版						
种数（种）	7257	9851	10355	9495	10089	10840
总印数（万册）	32637	29622	33022	29867	31287	31195
总印张数（千印张）	2354474	2228062	2524984	2326580	2434970	2419143
杂志出版						
种数（种）	381	381	381	381	382	381
总印数（万册）	20403	18572	17460	15520	14458	12270
总印张数（千印张）	1238767	1121048	1080030	917005	844427	663517
报纸出版						
种数（种）	99	101	101	101	100	99
总印数（万份）	457530	453166	436021	389869	327660	298845
总印张数（千印张）	42884951	41319185	38654745	31458182	20081573	16595386

注：2000年开始报纸出版统计不包校报、院报。

9-24　报纸出版情况（2016）

项　目	种数（种）	平均每期印数（万份）	总印数（万份）	总印张（千印张）	定价总金额（万元）
合　计	**99**	**1152**	**298845**	**16595386**	**442454**
综合报	48	894	262750	15077672	376421
专业报	33	163	27931	1248151	48485
生活服务报	11	30	1648	109942	7266
读者对象报	6	52	5095	116965	8150
文摘报	1	14	1422	42656	2133
1. 省级	**32**	**523**	**138361**	**8015687**	**257836**
综合	5	371	115047	6823238	214502
专业报	17	116	20589	1061496	34731
生活服务报	9	28	1571	107885	7046
读者对象报	1	8	1153	23068	1557
文摘报					
2. 地市级	**67**	**629**	**160484**	**8579699**	**184618**
综合报	43	523	147702	8254434	161918
专业报	16	47	7342	186655	13754
生活服务报	2	1	77	2057	220
读者对象报	5	44	3942	93897	6593
文摘报	1	14	1422	42656	2133
3. 县级					
综合报					
专业报					
生活服务报					
读者对象报					
文摘报					

9-25　期刊出版情况（2016）

项　目	种数（种）	平均（万册）	总印数（万册）	总印张数（千印张）	总金额（万元）
合计	**381**	**622**	**12270**	**663517**	**101761**
综合	27	26	353	21883	3816
哲学、社会科学	96	284	5791	320640	45433
自然科学、技术	181	218	4351	213860	30336
文化、教育	46	70	1349	78092	17132
文学、艺术	31	24	427	29042	5043
其中：					
少儿读物	10	53	1295	38652	7594
画刊	4	5	53	5097	895

9-26 图书出版情况（2016）

项　　目	种数（种）			租型图书种数（种）	总印数（万册、张）			
	合计	新出	重印		合计	新出	重印	租型
合计	**10840**	**6367**	**4473**	**147**	**31195**	**4684**	**19502**	**7010**
A. 马克思主义、列宁主义、毛泽东思想	35	16	19		14	6	9	
B. 哲学	214	180	34		114	89	25	
C. 社会科学总论	112	76	36		33	21	11	
D. 政治、法律	352	275	77		330	110	221	
E. 军事	31	25	6		17	12	5	
F. 经济	710	522	188	1	266	214	52	
G. 文化	5111	1978	3133	143	27363	2656	17702	7004
H. 语言	329	219	110		151	95	56	
I. 文学	1463	1211	252		1353	771	581	
J. 艺术	658	518	140		763	207	556	
K. 历史、地理	673	585	88		275	221	54	
N. 自然科学总论	19	16	3		7	7	0	
O. 数理科学、化学	59	26	33		16	6	10	
P. 天文学、地球科学	45	42	3		17	17	1	
Q. 生物科学	71	59	12		64	28	36	
R. 医药卫生	230	149	81		125	67	58	
S. 农业科学	42	28	14	3	32	14	12	5
T. 工业技术	366	218	148		130	90	41	
U. 交通运输	39	21	18		9	4	5	
V. 航空、航天	2	2			1	1		
X. 环境科学	46	41	5		17	14	3	
Z. 综合性图书	233	160	73		98	36	62	

9-26 续表 图书出版情况（2016）

项目	总印张（千印张）				定价总金额（万元）			
	合计	新出	重印	租型	合计	新出	重印	租型
合计	**2419143**	**488720**	**1376992**	**553430**	**383018**	**136559**	**196140**	**50319**
A. 马克思主义、列宁主义、毛泽东思想	816	264	552		238	72	166	
B. 哲学	18242	14982	3260		4468	3530	938	
C. 社会科学总论	5621	3816	1805		1455	1106	350	
D. 政治、法律	32638	17020	15619		7836	4866	2970	
E. 军事	2763	1980	783		674	497	178	
F. 经济	36357	27600	8748	8	10067	8123	1943	2
G. 文化	2036287	242677	1240469	553141	258559	45822	162480	50258
H. 语言	18718	10777	7941		4629	2921	1708	
I. 文学	129389	83710	45679		32402	21205	11197	
J. 艺术	46615	19126	27489		26747	19180	7567	
K. 历史、地理	37450	32492	4958		13878	12650	1228	
N. 自然科学总论	473	438	35		176	168	8	
O. 数理科学、化学	2547	853	1695		510	243	267	
P. 天文学、地球科学	1525	1442	83		650	630	20	
Q. 生物科学	4766	1774	2992		1828	892	936	
R. 医药卫生	14112	8012	6100		4809	2913	1896	
S. 农业科学	2032	1163	587	281	864	656	149	59
T. 工业技术	17701	11969	5732		7797	6529	1268	
U. 交通运输	998	463	534		321	187	134	
V. 航空、航天	23	23			31	31		
X. 环境科学	1280	1103	177		526	417	109	
Z. 综合性图书	8792	7037	1754		4552	3923	628	

9-27 电子出版物出版情况（2016）

单位：种、万盒（张）

	合计		#新版	
	种数	数量	种数	数量
总计	**304**	**1178.4562**	**136**	**85.66**
CD-ROM	245	1087.608	83	54.91
DVD-ROM	47	89.70	41	29.60
CD-I及其他	0	0	0	0

9-28 录像制品出版情况（2016）

单位：种、万盒（张）

	合计		#新版	
	种数	数量	种数	数量
总计	**337**	**125.20**	**210**	**84.06**
VT	0	0	0	0
VCD	9	7.1	9	7.1
DVD-V	328	118.10	201	76.96

9-29 录音制品出版情况（2016）

单位：种、万盒（张）

	合计		#新版	
	种数	数量	种数	数量
总计	**676**	**988.02**	**435**	**264.87**
AT	118	608.70	26	64.56
CD	523	272.30	404	198.85
DVD-A	4	1.83	1	0.2

9-30 档案机构基本情况（2016）

指 标	综合档案馆
机构数（个）	141
从业人员（人）	2015
专职	1602
一.馆藏档案情况	
全宗（个）	18776
案卷（卷）	16001403
以件为保管单位档案（件）	10959227
照片档案（张）	2797231
二.数字化馆藏档案	
归档电子文件（件）	6240899
数码照片（张）	2517222
三.微缩胶片情况	
平片（张）	5930
平窗卡（张）	653
卷片（幅）	4800000
四.档案利用情况	
1.已开放档案	
案卷（卷）	1200654
以件为保管单位档案（件）	603561
2.开放档案目录	
案卷级（条）	760000
文件级（条）	662000
3.本年利用档案	
人次（人次）	263375
卷次（卷次）	510130
件次（件次）	262965

9-31 各市综合档案馆基本情况（2016）

指 标	档案馆（个）	从业人员（人）	馆藏档案	
			全宗（个）	案卷（卷）
合 计	**140**	**1507**	**18324**	**14823419**
广 州	12	212	1665	3471868
深 圳	7	82	667	911822
珠 海	4	44	631	438903
汕 头	8	63	1091	326985
佛 山	6	100	1409	3356300
韶 关	11	100	1519	681727
河 源	7	52	762	290722
梅 州	9	85	1018	528594
惠 州	6	76	990	749756
汕 尾	5	24	355	113853
东 莞	1	15	315	147459
中 山	1	30	338	171874
江 门	8	110	862	540111
阳 江	5	70	655	188264
湛 江	10	100	1077	570171
茂 名	6	78	844	392570
肇 庆	9	89	974	434934
清 远	9	55	1630	966441
潮 州	4	30	522	153032
揭 阳	6	41	422	144037
云 浮	6	51	578	243996

主要统计指标解释

广播(电视)节目套数 是指用固定的频率(频道)自办广播(电视)节目,并编排有整套节目时间表,定期向听众(观众)播放节目名称和播出时间。

广播综合人口覆盖率 是指广播综合覆盖的人口与总人口的比率。

电视综合人口覆盖率 是指电视综合覆盖人口与总人口的比率。

图书 是指不少于49页并在“古籍”范围以外的图书。少儿读物、连环画49页以上的按图书统计,48页以下的按小册子统计到“其他”类中。

报刊 报纸是指刊登当前实践的专题或综合新闻,每周至少出版一张并按年、月、日出版的定期或不定期的一种连续出版物。

档案利用卷次 按当年每日提供案卷的数量累计填报。一个利用者上、下午利用同一案卷,按1卷次计算;一个利用者连续若干天利用同一案卷,用1天计算1卷次;一个案卷外借若干天,按1卷次计算。

十、社会参与

简要说明

1. 本篇资料主要反映广东省工会、共青团、妇联、残联、人大、政协、宗教等情况。

2. 本篇资料主要包括：

（1）公会数量、会员人数及构成；共青团组织数量、团干部及团员数量；妇联组织数量及分布、妇女参与状况；残疾人康复与发展、残疾人就业；人大代表和政协委员数量及构成；宗教活动场所、宗教教职人员等。

（2）地区分全省和各地级以上市。

（3）年份主要为当年、近5年和1978年以来数据。

3. 计资料来源：本篇资料由广东省总工会、共青团广东省委员会、广东省妇女联合会、广东省残疾人联合会、广东省人民代表大会、中国人民政治协商会议广东省委员会、广东省民族宗教事务委员会负责整理、审核、提供。

10-1 工会组织建设状况

所在行业	基层工会(个)	独立基层工会(个)	联合基层工会(个)	基层工会涵盖单位(个)	职工(个)	女性(个)
指标序号		c904=1	c904=2	z001	z002	z003
总 计	**257,851**	**244,674**	**13,177**	**768,716**	**31511735**	**13847397**
(01)农、林、牧、渔业	5,522	4,779	743	18,835	635,442	259,612
(02)采矿业	1,107	1,054	53	2,400	116,444	31,644
(03)制造业	130,166	127,263	2,903	221,287	16691189	7,470,301
(04)电力、热气、燃气及水生产和供应业	4,089	3,907	182	9,388	479,668	148,205
(05)建筑业	4,447	4,299	148	9,953	598,949	147,979
(06)批发和零售业	14,261	13,511	750	59,613	1,167,000	469,620
(07)交通运输、仓储及邮政业	5,104	5,008	96	6,082	884,999	284,248
(08)住宿和餐饮业	12,830	12,147	683	51,344	1,094,040	543,857
(09)信息传输、软件和信息技术服务业	5,254	5,078	176	13,153	596,780	272,632
(10)金融业	1,842	1,772	70	3,302	414,013	198,093
(11)房地产业	2,616	2,535	81	4,057	245,921	94,898
(12)租赁和商务服务业	6,384	6,080	304	23,131	488,236	204,548
(13)科学研究和技术服务业	1,646	1,615	31	2,188	181,527	67,543
(14)水利、环境和公共设施管理业	2,198	2,125	73	3,367	179,964	66,189
(15)居民服务、修理和其他服务业	26,128	22,873	3,255	181,196	2,872,943	1,303,585
(16)教育	13,372	12,701	671	22,442	1,299,183	692,270
(17)卫生和社会工作	3,796	3,632	164	8,628	619,899	347,469
(18)文化、体育和娱乐业	3,041	2,940	101	4,735	221,915	97,914
(19)公共管理、社会保障和社会组织	14,018	11,326	2,692	123,577	2,722,014	1,146,218
(20)国际组织	30	29	1	38	1,609	572

10-1 续表1 工会组织建设状况

所在行业	农民工(个)	女性农民工(个)	工会会员	女性(个)	农民工(个)	女性农民工(个)
指标序号	z004	z005	z006	z007	z008	z009
总 计	**19834494**	**8,422,843**	**29704498**	**13157216**	**18952099**	**8,059,583**
(01)农、林、牧、渔业	402,666	169,607	610,375	251,215	392,939	165,444
(02)采矿业	65,829	15,700	112,849	31,043	64,391	15,436
(03)制造业	12706780	5,546,381	15680482	7,083,686	12141672	5,312,887
(04)电力、热气、燃气及水生产和供应业	161,831	45,956	460,543	143,176	158,162	44,861
(05)建筑业	339,037	79,262	553,586	140,307	314,820	74,887
(06)批发和零售业	539,564	202,489	1,114,541	454,879	522,332	195,021
(07)交通运输、仓储及邮政业	326,083	99,737	843,842	272,656	311,691	95,196
(08)住宿和餐饮业	572,014	262,198	1,010,995	503,929	537,508	243,476
(09)信息传输、软件和信息技术服务业	291,122	129,627	560,692	256,725	282,419	125,952
(10)金融业	95,159	31,924	401,096	192,656	92,477	31,011
(11)房地产业	143,149	52,773	232,513	90,484	135,414	49,810
(12)租赁和商务服务业	277,889	116,362	469,269	199,821	272,117	114,418
(13)科学研究和技术服务业	79,628	27,289	170,938	64,286	76,243	26,125
(14)水利、环境和公共设施管理业	80,355	27,894	171,556	63,348	77,932	26,875
(15)居民服务、修理和其他服务业	1,663,585	698,854	2,680,928	1,208,079	1,575,847	667,595
(16)教育	272,979	107,003	1,247,756	672,397	257,486	100,731
(17)卫生和社会工作	219,242	90,471	597,693	338,749	214,419	88,656
(18)文化、体育和娱乐业	74,323	31,837	210,044	95,321	73,031	31,358
(19)公共管理、社会保障和社会组织	1,523,077	687,393	2,573,306	1,093,934	1,451,024	649,759
(20)国际组织	182	86	1,494	525	175	85

10-2 工会组织建设状况

所在行业	专职工会工作人员	女性	专职工会工作人员年龄构成 35岁及以下	36-50岁	51岁及以上
指标序号	z010	z011	z012	z013	z014
总 计	**48,098**	**17,890**	**19,549**	**21,834**	**6,715**
(01)农、林、牧、渔业	1,271	321	417	621	233
(02)采矿业	139	43	24	70	45
(03)制造业	21,445	8,391	9,633	9,381	2,431
(04)电力、热气、燃气及水生产和供应业	1,376	654	257	819	300
(05)建筑业	829	347	211	463	155
(06)批发和零售业	1,437	583	573	665	199
(07)交通运输、仓储及邮政业	2,160	964	521	1,069	570
(08)住宿和餐饮业	1,302	537	617	528	157
(09)信息传输、软件和信息技术服务业	1,159	335	391	592	176
(10)金融业	1,946	484	907	776	263
(11)房地产业	696	275	356	264	76
(12)租赁和商务服务业	634	233	252	305	77
(13)科学研究和技术服务业	642	202	207	296	139
(14)水利、环境和公共设施管理业	426	191	104	248	74
(15)居民服务、修理和其他服务业	3,324	1,029	1,874	1,167	283
(16)教育	2,937	1,265	1,181	1,352	404
(17)卫生和社会工作	1,274	511	421	582	271
(18)文化、体育和娱乐业	573	215	187	288	98
(19)公共管理、社会保障和社会组织	4,528	1,310	1,416	2,348	764
(20)国际组织					

10-2 续表 工会组织建设状况

所在行业	专职工会工作人员文化程度构成				
	研究生	大学本科	大专	高中（中专、中技）	初中及以下
指标序号	z015	z016	z017	z018	z019
总 计	**1,513**	**13,856**	**18,165**	**11,408**	**3,156**
(01)农、林、牧、渔业	10	303	623	295	40
(02)采矿业	3	36	55	39	6
(03)制造业	540	4,342	8,112	6,398	2,053
(04)电力、热气、燃气及水生产和供应业	44	590	506	200	36
(05)建筑业	31	315	302	165	16
(06)批发和零售业	30	352	602	373	80
(07)交通运输、仓储及邮政业	80	822	854	322	82
(08)住宿和餐饮业	25	250	436	508	83
(09)信息传输、软件和信息技术服务业	99	562	295	180	23
(10)金融业	127	1,073	507	190	49
(11)房地产业	55	240	235	140	26
(12)租赁和商务服务业	16	171	240	183	24
(13)科学研究和技术服务业	80	217	208	102	35
(14)水利、环境和公共设施管理业	17	118	198	84	9
(15)居民服务、修理和其他服务业	15	1,148	1,277	676	208
(16)教育	134	1,276	1,065	328	134
(17)卫生和社会工作	84	427	501	174	88
(18)文化、体育和娱乐业	22	197	218	111	25
(19)公共管理、社会保障和社会组织	101	1,417	1,931	940	139
(20)国际组织					

10-3 工会组织建设状况

所在行业	兼职工会工作人员	女性	有女职工的工会数	女职工组织的覆盖率
	人	人	个	
指标序号	z020	z021		
总 计	**719,871**	**280,634**	**252,055**	**97.98%**
(01)农、林、牧、渔业	15,926	5,171	5,345	94.26%
(02)采矿业	3,359	936	1,034	93.42%
(03)制造业	341,577	126,365	128,907	98.83%
(04)电力、热气、燃气及水生产和供应业	14,905	5,008	3,804	94.61%
(05)建筑业	13,827	4,454	4,342	95.90%
(06)批发和零售业	33,673	14,658	14,128	97.67%
(07)交通运输、仓储及邮政业	21,317	8,101	5,051	97.25%
(08)住宿和餐饮业	31,250	13,053	12,710	97.30%
(09)信息传输、软件和信息技术服务业	17,287	7,375	5,196	98.29%
(10)金融业	8,909	4,244	1,820	95.99%
(11)房地产业	7,386	3,096	2,558	95.35%
(12)租赁和商务服务业	15,784	6,461	6,294	96.01%
(13)科学研究和技术服务业	5,362	2,301	1,631	96.20%
(14)水利、环境和公共设施管理业	6,934	2,684	2,145	97.06%
(15)居民服务、修理和其他服务业	57,455	21,023	23,160	98.54%
(16)教育	50,084	23,886	13,234	97.57%
(17)卫生和社会工作	15,436	6,946	3,763	97.53%
(18)文化、体育和娱乐业	8,897	3,969	3,017	95.46%
(19)公共管理、社会保障和社会组织	50,407	20,864	13,886	96.67%
(20)国际组织	96	39	30	96.67%

10-3 续表　工会组织建设状况

所在行业	本级工会建立女职工组织			本级工会女职	
				专职	兼职
	建立女职工委员会	仅设立女职工委员	未建立	人	人
指标序号	z022	z022	z022	z023	z024
总 计	**192,560**	**54,402**	**10,853**	**12,816**	**331660**
(01)农、林、牧、渔业	3,365	1,673	484	501	6,430
(02)采矿业	602	364	141	32	1,285
(03)制造业	105,348	22,045	2,771	6,622	164294
(04)电力、热气、燃气及水生产和供应业	2,351	1,248	490	375	5,329
(05)建筑业	2,845	1,319	283	208	5,378
(06)批发和零售业	9,227	4,572	462	368	17,627
(07)交通运输、仓储及邮政业	3,757	1,155	191	596	8,001
(08)住宿和餐饮业	9,414	2,953	463	371	15,875
(09)信息传输、软件和信息技术服务业	3,899	1,208	147	184	7,088
(10)金融业	1,361	386	95	411	3,481
(11)房地产业	1,758	681	177	126	3,306
(12)租赁和商务服务业	4,002	2,041	341	142	7,802
(13)科学研究和技术服务业	1,131	438	77	171	2,306
(14)水利、环境和公共设施管理业	1,456	626	116	124	2,817
(15)居民服务、修理和其他服务业	16,685	6,136	3,307	574	27,635
(16)教育	10,367	2,546	426	696	21,565
(17)卫生和社会工作	2,956	714	126	383	6,570
(18)文化、体育和娱乐业	1,953	927	161	131	3,929
(19)公共管理、社会保障和社会组织	10,055	3,369	594	801	20,902
(20)国际组织	28	1	1		40

10-4 2012年共青团有关信息统计汇总表

领域＼类别	团组织				团员	团干部	
	基层团委数	基层团工委数	团总支数	团支部数	团员数	专职团干部数	兼职团干部数
公办学校	3569	179	5297	69813	2806267	2802	86007
民办学校	637	4	648	10264	479997	444	11445
国有企业	1199	6	812	6833	204817	464	20658
非公企业	3437	18	3740	27651	625990	644	41451
机关事业单位	3130	488	3612	14123	339621	3881	37726
社会组织	350	18	293	3728	113803	175	4581
农　　村	1222	426	1532	18986	267939	1240	28307
城市社区	473	75	641	4463	151321	525	9055
总　　数	**14017**	**1214**	**16575**	**155861**	**4989755**	**10139**	**239230**

10-5 2012年度共青团有关统计数据对比表

类别 \ 年度	2012年度	2011年度	增减幅度（%）
基层团委数	14017	11560	21.3
基层团工委数	1214	595	104.0
团总支数	16575	12437	33.3
团支部数	155861	147569	5.6
团员数	4989755	5011260	-0.4
专职团干部数	10139	11353	-10.7
兼职团干部数	239230	200395	19.4

10-6 2013年共青团有关信息统计（汇总）表

领域 \ 类别		团组织				团员	团干部	
		基层团委数	基层团工委数	团总支数	团支部数	团员数	专职团干部数	兼职团干部数
公办学校	高校	489	69	1653	22853	929749	762	21889
	中学	3582	39	3816	38036	1617080	2641	52717
	中职	434	2	781	8820	280167	309	13877
民办学校	高校	105	2	399	6596	284519	162	5879
	中学	372		361	3061	145203	154	4279
	中职	205	5	255	1105	59125	64	2542
国有企业		1276	60	1334	7906	184896	854	20289
非公企业		3866	19	4258	32770	638046	682	43587
机关事业单位		3391	532	4076	16108	348276	3541	41166
社会组织		467	25	352	4395	98332	237	5201
农　村		1484	516	1861	16802	269594	727	28275
城市社区		728	90	750	3635	164326	430	7805
总　数		**16399**	**1359**	**19896**	**162087**	**5019313**	**10563**	**247506**

10-7 2013 年度共青团有关统计数据对比表

类别＼年度	2013 年度	2012 年度	增减幅度（%）
基层团委数	16399	14017	17.0
基层团工委数	1359	1214	11.9
团总支数	19896	16575	20.0
团支部数	162087	155861	4.0
团员数	5019313	4989755	0.6
专职团干部数	10563	10139	4.2
兼职团干部数	247506	239230	3.5

10-8 2014 年共青团有关信息统计（汇总）表

领域	类别	团组织				团员	团干部	
		基层团委数	基层团工委数	团总支数	团支部数	团员数	专职团干部数	兼职团干部数
公办学校	高校	491	27	1438	30068	1038449	564	36576
	中学	2476	18	2254	52782	1624581	1259	55754
	中职	444	10	677	13996	327292	245	19361
民办学校	高校	63	2	280	7753	323096	992	10423
	中学	463	2	289	4604	217374	219	6520
	中职	171		174	1751	59252	22	3640
国有企业		1666	14	1315	8717	266967	397	24498
非公企业		2105	18	808	27051	614329	617	44948
机关事业单位		2778	397	1976	11726	310908	2528	32983
社会组织		253	12	131	4971	96107	80	8081
农　村		631		1252	14163	271481	324	18863
城市社区		531	76	464	4502	139631	254	7551
总　数		**12072**	**576**	**11058**	**182084**	**5289467**	**7501**	**269198**

10-9 2014年度共青团有关统计数据对比表

类别＼年度	2014年度	2013年度	增减幅度（%）
基层团委数	12072	16399	-26.4
基层团工委数	576	1359	-57.6
团总支数	11058	19896	-44.4
团支部数	182084	162087	12.3
团员数	5289467	5019313	5.4
专职团干部数	7501	10563	-29.0
兼职团干部数	269198	247506	8.8

10-10 2015年共青团有关信息统计（汇总）表

领域 \ 类别		团组织				团员	团干部	
		基层团委数	基层团工委数	团总支数	团支部数	团员数	专职团干部数	兼职团干部数
公办学校	高校	1829	28	1392	28646	1036899	535	26003
	中学	2199	6	2825	47003	1588026	835	51443
	中职	305	12	723	11477	311898	178	12882
民办学校	高校	103	6	382	9832	406879	177	4348
	中学	412	0	356	4606	172849	260	5173
	中职	81	0	82	2304	59027	44	2969
国有企业		1388	19	1239	9467	266660	380	25596
非公企业		1894	25	1422	29301	495974	413	46480
机关事业单位		2843	444	1789	13058	267352	1907	37482
社会组织		107	59	205	6100	58625	151	6277
农　村		257	2	690	18209	256007	243	28620
城市社区		644	68	521	5282	131748	236	9606
总　　数		**12062**	**669**	**11626**	**185285**	**5051944**	**5359**	**256879**

10-11　2015年度共青团有关统计数据对比表

类别＼年度	2015年	2014年	增减幅度（%）
基层团委数	12062	12072	-0.1
基层团工委数	669	576	16.2
团总支数	11626	11058	5.1
团支部数	185285	182084	1.8
团员数	5051944	5289467	-4.5
专职团干部数	5359	7501	-28.6
兼职团干部数	256879	269198	-4.6

10-12 2016年共青团有关信息统计（汇总）表

领域		团组织				团员	团干部	
		基层团委数	基层团工委数	团总支数	团支部数	团员数	专职团干部数	兼职团干部数
公办学校	高校	582	27	1358	28865	1062848	428	21773
	中学	2270	5	2922	49464	1663382	656	36772
	中职	330	10	678	13941	316755	201	10706
民办学校	高校	140	12	411	10989	432191	171	3343
	中学	389	2	340	4802	154224	119	6355
	中职	64	0	69	1254	30668	41	852
国有企业		1373	14	913	8177	202841	305	21185
非公企业		1573	21	1092	26049	367215	100	39146
机关事业单位		2753	453	1608	11463	192516	1292	26786
社会组织		56	6	174	3921	31407	15	5412
农　村		153	4	626	14612	179509	115	17249
城市社区		696	7	422	4140	106769	90	6478
总　数		**10378**	**561**	**10610**	**177817**	**4747278**	**3535**	**192993**

10-13 2016年度共青团有关统计数据对比表

类别＼年度	2016年	2015年	增减幅度（%）
基层团委数	10378	12062	-14.0
基层团工委数	561	669	-16.1
团总支数	10610	11626	-8.7
团支部数	177817	185285	-4.0
团员数	4747278	5051944	-6.0
专职团干部数	3535	5359	-34.0
兼职团干部数	192993	256879	-24.9

10-14　2016年度广东省妇联组织状况

单位：个

项　目	2011年	2012年	2013年	2014年	2015年	2016年
一、妇联组织						
市（地、区、盟、州）妇联	21	21	21	21	21	21
街道妇联	436	446	444	448	448	446
社区妇联	5670	5668	5668	5668	1321	1968
县（市、区、旗）妇联	121	121	121	121	119	119
乡（镇）妇联	1134	1134	1131	1131	1139	1139
村妇代会	16763	16759	16759	16759	18368	17971
二、高等院校妇女组织						
中央直属高校中妇女组织	2	2	2	2	2	2
省属高校中妇女组织	26	26	26	26	26	26
市属高校中妇女组织	30	32	32	32	32	32
民办高校中妇女组织	6	6	6	6	6	6
三、非公有制经济组织中妇女组织						
个体劳动者协会中的妇女组织	157	157	158	158	158	158
专业市场中的妇女组织	75	71	71	71	71	71
私营企业中的妇女组织	10411	10415	10420	10420	10420	10426
三资企业中的妇女组织	852	863	860	860	860	865
四、机关事业单位妇女组织						
直属机关妇委会（妇工委）	22	22	22	22	22	22
部门机关妇委会（妇工委）	1212	1225	1376	1376	1376	1376
事业单位妇委会（妇工委）	4756	4821	4821	4821	4821	4821
五、民主党派妇女组织						
民主党派妇委会	71	71	71	71	71	71
六、团体会员						
工会女职工委员会	无需填写	无需填写	无需填写	无需填写	无需填写	无需填写
民政部门登记注册的妇女社团	585	621	623	623	623	623

10-15 2016年残疾人数量情况

项　目	数量（万人）	比重（%）
合计	**539.9**	**100**
1．按残疾类别分		
视力残疾	75.3	14
听力残疾	136.1	25.1
言语残疾	11.5	2.1
肢体残疾	121.6	22.5
智力残疾	27.2	5
精神残疾	52.5	9.7
多重残疾	115.7	21.4
2．按性别构成分		
男性	272.2	50.4
女性	267.7	49.6
3．按年龄构成分		
0～14岁	40.1	7.4
15～64岁	220.7	40.9
65岁及以上	279.1	51.7
4．按城乡分布分		
城镇	171.5	31.8
农村	368.4	68.2
5．6岁以上残疾人口受教育情况		
不识字	216.9	41.4
未上过学	6.8	1.3
小学程度	199.2	38
初中程度	69	13.2
高中程度（含中专）	26.7	5.1
大专以上程度	5.6	1.1
6．学龄残疾儿童受教育情况		
不识字	9.5	39
未上过学	0.2	0.9
小学程度	13.2	54.4
初中程度	1.4	5.7

10-15 续表 2016年残疾人数量情况

项　目	数量（万人）	比重（%）
7. 15岁以上残疾人口的婚姻状况		
未婚	67.8	13.6
在婚有配偶	276	55.2
离婚及丧偶	155.9	31.2

注：
1．2006年广东省第二次全国残疾人抽样调查结果显示，全省共有残疾人539.9万，占广东总人口的5.86%。
2．学龄残疾儿童指6～14岁学龄残疾儿童。
3．5、6、7项为合计数的其中项。

10-16 2016年残疾人口地区分布及构成

市　别	残疾现患率（%）	推算的残疾人口数（万人）	各种类别残疾构成（%）						
			视力	听力	言语	肢体	智力	精神	多重
合　计	**5.9**	**539.9**	**14**	**25.2**	**2.1**	**22.5**	**5**	**9.7**	**21.4**
广　州	5.3	52.1	11.7	21.7	2	23.2	4.9	13.6	22.9
深　圳	4.2	36	4.1	46.4	1	22.7	5.2	8.3	12.4
珠　海	5.3	7.9	10.9	27.5	1.7	19.5	5.2	11.6	23.5
汕　头	4.4	22.8	19.8	14.9	1.3	24.4	4.9	12.7	22.1
佛　山	6.5	19.8	13.7	21.2	2.7	27	5.8	10.6	19
韶　关	5.8	35.1	10.9	29.8	1.9	14.1	2.7	16.5	24.2
河　源	6.1	42.6	12.4	18.2	3.1	33.8	3.8	10.2	18.6
梅　州	6.7	28.5	11.8	29.5	0.7	20.3	4	9	24.8
惠　州	5.8	35.3	13.8	24.9	2.5	19.7	5.2	7.7	26.1
汕　尾	6.3	24.2	15.5	37.1	1	20.6	1.5	5.8	18.5
东　莞	5.9	22.9	10.3	22	3.3	25.2	0.5	5.6	33.2
中　山	5.8	25	14.4	26.5	5.9	19.8	6.9	7.7	18.8
江　门	5.8	16.9	23.3	20.2	1.6	20.4	4.4	9.3	20.9
阳　江	7.1	20.6	20.9	21.9	1.6	20.9	7.9	3.2	23.7
湛　江	6.5	15.8	4	31.7	0.5	24.1	9.4	9.8	20.5
茂　名	8.2	30.9	9.2	37.7	1.8	19.1	3.7	11	17.5
肇　庆	4	27.6	13	26.8	0.9	23.3	5.1	9.8	21.2
清　远	5.7	14.6	8.7	36.2	2.3	5.1	17.4	11.5	18.8
潮　州	6.1	16.1	22.9	31.4	0.9	11.7	1.4	6.7	25.1
揭　阳	5.2	30.3	13.6	12.6	3.1	34.4	5.8	13	17.5
云　浮	6.2	15.1	18.5	19.7	1.7	26.4	3.9	7.3	22.5

注：根据2006年广东省第二次全国残疾人抽样调查结果推算。

10-17　2016年各市持证残疾人数

市别	持证残疾人总数（万人）	残疾类别						
		视力	听力	言语	肢体	智力	精神	多重
合　计	**1308825**	**123321**	**102039**	**23986**	**655844**	**134418**	**190303**	**78914**
广　州	151364	11838	19637	1382	69083	18491	25433	5500
深　圳	20798	1265	2158	291	8665	2815	4701	903
珠　海	15700	1388	2633	173	7006	1707	2433	360
汕　头	52423	3206	4006	665	21845	8011	11574	3116
佛　山	60596	4611	6731	1069	29046	8385	8925	1829
韶　关	59347	5808	2943	1127	33296	5812	7058	3303
河　源	83817	10616	7756	2597	43335	6887	8879	3747
梅　州	102095	10001	5025	1805	50581	10956	14649	9078
惠　州	41517	3367	3188	471	21911	5368	4962	2250
汕　尾	36118	2130	1894	846	17069	4996	6053	3130
东　莞	39022	4417	5145	1080	18809	3460	5580	531
中　山	18984	1108	1025	654	9022	2817	3607	751
江　门	59828	5330	2888	572	30091	6220	10745	3982
阳　江	42611	4036	2021	662	23373	2714	6835	2970
湛　江	106807	9764	4676	2245	59820	9676	14718	5908
茂　名	108932	11437	6636	2078	60587	7532	12517	8145
肇　庆	92732	13937	12451	2014	41635	6956	10799	4940
清　远	81209	8710	4746	1103	43650	7123	10341	5536
潮　州	33243	2552	1483	715	16427	4266	4906	2894
揭　阳	60293	4626	3569	1898	28661	6627	7827	7085
云　浮	41389	3174	1428	539	21932	3599	7761	2956

注：数据截止至2016年12月31日各市已办证数据。

10-18 残联组织建设情况（2012-2016）

项　目	2012	2013	2014	2015	2016
省级					
1．省级残联数（个）	1	1	1	1	1
2．残联机关工作人员总数（人）	52	51	51	51	52
#残疾人干部人数（人）	6	6	6	6	7
3．所属事业单位单位个数（个）	5	5	5	5	5
工作人员总数（人）	326	326	326	276	276
#残疾人数（人）	40	40	40	15	15
4．举办干部培训班（期）	5	5	5	5	5
#培训人次（人次）	750	700	150	150	150
5．举办残疾人干部培训班（期）	1	1	1	1	1
#培训人次（人次）	40	50	30	30	30
地市级					
1．地市级残联数（个）	21	21	21	21	21
2．残联机关工作人员总数（人）	337	332	331	326	332
#残疾人干部人数（人）	24	27	27	24	21
3．所属事业单位个数（个）	71	75	76	77	75
工作人员总数（人）	1827	1917	2392	2521	2595
#残疾人数（人）	91	89	98	97	102
4．举办干部培训班（期）	139	141	129	121	122
#培训人次（人次）	10032	9393	2939	1981	1900
5．举办残疾人干部培训班（期）	26	24	15	13	12
#培训人次（人次）	1385	1684	589	596	498
县市区					
1．县（市、区）残联数（个）	130	133	136	138	137

10-18 续表 残联组织建设情况（2012-2016）

项 目	2012	2013	2014	2015	2016
2．残联机关工作人员总数（人）	1165	1096	1106	1138	1172
#残疾人干部人数（人）	57	61	61	62	63
3．所属事业单位单位个数（个）	165	179	185	184	182
工作人员总数（人）	965	1025	1065	1099	1098
#残疾人数（人）	54	54	58	54	53
4．举办干部培训班（期）	161	162	212	219	220
#培训人次（人次）	8619	9384	8612	8130	8525
乡镇街道					
1．应建残联数（个）	1609	1610	1620	1637	1640
2．已建残联数（个）	1608	1605	1616	1624	1634
3．残联机关实有工作人员（人）	2764	2103	2147	1977	2030
4．专职残联理事长数（人）	566	503	419	381	412
5．兼职残联理事长数（人）	772	790	656	651	365
6．残疾人专职委员（人）	1549	1612	1642	1683	2123
7．举办干部培训班（期）	773	811	829	859	878
#培训人次（人次）	14328	10620	7744	7659	7543
村（社区）					
1．村(含农村社区)残疾人组织建设					
#应建残协数（个）	19744	19437	19294	19320	19330
#已建残协数（个）	18585	18082	18407	18378	18444
#残疾人专职委员数（人）	18304	19141	19254	19422	19425
2．社区残疾人组织建设					
#应建残协数（个）	5351	5426	5365	5399	5530
#已建残协数（个）	5215	5014	4966	4974	5106
#残疾人专职委员数（人）	3615	3728	3819	3927	4041

10-19 残疾人康复情况（2012-2016）

项目	2012	2013	2014	2015	2016
视力残疾康复					
1. 视力残疾康复机构（个）	69	72	78	71	73
2. 白内障复明手术（例）	89302	91901	103241	103335	1539
其中：贫困白内障患者免费手术数（例）	23238	27747	37006	38323	1539
3. 低视力者配用助视器（人）	1442	2769	4511	8734	3539
4. 盲人定向行走训练（人）	4664	6838	6311	6459	2914
听力言语残疾康复					
1. 听力言语残疾康复机构（个）	75	78	68	50	65
2. 康复服务（人）	2237	2350	2496	2520	6058
精神残疾康复					
1. 精神残疾康复机构数（个）	343	372	299	264	244
2. 康复服务（人）	60006	57580	71020	54157	45138
孤独症儿童康复					
1. 孤独症儿童康复训练机构（个）	102	118	123	132	//
2. 康复服务（人）	2118	3000	3559	4374	3488
肢体残疾康复					
1. 肢体残疾康复机构（个）	204	243	257	269	261
2. 康复服务（人）	31369	33137	37971	43544	32894
智力残疾康复					
1. 智力残疾康复机构（个）	203	251	261	244	226
2. 康复服务（人）	8070	9738	12293	14747	8625

备注：2016 年开始，17 岁以上各项残疾人康复工作仅统计持证残疾人。

10-20 残疾人扶贫与托养（2012-2016）

项目	2012	2013	2014	2015	2016
残疾人扶贫					
1. 残疾人扶贫基地（个）	87	82	94	106	109
2. 安置残疾人就业（人）	3820	3506	3666	3903	3317
3. 贫困残疾人危房改造完成（户）	2630	1486	1324	6118	2106
4. 危房改造项目受益残疾人（人）	2992	1655	1377	6946	2204
残疾人托养					
1. 残疾人托养机构总数（个）	553	385	462	524	606
2. 机构托养残疾人数（人）	17900	15091	13535	17908	20362
3. 享受居家托养服务的残疾人数（人）	23952	19592	17671	15815	15935

10-21 残疾人教育情况（2012-2016）

项　目	2012	2013	2014	2015	2016
学前康复教育阶段					
1．残疾人事业专项彩票公益金助学项目资助（人）	550	550	550	613	446
2．其他残疾儿童学前教育助学项目资助（人）	318	444	397	147	189
义务阶段教育					
1．未入学学龄残疾儿童少年（人）	4631	4303	3693	3024	7101
视力残疾儿童少年（人）	193	154	113	90	153
听力残疾儿童少年（人）	205	160	122	95	207
言语残疾儿童少年（人）	208	180	149	105	370
肢体残疾儿童少年（人）	1269	1123	987	766	2219
智力残疾儿童少年（人）	1556	1546	1251	954	1823
精神残疾儿童少年（人）	357	346	377	333	755
多重残疾儿童少年（人）	843	794	694	681	1574
高中阶段教育					
1．特殊教育普通高中机构数（盲校与聋校）（个）	7	8	8	10	8
2．特殊教育普通高中的在校学生数（人）	134	140	151	596	543
3．残疾人中等职业教育机构数（个）	6	8	9	6	8
4．残疾人中等职业教育在校学生数（人）	515	855	848	879	1116
高等教育					
1．高等特殊教育学院录取残疾人数（人）	57	37	66	75	85
本科录取人数（人）	0	0	0	0	0
专科（高职）（人）	57	37	66	75	85
2．普通高等院校录取残疾人数（人）	280	342	352	296	485
本科及以上录取人数（人）	99	62	72	88	167
专科（高职）录取人数（人）	181	280	255	208	318

10-22 残疾人宣传与文化活动（2012-2016）□

项目	2012		2013		2014		2015		2016	
	省级	地市级	省级	地市级	省级	地市级	省级	地市级	省级	地市级
宣传										
1. 报刊报纸专版（个）	3	22	4	37	4	57	4	50	//	//
2. 广播电台残疾人专题节目（个）	1	16	1	21	1	10	1	11	1	11
3. 电视手语栏目（个）	1	6	1	9	1	9	1	9	1	9
文化										
1. 盲文书架及盲人有声读物图书室（个）	2	19	2	39	2	40	2	27	1	13
2. 残疾人文化周（场次）	20	73	8	90	4	79	4	72	3	73
3. 残疾人文化艺术类的比赛及展览（次）	3	23	3	24	4	31	5	42	5	35
4. 残疾人艺术团队（个）	1	9	1	11	1	12	1	22	1	22

10-23 各市未入学学龄残疾儿童少年总数

单位：人

市别	2012	2013	2014	2015	2016
广东省	4631	4303	3693	3024	7101
广州市	387	331	191	156	262
韶关市	193	417	479	301	179
深圳市	111	85	142	129	156
珠海市	21	20	20	32	48
汕头市	399	425	360	451	726
佛山市	306	291	238	36	0
江门市	500	613	205	101	93
湛江市	242	202	140	147	502
茂名市	994	880	464	133	592
肇庆市	104	112	156	80	115
惠州市	238	203	240	24	18
梅州市	246	39	291	619	1046
汕尾市	21	16	55	54	727
河源市	142	81	74	69	727
阳江市	80	71	27	108	339
清远市	27	17	197	9	352
东莞市	112	197	194	26	88
中山市	70	14	23	21	21
潮州市	25	8	5	201	18
揭阳市	331	210	133	276	813
云浮市	82	71	59	51	279

10-24 各市享受护理补贴与生活补贴的残疾人数

市别 \ 年份	享受生活补贴（人）					享受护理补贴（人）				
	2012	2013	2014	2015	2016	2012	2013	2014	2015	2016
广东省	**239466**	**362771**	**405723**	**497617**	**509242**	**135366**	**299381**	**416814**	**533640**	**630783**
广州市	23647	31031	52827	70231	101465	0	9100	21635	72074	127337
韶关市	4636	4238	15129	16029	16236	2181	2790	17695	20607	23563
深圳市	1056	1049	3228	1874	701	432	57	12369	6901	12302
珠海市	2401	11959	13331	15537	15670	900	544	7591	8176	8573
汕头市	6226	22613	17260	20051	23883	4709	20272	24423	26647	30882
佛山市	6888	38305	59243	60122	61472	2627	12754	17956	21581	23963
江门市	3636	15369	16276	15976	19070	4717	21358	23712	27564	26515
湛江市	29315	75034	29920	33839	37179	26076	62689	38698	43720	47934
茂名市	53412	25049	18038	22829	20001	20630	21221	29178	37819	38568
肇庆市	8608	16409	18424	16445	15213	4262	15446	20087	23959	23989
惠州市	3087	14968	17956	20462	21284	2987	12836	14422	17269	18512
梅州市	6584	33939	40305	39646	42213	10370	25145	43092	46592	53982
汕尾市	8808	8109	13933	15397	11858	5758	12141	15809	20057	23975
河源市	19274	19691	22715	29746	25278	12718	15631	19787	23946	30693
阳江市	4445	4854	12581	8770	11030	1208	5427	18292	13238	24199
清远市	45560	15858	17254	20292	22463	16127	22006	28181	35111	40491
东莞市	0	0	0	38425	23127	0	2613	2671	2707	2769
中山市	3847	2825	2727	2715	2715	808	6238	6947	7378	6679
潮州市	6753	5642	8972	9133	9832	17101	12720	18870	20758	22050
揭阳市	298	0	4861	16307	14599	867	0	10218	28242	24519
云浮市	985	15829	20743	23791	13953	888	18393	25181	29294	19288

10-25 各市残疾人事业分项指标（2012-2016）

时间 市别	白内障复明手术（例）					低视力配用注视器（人）				
	2012	2013	2014	2015	2016	2012	2013	2014	2015	2016
广东省	23238	27747	37006	38323	1539	1442	2769	4511	8734	3539
省本级	1817	--	2076	1335	0	188	59	198	20	493
广州市	1532	1492	1362	1848	100	113	71	89	222	27
韶关市	245	2126	2538	1513	27	--	--	--	200	0
深圳市	214	393	420	458	4	151	390	339	294	68
珠海市	660	726	1159	1098	9	140	35	67	204	10
汕头市	1144	1004	1070	1177	27	39	--	--	221	14
佛山市	1000	1621	1253	1450	36	16	60	--	140	206
江门市	2731	2705	2980	3258	146	57	170	211	677	40
湛江市	1891	3076	2629	4521	100	--	357	549	796	41
茂名市	807	1299	2337	1891	23	21	350	402	552	263
肇庆市	1579	1580	1476	1801	73	82	50	643	1306	776
惠州市	1189	629	1813	1791	103	225	266	249	774	109
梅州市	1486	1616	1483	1338	54	64	56	880	1075	347
汕尾市	300	584	1374	880	0	71	--	--	--	0
河源市	727	935	1492	2140	198	14	21	21	700	118
阳江市	--	--	3018	2392	0	20	250	95	20	215
清远市	1140	1533	2490	1532	223	75	261	335	79	174
东莞市	2348	1424	1589	2362	243	50	42	21	408	419
中山市	754	468	241	323	0	--	--	--	--	78
潮州市	186	874	354	605	1	2	4	232	--	3
揭阳市	1158	3214	3252	3891	157	114	124	180	997	138
云浮市	330	448	600	719	15	--	203	--	49	0

备注：2016开始，17岁以上康复服务仅统计持证残疾人。

10-25 续表1 各市残疾人事业分项指标（2012-2016）

时间 市别	盲人定向行走训练（人）					听力言语残疾儿童康复服务（人）				
	2012	2013	2014	2015	2016	2012	2013	2014	2015	2016
广东省	4664	6838	6311	6459	2914	2237	2350	2520	2496	1905
省本级	92	90	116	42	0	120	92	117	119	134
广州市	103	701	382	85	10	264	217	125	175	80
韶关市	220	355	226	274	54	53	64	63	62	68
深圳市	120	179	199	87	157	266	311	401	357	126
珠海市	100	104	193	107	2	119	76	70	72	53
汕头市	283	280	280	280	184	154	158	262	184	103
佛山市	240	117	51	250	58	65	85	78	87	60
江门市	251	314	344	424	339	72	113	76	113	81
湛江市	400	683	778	750	482	173	139	127	132	142
茂名市	442	847	678	465	162	186	191	168	180	137
肇庆市	240	277	269	458	260	141	140	147	155	78
惠州市	240	307	323	391	220	82	67	80	95	119
梅州市	280	341	370	335	3	55	65	73	81	77
汕尾市	161	286	233	303	0	60	54	87	61	23
河源市	270	180	210	220	101	39	88	106	104	106
阳江市	165	307	293	472	213	37	47	70	47	72
清远市	232	300	324	325	293	103	80	88	90	45
东莞市	103	158	300	190	105	82	79	104	82	110
中山市	55	0	0	197	0	25	24	15	36	13
潮州市	180	446	239	180	142	23	48	54	48	64
揭阳市	281	340	333	376	105	51	151	148	157	159
云浮市	206	226	170	248	24	67	61	61	59	55

备注：2016年开始，儿童康复服务仅统计0-6岁儿童。

10-25 续表2 各市残疾人事业分项指标（2012-2016）

时间/市别	肢体残疾儿童康复服务（人）					智力残疾儿童康复服务（人）				
	2012	2013	2014	2015	2016	2012	2013	2014	2015	2016
广东省	2699	3381	3464	3897	3587	2511	3177	3421	4407	3732
省本级	40	38	40	41	181	35	35	89	150	139
广州市	216	291	309	325	123	465	663	637	531	245
韶关市	127	155	206	279	242	73	83	120	134	149
深圳市	253	320	309	387	290	257	336	414	432	223
珠海市	34	79	82	90	14	130	152	129	230	127
汕头市	76	124	152	200	152	63	137	200	267	207
佛山市	214	182	220	210	23	177	237	260	270	228
江门市	138	234	153	181	210	98	145	116	148	170
湛江市	90	90	61	107	132	99	87	131	119	188
茂名市	205	227	188	178	185	185	207	85	200	180
肇庆市	120	118	118	140	312	72	86	85	155	174
惠州市	107	109	160	204	181	79	82	165	254	183
梅州市	377	417	369	338	307	185	207	240	190	152
汕尾市	161	185	230	282	80	55	54	72	93	46
河源市	142	188	226	247	279	105	132	148	165	140
阳江市	123	162	148	153	214	78	87	80	160	176
清远市	91	119	139	154	189	60	60	64	101	104
东莞市	17	114	114	127	88	53	82	75	333	153
中山市	14	26	17	20	19	43	83	82	100	334
潮州市	87	127	115	136	171	87	87	89	142	115
揭阳市	57	56	80	73	154	51	73	80	146	131
云浮市	10	20	28	25	41	61	62	60	87	168

10-25 续表3 各市残疾人事业分项指标（2012-2016）

时间 市别	精神残疾康复训练（人）					孤独症儿童康复服务（人）				
	2012	2013	2014	2015	2016	2012	2013	2014	2015	2016
广东省	73924	93444	98938	103500	45138	2118	3000	3559	4374	3488
省本级	0	0	0	0	49	16	20	43	51	48
广州市	12032	12550	13770	15812	7814	224	425	506	547	249
韶关市	2158	4000	4972	5006	1138	58	73	84	107	97
深圳市	2534	2842	3476	3812	1923	216	234	348	436	133
珠海市	2300	2576	2786	2984	1601	56	58	59	128	75
汕头市	8748	9000	9652	10232	4746	210	275	416	460	367
佛山市	6712	7334	7240	7976	2619	107	168	225	269	187
江门市	5830	7936	8486	8268	4528	57	106	108	126	133
湛江市	4592	5054	4790	6152	2815	76	81	76	101	132
茂名市	1726	2240	2136	2780	1089	277	370	372	518	419
肇庆市	2652	5172	4488	4400	1131	171	201	199	186	130
惠州市	6902	2746	2628	1732	1317	318	345	449	519	517
梅州市	2614	5068	7234	4364	1169	95	85	77	86	78
汕尾市	754	1688	2456	2488	23	0	0	15	37	16
河源市	1222	2226	2872	2998	927	41	55	86	101	198
阳江市	882	2152	1824	1970	677	15	47	20	20	20
清远市	1378	1354	1982	1846	1263	24	28	60	90	95
东莞市	5256	5606	6180	7170	3833	79	181	135	303	319
中山市	3422	3692	3690	3722	3303	19	63	61	63	18
潮州市	460	5706	2350	3474	1268	36	63	58	66	40
揭阳市	1144	2792	4154	3948	894	23	113	153	152	209
云浮市	606	1710	1772	2366	0	0	9	9	8	0

10-26 各市残疾人事业分项指标（2016）

类别 市别	辅助器具适配服务(人)			
	视力残疾辅助器具适配	听力残疾辅助器具适配	肢体残疾辅助器具适配	合计
广东省	8106	5127	21248	34481
省本级	493	143	430	1066
广州市	535	1978	4281	6794
韶关市	54	80	412	546
深圳市	182	515	1210	1907
珠海市	25	127	348	500
汕头市	196	40	715	951
佛山市	238	107	293	638
江门市	196	227	1625	2048
湛江市	392	305	1198	1895
茂名市	679	138	416	1233
肇庆市	1154	117	1077	2348
惠州市	406	166	822	1394
梅州市	1083	69	598	1750
汕尾市	0	10	117	127
河源市	218	433	1209	1860
阳江市	760	82	528	1370
清远市	462	163	1135	1760
东莞市	605	160	2066	2831
中山市	119	21	76	216
潮州市	80	52	1824	1956
揭阳市	205	109	571	885
云浮市	24	85	297	406

10-26 各市残疾人事业分项指标（2016）

市别 \ 类别	残疾人接受康复服务（人）					
	视力残疾接受康复服务	听力残疾接受康复服务	肢体残疾接受康复服务	智力残疾接受康复服务	精神残疾接受康复服务	合计
广东省	10486	6058	32894	8625	45138	103201
省本级	493	145	455	150	49	1292
广州市	635	2015	5868	956	7814	17288
韶关市	81	83	512	193	1138	2007
深圳市	306	604	1738	740	1923	5311
珠海市	39	140	1152	318	1601	3250
汕头市	229	132	731	464	4746	6302
佛山市	321	140	925	457	2619	4462
江门市	552	275	3948	661	4528	9964
湛江市	675	452	1435	619	2815	5996
茂名市	704	164	485	227	1089	2669
肇庆市	1353	213	1225	390	1131	4312
惠州市	527	179	1533	648	1317	4204
梅州市	1137	86	756	304	1169	3452
汕尾市	0	27	119	70	23	239
河源市	417	450	1282	216	927	3292
阳江市	760	83	786	213	677	2519
清远市	698	189	1516	153	1263	3819
东莞市	848	281	2974	867	3833	8803
中山市	119	25	2304	348	3303	6099
潮州市	148	76	2203	140	1268	3835
揭阳市	405	213	641	223	894	2376
云浮市	39	86	306	268	1011	1710

10-27 省十二届人民代表大会代表构成情况统计（2016年度）

单位：人，%

代表总数	性别				民族				代表构成					
	男		女		汉族		少数民族		工农		解放军		党政领导干部	
	人数	比重	人数	比重	人数	比重	人数	比重	人数	比重	人数	比重	人数	比重
784	567	72.3	217	27.7	762	97.2	22	2.8	159	20.3	34	4.3	196	25

10-27 续表　省十二届人民代表大会代表构成情况统计（2016年度）

单位：人，%

代表总数	代表构成			
	归侨侨眷		中共党员	
	人数	比重	人数	比重
	45	5.7	511	65.2

10-28 政协第十一届委员会委员情况

年份：2016 年

委员总数	基本情况						
	中共党员	非中共党员（其中民主党派）	女	少数民族	宗教人士	非公有制经济人士	新社会阶层
942	364	578（213）	178	20	12	137	

港澳台人士			学 历			职 称		
香港人士	澳门人士	台籍人士	研究生	大学本科	大学专科	初级以下	中级	高级
87	28	7	473	301	83			

年 龄					
35 岁及以下	35～45 岁	46～54 岁	55～60 岁	61～69 岁	70 岁以上
6	87	431	300	117	1

10-29 各市宗教活动场所（2011）

单位：处

市别	寺观教堂					固定处所				
	佛教	道教	伊斯兰教	天主教	基督教	佛教	道教	伊斯兰教	天主教	基督教
合计	**1090**	**131**	**6**	**309**	**567**	**416**	**75**	**4**	**65**	**196**
广州	16	5	4	4	14	6	2		2	19
深圳	4			2	9	2		1	8	18
珠海	2							1		7
汕头	200	3		45	65	127	2		5	11
佛山	17	6		12	18					1
韶关	15	4		7	13	4				10
河源	39	19		21	77	9	4			13
梅州	203	10		32	78	90	11		3	41
惠州	29	15		7	9	32	21	1	5	22
汕尾	44	10		68	33	25	5		3	6
东莞	18	6		1	8	20		1		3
中山	7	1		2	7	1				2
江门	9	3		11	33	7			1	4
阳江	9			1	2	2				3
湛江	192	2		14	32	32	1			4
茂名	18	23		2	5	16	25			2
肇庆	10		2	5	8	5			1	4
清远	10	9		3	25					10
潮州	112			26	52	12				2
揭阳	125	14		44	73	22	4		37	11
云浮	10			2	4	4				3
省佛协	1									
省道协		1								
省伊协										
省天主教两会										
省基督教两会					2					

10-30 各市宗教活动场所（2012）

单位：处

市别	寺观教堂					固定处所				
	佛教	道教	伊斯兰教	天主教	基督教	佛教	道教	伊斯兰教	天主教	基督教
合计	**1080**	**131**	**6**	**313**	**567**	**450**	**93**	**4**	**64**	**196**
广州	16	5	4	4	14	8	2		3	20
深圳	4			4	9	2		1	6	18
珠海	2							1		7
汕头	197	3		43	67	131	3		5	12
佛山	17	6		12	18					1
韶关	15	4		7	13	4				10
河源	39	20		21	77	12	6			13
梅州	193	9		32	78	105	13		3	41
惠州	28	15		7	9	38	24	1	5	21
汕尾	44	10		68	33	25	6		3	7
东莞	18	6		1	8	20		1		4
中山	7	1		2	7	1				2
江门	9	3		11	32	8			1	4
阳江	10			1	2	3				3
湛江	192	2		14	32	32	1			4
茂名	18	21		2	6	18	26			1
肇庆	12	1	2	6	8	5			1	5
清远	10	10		3	25	2				10
潮州	112			26	52	14				3
揭阳	125	14		45	73	19	5		37	10
云浮	10			4	2	3	7			
省佛协	1									
省道协		1								
省伊协										
省天主教两会										
省基督教两会					2					

10-31 各市宗教活动场所（2013）

单位：处

市别	寺观教堂					固定处所				
	佛教	道教	伊斯兰教	天主教	基督教	佛教	道教	伊斯兰教	天主教	基督教
合计	**1082**	**131**	**7**	**313**	**574**	**475**	**88**	**3**	**64**	**204**
广州	18	6	4	4	15	6	2		3	19
深圳	4		1	5	18	2			5	9
珠海	2							1		7
汕头	197	3		43	67	131	3		5	12
佛山	8	4		6	12					2
韶关	15	4		7	13	5				10
河源	39	20		21	77	15	8			13
梅州	193	9		32	74	110	13		3	45
惠州	28	15		7	9	43	23	1	5	26
汕尾	44	10		68	33	27	6		3	7
东莞	19	6		1	8	19		1		6
中山	7	1		2	7	1				2
江门	9	3		11	32	8			1	4
阳江	12			1	2	3				3
湛江	193	2		14	32	38	1		1	4
茂名	18	22		2	5	18	25			2
肇庆	8		2	7	8	7	1			5
清远	11	10		3	25	1				10
潮州	112			26	52	15				4
揭阳	126	14		45	73	19	6		38	10
云浮	10			2	4	7				3
顺德	8	1		6	6					1
省佛协	1									
省道协		1								
省伊协										
省天主教两会										
省基督教两会					2					

10-32 各市宗教活动场所（2014）

单位：处

市别	寺观教堂					固定处所				
	佛教	道教	伊斯兰教	天主教	基督教	佛教	道教	伊斯兰教	天主教	基督教
合计	**1083**	**134**	**7**	**315**	**579**	**493**	**95**	**3**	**62**	**208**
广州	18	8	4	4	15	6			3	22
深圳	4		1	5	18	2	1		5	12
珠海	3							1		7
汕头	197	3		43	67	132	3		5	12
佛山	8	4		6	11					3
韶关	15	4		7	13	5				10
河源	39	20		21	77	19	9			13
梅州	193	10		33	79	109	13		2	38
惠州	28	15		7	9	46	23	1	5	28
汕尾	42	10		68	33	31	6		3	7
东莞	19	6		1	8	19		1	1	7
中山	7	1		2	7	1				2
江门	9	3		11	32	8			1	4
阳江	10			1	2	2				4
湛江	197	2		15	32	32	3			5
茂名	18	22		2	5	18	27			2
肇庆	8		2	6	8	8	3			4
清远	11	10		3	25	2				11
潮州	112			26	52	16				4
揭阳	126	14		46	73	21	7		37	10
云浮	10			2	4	16				3
顺德	8	1		6	7					
省佛协	1									
省道协		1								
省伊协										
省天主教两会										
省基督教两会					2					

10-33 各市宗教活动场所（2015）

单位：处

市别	寺观教堂					固定处所				
	佛教	道教	伊斯兰教	天主教	基督教	佛教	道教	伊斯兰教	天主教	基督教
合计	**1093**	**133**	**7**	**315**	**571**	**519**	**100**	**4**	**63**	**219**
广州	17	6	4	4	15	6	2	1	3	23
深圳	5	1	1	5	11	1			5	19
珠海	2					1		1	1	7
汕头	197	3		43	67	132	3		5	12
佛山	9	4		6	11					3
韶关	15	4		7	13	5				10
河源	39	20		21	77	22	11			14
梅州	200	9		33	78	115	13		2	38
惠州	28	15		7	9	48	24	1	5	28
汕尾	42	10		68	33	34	6		3	7
东莞	19	6		1	8	19		1	1	7
中山	7	1		2	7	1				2
江门	10	3		11	32	8			1	5
阳江	10			1	2	4				4
湛江	193	3		15	33	39	2			4
茂名	18	21		2	5	19	28			2
肇庆	8		2	6	8	9	3			4
清远	11	10		3	25	2				12
潮州	113			27	52	16				4
揭阳	131	14		45	73	22	8		37	10
云浮	10			2	4	16				3
顺德	8	2		6	6					1
省佛协	1									
省道协		1								
省伊协										
省天主教两会										
省基督教两会					2					

10-34 各市宗教活动场所（2016）

单位：处

市别	寺观教堂					固定处所				
	佛教	道教	伊斯兰教	天主教	基督教	佛教	道教	伊斯兰教	天主教	基督教
合计	**1094**	**131**	**7**	**316**	**565**	**552**	**108**	**3**	**63**	**228**
广州	17	6	4	5	15	6	3		3	23
深圳	7		1	5	10		1		5	21
珠海	2					1		1	1	7
汕头	197	3		43	64	135	3		5	17
佛山	17	5		12	17		1			4
# 顺德	8	1		6	6	1	1			1
韶关	15	4		7	13	5				10
河源	39	20		21	77	24	11			15
梅州	200	9		33	78	119	13		2	38
惠州	28	15		7	9	53	24	1	5	28
汕尾	42	10		68	33	38	7		3	7
东莞	19	6		1	8	22		1	1	7
中山	7	1		2	7	1				2
江门	11	3		11	32	8			1	4
阳江	10			1	2	6				4
湛江	193	3		15	33	39	2			5
茂名	18	21		2	5	20	31			2
肇庆	7		2	7	7	11	3			4
清远	11	10		3	25	2				12
潮州	113			26	51	20				5
揭阳	130	14		45	73	25	9		37	10
顺德	10			2	4	17				3
省佛协	1									
省道协		1								
省伊协										
省天主教两会										
省基督教两会					2					

10-35 各市宗教教职人员（2011）

单位：处

市别	佛教		道教		伊斯兰教	天主教				基督教			小计
	僧	尼	乾道	坤道	阿訇	主教	神父	执事	修女	牧师	长老	传道	
合计	**4001**	**3016**	**550**	**206**	**17**	**5**	**65**	**2**	**121**	**229**	**127**	**683**	**9022**
广州	191	41	49		8	1	7		22	21		34	374
深圳	140				2		9		8	11	1	28	199
珠海	37	1	1		1					6		3	49
汕头	387	400	3	11		1	6		5	32	13	37	895
佛山	93	71	28	8			3		2	5	1	23	234
韶关	673	140	14	1			2		2	3	7	13	855
河源	40	6	28	16			2		3	10	20	120	245
梅州	506	307	29	19		1	5	2	12	27	39	66	1013
惠州	108	36	80	8	1		4		8	10	2	16	273
汕尾	185	98	22	28			4		10	3	7	32	389
东莞	144	39	34	9	1		2		2	5	4	11	251
中山	45	16	5				1			14		14	95
江门	76	62	19	5		1	1		16	9		33	222
阳江	45	18								1		4	68
湛江	591	1370	12	6		1	6		15	12	5	16	2034
茂名	86	44	152	12								9	303
肇庆	70	3			1		1		2	1	1	14	93
清远	45	13	17	10			1			5	2	65	158
潮州	197	130					3		2	10	9	48	399
揭阳	222	209	37	58			7		10	29	16	86	674
云浮	63	12					1		2	1		4	83
光孝寺	57												57
圆玄道观			20	15									35
省伊协					3								3
省天主教两会													
省基督教两会										14		7	21

10-36 各市宗教教职人员（2012）

单位：处

市别	佛教		道教		伊斯兰教	天主教				基督教			小计
	僧	尼	乾道	坤道	阿訇	主教	神父	执事	修女	牧师	长老	传道	
合计	**3882**	**2919**	**620**	**254**	**17**	**5**	**68**		**118**	**239**	**133**	**549**	**8804**
广州	215	64	52		9	1	8		13	23		30	415
深圳	137		4		1		10		8	13	5	15	193
珠海	37				1					6		3	47
汕头	375	404	2	5		1	4		4	32	13	37	877
佛山	135	50	35	7			3		2	5	1	25	263
韶关	439	140	18	1			1		2	3	7	14	625
河源	22	6	66	52			2			11	20	32	211
梅州	697	271	41	41		1	7		15	28	39	64	1204
惠州	166	33	87	8	1		4		6	11	3	15	334
汕尾	185	82	24	29			4		8	3	7	32	374
东莞	55	33	24	2	1		1		2	5	4	11	138
中山	48	21	5	1			1			14		11	101
江门	56	42	17	5		1	2		17	9		26	175
阳江	35	16								1		4	56
湛江	591	1370	11	6		1	6		15	12	5	16	2033
茂名	82	35	150	6						1		8	282
肇庆	68	15	1	4	1		1		2	1	1	12	106
清远	50	13	30	4			1			5	3	47	153
潮州	159	114					3		12	10	9	50	357
揭阳	226	192	53	83			9		10	31	16	86	706
云浮	51	18					1		2	1		4	77
光孝寺	53												53
圆玄道观													
省伊协					3								3
省天主教两会													
省基督教两会										14		7	21

10-37 各市宗教教职人员（2013）

单位：处

市别	佛教		道教		伊斯兰教	天主教				基督教			小计
	僧	尼	乾道	坤道	阿訇	主教	神父	执事	修女	牧师	长老	传道	
合　计	**2761**	**2835**	**606**	**319**	**17**	**5**	**72**		**116**	**249**	**135**	**553**	**7668**
广　州	143	38	53		9	1	7		22	26		23	322
深　圳	137		4		1		10		8	14	5	15	194
珠　海	37				1					6		3	47
汕　头	334	321	5	8		1	8		4	30	13	37	761
佛　山	81	20	30	2			2		2	2		11	150
韶　关	345	152	21	1			1		2	3	6	13	544
河　源	16	6	66	68			2			10	18	32	218
梅　州	322	413	42	40		1	8		15	25	38	85	989
惠　州	99	37	95	5	1		4		6	15	3	25	290
汕　尾	94	95	19	36			5		8	3	7	22	289
东　莞	55	33	24	2	1		1		2	6	3	10	137
中　山	46	18	8	1			1			15		13	102
江　门	56	42	17	5		1	2		15	17	1	23	179
阳　江	32	12							1	1		9	55
湛　江	354	1231	24	8		1	5		14	12	4	14	1667
茂　名	77	36	113	8						1		2	237
肇　庆	41	15	1	4	1		1		2	1	1	12	79
清　远	42	13	24	10			1			5	3	43	141
潮　州	90	98					3		1	10	9	32	243
揭　阳	209	209	40	105			9		10	29	22	104	737
云　浮	46	18					1		2	1		4	72
顺　德	50	28	4	5			1		2	2	1	13	106
光孝寺	55												55
圆玄道观			16	11									27
省伊协					3								3
省天主教两会													
省基督教两会										15	1	8	24

10-38 各市宗教教职人员（2014）

单位：处

市别	佛教		道教		伊斯兰教	天主教				基督教			小计
	僧	尼	乾道	坤道	阿訇	主教	神父	执事	修女	牧师	长老	传道	
合计	**2268**	**2138**	**551**	**184**	**19**	**5**	**58**		**113**	**275**	**154**	**529**	**6294**
广州	166	29	39		10	1	7		22	27		21	322
深圳	138	1	9		2					15	7	22	194
珠海	36				1					6		2	45
汕头	226	282	2	5		1	3		5	32	13	34	603
佛山	71	17	21	2			1			5	1	4	122
韶关	301	134	21	1			1		2	3	8	9	480
河源	17	6	51	34	1		2			12	26	70	219
梅州	165	234	75	23		1	7		15	33	44	37	634
惠州	99	37	95	5	1		5		6	11	3	17	279
汕尾	146	104	19	36			5		8	5	10	21	354
东莞	47	33	14	1	1		2		2	6	4	9	119
中山	46	18	5	1			1			14		12	97
江门	37	31	17	5		1	2		13	14	1	25	146
阳江	28	12							2	1		11	54
湛江	148	811	11	1		1	6		15	13	6	26	1038
茂名	76	38	113	7						2		4	240
肇庆	45	3	4		1		1		3	1	1	15	74
清远	31	13	16	7			1		2	5	4	42	121
潮州	102	92					4		1	16	10	23	248
揭阳	194	204	35	51			8		13	35	16	99	655
云浮	43	14					1		2	3		6	69
顺德	50	25	4	5			1		2	1		12	100
光孝寺	56												56
圆玄道观													
省伊协					2								2
省天主教两会													
省基督教两会										15		8	23

备注：上数据为教职人员资格已认定备案数。下同。

10-39 各市宗教教职人员（2015）

单位：处

市别	佛教		道教		伊斯兰教	天主教				基督教			小计
	僧	尼	乾道	坤道	阿訇	主教	神父	执事	修女	牧师	长老	传道	
合　计	**2379**	**2304**	**642**	**292**	**18**	**6**	**82**	**7**	**123**	**264**	**131**	**593**	**6841**
广　州	85	41	39		9	1	10		15	25		37	262
深　圳	120	1			2		9		8	17	8	22	187
珠　海	36				1		1			6		6	50
汕　头	226	282	2	5		1	8		4	30	13	37	608
佛　山	112	72	30	7			2		4	5	2	24	258
韶　关	301	134	21	1			1		2	3	6	12	481
河　源	15	1	51	34	1		2			11	23	71	209
梅　州	313	314	36	21		1	7		19	25	36	89	861
惠　州	96	34	111	9	1	1	4		7	10	1	20	294
汕　尾	164	117	26	38			5		7	5	7	13	382
东　莞	47	33	15	1	1		1		2	7	3	9	119
中　山	26	11	6				1			16		12	72
江　门	40	36	17	5	2	1	2		14	14	1	33	165
阳　江	23	12					1		2	1		9	48
湛　江	189	823	26	1		1	12		25	12		13	1106
茂　名	92	35	170	25			1			2		3	328
肇　庆	58	3	15		1		1		3	1	1	15	98
清　远	32	13	21	7			1			5	4	42	125
潮　州	62	75					3			17	8	35	200
揭　阳	187	196	39	124			8	7	7	31	13	65	677
云　浮	43	14					1		2	3		7	70
顺　德	50	57	4	5			1		2	2	1	11	133
光孝寺	62												62
圆玄道观			13	9									
省伊协													22
省天主教两会													
省基督教两会										16		8	24

10-40 各市宗教教职人员（2016）

单位：处

市别	佛教		道教		伊斯兰教	天主教				基督教			小计
	僧	尼	乾道	坤道	阿訇	主教	神父	执事	修女	牧师	长老	传道	
合计	**2513**	**2390**	**639**	**289**	**36**	**5**	**80**	**0**	**120**	**305**	**140**	**670**	**7187**
广州	85	42	39		10	1	12		22	25		37	273
深圳	116	1	10		10		12		8	24	8	24	213
珠海	61				1		1			6		9	78
汕头	226	282	2	5		1	5		4	36	11	34	606
佛山	128	81	31	7			1		1	7	2	21	279
韶关	301	134	21	1			3		2	3	6	12	483
河源	15	2	51	34	1		3		2	12	23	69	212
梅州	313	331	35	21		1	7		12	34	45	132	931
惠州	94	42	111	9	1		4		7	12	2	20	302
汕尾	181	126	26	38			4		7	6	7	23	418
东莞	50	33	14	1	10		2		1	11	3	10	135
中山	28	11	7				2		2	16		10	76
江门	34	37	14	4		1	1		12	14	1	32	150
阳江	29	12							2	1		15	59
湛江	189	823	30	8		1	6		15	12	5	18	1107
茂名	108	38	170	25			0			2		3	346
肇庆	45	3	14		1		1		3	1		19	87
清远	34	11	20	7			1		2	4	4	54	137
潮州	136	105					4		1	17	9	38	310
揭阳	187	196	40	124			8		15	39	13	65	687
云浮	43	14					1		2	3		7	70
顺德	53	66	4	5			2			3	1	10	144
省佛协	57												57
圆玄道观													
省伊协					2								2
省天主教两会													
省基督教两会										17		8	25

备注：以上数据为教职人员资格已认定备案数。

主要统计指标解释

基层团组织 是指企业、农村、机关、学校、科研院所、街道社区、社会组织和其他基层单位的团组织，含乡镇团委。

机关事业单位团组织、团干部 含乡镇、街道团组织、团干部。

农村团员 不含学生团员、企业团员、外出务工团员。

企业团员 含外来务工团员。

中专学校列入中职学校类别统计。

专职团干部 是指专门从事共青团工作，不兼任其他工作的人员；兼职团干部指既从事共青团工作，又兼任其他工作的人员。

宗教教职人员 是对各宗教专门从事教务活动人员的通称，就我国五大宗教而言，主要是指：汉传佛教的比丘、比丘尼，藏传佛教的活佛、喇嘛、觉姆，南传佛教的大佛爷、小佛爷；道教的道士、道姑（全真派称乾道、坤道）；伊斯兰教的阿訇、伊玛目、专职哈提甫；基督教的主教、牧师、长老；天主教的主教、司铎、修士、修女。法分别从不同的方面反映国内生产总值及其构成。

十一、分县（区）部分指标

简要说明

1. 本篇资料主要反映广东省分县区学校、医院等情况。

2. 篇资料主要包括：

（1）各县区学校数、在校生数、专任教师数；各县区医院数、床位数、卫生技术人员数；各县区交通事故、火灾事故。

（2）地区分全省各县区。

（3）年份主要为 2016 年。

3. 统计资料来源：本篇资料由广东省教育厅、广东省卫生计生委负责整理、审核、提供。

11-1 广东省卫生机构、床位、人员数（2016）

地　区	机构数（个）	床位（张）	卫生人员（人）	卫生技术人员（人）	执业（助理）医师（人）	注册护士（人）
广东省	**49124**	**465228**	**821880**	**667525**	**244139**	**284223**
广州市	3806	87959	166537	137953	46791	61327
荔湾区	210	5412	9870	8268	3129	3525
越秀区	330	24071	47399	40305	12427	18804
海珠区	268	9542	19017	15246	4920	6657
天河区	489	11977	22422	18159	6382	8080
白云区	551	15686	22083	18265	6521	8090
黄埔区	249	3379	6540	5280	1870	2114
番禺区	275	5947	12891	10870	3935	4567
花都区	437	3630	8893	7438	2709	3322
南沙区	201	1774	3823	3130	1086	1306
从化区	346	3268	5598	4376	1432	1794
增城区	450	3273	8001	6616	2380	3068
韶关市	2130	16856	24663	19700	7303	8599
武江区	195	5160	6522	5102	1523	2702
浈江区	143	1927	2686	2206	798	1047
曲江区	144	1473	2365	1916	761	812
始兴县	157	986	1498	1243	522	499
仁化县	154	750	1311	1087	426	394
翁源县	247	1141	2471	1999	827	818
乳源县	165	546	1264	992	383	369
新丰县	194	1015	1531	1192	424	471
乐昌市	365	2473	2862	2297	836	947
南雄市	366	1385	2153	1666	803	540

注：本表数据含村卫生室数。

11-1 续表1 广东省卫生机构、床位、人员数（2016）

地 区	机构数（个）	床位（张）	卫生人员（人）	卫生技术人员（人）	执业（助理）医师（人）	注册护士（人）
深圳市	3957	37106	97644	79307	30757	34244
罗湖区	342	6198	15476	11924	4428	5383
福田区	590	9073	22247	18376	6926	8352
南山区	449	2709	9749	7955	3306	3445
宝安区	1105	8257	21860	18040	7043	7417
龙岗区	907	7202	19011	15369	5937	6647
盐田区	85	400	1520	1229	504	448
龙华区	384	2643	5785	4763	1976	1843
坪山区	95	624	1996	1651	637	709
珠海市	721	8806	18673	15741	5806	6877
香洲区	426	6497	13842	11771	4363	5075
斗门区	197	1647	3141	2530	910	1150
金湾区	98	662	1690	1440	533	652
汕头市	1377	17143	27092	22210	9341	8632
龙湖区	165	1021	2299	1916	786	757
金平区	256	9266	12479	10681	4136	4795
濠江区	62	841	1327	1066	461	433
潮阳区	333	2404	4207	3460	1702	1000
潮南区	237	2216	3330	2593	1119	840
澄海区	272	1309	3024	2209	1002	745
南澳县	52	86	426	285	135	62
佛山市	1469	34798	56230	47618	16534	21425
禅城区	248	11650	16208	13396	4299	6162
南海区	339	8213	14707	13112	4598	6109
顺德区	547	10581	16881	14151	5128	6248
三水区	201	2533	5046	4152	1433	1743
高明区	134	1821	3388	2807	1076	1163

注：本表数据含村卫生室数。

11-1 续表2 广东省卫生机构、床位、人员数（2016）

地 区	机构数（个）	床位（张）	卫生人员（人）	卫生技术人员（人）	执业（助理）医师（人）	注册护士（人）
江门市	1590	21329	32990	27353	9298	11892
蓬江区	195	7538	10220	8487	2695	4035
江海区	88	518	939	800	299	362
新会区	256	4105	6560	5475	1954	2257
台山市	367	3360	5457	4628	1505	1952
开平市	242	2869	4346	3504	1151	1577
鹤山市	223	1697	3192	2655	1022	1078
恩平市	219	1242	2276	1804	672	631
湛江市	3487	32216	45970	36071	12377	15499
赤坎区	219	3203	6333	5170	1748	2254
霞山区	223	6580	9144	7743	2358	3758
坡头区	138	773	1458	1123	430	461
麻章区	344	1411	2789	2210	916	834
遂溪县	533	3049	4085	3092	1084	1210
徐闻县	216	2898	3932	2986	931	1305
廉江市	631	4747	6809	5240	1834	2348
雷州市	758	6569	6948	5173	1849	1996
吴川市	425	2986	4472	3334	1227	1333
茂名市	4025	30774	39732	31448	12635	13475
茂南区	305	6491	9600	8277	3043	3963
电白区	832	6291	7484	5732	2501	2162
高州市	1109	8432	9656	7695	2974	3567
化州市	621	4427	6655	5012	2197	1911
信宜市	1158	5133	6337	4732	1920	1872

注：本表数据含村卫生室数。

11-1 续表3 广东省卫生机构、床位、人员数（2016）

地　区	机构数（个）	床位（张）	卫生人员（人）	卫生技术人员（人）	执业（助理）医师（人）	注册护士（人）
肇庆市	3096	16039	29802	22708	7151	9436
端州区	281	5637	8823	7061	2280	3204
鼎湖区	138	612	1064	796	288	294
高要区	574	1942	4348	3274	1134	1259
广宁县	409	1201	2935	2169	673	953
怀集县	789	3096	4654	3307	807	1192
封开县	339	901	2058	1558	424	649
德庆县	258	1105	2095	1557	490	694
四会市	308	1545	3825	2986	1055	1191
惠州市	2668	22460	36879	30124	11283	12804
惠城区	807	10865	16792	13943	5068	6115
惠阳区	454	3376	6570	5620	2364	2366
博罗县	579	4028	5480	4265	1614	1745
惠东县	574	3161	5890	4577	1649	1914
龙门县	254	1030	2147	1719	588	664
梅州市	3290	16654	28855	22954	9562	8167
梅江区	257	5695	8232	6839	2175	3016
梅县区	414	1733	3142	2525	998	1005
大埔县	432	953	2486	1821	939	460
丰顺县	433	1636	2513	1937	789	611
五华县	560	3015	5296	4377	2160	1245
平远县	204	640	1348	1036	395	374
蕉岭县	193	648	1271	1049	443	372
兴宁市	797	2334	4567	3370	1663	1084

注：本表数据含村卫生室数。

11-1 续表4 广东省卫生机构、床位、人员数（2016）

地　区	机构数（个）	床位（张）	卫生人员（人）	卫生技术人员（人）	执业（助理）医师（人）	注册护士（人）
汕尾市	1678	8565	14499	10628	4783	3374
城区	247	2262	3851	3086	1355	1079
海丰县	548	3063	4320	3152	1472	968
陆河县	207	915	1399	1079	526	334
陆丰市	676	2325	4929	3311	1430	993
河源市	2131	13363	19932	15708	5679	6238
源城区	286	3561	5773	4885	1665	2242
紫金县	440	2206	3248	2429	859	822
龙川县	450	3586	4474	3581	1382	1365
连平县	273	1250	1937	1480	541	550
和平县	304	1343	2412	1796	664	701
东源县	378	1417	2088	1537	568	558
阳江市	1793	11346	18420	14371	4787	5492
江城区	486	4630	7684	6355	2124	2450
阳东区	223	1635	2451	2034	703	703
阳西县	263	1329	2569	1916	580	652
阳春市	821	3752	5716	4066	1380	1687
清远市	2389	15806	25189	20651	7484	8739
清城区	465	5701	8433	6847	2395	2979
清新区	385	1284	3122	2616	1355	939
佛冈县	216	755	1881	1524	538	630
阳山县	287	1350	1994	1554	532	714

注：本表数据含村卫生室数。

11-1 续表5 广东省卫生机构、床位、人员数（2016）

地　区	机构数（个）	床位（张）	卫生人员（人）	卫生技术人员（人）	执业（助理）医师（人）	注册护士（人）
连山县	98	314	707	564	197	233
连南县	95	428	799	618	179	256
英德市	598	3451	5311	4454	1521	1854
连州市	245	2523	2942	2474	767	1134
东莞市	2344	28138	57167	47668	16680	21268
中山市	727	13754	25171	21412	7425	10100
潮州市	2332	6354	13421	9798	4397	3238
湘桥区	522	3169	5563	4560	1764	1743
潮安区	1095	1900	4657	3304	1792	896
饶平县	715	1285	3201	1934	841	599
揭阳市	2798	16870	27432	21853	9746	8427
榕城区	492	4304	6192	4994	2126	2056
揭东区	480	2887	3880	3077	1399	1115
揭西县	407	1596	3676	2897	1307	1050
惠来县	553	1837	3871	2878	1322	1017
普宁市	866	6246	9813	8007	3592	3189
云浮市	1316	8892	15582	12249	4320	4970
云城区	233	2596	3788	3195	1118	1398
云安区	212	402	930	620	252	199
新兴县	212	1601	3169	2510	959	946
郁南县	259	1140	2018	1667	540	591
罗定市	400	3153	5677	4257	1451	1836

注：本表数据含村卫生室数。

11-2 全国各地区医疗机构床位情况（2016）

地　区	医疗机构床位数（张）	医院床位数（张）	每千常住人口医疗卫生机构床位数（张）
北　京	117041	110073	5.39
天　津	65832	57561	4.21
河　北	360485	270831	4.83
山　西	189689	147011	5.15
内蒙古	139236	109676	5.52
辽　宁	284384	239350	6.50
吉　林	151195	124837	5.53
黑龙江	220054	181514	5.79
上　海	129166	110148	5.34
江　苏	443060	356188	5.54
浙　江	289870	254793	5.19
安　徽	281720	216281	4.55
福　建	174767	131892	4.51
江　西	209097	143049	4.55
山　东	540994	399427	5.44
河　南	521546	387054	5.47
湖　北	360558	256909	6.13
湖　南	425757	299251	6.24
广　东	465142	371685	4.23
广　西	224471	148480	4.64
海　南	40324	31667	4.40
重　庆	190850	136245	6.26
四　川	519205	375378	6.28
贵　州	210279	159098	5.92
云　南	253555	194727	5.32
西　藏	14456	10397	4.37
陕　西	225400	180316	5.91
甘　肃	134346	100638	5.15
青　海	34749	29156	5.86
宁　夏	36313	32027	5.38
新　疆	156912	123216	6.54

11-3 2015-2016 主要教育综合指标在全国排位

项 目	2015			2016		
	全国水平	广东	排位	全国水平	广东	排位
按常住人口计算（人）						
每万人口普通本专科在校生	191.93	171.11	22	196.12	172.1	24
每万人口成人本专科在校生	46.49	61.25	5	42.51	59.27	4
每万人口高中阶段教育在校生	295.99	351.62	7	288.37	324.79	11
#每万人中等职业教育学校在校生	122.4	162.29	4	116.2	145.32	5
每万人口普通高中在校生	173.59	189.33	12	172.17	179.45	14
每万人口普通初中在校生	315.24	327.51	13	314.95	316.25	16
每万人口小学在校生	708.59	800.88	11	721.15	823	10
每万人口幼儿园在园儿童	311.8	370.8	5	321.1	383.37	6
按户籍人口计算（人）						
每万人口普通本专科在校生	190.66	208.89	11	195.19	210.13	12
每万人口成人本专科在校生	46.19	74.77	3	42.31	72.38	3
每万人口高中阶段教育在校生	294.03	429.25	1	287	396.54	1
#每万人中等职业教育学校在校生	121.59	198.12	1	115.65	177.43	1
每万人口普通高中在校生	172.44	231.132	2	171.35	219.11	4
每万人口普通初中在校生	313.16	399.82	4	313.46	386.15	4
按户籍人口计算（人）						
每万人口小学在校生	703.9	977.71	1	717.74	1004.91	1
每万人口幼儿园在园儿童	309.74	452.67	1	319.58	468.1	1
小学教师达标率（%）	99.91	99.98	8	99.94	99.99	2
小学教师专科以上学历的比重（%）	91.89	95.25	9	93.65	96.35	8
普通初中教师达标（%）	99.66	99.96	2	99.76	99.96	3
普通高中教师达标（%）	97.7	98.76	7	97.91	98.86	7
普通高校教师高职称比（%）	41.9	38.52	21	42.2	39.26	20
普通高校学校数（所）	2560	143	2	2596	149	2
成人高校学校数（所）	292	15	6	284	14	6
普通本专科招生数（人）	7378495	561456	1	7486110	549822	3
成人本专科招生数（人）	2367455	241193	1	2112251	224860	1
普通本专科在校生数（人）	26252968	1856355	2	26958433	1892878	2
成人本专科在校生数（人）	6359352	664495	1	5843883	651963	1
研究生在校生数（人）	1911406	89404	7	1981051	92875	7

注：每万人口高中阶段教育在校生数中的技工学校学生数，是采用上年度技工学校在校学生数。

11-4 各地区高等学校普通本、专科学生数（2016）

单位：人

地区	学校数（所）	招生数	本科	专科	在校学生数	本科
全国	**2596**	**7486110**	**4054007**	**3432103**	**26958433**	**16129535**
北京	91	151150	127715	23435	599188	511754
天津	55	139027	85066	53961	513842	337252
河北	120	357918	182061	175857	1216096	708713
山西	80	203651	119819	83832	756287	474271
内蒙古	53	121850	62560	59290	436699	246455
辽宁	116	255721	166002	89719	998719	710581
吉林	60	173218	118753	54465	642263	475665
黑龙江	82	197846	126134	71712	735857	513947
上海	64	137458	93146	44312	514683	371266
江苏	166	452701	268822	183879	1745847	1068951
浙江	107	257892	145368	112524	996143	610706
安徽	119	307395	160469	146926	1145007	638702
福建	88	197740	117999	79741	756392	499185
江西	98	295980	135137	160843	1038951	518949
山东	144	555211	262746	292465	1995880	1009390
河南	129	550127	256193	293934	1874752	1034237
湖北	128	390697	212750	177947	1401840	860578
湖南	123	349431	173177	176254	1225016	688126
广东	147	539813	275080	264733	1892878	1076753
广西	73	248411	114813	133598	810282	422949
海南	18	53176	28021	25155	184875	107657
重庆	65	204887	111571	93316	732475	445398
四川	109	414747	218165	196582	1446559	820977
贵州	64	186996	81540	105456	573932	301642
云南	72	179949	100628	79321	656594	401259
西藏	7	10143	5993	4150	35034	23912
陕西	93	283555	161016	122539	1076254	677259
甘肃	49	125813	72261	53552	457204	291662
青海	12	19063	9235	9828	61860	36146
宁夏	18	32353	19486	12867	117149	76218
新疆	46	92191	42281	49910	319875	168975

注：学校数为普通高校数。学生数包括成人高校的普通本专科学生数。教育部公布的招生数不含专升本的学生数。

11-4 续表　各地区高等学校普通本、专科学生数（2016）

单位：人

地　区	专　科	毕(结)业生数			授予学位数（个）
			本　科	专　科	
全　国	**10828898**	**7041800**	**3743680**	**3298120**	**3659686**
北　京	87434	155327	120007	35320	117728
天　津	176590	137906	79590	58316	76383
河　北	507383	335218	163600	171618	161485
山　西	282016	199259	101534	97725	99604
内蒙古	190244	111516	55088	56428	53343
辽　宁	288138	263530	165851	97679	164454
吉　林	166598	164912	113696	51216	110216
黑龙江	221910	199598	127314	72284	126058
上　海	143417	132596	87670	44926	85486
江　苏	676896	481554	244215	237339	237518
浙　江	385437	273342	146241	127101	144075
安　徽	506305	308025	147112	160913	144898
福　建	257207	199465	112010	87455	110819
江　西	520002	256369	121461	134908	118749
山　东	986490	509142	236551	272591	232497
河　南	840515	486850	242816	244034	238011
湖　北	541262	394158	216203	177955	211325
湖　南	536890	316504	162337	154167	156054
广　东	816125	489397	233592	255805	231471
广　西	387333	189441	82517	106924	80696
海　南	77218	48713	25305	23408	24316
重　庆	287077	189918	109317	80601	104719
四　川	625582	362127	182477	179650	179168
贵　州	272290	116794	64230	52564	60107
云　南	255335	152435	85795	66640	83399
西　藏	11122	9201	5203	3998	5027
陕　西	398995	321348	183804	137544	180486
甘　肃	165542	119911	70621	49290	68550
青　海	25714	14097	8031	6066	7665
宁　夏	40931	29436	16845	12591	16129
新　疆	150900	73711	32647	41064	29250

注：学校数为普通高校数。学生数包括成人高校的普通本专科学生数。教育部公布的招生数不含专升本的学生数。

11-5 各地区普通高中基本情况（2016）

单位：人

地区	学校数（所）	招生数	在校学生数	毕业生数	教职工数	
						专任教师
全国	**13383**	**8029206**	**23666465**	**7923500**	**6589448**	**1733459**
北京	305	53544	163130	52841	85352	21056
天津	182	54143	163974	56059	53531	16401
河北	598	432658	1213315	368170	331748	89131
山西	503	244539	753777	284423	221095	63339
内蒙古	289	146962	448994	160737	130833	34823
辽宁	412	212049	625066	216098	203601	50630
吉林	241	139534	404209	138986	132530	29262
黑龙江	372	186283	549844	190714	178757	42312
上海	256	53066	157806	51889	81131	17669
江苏	571	318236	951525	338683	348313	95070
浙江	574	258898	765605	259893	244842	67976
安徽	672	358775	1106953	388305	291765	77330
福建	533	217129	634747	196997	177262	50424
江西	469	330240	942855	302009	204407	54829
山东	580	557806	1664949	579148	484579	129631
河南	792	695330	1995960	633076	487692	117866
湖北	532	277056	845040	305669	244193	66528
湖南	579	393932	1109093	341973	304863	72229
广东	1031	643293	1973727	703300	577578	151612
广西	450	338497	918939	268465	207510	53370
海南	109	57268	169899	58826	52644	12790
重庆	260	199687	606811	219224	132304	39887
四川	739	476045	1447174	496623	390940	96213
贵州	437	342626	993695	307414	216584	61030
云南	480	288237	805829	248914	204127	53875
西藏	31	19514	56897	19964	15864	4985
陕西	485	257192	783114	277569	198548	57471
甘肃	379	193389	603490	219083	149897	45107
青海	106	42622	120304	38041	31850	8923
宁夏	62	47703	151995	56075	34478	10639
新疆	354	192953	537749	144332	170630	41051

注：教职工数为普通高中和普通初中之和。

11-6 各地区中等职业学校（机构）学生情况（2016）

单位：人

地区	招生数	应届毕业生	初中毕业生	在校学生数	毕业生数	获得职业资格证书	预计毕业生数
全国	**4661428**	**419668**	**4093675**	**12758604**	**4405572**	**3547673**	**4192367**
北京	23409	20491	19849	85780	29837	21150	25529
天津	37366	34470	33310	101055	31055	26558	31064
河北	274261	225945	221323	658083	196609	152040	225845
山西	111013	103398	99872	337947	129594	106991	119565
内蒙古	71807	65420	64752	202672	69116	50712	68444
辽宁	112032	92470	88512	318885	106649	69623	101351
吉林	46958	40702	40057	129856	48920	29499	39879
黑龙江	71021	54808	50431	215729	74927	56697	76893
上海	35443	34382	34304	112013	38418	33207	38217
江苏	220939	207956	206037	652499	229665	211914	217876
浙江	188355	185804	185593	520695	169894	164726	159624
安徽	305752	260474	248589	781809	329317	294052	288058
福建	137049	113417	112206	380533	131698	122039	120411
江西	135843	125006	124797	361692	118010	86184	105946
山东	288180	278376	275631	809826	286687	237108	258771
河南	374900	347210	339076	1015766	339047	270741	338099
湖北	132075	128656	126362	375637	111352	92976	116125
湖南	251324	241232	239709	660887	199567	168372	195218
广东	351909	330666	314820	1065745	389163	254377	332268
广西	256261	199139	194279	689975	224426	145645	222967
海南	44176	38249	37727	115088	36121	14979	33395
重庆	111203	108674	108222	311632	99687	81735	95183
四川	374774	314183	301263	914426	403808	373569	360223
贵州	196615	181222	177574	550922	173046	140369	179030
云南	183589	172421	169374	486248	147993	113780	149874
西藏	7434	7431	7134	18157	4162	833	5639
陕西	93314	86833	80529	277832	113590	91939	99430
甘肃	80547	75407	72717	210710	74645	63387	72483
青海	26852	19316	18800	74057	19256	12289	20216
宁夏	28088	27264	26978	78743	24379	17592	25008
新疆	88939	77646	73848	235108	54934	42590	69736

注：中等职业学校数据不含技工数。

11-7 各地区普通初中基本情况（2016）

单位：人

地　区	学校数（所）	招生数	在校学生数	毕业生数	专任教师
全　国	**52118**	**14871663**	**43293684**	**14238679**	**3487789**
北　京	341	91854	268273	86443	33469
天　津	334	81599	256383	84939	26632
河　北	2379	854121	2435810	774421	179189
山　西	1850	375748	1092739	410994	110164
内蒙古	693	197323	612376	219748	57069
辽　宁	1521	319219	978298	347100	98960
吉　林	1172	217027	604277	205994	64694
黑龙江	1451	275211	903883	275900	90447
上　海	545	125267	413298	91839	38088
江　苏	2121	701582	1949456	616009	176597
浙　江	1717	531491	1503118	482452	121850
安　徽	2800	676648	1941986	621331	151870
福　建	1245	408919	1154758	375118	98789
江　西	2142	645786	1802808	574536	119533
山　东	2924	1045680	3159129	997016	267840
河　南	4557	1441316	4158272	1295021	286446
湖　北	2026	504948	1414864	448251	129157
湖　南	3322	780147	2250503	739883	169279
广　东	3479	1218075	3478440	1213188	275836
广　西	1812	697326	1987540	649589	123427
海　南	394	110274	323736	108282	25882
重　庆	860	331725	966021	319126	75330
四　川	3816	846124	2448234	832973	198463
贵　州	2099	609397	1891411	692132	127097
云　南	1672	636809	1873150	600447	126516
西　藏	98	41220	120283	37239	10061
陕　西	1691	356965	1051036	365584	101924
甘　肃	1482	290194	876171	312390	82364
青　海	268	69564	207937	69738	16171
宁　夏	245	94183	274696	87693	19740
新　疆	1062	295921	894798	303303	84905

11-8 各地区小学基本情况（2016）

单位：人

地区	学校数（所）	招生数	在校学生数	毕业生数	专任教师
全国	**177633**	**17524659**	**99130126**	**15074466**	**5789145**
北京	984	145274	868417	111481	61811
天津	857	115638	631195	84112	41547
河北	11944	1108772	6205473	872566	351408
山西	6043	383579	2270899	380313	171535
内蒙古	1730	227594	1338134	198507	99358
辽宁	3954	313496	1988681	319861	140400
吉林	4281	204937	1264211	219500	109650
黑龙江	1979	246422	1439381	278092	119412
上海	753	160756	789721	146945	53389
江苏	4036	934578	5222018	721757	289202
浙江	3269	595134	3550236	569452	200020
安徽	8284	736423	4303637	669351	240493
福建	5188	530764	2986658	415636	165910
江西	8329	684644	4227605	632655	219161
山东	10027	1239100	6913144	1071526	408856
河南	22822	1731619	9655895	1441616	506131
湖北	5383	623202	3461337	499292	202014
湖南	8272	899873	5018111	769729	253718
广东	10178	1711845	9052214	1270381	486578
广西	10173	812929	4513712	698537	232548
海南	1509	139654	793553	114423	49060
重庆	2979	334624	2098191	321737	123066
四川	5981	930103	5495234	842414	314406
贵州	7818	640446	3533745	604027	197069
云南	11673	644648	3766145	651059	227046
西藏	805	56175	302892	45296	21084
陕西	5507	462397	2417852	359791	156241
甘肃	6924	326665	1821629	298820	141113
青海	889	81793	457893	72294	26408
宁夏	1536	96512	582883	96180	34116
新疆	3526	405063	2159430	297116	146395

11-9 各地区特殊教育基本情况（2016）

单位：人

地区	学校数（所）	招生数	在校学生数	毕业生数	教职工数	专任教师
全国	**2080**	**91521**	**491740**	**59164**	**62468**	**53213**
北京	22	916	6927	1588	1334	1036
天津	20	470	3489	370	798	620
河北	160	2277	14589	1308	3832	3225
山西	69	2050	10770	1296	1769	1516
内蒙古	46	1581	9423	1033	1534	1313
辽宁	75	1358	9296	1035	2797	2109
吉林	49	1338	7484	684	1837	1552
黑龙江	73	2058	10862	1159	2260	1926
上海	29	994	7457	1557	1588	1248
江苏	101	3964	24662	3282	3959	3346
浙江	84	2567	16660	2598	2656	2379
安徽	71	3660	20921	1395	1766	1541
福建	71	4012	25521	3666	2255	1993
江西	88	6253	28006	2717	1402	1322
山东	146	4418	26324	3233	5826	4978
河南	146	5076	23875	1464	4041	3604
湖北	84	2413	11831	1246	2028	1741
湖南	79	5446	25737	3328	2016	1731
广东	127	6853	37756	3786	4986	4069
广西	79	3257	15947	1570	1853	1482
海南	7	397	2142	264	323	250
重庆	36	2863	16079	1769	1028	926
四川	125	9579	47780	8192	2810	2503
贵州	76	4443	20235	2049	1821	1637
云南	61	5793	27690	4486	1734	1512
西藏	5	458	2672	210	224	201
陕西	56	1905	10560	1099	1452	1161
甘肃	40	2235	11373	1046	912	825
青海	15	694	3747	349	183	162
宁夏	12	709	4388	445	384	368
新疆	28	1484	7537	940	1060	937

11–10 各县区中等职业教育基本情况（2016）

地 区	学校数（所）	毕业生数（人）	招生数（人）	在校生数（人）	教职工数（人）	专任教师数（人）
广东省	**468**	**389163**	**351909**	**1065745**	**57472**	**44776**
广州市	**83**	**72497**	**67560**	**216974**	**11339**	**7812**
荔湾区	5	3543	4093	11734	644	411
越秀区	10	12923	9171	33331	968	705
海珠区	13	12535	11591	37135	1980	1373
天河区	27		21336	68101	3781	2485
白云区	13	11139	10833	33251	1778	1229
黄埔区	3	1830	1901	5519	264	193
番禺区	3	2875	2691	8789	504	399
花都区	4	2438	1987	6523	618	349
南沙区	1	491	567	1442	123	106
从化区	1	1004	877	2764	116	100
增城区	3	2980	2513	8385	563	462
韶关市	**18**	**8387**	**9103**	**24888**	**1933**	**1533**
武江区	3	2515	2013	6144	378	258
浈江区	7	2133	3165	8046	689	528
曲江区	1	491	401	1367	153	123
始兴县	1	663	595	1885	102	99
仁化县	1	371	188	762	68	62
翁源县	1	112	326	1011	56	53
乳源瑶族自治县	1	584	437	1257	144	117
新丰县	1	274	412	1233	69	61
乐昌市	1	828	933	1925	149	124
南雄市	1	416	633	1258	125	108
深圳市	**15**	**11449**	**13964**	**39665**	**3296**	**2511**
罗湖区	2	2736	2724	8061	492	423
福田区	3	2341	2480	7527	644	546
南山区	1	772	963	3108	270	209
宝安区	5	3394	5184	13630	1033	739
龙岗区	3	1546	1847	5355	701	449
盐田区	1	660	766	1984	156	145

11-10 续表1 各县区中等职业教育基本情况（2016）

地 区	学校数（所）	毕业生数（人）	招生数（人）	在校生数（人）	教职工数（人）	专任教师数（人）
光明新区代管						
坪山新区代管						
龙华新区代管						
大鹏新区代管						
珠海市	**9**	**6262**	**7795**	**21597**	**1110**	**906**
香洲区	6	5696	6244	18971	973	824
斗门区	3	545	1396	2293	137	82
金湾区	0	21	155	333	0	0
汕头市	**22**	**18302**	**19004**	**64729**	**2254**	**1730**
龙湖区	8	6220	4908	16048	714	480
金平区	7	3197	3384	8434	742	592
濠江区	2	2914	1371	5369	215	154
潮阳区	2	1944	3188	16188	271	233
潮南区	1	725	5155	14401	127	119
澄海区	1	3293	968	4207	174	143
南澳县	1	9	30	82	11	9
佛山市	**36**	**22637**	**23903**	**71963**	**4850**	**3954**
禅城区	6	2025	2492	7238	518	430
南海区	12	9173	10276	30438	1762	1229
顺德区	13	9004	8464	25980	2043	1888
三水区	3	1426	1889	5782	376	284
高明区	2	1009	782	2525	151	123
江门市	**21**	**14413**	**14776**	**43523**	**2468**	**2231**
蓬江区	6	5257	5396	15925	732	661
江海区	2	2281	1626	5735	151	137
新会区	2	2478	2061	6616	423	375
台山市	4	1637	1829	4781	350	315
开平市	3	1552	1727	4496	390	355
鹤山市	2	919	1511	4173	255	232
恩平市	2	289	626	1797	167	156
湛江市	**55**	**29185**	**24564**	**71251**	**4237**	**3143**
赤坎区	10	5520	6324	17163	778	555

11-10 续表2 各县区中等职业教育基本情况（2016）

地　区	学校数（所）	毕业生数（人）	招生数（人）	在校生数（人）	教职工数（人）	专任教师数（人）
霞山区	10	1867	2311	7535	653	505
坡头区	2	41	73	200	45	41
麻章区	12	9156	10236	29182	1257	935
遂溪县	5	1538	1105	2856	523	319
徐闻县	1	2960	554	3058	111	104
廉江市	6	3720	1955	6154	400	282
雷州市	2	2995	1195	2549	301	259
吴川市	7	1337	702	2359	169	143
开发区代管		51	109	195		
茂名市	**21**	**20570**	**18514**	**48905**	**2749**	**2264**
茂南区	6	4288	3388	10891	560	357
电白区	1	944	1445	3250	276	256
高州市	7	5779	6102	16218	929	767
化州市	4	3525	2779	4449	438	389
信宜市	3	6034	4800	14097	546	495
滨海新区代管						
高新区党政办代管						
肇庆市	**18**	**19737**	**20451**	**58290**	**3049**	**2417**
端州区	12	13865	16180	43901	2076	1581
鼎湖区						
高要区	1	582	311	1002	67	57
广宁县	1	941	829	2959	138	123
怀集县	1	1983	808	3453	267	227
封开县	1	1421	1003	2928	201	171
德庆县	1		208	1172	91	65
四会市	1	945	1112	2875	209	193
大旺区代管						
惠州市	**24**	**18432**	**19833**	**55446**	**3145**	**2348**
惠城区	15	13984	14507	40351	2205	1611
惠阳区	4	1346	1538	4608	346	248
博罗县	3	2160	2776	7202	311	250

11-10 续表3 各县区中等职业教育基本情况（2016）

地 区	学校数（所）	毕业生数（人）	招生数（人）	在校生数（人）	教职工数（人）	专任教师数（人）
惠东县	1	720	735	2290	201	172
龙门县	1	222	277	995	82	67
大亚湾区代管						
仲恺区代管						
梅州市	**27**	**17913**	**10345**	**32523**	**1960**	**1522**
梅江区	8	9123	5968	16185	880	633
梅县区	5	1863	930	3411	275	223
大埔县	1	1018	671	2585	158	138
丰顺县	1	736	702	1895	86	67
五华县	5	2969	415	3330	141	141
平远县	1	319	224	754	72	67
蕉岭县	1	390	298	979	105	94
兴宁市	5	1495	1137	3384	243	159
汕尾市	**12**	**9909**	**4701**	**12211**	**870**	**754**
城区	5	1083	1440	3520	328	264
海丰县	2	3037	965	1879	161	136
陆河县	1	588	531	1669	98	93
陆丰市	4	5201	1765	5143	283	261
红海湾区代管						
河源市	**13**	**8825**	**8098**	**22354**	**1515**	**1199**
源城区	8	7737	7605	20541	1015	812
紫金县						
龙川县	1	124	165	532	67	53
连平县	1	281	69	188	93	76
和平县	1	106	66	326	178	127
东源县	2	577	193	767	162	131
阳江市	**5**	**4435**	**5539**	**14607**	**730**	**587**
江城区	2	1806	2334	6304	366	259
阳东区	1	441	719	1673	105	95
阳西县	1	96	262	512	39	30
阳春市	1	2092	2224	6118	220	203
海陵岛试验区代管						

11-10 续表4 各县区中等职业教育基本情况（2016）

地　区	学校数（所）	毕业生数（人）	招生数（人）	在校生数（人）	教职工数（人）	专任教师数（人）
阳江农垦局代管						
高新区代管						
清远市	**14**	**15892**	**11933**	**32763**	**1893**	**1576**
清城区	5	5384	4175	12175	620	531
清新区	1	3887	2009	6078	261	244
佛冈县	1	397	228	643	117	105
阳山县	1	1305	621	2354	144	120
连山壮族瑶族自治县	1	5	89	114	76	37
连南瑶族自治县	1	427	83	216	34	26
英德市	2	2899	3060	6641	476	378
连州市	2	1588	1668	4542	165	135
东莞市	**22**	**15315**	**21697**	**57243**	**3210**	**2557**
	22	15315	21697	57243	3210	2557
中山市	**11**	**8521**	**7856**	**23139**	**1791**	**1496**
	11	8521	7856	23139	1791	1496
潮州市	**10**	**5913**	**3460**	**11030**	**959**	**796**
湘桥区	4	3005	2406	7579	461	379
潮安区	2	1519	307	831	260	215
饶平县	4	1389	747	2620	238	202
枫溪区代管						
揭阳市	**18**	**47062**	**30692**	**117899**	**2866**	**2401**
榕城区	5	6137	4729	13955	576	440
揭东区	2	1390	834	2912	293	240
揭西县	2	4870	2194	13282	732	675
惠来县	2	12849	4658	33029	370	275
普宁市	3	17584	16414	46223	647	581
蓝城区代管	3	4125	1863	8306	170	142
空港经济区代管	1	107		192	78	48
云浮市	**14**	**13507**	**8121**	**24745**	**1248**	**1039**
云城区	2	1821	1496	4639	214	189
云安区	1	300		77	29	28
新兴县	6	3647	2685	7813	415	317
郁南县	1	846	721	2062	143	116
罗定市	4	6893	3219	10154	447	389

11-11 各县区普通高中基本情况（2016）

地　区	学校数（所）	毕业生数（人）	招生数（人）	在校生数（人）	教职工数（人）	专任教师数（人）
广东省	**1031**	**703300**	**643293**	**1973727**	**577578**	**151612**
广州市	**124**	**59133**	**58260**	**176275**	**59568**	**14352**
荔湾区	9	5171	5294	15722	4543	1271
越秀区	18	8892	9087	27129	5994	2331
海珠区	11	4497	4674	13835	4481	1041
天河区	14	4438	4629	13647	6373	1275
白云区	13	5398	5977	17266	5768	1379
黄埔区	8	2804	2520	7972	3563	712
番禺区	14	8791	8654	25840	8171	1960
花都区	11	5418	5052	15824	8102	1274
南沙区	7	2354	2234	6905	2560	623
从化区	8	3921	4009	12141	3080	853
增城区	11	7449	6130	19994	6933	1633
韶关市	**25**	**21173**	**17576**	**56167**	**15751**	**4387**
武江区	4	2615	2794	8499	1813	588
浈江区	3	2297	1965	6227	1653	476
曲江区	3	2288	1698	5796	1462	429
始兴县	2	1561	1200	4003	1126	393
仁化县	2	1390	1323	3898	1414	325
翁源县	3	2252	1771	5445	1518	401
乳源瑶族自治县	1	1124	881	2735	942	210
新丰县	1	1541	1312	4269	1021	310
乐昌市	3	2676	2269	7146	2667	572
南雄市	3	3429	2363	8149	2135	683
深圳市	**76**	**38236**	**42615**	**124216**	**62164**	**10264**
罗湖区	8	4476	4105	13874	4787	1200
福田区	13	7235	7737	22698	6725	1873
南山区	9	4372	4825	13532	6955	1178
宝安区	18	7941	9315	26467	14982	2111
龙岗区	14	8556	9795	27970	16963	2229
盐田区	2	425	1053	2628	707	248

注：中学学校教职工数含初级中学、九年一贯制学校、职业初中、完全中学、高级中学、十二年一贯制学校。

11-11 续表1 各县区普通高中基本情况（2016）

地 区	学校数（所）	毕业生数（人）	招生数（人）	在校生数（人）	教职工数（人）	专任教师数（人）
光明新区代管	3	1532	2093	5730	2797	500
坪山新区代管	2	1357	1401	4202	1894	324
龙华新区代管	7	2342	2291	7115	5789	601
大鹏新区代管					565	
珠海市	**20**	**9652**	**9902**	**29285**	**9401**	**2464**
香洲区	12	5080	5697	16283	5876	1407
斗门区	3	2664	2513	7384	2226	583
金湾区	5	1908	1692	5618	1299	474
汕头市	**95**	**54292**	**47233**	**146265**	**36731**	**10649**
龙湖区	11	6255	5440	16585	3507	1252
金平区	16	7650	6629	20711	5379	1670
濠江区	8	5317	4337	13938	2306	1003
潮阳区	28	15921	16413	49235	11812	3250
潮南区	17	11942	9720	30203	9479	2104
澄海区	14	6694	4381	14506	3838	1240
南澳县	1	513	313	1087	410	130
佛山市	**59**	**37377**	**39384**	**116350**	**29247**	**8785**
禅城区	10	5286	5714	16464	4004	1280
南海区	18	14117	15335	44962	10573	2960
顺德区	22	13018	13598	40511	9538	3339
三水区	4	3145	3053	9199	3460	745
高明区	5	1811	1684	5214	1672	461
江门市	**46**	**26727**	**26061**	**76293**	**19808**	**5809**
蓬江区	6	4118	4003	11336	3615	865
江海区	2	1215	1110	3224	1056	220
新会区	12	5914	5847	17251	4264	1257
台山市	7	5140	4510	13832	3588	1090
开平市	8	5163	5455	15712	3427	1176
鹤山市	5	2815	2479	7604	1894	628
恩平市	6	2362	2657	7334	1964	573
湛江市	**82**	**64015**	**49910**	**167483**	**39726**	**12231**
赤坎区	7	5443	4657	14542	2949	1080

11-11 续表2 各县区普通高中基本情况（2016）

地　区	学校数（所）	毕业生数（人）	招生数（人）	在校生数（人）	教职工数（人）	专任教师数（人）
霞山区	9	6941	6376	18932	3958	1341
坡头区	4	2896	1845	6505	1774	602
麻章区	6	2486	2375	7039	2021	494
遂溪县	8	7371	5208	18208	4354	1364
徐闻县	4	5095	3622	12882	3249	902
廉江市	13	9910	7784	27557	7720	2249
雷州市	15	11670	8316	29316	7185	2081
吴川市	11	10042	8248	27283	4938	1664
开发区代管	5	2161	1479	5219	1578	454
茂名市	**64**	**69436**	**60886**	**186683**	**39700**	**14280**
茂南区	5	7307	6078	19001	4964	1499
电白区	13	16351	12740	38042	8365	2900
高州市	16	15976	15181	44660	9919	3542
化州市	17	13628	13946	42046	7547	2829
信宜市	12	15496	12508	41378	7911	3392
滨海新区代管	1	678	433	1556	815	118
高新区党政办代管					179	
肇庆市	**34**	**28412**	**26679**	**81513**	**21711**	**6414**
端州区	10	4209	4037	12639	3011	1011
鼎湖区	3	1322	1138	3419	916	322
高要区	4	4779	4236	12989	3277	1057
广宁县	2	2441	2318	6970	2056	580
怀集县	4	5681	5860	18145	4925	1356
封开县	3	3633	3323	10182	2511	790
德庆县	3	2780	2303	7257	1587	527
四会市	3	2964	2737	7969	2679	627
大旺区代管	2	603	727	1943	749	144
惠州市	**39**	**31589**	**30966**	**90261**	**29447**	**6588**
惠城区	16	9391	10135	29073	8144	2231
惠阳区	5	6086	6084	18559	4873	1085
博罗县	7	5798	5782	16020	6174	1310

11-11 续表3 各县区普通高中基本情况（2016）

地　区	学校数（所）	毕业生数（人）	招生数（人）	在校生数（人）	教职工数（人）	专任教师数（人）
惠东县	6	6444	5684	16798	5659	1158
龙门县	3	2048	1692	5202	1882	444
大亚湾区代管	1	747	510	1516	797	116
仲恺区代管	1	1075	1079	3093	1918	244
梅州市	**61**	**37927**	**30792**	**98209**	**26079**	**8387**
梅江区	8	5849	5154	15762	2992	1264
梅县区	9	3867	2821	9305	2922	900
大埔县	8	2892	2569	8084	2256	697
丰顺县	8	3670	3485	10233	3142	827
五华县	12	11459	8764	29001	6420	2079
平远县	3	1611	1262	4497	1293	477
蕉岭县	2	1546	1216	3799	1247	396
兴宁市	11	7033	5521	17528	5807	1747
汕尾市	**41**	**25999**	**21626**	**68964**	**18254**	**4824**
城区	8	5009	4260	13258	2737	1053
海丰县	12	7037	5257	17042	5108	1264
陆河县	5	3133	2761	8825	2090	711
陆丰市	15	10172	9020	28354	8010	1678
红海湾区代管	1	648	328	1485	309	118
河源市	**39**	**23013**	**20975**	**62652**	**20511**	**5284**
源城区	9	3491	3909	10631	4363	889
紫金县	7	4788	4363	12876	3543	916
龙川县	11	6093	4769	15633	4880	1396
连平县	4	2286	1758	5900	1923	509
和平县	4	2642	2614	7440	3184	687
东源县	4	3713	3562	10172	2618	887
阳江市	**14**	**18094**	**15536**	**47250**	**15453**	**3561**
江城区	4	4748	4251	12980	4812	1000
阳东区	3	3694	3160	9167	3740	593
阳西县	2	3280	2715	8161	2226	672
阳春市	5	5721	5410	16942	4020	1296
海陵岛试验区代管		342			257	

11-11 续表4 各县区普通高中基本情况（2016）

地 区	学校数（所）	毕业生数（人）	招生数（人）	在校生数（人）	教职工数（人）	专任教师数（人）
阳江农垦局代管					128	
高新区代管		309			270	
清远市	**32**	**24641**	**23765**	**69236**	**19329**	**5359**
清城区	11	6315	7456	20180	5446	1483
清新区	6	3726	3756	10962	2791	823
佛冈县	2	2178	1620	5127	1311	414
阳山县	3	2704	1809	6018	2161	499
连山壮族瑶族自治县	1	535	565	1538	650	135
连南瑶族自治县	1	818	843	2496	833	188
英德市	6	6500	5954	17671	4453	1410
连州市	2	1865	1762	5244	1684	407
东莞市	**40**	**25673**	**27153**	**79851**	**36347**	**5671**
	40	25673	27153	79851	36347	5671
中山市	**19**	**15038**	**15758**	**47851**	**17051**	**3590**
	19	15038	15758	47851	17051	3590
潮州市	**35**	**22066**	**17512**	**56528**	**13600**	**4437**
湘桥区	8	6046		15875	3226	1149
潮安区	14	7787	6443	19559	4994	1539
饶平县	12	7055	4987	17697	4754	1535
枫溪区代管	1	1178	1055	3397	626	214
揭阳市	**65**	**52369**	**44995**	**144808**	**35619**	**10632**
榕城区	9	6996	5402	18336	4225	1462
揭东区	7	6074	5350	15729	3118	1115
揭西县	10	7059	5650	19182	3755	1406
惠来县	8	7724	6774	22772	5624	1505
普宁市	22	20143	18092	57023	15117	4171
蓝城区代管	4	1473	1583	4951	1607	322
空港经济区代管	5	2900	2144	6815	2173	651
云浮市	**21**	**18438**	**15709**	**47587**	**12081**	**3644**
云城区	5	2632	2529	7114	1651	536
云安区	1	983	878	2620	1180	186
新兴县	4	3452	3044	9633	2200	755
郁南县	3	2871	2023	6265	2137	646
罗定市	8	8500	7235	21955	4913	1521

11-12 各县区普通初中基本情况（2016）

地　区	学校数（所）	毕业生数（人）	招生数（人）	在校生数（人）	专任教师数（人）
广东省	**3479**	**1213188**	**1218075**	**3478440**	**275836**
广州市	**390**	**114105**	**116292**	**329410**	**27542**
荔湾区	31	8055	7626	22512	2059
越秀区	17	11163	10394	30368	2761
海珠区	25	11054	10195	30320	2444
天河区	39	12240	11957	34647	2671
白云区	56	15499	14710	42284	3368
黄埔区	27	6176	7394	20812	1753
番禺区	48	14167	16069	44753	3360
花都区	69	11876	15499	41203	3046
南沙区	18	4825	5524	15676	1368
从化区	18	7990	5967	17099	1687
增城区	42	11060	10957	29736	3025
韶关市	**127**	**30930**	**34987**	**97295**	**8284**
武江区	9	3514	4735	12866	848
浈江区	13	3663	3450	10018	871
曲江区	12	2782	3231	8750	767
始兴县	10	2347	2514	7201	646
仁化县	14	2109	2292	6335	665
翁源县	15	3186	4052	10892	786
乳源瑶族自治县	7	1852	2369	6294	593
新丰县	8	2500	2311	6847	614
乐昌市	23	4745	5362	14986	1387
南雄市	16	4232	4671	13106	1107
深圳市	**276**	**83068**	**101066**	**272239**	**20410**
罗湖区	21	9986	10344	29307	2222
福田区	23	11283	12462	33916	2821
南山区	26	9458	10658	29880	2375
宝安区	55	18598	23717	63014	4260
龙岗区	92	18425	23396	62745	4910
盐田区	3	1715	1609	4334	388

11-12 续表1 各县区普通初中基本情况（2016）

地 区	学校数（所）	毕业生数（人）	招生数（人）	在校生数（人）	专任教师数（人）
光明新区代管	11	3269	4711	11993	761
坪山新区代管	9	2136	3082	7735	589
龙华新区代管	30	7158	9756	25774	1778
大鹏新区代管	6	1040	1331	3541	306
珠海市	**53**	**19736**	**20647**	**57643**	**4536**
香洲区	26	12759	12839	36409	2803
斗门区	19	4465	5136	13752	1160
金湾区	8	2512	2672	7482	573
汕头市	**208**	**80812**	**75283**	**221311**	**17032**
龙湖区	17	6233	7519	20325	1539
金平区	28	12084	11245	33396	2527
濠江区	8	4746	3584	10904	955
潮阳区	65	29684	24510	75271	5727
潮南区	67	20586	19635	57282	4056
澄海区	19	7045	8391	22979	1989
南澳县	4	434	399	1154	239
佛山市	**139**	**62319**	**71944**	**197004**	**14372**
禅城区	16	7837	9152	25489	1799
南海区	53	22065	25804	69881	4720
顺德区	40	22815	25455	71076	5370
三水区	22	6564	7311	19955	1616
高明区	8	3038	4222	10603	867
江门市	**142**	**45158**	**45992**	**132318**	**10141**
蓬江区	23	7890	8564	24276	1756
江海区	9	2293	2600	7215	480
新会区	27	9079	9422	27107	2246
台山市	31	7621	7817	21919	1711
开平市	22	8929	8372	24960	1809
鹤山市	12	4356	4840	13930	940
恩平市	18	4990	4377	12911	1199
湛江市	**227**	**113625**	**85880**	**266084**	**22326**
赤坎区	10	6526	5426	16761	1199

11-12 续表2 各县区普通初中基本情况（2016）

地　区	学校数（所）	毕业生数（人）	招生数（人）	在校生数（人）	专任教师数（人）
霞山区	16	8320	7493	22415	1589
坡头区	12	3758	2266	7699	1035
麻章区	11	3482	4073	11296	945
遂溪县	40	14356	8346	27671	2566
徐闻县	31	9080	7512	22451	2097
廉江市	52	23993	17528	54341	4752
雷州市	29	22757	17569	52489	4248
吴川市	17	17673	12049	40023	3062
开发区代管	9	3680	3618	10938	833
茂名市	**193**	**106203**	**93977**	**283966**	**21210**
茂南区	23	12542	13131	37353	2503
电白区	37	22128	18058	55045	4395
高州市	54	22734	21458	64548	5582
化州市	33	24794	21828	66595	4090
信宜市	40	20485	16608	51698	3926
滨海新区代管	4	2956	2245	7006	544
高新区党政办代管	2	564	649	1721	170
肇庆市	**145**	**60371**	**51072**	**154138**	**11461**
端州区	12	6001	5828	17670	1283
鼎湖区	9	1474	1765	4960	394
高要区	23	8198	7471	21739	1836
广宁县	21	4819	4427	12753	1079
怀集县	25	21178	14241	46326	3262
封开县	16	7875	6186	19751	1470
德庆县	13	4845	4430	12644	831
四会市	24	5040	5474	14940	1093
大旺区代管	2	941	1250	3355	213
惠州市	**213**	**57511**	**68713**	**184770**	**13488**
惠城区	41	14038	15977	42726	3080
惠阳区	35	11661	14117	38490	2286
博罗县	46	11989	15116	40131	3022

11-12 续表3 各县区普通初中基本情况（2016）

地　区	学校数（所）	毕业生数（人）	招生数（人）	在校生数（人）	专任教师数（人）
惠东县	50	12187	13485	37668	3032
龙门县	17	2870	3411	8993	895
大亚湾区代管	7	1310	2025	5010	378
仲恺区代管	17	3456	4582	11752	795
梅州市	**167**	**48225**	**47517**	**138294**	**14261**
梅江区	12	5435	5843	16887	1447
梅县区	17	4244	4737	12684	1328
大埔县	18	4067	4127	11916	1186
丰顺县	24	6456	5640	17036	1839
五华县	42	16146	14835	43959	3980
平远县	14	1910	2032	5740	708
蕉岭县	12	1581	1571	4676	691
兴宁市	28	8386	8732	25396	3082
汕尾市	**127**	**44302**	**39356**	**117432**	**9554**
城区	13	6299	5142	15569	1292
海丰县	28	9048	9700	27567	2482
陆河县	11	5209	3744	11560	1149
陆丰市	72	22830	20175	60579	4456
红海湾区代管	3	916	595	2157	175
河源市	**149**	**37738**	**39579**	**112461**	**10674**
源城区	23	7562	8943	24630	1797
紫金县	28	9145	9014	25623	2432
龙川县	30	9281	9220	26871	2690
连平县	20	3538	3487	10352	1118
和平县	22	4213	4566	12928	1365
东源县	26	3999	4349	12057	1272
阳江市	**94**	**27322**	**28435**	**78997**	**7346**
江城区	27	6624	7689	21535	1800
阳东区	27	4349	5347	13793	1670
阳西县	17	5036	4556	13495	1217
阳春市	18	9999	9643	26836	2218
海陵岛试验区代管	1	632	556	1606	208

11-12 续表4 各县区普通初中基本情况（2016）

地　区	学校数（所）	毕业生数（人）	招生数（人）	在校生数（人）	专任教师数（人）
阳江农垦局代管	3	204	198	517	46
高新区代管	1	478	446	1215	187
清远市	**147**	**41487**	**43781**	**123627**	**9808**
清城区	29	9058	10929	30008	2130
清新区	18	8158	8134	24067	1592
佛冈县	12	2882	3568	9487	755
阳山县	21	3782	3312	9179	1211
连山壮族瑶族自治县	8	1105	1036	2696	305
连南瑶族自治县	10	1861	1642	5068	489
英德市	33	11318	11089	32311	2471
连州市	16	3323	4071	10811	855
东莞市	**191**	**59851**	**83528**	**215902**	**13214**
	191	59851	83528	215902	13214
中山市	**83**	**31232**	**37043**	**100831**	**7279**
	83	31232	37043	100831	7279
潮州市	**104**	**28959**	**26716**	**79430**	**7224**
湘桥区	22	6785	6325	19011	1714
潮安区	47	11111	10170	29993	2369
饶平县	29	9474	8547	25882	2776
枫溪区代管	6	1589	1674	4544	365
揭阳市	**224**	**90141**	**76659**	**230994**	**18341**
榕城区	23	8861	7949	23451	1780
揭东区	22	7315	5990	18095	1684
揭西县	34	12530	8267	27034	1909
惠来县	33	14263	15761	43544	3044
普宁市	73	38949	31310	97615	7620
蓝城区代管	21	4339	3929	11422	911
空港经济区代管	18	3884	3453	9833	1393
云浮市	**80**	**30093**	**29608**	**84294**	**7333**
云城区	9	3828	4560	12115	888
云安区	9	2522	2520	6833	878
新兴县	15	5251	4345	13046	1294
郁南县	20	4418	4160	12270	1268
罗定市	27	14074	14023	40030	3005

11-13 各县区小学基本情况（2016）

地　区	学校数（所）	毕业生数（人）	招生数（人）	在校生数（人）	教职工数（人）	专任教师数（人）
广东省	**10178**	**1270381**	**1711845**	**9052214**	**436840**	**486578**
广州市	**953**	**133032**	**180334**	**968531**	**46751**	**52075**
荔湾区	52	8510	9722	59479	2767	3262
越秀区	53	9469	10906	65333	3376	3514
海珠区	84	12069	14809	85298	4629	4836
天河区	70	14765	20075	107903	3715	5131
白云区	181	22018	27350	151034	8981	8022
黄埔区	59	7477	11230	57414	3030	3268
番禺区	134	18483	24649	133279	6034	6982
花都区	98	16850	27047	136205	5072	6956
南沙区	60	5958	7784	41067	1937	2247
从化区	66	5986	9073	44806	2924	2718
增城区	96	11447	17689	86713	4286	5139
韶关市	**191**	**34920**	**44216**	**227248**	**12015**	**13420**
武江区	21	3635	5061	26382	1326	1326
浈江区	24	3604	4415	24186	1144	1242
曲江区	19	3580	4474	23920	1378	1453
始兴县	15	2625	3009	15339	876	933
仁化县	14	2343	3271	15924	794	1038
翁源县	13	4025	5389	26349	1433	1525
乳源瑶族自治县	13	2444	2982	15837	973	999
新丰县	15	2402	3086	16072	1056	984
乐昌市	28	5562	7085	34827	1357	1980
南雄市	29	4700	5444	28412	1678	1940
深圳市	**337**	**111008**	**173804**	**910974**	**29842**	**46975**
罗湖区	45	10705	14384	81216	3871	4349
福田区	51	12470	17081	93337	4666	5386
南山区	37	11625	16662	91943	3462	5146
宝安区	56	26502	43974	227417	5518	10820
龙岗区	73	25952	40998	212158	5952	11439
盐田区	10	1460	2224	11980	783	728

注：小学教职工数只含小学、教学点数，不含九年一贯制和十二年一贯制学校小学部分数据。

11-13 续表1 各县区小学基本情况（2016）

地　区	学校数（所）	毕业生数（人）	招生数（人）	在校生数（人）	教职工数（人）	专任教师数（人）
光明新区代管	16	5484	9072	46352	1272	2263
坪山新区代管	16	3485	5798	29181	1215	1567
龙华新区代管	27	12064	22127	108670	2632	4736
大鹏新区代管	6	1261	1484	8720	471	541
珠海市	**118**	**21275**	**27872**	**155269**	**6942**	**7721**
香洲区	62	13479	16942	97428	4288	4849
斗门区	38	5015	6836	36898	1606	1842
金湾区	18	2781	4094	20943	1048	1030
汕头市	**747**	**77053**	**96016**	**516195**	**23381**	**25821**
龙湖区	67	7881	10954	58257	2435	2720
金平区	70	11086	12738	72793	3009	3269
濠江区	39	2916	3888	20561	1115	1165
潮阳区	246	24313	29879	157577	7991	8453
潮南区	213	20545	25379	132034	5070	6579
澄海区	108	9848	12551	71773	3409	3303
南澳县	4	464	627	3200	352	332
佛山市	**408**	**73205**	**95733**	**512455**	**23644**	**24357**
禅城区	73	10358	14527	73023	3889	3992
南海区	129	24205	37167	185538	7558	7546
顺德区	150	26931	29887	175197	8555	8915
三水区	34	7305	8541	47793	2204	2500
高明区	22	4406	5611	30904	1438	1404
江门市	**316**	**46961**	**57310**	**313894**	**14682**	**15830**
蓬江区	45	8560	10910	59964	2501	3088
江海区	16	2844	4047	21234	695	905
新会区	65	9711	10904	62125	2798	3259
台山市	53	7770	9115	49817	2548	2727
开平市	56	8684	9290	53513	2748	2576
鹤山市	42	4910	6527	35284	1619	1662
恩平市	39	4482	6517	31957	1773	1613
湛江市	**780**	**86076**	**119341**	**602486**	**35721**	**35588**
赤坎区	14	4286	6513	32364	1246	1649

注：小学教职工数只含小学、教学点数，不含九年一贯制和十二年一贯制学校小学部分数据。

11-13 续表2 各县区小学基本情况（2016）

地 区	学校数（所）	毕业生数（人）	招生数（人）	在校生数（人）	教职工数（人）	专任教师数（人）
霞山区	21	7757	9639	52445	1939	2713
坡头区	19	2457	4960	21037	1627	1549
麻章区	10	2740	5067	22022	954	1242
遂溪县	130	8950	12691	63823	4325	4310
徐闻县	76	7929	11494	57385	3498	3437
廉江市	171	17755	24688	126560	7531	6942
雷州市	165	18889	23089	123834	8640	7863
吴川市	156	12460	15039	77135	4787	4624
开发区代管	18	2853	6161	25881	1174	1259
茂名市	**1381**	**93672**	**115143**	**598560**	**33159**	**33706**
茂南区	83	12931	15024	81713	3734	3996
电白区	149	19101	24412	121143	7385	7596
高州市	294	19437	23122	123222	6832	6775
化州市	404	21935	27851	141657	8051	7680
信宜市	383	16448	20378	108179	5769	6210
滨海新区代管	52	3177	3572	18907	1125	1202
高新区党政办代管	16	643	784	3739	263	247
肇庆市	**222**	**52034**	**67228**	**356373**	**18078**	**19266**
端州区	23	6152	7832	42324	1829	2118
鼎湖区	10	1707	2914	14048	662	694
高要区	39	7367	11531	56686	2983	2991
广宁县	23	4644	7102	35631	1849	2012
怀集县	42	14454	15763	87051	4946	5010
封开县	21	6233	6359	34775	1988	2026
德庆县	28	4471	6257	34142	1921	1832
四会市	33	5884	7577	41916	1614	2161
大旺区代管	3	1122	1893	9800	286	422
惠州市	**456**	**70260**	**100177**	**530498**	**22025**	**26253**
惠城区	98	17454	24360	130403	5343	6424
惠阳区	93	11867	17037	89324	3113	3805
博罗县	98	15283	21756	116279	4860	5669

注：小学教职工数只含小学、教学点数，不含九年一贯制和十二年一贯制学校小学部分数据。

11–13 续表3 各县区小学基本情况（2016）

地　区	学校数（所）	毕业生数（人）	招生数（人）	在校生数（人）	教职工数（人）	专任教师数（人）
惠东县	96	14450	18484	103013	5028	5640
龙门县	23	3566	5512	27931	1303	1581
大亚湾区代管	13	2257	4093	19608	867	1084
仲恺区代管	35	5383	8935	43940	1511	2050
梅州市	**452**	**46371**	**63905**	**330179**	**19146**	**19585**
梅江区	29	4492	5736	32199	1633	1640
梅县区	35	4910	7952	38968	2269	2286
大埔县	48	4157	5180	28609	1856	1913
丰顺县	79	5814	7790	41508	2385	2623
五华县	160	14558	18602	95973	5232	5361
平远县	19	2066	2866	14365	907	914
蕉岭县	16	1571	2482	12489	849	866
兴宁市	66	8803	13297	66068	4015	3982
汕尾市	**467**	**39325**	**45429**	**250227**	**15905**	**16134**
城区	49	4979	5891	32203	2211	1977
海丰县	116	9939	13736	73764	4191	4327
陆河县	69	3587	4108	22791	1686	1507
陆丰市	222	20135	20983	117515	7412	7942
红海湾区代管	11	685	711	3954	405	381
河源市	**340**	**38331**	**53177**	**291572**	**16599**	**18103**
源城区	48	8634	12143	66805	2827	3656
紫金县	58	8302	11267	61732	4160	4064
龙川县	82	8684	11568	65356	4071	4104
连平县	73	3728	5333	29468	1693	1575
和平县	13	4482	7476	38718	1906	2579
东源县	66	4501	5390	29493	1942	2125
阳江市	**146**	**28723**	**44202**	**221471**	**11474**	**13652**
江城区	25	7296	10743	55657	2127	3346
阳东区	32	5449	8289	42197	2284	3090
阳西县	20	4628	6765	33989	2231	2308
阳春市	55	9896	16531	80071	4109	4193
海陵岛试验区代管	12	782	1015	4991	396	364

注：小学教职工数只含小学、教学点数，不含九年一贯制和十二年一贯制学校小学部分数据。

11-13 续表4 各县区小学基本情况（2016）

地　区	学校数（所）	毕业生数（人）	招生数（人）	在校生数（人）	教职工数（人）	专任教师数（人）
阳江农垦局代管	0	140	218	1194	0	61
高新区代管	2	532	641	3372	327	290
清远市	**318**	**43539**	**64161**	**320395**	**17028**	**18097**
清城区	62	10438	16514	80569	3488	3975
清新区	61	8304	10150	56120	2798	2786
佛冈县	33	3589	5887	29648	1489	1427
阳山县	29	3346	5568	27781	1981	2140
连山壮族瑶族自治县	9	1017	1692	7957	470	550
连南瑶族自治县	31	1746	2638	12752	856	886
英德市	60	10965	15665	75023	4395	4542
连州市	33	4134	6047	30545	1551	1791
东莞市	**328**	**98789**	**138184**	**738686**	**25139**	**32302**
	328	98789	138184	738686	25139	32302
中山市	**206**	**39895**	**53432**	**285941**	**12188**	**14740**
	206	39895	53432	285941	12188	14740
潮州市	**615**	**28461**	**36377**	**198443**	**10662**	**10415**
湘桥区	93	6059	8040	43567	2269	2144
潮安区	263	11722	15395	82083	3869	4102
饶平县	236	8730	10559	58745	3910	3599
枫溪区代管	23	1950	2383	14048	614	570
揭阳市	**1232**	**77735**	**91788**	**502299**	**29513**	**29854**
榕城区	65	8494	10898	60405	2954	3265
揭东区	58	5558	7316	39119	2567	2444
揭西县	222	8350	9666	53436	3432	3719
惠来县	282	17134	18601	104552	6048	6243
普宁市	477	30424	35242	190971	11448	11157
蓝城区代管	63	3982	5012	27147	1489	1547
空港经济区代管	65	3793	5053	26669	1575	1479
云浮市	**165**	**29716**	**44016**	**220518**	**12946**	**12684**
云城区	27	4577	7516	35946	1999	1891
云安区	23	2577	3723	17563	1149	1179
新兴县	58	4421	6637	34972	2220	2069
郁南县	24	4301	6700	32837	2128	2154
罗定市	33	13840	19440	99200	5450	5391

注：小学教职工数只含小学、教学点数，不含九年一贯制和十二年一贯制学校小学部分数据。

11-14 各县区学前教育基本情况（2016）

地　区	学校数（所）	毕业生数（人）	招生数（人）	在校生数（人）	教职工数（人）	专任教师数（人）
广东省	**17288**	**1403768**	**1950684**	**4216668**	**469367**	**256471**
广州市	**1693**	**129836**	**174280**	**463037**	**65715**	**32653**
荔湾区	103	7244	8035	25553	3572	1838
越秀区	114	5093	11661	30390	4650	2291
海珠区	156	10066	13049	39926	6349	3200
天河区	186	13389	14400	44285	6635	3346
白云区	311	30215	35159	88994	11765	5858
黄埔区	97	7450	11449	26325	3748	1876
番禺区	307	23146	25925	83044	12076	5885
花都区	101	8915	10689	29900	3985	1920
南沙区	95	7063	7972	23111	3186	1692
从化区	73	7645	12673	25719	2756	1502
增城区	150	9610	23268	45790	6993	3245
韶关市	**524**	**44585**	**51294**	**123078**	**11804**	**6084**
武江区	64	3618	3564	12327	1509	764
浈江区	71	4527	4391	13987	1829	962
曲江区	47	4407	4861	10928	1139	604
始兴县	42	3353	3541	9771	921	480
仁化县	39	3468	3916	9652	890	453
翁源县	53	5892	7102	15131	1260	642
乳源瑶族自治县	28	3712	5190	10239	774	422
新丰县	38	3166	4495	8833	907	474
乐昌市	79	6969	7723	16802	1538	752
南雄市	63	5473	6511	15408	1037	531
深圳市	**1579**	**154655**	**173978**	**463319**	**68017**	**33746**
罗湖区	144	12620	12291	35715	5609	2724
福田区	151	15479	16851	46941	7356	3759
南山区	195	16036	16910	50489	7898	3934
宝安区	327	35711	38597	104717	15156	7453
龙岗区	416	41583	46229	117838	16715	8228
盐田区	28	1182	2955	6130	1025	484

11-14 续表1 各县区学前教育基本情况（2016）

地 区	学校数（所）	毕业生数（人）	招生数（人）	在校生数（人）	教职工数（人）	专任教师数（人）
光明新区代管	71	7536	10018	24841	3586	1822
坪山新区代管	60	5624	5865	15690	2271	1092
龙华新区代管	173	17602	22873	57146	7811	3984
大鹏新区代管	14	1282	1389	3812	590	266
珠海市	**298**	**14726**	**27740**	**71727**	**10172**	**5357**
香洲区	169	7975	16507	41651	6191	3235
斗门区	77	4051	6255	19010	2417	1303
金湾区	52	2700	4978	11066	1564	819
汕头市	**914**	**51177**	**82978**	**182473**	**21416**	**14391**
龙湖区	124	6237	7815	26646	3453	2281
金平区	185	9907	8752	32308	3854	2690
濠江区	60	2745	3986	10783	1135	809
潮阳区	112	13065	24710	37632	3147	2259
潮南区	207	7779	25706	36126	4605	3041
澄海区	213	10369	10905	36756	5020	3174
南澳县	13	1075	1104	2222	202	137
佛山市	**877**	**89555**	**101328**	**282112**	**38012**	**19623**
禅城区	139	13523	13926	42149	6056	3057
南海区	331	33101	43243	107929	14634	7400
顺德区	304	30191	29493	95231	12603	6735
三水区	65	7725	8198	21354	2875	1412
高明区	38	5015	6468	15449	1844	1019
江门市	**552**	**45107**	**50268**	**144031**	**16345**	**8952**
蓬江区	108	8156	8304	26403	3679	1867
江海区	39	2478	2708	8301	1117	545
新会区	137	7968	7859	24719	3202	1703
台山市	68	9351	9029	24457	2350	1421
开平市	89	7280	9158	26643	2498	1513
鹤山市	73	4223	5897	20029	2276	1181
恩平市	38	5651	7313	13479	1223	722
湛江市	**1967**	**98379**	**188233**	**315783**	**25133**	**16251**
赤坎区	123	4697	6617	17048	2076	1247

11-14 续表2 各县区学前教育基本情况（2016）

地 区	学校数（所）	毕业生数（人）	招生数（人）	在校生数（人）	教职工数（人）	专任教师数（人）
霞山区	141	6791	8181	21809	2597	1352
坡头区	41	2764	7067	12112	922	552
麻章区	107	4099	7081	13811	1319	804
遂溪县	232	9621	25036	36153	2184	1565
徐闻县	201	8565	15334	30369	2718	1720
廉江市	457	22466	38379	65190	4970	3493
雷州市	392	20415	52311	68255	3708	2737
吴川市	215	15915	20569	36423	3518	2132
开发区代管	58	3046	7658	14613	1121	649
茂名市	**1498**	**129632**	**190408**	**297805**	**21302**	**13745**
茂南区	316	14290	20172	41371	4595	2628
电白区	234	29032	33692	57716	4566	2783
高州市	319	28983	42363	59124	4220	2676
化州市	410	29564	53307	73664	4375	3245
信宜市	180	21811	33930	56072	2846	1996
滨海新区代管	28	4957	5047	7410	537	313
高新区党政办代管	11	995	1897	2448	163	104
肇庆市	**519**	**59800**	**66424**	**148792**	**14477**	**7653**
端州区	100	7280	6303	21631	2981	1572
鼎湖区	27	2413	2580	7486	815	452
高要区	86	9373	9903	20276	2034	1085
广宁县	80	7368	6624	15460	1707	896
怀集县	78	13318	14262	35384	2608	1365
封开县	41	5731	9809	14994	854	426
德庆县	37	6712	8676	14240	1015	653
四会市	60	6884	6617	16129	2042	993
大旺区代管	10	721	1650	3192	421	211
惠州市	**637**	**71661**	**106591**	**207214**	**23242**	**12382**
惠城区	206	17859	21533	54966	7463	3793
惠阳区	114	14997	15032	34775	3832	2136
博罗县	120	15148	28495	43943	4738	2588

11-14 续表3 各县区学前教育基本情况（2016）

地　区	学校数（所）	毕业生数（人）	招生数（人）	在校生数（人）	教职工数（人）	专任教师数（人）
惠东县	90	9759	19404	36407	3355	1767
龙门县	30	5837	7946	13113	1009	540
大亚湾区代管	27	1350	5371	8594	1044	573
仲恺区代管	50	6711	8810	15416	1801	985
梅州市	**700**	**44181**	**89617**	**152762**	**11388**	**7241**
梅江区	73	5242	5686	14591	1777	1031
梅县区	110	6958	8025	20060	2094	1257
大埔县	43	3568	7137	12793	806	557
丰顺县	76	6497	10603	18288	1138	726
五华县	174	9045	33891	43544	1973	1438
平远县	35	2427	4789	7836	574	422
蕉岭县	44	2593	2776	7290	627	390
兴宁市	145	7851	16710	28360	2399	1420
汕尾市	**203**	**17172**	**45695**	**65526**	**4520**	**2796**
城区	30	6831	7745	12065	776	470
海丰县	47	1354	8873	12804	1349	698
陆河县	26	2905	8594	10029	519	316
陆丰市	98	6082	20454	30285	1862	1298
红海湾区代管	2	0	29	343	14	14
河源市	**561**	**50363**	**69610**	**123578**	**11549**	**6289**
源城区	117	10086	11552	27766	3696	1958
紫金县	69	10701	18614	24160	1635	960
龙川县	180	13154	14108	29099	2337	1464
连平县	73	5518	8446	13759	1375	621
和平县	68	6629	10580	16224	1320	704
东源县	54	4275	6310	12570	1186	582
阳江市	**544**	**40837**	**50363**	**102762**	**11076**	**6212**
江城区	150	8641	7450	22945	3133	1767
阳东区	141	4890	11399	22351	2664	1456
阳西县	59	7183	7705	15922	1567	981
阳春市	180	17743	20788	36521	3326	1787
海陵岛试验区代管	9	1128	1683	3233	304	171

11-14 续表4 各县区学前教育基本情况（2016）

地　区	学校数（所）	毕业生数（人）	招生数（人）	在校生数（人）	教职工数（人）	专任教师数（人）
阳江农垦局代管	0	146	197	225	0	0
高新区代管	5	1106	1141	1565	82	50
清远市	668	52731	72455	164497	16319	8784
清城区	147	14620	17324	39124	4800	2422
清新区	88	10881	12619	30946	2725	1544
佛冈县	67	5942	5555	15133	1596	869
阳山县	52	3988	5479	12537	1277	664
连山壮族瑶族自治县	24	1748	1814	5029	472	266
连南瑶族自治县	16	2529	3736	6425	457	257
英德市	221	8803	19376	40409	3554	1972
连州市	53	4220	6552	14894	1438	790
东莞市	**1016**	**115630**	**134681**	**331710**	**43000**	**22089**
	1016	115630	134681	331710	43000	22089
中山市	499	43697	45289	133357	16334	8375
	499	43697	45289	133357	16334	8375
潮州市	**678**	**21905**	**46211**	**102275**	**11295**	**7129**
湘桥区	146	2464	11375	23177	2444	1717
潮安区	369	11420	15812	46321	5990	3473
饶平县	130	6363	17309	25866	2059	1390
枫溪区代管	33	1658	1715	6911	802	549
揭阳市	**975**	**91904**	**119501**	**231308**	**18310**	**11256**
榕城区	167	7012	6818	25265	3158	1883
揭东区	97	6345	6541	17877	1879	1294
揭西县	81	15554	20448	33130	1491	1071
惠来县	206	19709	24870	43281	3542	2225
普宁市	250	32893	50122	81773	5436	3192
蓝城区代管	82	5652	6147	15506	1569	883
空港经济区代管	92	4739	4555	14476	1235	708
云浮市	**386**	**36235**	**63740**	**109522**	**9941**	**5463**
云城区	88	4624	8724	20947	2348	1360
云安区	24	3735	6536	8737	573	317
新兴县	59	4597	10359	18488	1741	1025
郁南县	56	3876	10499	16355	1215	619
罗定市	159	19403	27622	44995	4064	2142

十二、基本公共服务主要指标

简要说明

1. 本篇资料主要反映广东省基本公共服务等情况。

2. 篇资料主要包括：

（1）基本公共教育、劳动就业服务、社会保险、基本社会服务、医疗卫生服务、住房保障、文化体育等。

（2）地区为全省。

（3）年份主要为 2010-2016 年。

3. 统计资料来源：本篇资料由广东省卫计委、广东省教育厅、广东省财政厅、广东省人力资源社会保障厅、广东省住房和城乡保障厅、广东省文化厅、广东省民政厅、广东省新闻广电局负责整理、审核、提供。

12-1 基本公共教育

指　标	单位	2010年	2011年	2012年
九年义务教育				
生师比城乡比	乡村=1	1.02	1.11	1.15
生均教学及辅助用房面积城乡比	乡村=1	0.81	0.61	0.65
义务教育免费住宿学生数	万人			
义务教育学生营养改善计划受益学生数	万人			3.67
初中毕业生升学率	%	94.30	94.73	91.40
九年义务教育巩固率	%		94.02	90.59
高中阶段教育				
普通高中家庭经济困难学生受资助学生数	万人	14.9	19.9	20.4
中等职业教育师生比	教师=1	160.59	145.63	142.38
中等职业教育双师型教师比重	%	22.53	21.60	32.11
中等职业教育免费学生数	万人	8.48	12.05	40.96
中等职业教育与普通高中在校学生数之比	普通高中=1	0.74	0.69	0.66
学前教育				
公办幼儿园在园幼儿数占全部在园幼儿数比重	%	39.14	36.08	37.01
学前三年毛入园率	%	82.57	89.37	95.00

备注：1.2010 年城乡区划分类为城市、县镇、农村，从2011年起重新调整城乡区划分类为城区、镇区和乡村。

2. 义务教育学生营养改善计划2016年增加了广州市奖补资金，导致2016年比2015年增加较大。

3. 中等职业教育免费学生数由于2012 年调整统计口径，导致2012 年比2011 年增加较大。

4. 义务教育免费住宿学生数暂时没有数据。

12-1 续表　基本公共教育

指　　标	单位	2013年	2014年	2015年	2016年
九年义务教育					
生师比城乡比	乡村=1	1.22	1.22	1.21	1.19
生均教学及辅助用房面积城乡比	乡村=1	0.63	0.63	0.63	0.71
义务教育免费住宿学生数	万人				
义务教育学生营养改善计划受益学生数	万人	3.67	10.73	10.73	20.41
初中毕业生升学率	%	92.62	91.00	93.78	93.95
九年义务教育巩固率	%	95.5	92.80	93.74	94.37
高中阶段教育					
普通高中家庭经济困难学生受资助学生数	万人	21.3	21.23	20.91	20.27
中等职业教育师生比	教师=1	31.00	28.36	26.06	23.80
中等职业教育双师型教师比重	%	34.11	37.02	40.92	41.72
中等职业教育免费学生数	万人	69.92	73.23	73.63	71.89
中等职业教育与普通高中在校学生数之比	普通高中=1	0.64	0.60	0.57	0.54
学前教育					
公办幼儿园在园幼儿数占全部在园幼儿数比重	%	38.76	36.70	35.10	33.58
学前三年毛入园率	%	95.49	95.67	100.97	105.00

备注：1.2010 年城乡区划分类为城市、县镇、农村，从2011年起重新调整城乡区划分类为城区、镇区和乡村。
2. 义务教育学生营养改善计划2016年增加了广州市奖补资金，导致2016年比2015年增加较大。
3. 中等职业教育免费学生数由于2012 年调整统计口径，导致2012 年比2011 年增加较大。
4. 义务教育免费住宿学生数暂时没有数据。

12-2 基本劳动就业服务

指 标	单位	2010 年	2011 年	2012 年	2013 年	2014 年	2015 年	2016年
就业服务和管理								
接受职业指导人数	万人							
接受创业服务人数	万人							
实现就业的就业困难人数	万人	16	18	20	20	19	18	17
本年消除的零就业家庭户数	户	1384	1346	811	649	489	353	201
职业技能培训								
参加职业技能培训人数	万人	622	696	730	678	649	675	631.7
职业技能鉴定考核人数	万人	168.11	175.4	174	174.77	168.38		131.3
劳动权益保护								
劳动保障监察投诉案件结案率	%	99.74	99.96	99.85	99.93	99.98	100	100
劳动人事争议仲裁结案率	%	90.8	90.1	92.3	93.9	94.4	93.9	93.4

12-3 基本社会保险

指 标	单位	2011 年	2012 年	2013 年	2014 年	2015 年	2016年
基本养老保险							
城镇职工基本养老保险参保人数	万人	3800.7	4034.1	4183.0	4809.5	5086.5	5392.4
城乡居民基本养老保险参保人数	万人	1308.0	2273.3	2351.6	2433.7	2499.7	2543.2
企业退休人员月人均基本养老金	元	1654.1	1784.9	1934.4	2257.5	2349.3	2431.7
基本医疗保险							
城镇职工基本医疗保险参保人数	万人	3234.3	3373.4	3473.0	3647.1	3711.8	3814.1
城镇（城乡）居民基本医疗保险参保人数	万人	3532.8	5048.4	6402.0	6368.0	6424.2	6336.1
新型农村合作医疗参合人数	万人						
城镇居民基本医疗保险年人均财政补助水平	元/人年	200.0	240.0	280.0	320.0	380.0	420.0
失业、工伤和生育保险							
失业保险参保人数	万人	1875.6	2009.1	2705.1	2840.2	2930.1	3020.1
工伤保险参保人数	万人	2847.8	2962.8	3057.3	3092.6	3122.7	3246.2
生育保险参保人数	万人	2339.7	2484.9	2711.6	2801.3	3081.8	3161.9
社会保险服务保障							
社会保障卡持卡人数	万人	2172	3365	8899	9589	9805	9916

注：1、2012 年全省有序推进城镇居民医保与新农合两项制度并轨，新农合业务移交人社部门进行归口管理；2013年、2014 年城镇（城乡）居民基本医疗保险参保人数包含新农合参保人数；2015 年为城乡居民基本医疗保险参保人数。

2、城镇（乡）居民基本医疗保险实现个人缴费和政府财政补贴相结合，按照国家规定2015 年各级财政对居民医保的补助标准达到人均380 元。

12-4 基本社会服务

指　　标	单位	2011年	2012年	2013年
社会救助				
城乡居民最低生活保障人数	万人	224.1	215.0	197.2
农村五保供养人数	万人	25.8	25.1	24.3
农村五保集中供养平均标准与农村居民家庭人均消费支出之比	农居家庭人均消费支出=1	0.62	0.74	0.80
农村五保集中供养平均标准		4200	5500	6700
农村居民家庭人均消费支出		6725.55	7458.56	8343.45
直接医疗救助补助人次数	万人次	89.1	63.7	55.3
参保参合医疗救助补助人数	万人	196.8	230.7	208.2
社会福利				
每千老年人口养老床位数	张	13.6	14.8	16.5
养老服务机构收留抚养老年人数	万人	7.4	7.3	6.8
儿童收养救助服务机构床位数	万张	0.4	0.4	0.5
提供住宿的社会服务机构年末在院(站)儿童数	万人	1.1	1.1	0.9
优抚安置				
享受国家抚恤补助的优抚对象人数	万人	39.0	42.0	43.4
优抚对象年均抚恤水平	元/人年	4252.8	4781.9	5348.0
社会服务保障				
每千人口社会服务机构床位数	张	1.28	1.44	1.85
每万人口拥有社会工作专业人才数	人	0.78	1.33	2.30

12-4 续表　基本社会服务

指　　标	单位	2014年	2015年	2016年
社会救助				
城乡居民最低生活保障人数	万人	190.4	183.3	170.6
农村五保供养人数	万人	23.9	24.0	23.2
农村五保集中供养平均标准与农村居民家庭人均消费支出之比	农居家庭人均消费支出=1	0.81	0.76	0.77
农村五保集中供养平均标准		8100	8400	9600
农村居民家庭人均消费支出		10043.21	11103.03	12414.84
直接医疗救助补助人次数	万人次	98.7	104.6	121.0
参保参合医疗救助补助人数	万人	231.3	245.4	234.7
社会福利				
每千老年人口养老床位数	张	21.6	28.6	30.4
养老服务机构收留抚养老年人数	万人	6.7	6.6	7.1
儿童收养救助服务机构床位数	万张	0.5	0.5	0.6
提供住宿的社会服务机构年末在院(站)儿童数	万人	0.9	0.9	0.9
优抚安置				
享受国家抚恤补助的优抚对象人数	万人	43.3	42.8	42.2
优抚对象年均抚恤水平	元/人年	5820.2	6420.7	7960.9
社会服务保障				
每千人口社会服务机构床位数	张	2.07	2.26	3.25
每万人口拥有社会工作专业人才数	人	3.11	3.97	5.39

12-5 基本医疗卫生和人口计划生育

指　标	单位	2010年	2011年	2012年	2013年	2014年	2015年	2016年
公共卫生服务								
城乡居民健康档案规范化电子建档率	%	19.23	57.05	71.00	83.20	84.10	90.03	89.93
7岁以下儿童健康管理率	%	95.06	93.96	95.63	95.54	95.84	95.92	95.5
孕产妇系统管理率	%	88.60	89.67	88.74	90.75	90.97	91.84	92.11
甲乙类法定报告传染病发病率	1/10万	327.53	312.24	317.55	317.12	360.75	313.19	320.16
人均基本公共卫生服务补助经费	元	20.2	28.8	29.0	33.9	35.4	42.3	50.2
医疗服务								
每万人口全科医生数	人	-	-	0.83	1.11	1.34	1.41	1.73
每千人口基层医疗卫生机构执业(助理)医师数	人	0.67	0.69	0.72	0.74	0.75	0.78	0.82
每千人口基层医疗卫生机构床位数	张	0.56	0.56	0.56	0.56	0.57	0.59	0.60
乡镇卫生院基础设施建设达标率	%							
中医服务								
每千人口中医类别执业(助理)医师数	人	0.22	0.23	0.25	0.26	0.28	0.30	0.33
药品供应和安全保障								
每万人口食品药品监管人员数	人	0.32	0.34	0.38	0.39	0.62	0.80	1.14
每百万人口药品不良反应报告数	份	404	388	401	427	478	536	597
食品药品检测检验机构县(市、区)级覆盖率	%	25.6	25.6	25.6	25.6	27.3	30.6	32.2
人口和计划生育								
农村部分计划生育家庭奖励扶助人数	万人		16.28	17.18	17.26	8.84	19.78	19.92

注：本表仅包含以妇幼保健院（所、站）为第一名称的机构，不包含与其他类别医院署办公的妇幼保健院。

12-6 基本住房保障

指 标	单位	2010年	2011年	2012年	2013年	2014年	2015年	2016年
公共租赁住房（廉租住房）								
公共租赁住房（廉租住房）新开工套数	万套	3.3607	23.017	11.793	5.7566	4.6119	5.2848	0
公共租赁住房（廉租住房）实物保障户数（在保）	万户	3.5262	7.7667	11.467	13.984	20.332	28.964	35.824
住房租赁补贴户数（在保）	万户	3.7405	3.5863	3.2413	3.0577	2.9263	3.06	4.1411
棚户区改造								
实际开工的各类棚户区改造住房套数（含货币安置户数）	万套		3.3732	2.0805	2.1086	3.6753	8.7865	8.1783
农村危房改造								
农村危房改造户数	万户					100000	128200	120864

12-7 公共文化体育

指 标	单位	2010年	2011年	2012年	2013年	2014年	2015年	2016年
公益性文化								
每万人口拥有公共文化设施建筑面积(含文化室)	平方米	700	835	1005	1049	1112	1189	1282
人均拥有公共图书馆藏量	册	0.44	0.56	0.62	0.57	0.59	0.65	0.72
文化馆(站)服务人次	万人次	4024.9	4629.1	4256.6	4527.8	5922.8	6725.9	5862.9
博物馆参观人次数	万人次	2583	2761	3204	3599	4021	4252	4727
广播影视								
农村广播节目综合人口覆盖率	%	98.0	98.0	99.9	99.9	99.9	99.9	99.9
农村电视节目综合人口覆盖率	%	98.0	98.0	99.9	99.9	99.9	99.9	99.9
有线广播电视用户数比重	%	71.2	74.6	75.2	85.6	88.98	90.38	89.44
全年农村公益电影放映场次	万场	22.3	29.7	29.3	28.2	28.68	27.7	27.14
新闻出版								
国民综合阅读率	%							
农村农家书屋数	万个	2.0	2.0	2.0	2.0	2.0	2.0	2
全年出版盲文图书品种数	种							
群众体育								
每千人口社会体育指导员注册人数	人							
全省经常参加体育锻炼人数比率(抽样调查结)	%	36	36.5	36.5	37	37.2	38.5	

12-8 2016年分地区公共财政文化体育与传媒支出情况

单位：万元

地区	文化体育与传媒支出	文化	文物	体育	广播影视	其他文化体育与传媒支出
广东省	**2,297,085**	**1,158,225**	**194,239**	**262,182**	**222,243**	**460,196**
广东省本级	**244,037**	**134,050**	**14,379**	**23,841**	**20,187**	**51,580**
广州市	378,136	188,533	49,310	50,764	64,424	25,105
深圳市	547,941	226,400	16,619	68,309	9,188	227,425
珠海市	62,968	42,868	5,447	5,251	5,455	3,947
汕头市	41,321	22,809	2,647	5,454	5,407	5,004
佛山市	156,194	68,076	7,831	12,119	516	67,652
韶关市	44,845	23,711	4,124	2,251	13,212	1,547
河源市	60,550	40,504	3,274	6,824	6,503	3,445
梅州市	68,834	28,143	23,195	8,912	6,778	1,806
惠州市	98,150	61,227	4,014	11,601	9,115	12,193
汕尾市	33,416	22,914	995	846	5,757	2,904
东莞市	148,341	101,990	16,442	17,699	4,686	7,524
中山市	77,662	49,121	12,453	9,945	4,688	1,455
江门市	57,571	23,800	4,964	8,035	5,463	15,309
阳江市	29,312	10,125	8,521	1,320	7,619	1,727
湛江市	36,631	16,487	2,326	8,199	7,804	1,815
茂名市	34,854	13,483	1,264	1,916	13,543	4,648
肇庆市	53,737	20,526	5,391	7,119	9,639	11,062
清远市	40,837	23,322	2,802	4,935	5,774	4,004
潮州市	20,090	8,177	4,308	1,683	3,423	2,499
揭阳市	38,408	19,730	1,543	1,626	10,981	4,528
云浮市	23,250	12,229	2,390	3,533	2,081	3,017